외대역사문화연구총서 12

요·금시대 이민족 지배와 발해인

나영남 지음

저자 **나영남**

· 한국외국어대학교 러시아어과 졸업

· 동대학원 사학과 졸업 [문학박사]

· 현재 한국외국어대학교 미네르바교양대학 조교수

- 주요 논저

「北宋時期 商稅制度와 西北 入中商人의 原價分析」(『역사문화연구』 35, 2010)

「渤海靺鞨의 再解釋」(『전북사학』 39, 2011)

「遼代 部族制度의 樣相과 그 性格」(『동양사학연구』 131, 2015)

「遼代 皇位繼承을 둘러싼 權力鬪爭의 樣相」(『중국사연구』 98, 2015)

「遼代 女眞의 起源과 分類」(『역사학연구』 62, 2016)

『요 · 금의 역사』 (공역) (신서원, 2014)

외대 역사문화 연구총서 12

요· 금시대 이민족 지배와 발해인

2017년 8월 11일 초판 1쇄 인쇄
2017년 8월 21일 초판 1쇄 발행

지은이 ■ 나영남
펴낸이 ■ 정용국
펴낸곳 ■ (주)신서원
서울시 서대문구 냉천동 260 동부센트레빌 아파트 상가동 202호
전화 : (02)739-0222 · 3 팩스 : (02)739-0224
신서원 블로그 : http://blog.naver.com/sinseowon
등록 : 제300-2011-123호(2011.7.4)
ISBN 978-89-7940-553-8 93910
값 26,000원

역사문화 연구총서 12

요·금시대 이민족 지배와 발해인

나영남 지음

신서원

책머리에

인생이란 정해진 길이 있는 것일까? ㈜선경 의류본부에 재직할 당시에 어떤 부장이 이런 말을 한 적이 있다. "여러분들이 반드시 의류 영업을 해야 하는 운명을 타고난 것은 아니다. 언제든지 다른 일도 할 수 있다는 것을 염두에 두고 관리역량을 키워라." 하지만 나는 오직 의류 생산 및 수출업무만이 나의 전부이자 그것이 천직이라고 생각했다. 그 일은 꽤나 역동적이었고 내 적성에도 잘 맞는 듯 했다. 무엇보다도 그 일을 통해 과거에 경험해 보지 못한 성취감을 느낄 수 있었다.

그러나 상사와의 갈등 때문에 다니던 종합상사를 부득이하게 퇴직하고, 섬유회사인 ㈜갑을방적으로 이직해야만 했다. 초라한 전셋집 식탁에서 만삭의 아내가 나에게 물었다. "당신은 왜 살아요? 일 중독자처럼 가정도 포기하고 산 대가가 이런 것이야?"라며 아내가 눈물을 보였다. 한 달 남짓 실업자 상태로 있을 때 둘째가 출산되었다. 이때의 시련과 좌절은 나 자신을 다시 한 번 돌이켜 보는 계기가 되었다. "나는 과연 무엇을 위해 살았는가? 지금 나는 행복한가?" 바로 이런 질문이 훗날 내 삶의 방향을 바꾸어준 듯하다.

그 후 2년간 직장생활을 이어가다가 마침내 ㈜거륭상사를 설립하였다. 사업은 잘 되었고, 경제적 여유를 갖게 되면서부터 점차 지적 호기심이 발동하였다. 그래서 가벼운 인문학 책을 읽기 시작했고, 학회에도 참석했다. 당시 중앙아시아학회를 찾아갔는데 일반인이 참석했다고 굉장히 놀라워

했다. 그 학회의 회장님이 직접 찾아와 인사를 하면서 환대했다. 지금 생각해보면 내용도 잘 이해하지 못하면서 하루 종일 앉아있었던 내 모습이 다소 우스꽝스럽다. 하지만 이것이 계기가 되어 모교 대학원에 입학하였다.

그런데 의욕만 앞섰던 나는 첫 수업에 무참히 무너졌다. 훗날 나의 지도교수가 된 이근명 선생님과의 첫 대면은 나에게 잊지 못할 장면이었다. 그의 첫마디가 "중국어로 된 교재로 수업을 할 텐데 중국어는 읽을 줄 알죠?"였다. 모른다고 했다. "그럼 일본어는 읽을 수 있습니까?" 내가 당황하자 "취미생활로 학교에 왔으면 빨리 그만 두세요"라고 말하면서 책을 던지듯이 내려놓았다. 그리고 말을 계속 이어갔다. "그럼 한문 테스트를 해봅시다. 다음 시간까지 한유(韓愈)의 「進學解」를 해석해오세요"라고 말한 뒤 나가버렸다. 나는 난감했고 도대체 그것을 어디서 찾을지도 몰랐다. 그날 창백해져서 귀가한 내 모습을 본 아내는 몇 개월도 못가서 학교를 그만둘 것이라고 예상했다고 한다. 이것이 44세 만학도의 시작이었다.

이후에 문법 지식도 없이 일본어, 중국어를 무조건 해석해 나갔다. 한 줄에 있는 단어를 전부 찾아서 끼워 맞추었다. 때로는 긍정을 부정으로 해석하기도 했고, 고문인지 현대문인지 조차도 구분을 못하면서 일본어, 중국어로 된 책을 무조건 해석하기 시작했다. 하루 종일 꼬박 책상에 앉아 있어도 3~4쪽 정도의 분량밖에 읽을 수 없었다. 문제는 사업을 돌볼 겨를이 없었다. 이때 바이어 측에서 인도네시아에 공장을 설립할 것을 강요했다. 인생에 있어 최대의 갈림길이었다. "과연 내가 공부와 사업을 병행할 수 있을까?" 결국 나는 사업을 접고 학문의 길을 선택했다.

어느 정도 시간이 지나면서 나의 노력과 열정을 인정받기 시작했고, 지도교수를 따라 송사(宋史)를 전공하게 되었다. 당시 중국사를 전공하는 학우가 없었으므로 혼자서 지도교수와의 1:1 수업을 준비해야만 했다. 일주일 내내 책과 씨름을 했다. 하지만 수업시간마다 무식하다는 소리를 밥

먹듯이 들었다. 나도 한때는 중소업체의 대표이사였고, 니트의류 전문가라고 자부했었는데 자존심이 너무 상했다. 더욱이 방학도 없었다. 지도교수는 어떤 형태로든 책을 놓을 수 없게 만들었다. 언젠가는 한시 100수를 외우자고 제안하였다. 한 여름에 매주 20수씩 해석하고 암기해 지도교수 앞에서 시를 암송해야만 했다. 카페에서 이 모습을 우연히 목격한 동학은 측은지심이 생겼다고 했다.

3년 만에 석사과정을 마쳤다. 칭찬에 인색한 지도교수가 석사학위논문을 보고 만족해하셨다고 전해 들었다. 간접적이나마 처음 듣는 칭찬이었다. 그런데 어느 날 지도교수는 나의 전공분야를 북방사로 바꾸라고 종용했다. 송대 화폐사를 계속 연구하고 싶었던 나는 갑작스러운 제안에 당황했고, 그것을 거절했다. 이에 아랑곳하지 않고 지도교수는 요·금사를 수업하였다. 지금 생각하면 지도교수의 혜안과 탁견에 감탄하지 않을 수 없다. 훗날 그는 이렇게 말했다. "나 선생이 뒤늦게 공부했는데 뭔가 두각을 나타낼 수 있는 분야가 바로 요·금사이고, 송사 및 한국사를 아우르는 것이야말로 시대적 요구"라고 하였다.

나는 거란사를 전공으로 삼아 요·금사를 공부하기 시작했고, 사료에 반복적으로 출현하는 발해인에 대해 궁금증을 가졌다. 매우 흥미로운 주제라고 생각했다. 발해가 멸망한 후에도 400여 년간이나 문헌에 등장하는 발해인은 요·금의 정치·경제·문화 등 다양한 분야에 기여했다. 따라서 고구려-발해-요-금의 계통성과 민족사적 귀속문제를 이해하기 위해 연구해볼 만한 가치가 있다고 판단했다. 무엇보다 1980년대 이후 중국이 동북공정이라는 틀 속에서 동북사를 학술적 차원을 넘어 중요한 정치적 사안으로 간주하여 이 문제에 접근하고 있었기 때문에 발해는 물론이고 발해인을 실증적으로 분석하여 복원할 필요가 있었다.

나는 5년 동안 요대 발해인의 존재양태를 연구하여 박사 학위를 받았다. 학위 논문의 내용은 거란의 통치구조 속에서 발해인이 어떻게 형성되었고 어떤 행동양식을 보였는지 밝히고자 한 것이다. 발해인은 요대에 그치지 않고 금대에도 그 정체성을 유지했다. 여진이 금을 건국하는 과정에서 발해인은 적극적으로 가담하였다. 왜냐하면 발해인과 여진은 과거 발해의 주민으로서 지역적으로 밀접한 관계를 가지고 있었을 뿐만 아니라 반요정서를 공유했기 때문이다. 또한 수적으로 소수였던 여진은 그들의 적극적인 협력자가 필요했으므로 발해인을 적극적으로 회유했다. 그 결과 발해인은 요대와는 달리 금대에는 특별한 저항 없이 통혼, 임관 등을 통해 스스로를 보존하였다.

따라서 나는 요대는 물론이고 금대까지 확장하여 발해인의 존재양태를 연구하고 있었다. 마침 이러한 연구결과를 '외대 역사문화 연구총서' 가운데 한 권으로 출판할 수 있게 되었다. 대개는 자비로 출판해야 하는 현실에서 이러한 기회를 준 역사문화연구소에 감사드린다. 그리고 만학도로서 지금까지 여러 분들의 도움을 많이 받았다. 그 가운데 필자를 줄곧 지도해 주신 이근명 선생님과 격려를 아끼지 않았던 조복현 선생님에게 깊은 감사와 경의를 표한다. 또한 자식을 위해 끊임없이 기도하시는 어머니, 학문적 식견을 넓혀준 형님, 항상 곁에서 관조하면서 지지해준 아내, 존재만으로도 기쁨을 준 딸 윤주와 아들 현식에게 고마운 마음을 전한다. 그리고 나에게 가장 큰 버팀목이 되어 주셨던 아버님의 영전에 이 책을 바친다.

2017년 6월
저자 씀

■ 차례

책머리에 _ 5

서 론 _ 13

1. 연구의 시각과 방법 ·· 13
2. 연구 동향 ··· 20

제1부 거란의 요동경략과 발해의 멸망 _ 31

제1장 거란의 발흥과 거란-발해 관계 ·················· 33

1. 10세기 동북아 정세의 변화와 거란의 발흥 ················ 33
2. 거란 건국 전후 발해-거란 관계의 변화 ·················· 42

제2장 발해의 멸망과 동란의 설치 ·················· 53

1. 거란의 요동경략과 발해의 멸망 ························ 53
2. 동란의 설립과 그 성격 ····························· 58

제3장 동란의 발해유민 지배방식 ·················· 63

1. 동란의 정치체제 ································· 63
2. 동란의 소멸과 그 영향 ·························· 70

제2부   거란의 이중지배정책과 발해인 _ 77

제1장 거란의 사회구조와 이중지배정책의 확립 ·················· 79
1. 거란의 발전과 농경적 요소의 증대 ················· 79
2. 이중지배정책의 지향과 실제 ················· 85
3. 이중지배체제 하에 민족차별정책 ················· 96

제2장 요대 발해인의 정체와 사회적 지위 ················· 109
1. 발해의 영역과 주민구성 ················· 109
2. 요대 발해인의 종족계통 ················· 125
3. 요대 발해인의 사회적 지위 ················· 131

제3부   거란 지배하에 발해인의 존재양태 _ 145

제1장 발해인의 해외망명 ················· 147
1. 해외망명의 성격 ················· 147
2. 망명의 배경과 원인 ················· 153

제2장 거란의 발해인 이주정책 ················· 169
1. 이주정책의 배경 ················· 169
2. 발해 이주민의 안치방식 ················· 177

제3장 발해부흥운동과 그 실체 ················· 203
1. 이른바 '후발해'의 재조명 ················· 203
2. 정안국에 대한 이해 ················· 217

제4부 거란의 멸망과 발해인의 동향 _ 239

제1장 요 후기 발해인의 정치투쟁 ·················· 241

1. 대연림의 흥요국 ························· 241
2. 고영창의 대발해 ························· 250

제2장 요금교체기에 발해인의 활약 ················ 259

1. 여진의 흥기와 요의 멸망 ·················· 259
2. 요금교체기에 발해인의 향방 ················ 271

제5부 금대 발해인의 발전과 쇠퇴 _ 281

제1장 금대 발해인의 존재양태 ················· 283

1. 여진의 발해인에 대한 인식 ················ 283
2. 요양 발해인의 정치적 위상 ················ 288

제2장 금대 활약한 발해인 ··················· 299

1. 황후와 비 ··························· 299
2. 재집 및 기타 관료 ····················· 306

결론 _ 313

참고문헌 _ 322

색인 _ 336

외대 역사문화 연구총서를 간행하며 _ 341

서 론

1. 연구의 시각과 방법

　동북아시아의 10세기는 변화의 분기점이라고 말할 수 있다. 중국사에서는 이 시기를 당송변혁기(唐宋變革期)라고 일컫는데 당이 멸망하고 오대십국(五代十國)의 분열시기를 거쳐 송이 중국을 통일하면서 정치·사회·경제·문화 등 모든 방면에서 매우 급격한 변화가 진행되었다. 이와 더불어 동아시아 다른 지역에서도 시간적 차이는 다소 있지만 한반도에서 고려 왕조의 성립, 요동 방면에 있어서 거란의 건국과 발해의 멸망, 또한 월남과 대리의 독립, 토번왕국의 붕괴 등 커다란 변동이 일어났다는 점에는 공통되고 있다. 이러한 점에서 볼 때 10세기는 동아시아가 새로운 시대로 나가는 출구였다고도 말할 수 있을 것이다.

　이와 같은 정세 속에서 특히 주목할 사항 가운데 하나가 거란(契丹)의 발흥이라고 할 수 있다. 당시 거란을 속박하던 당조(唐朝)의 통치력이 약화되고 위구르제국이 멸망하면서 거란 주위에는 강대한 적대세력이 없어졌다. 따라서 거란은 사회발전의 유리한 환경에 놓이게 되었고 이를 기반으로 916년에 야율아보기(耶律阿保機)가 건국하기에 이른다. 이후 거란은 궁극적으로 중원을 정복하려는 뜻을 갖게 되었고 이를 위해 발해(渤海)라는 배후의 적을 없애야만 했다. 결국 거란은 요동1)지배를 확고히 하기 위해 발해를 멸망시켰지만 그 지역을 어떤 형태로 통제할지 망설인다.

발해를 멸망시킨 후 발해유민의 격렬한 저항에 부딪힌 요 태조는 일단 국호만 바꾼 채 발해의 연속성을 인정한다. 이 시기에 거란의 요동정책은 동란(東丹)의 설립으로 대변할 수 있다. 동란은 동쪽의 거란이라는 뜻으로 거란의 위성국에 불과하였다. 그러나 거란 내부의 권력투쟁 및 발해유민의 끊이지 않는 대규모 반요투쟁으로 요 태종은 성급하게 송화강(松花江) 이동지역을 방기한다. 이로써 동란은 지방정권에서 지방행정단위로 편제되었는데 이는 남방경략에 뜻을 둔 태종이 거란 내지를 충실히 하기 위한 조치였다. 이후 태종은 후진(後晋)의 석경당(石敬瑭)을 후원하는 대가로 연운16주(燕雲16州)를 획득함으로써 거란의 영역이 북중국까지 확장하게 되었다.

이와 같이 유목사회와 농경사회를 동시에 영유하게 된 거란은 이민족을 통치하기 위해 인속이치(因俗而治)의 민족정책을 채택하여 이중지배체제를 구축한다. 소위 인속이치는 "官分南北 蕃漢分治"의 특징을 개괄하여 말한 것으로, 즉 "국제(國制)로서 거란인을 다스리며 한제(漢制)로서 한인을 다스린다"고 했듯이 거란 내의 주민을 유목민과 농경민으로 나누어 각각 따로 통치하는 이원체제를 말한다. 이러한 이중지배체제는 정치·경제·법률·군사 등 다방면에서 구현되었으나 시간이 갈수록 주체민족과 피지배민족 간에 모순이 노출된다. 특히 발해인은 통치민족인 거란인 뿐만 아니라 해인, 한인에 비해서도 저급한 대우를 받는다.

그렇다면 요대 발해인은 어떤 종족의 유예(遺裔)인가? 그리고 그들은 거란의 통치 하에 어떤 양상을 보이는가? 또한 요금교체기 및 금대에 발해

---

1) 요동은 요하의 동쪽 지방을 가리킨다. 협의의 개념으로 지금의 요녕성 동남부 일대를, 광의의 개념으로는 동만주를 포괄한 지역을 일컫는다. 본고에서는 후자의 뜻으로 사용하였으며 때로는 동북지역, 만주 등과 혼용하였다.

인의 태도는 어떠했는가? 그래서 본 연구는 10세기 초 발해가 멸망한 이래 사서에 등장하는 요·금대 발해인을 체계적으로 정리해 보려는 데 그 목적이 있다. 그러나 자국사의 귀속문제와 연관되어 있는 발해민족사는 각국의 인식이 상충되고 있기 때문에 이 주제에 대한 객관성을 담보하는 역사인식을 찾기란 쉽지 않다. 발해인을 보는 시각은 연구자마다 다르다. 국내 선행연구는 발해사의 연장선상에서 발해유민을 예맥계 고구려 후예로 보고 고려와 연관되는 분야를 중점적으로 다룬 반면 중국학계에서는 발해인을 대체로 말갈계 거란주민으로 간주하고 요사와 금사에 귀속시킨다.

이러한 점을 감안하여 본고는 유민(遺民)에 그치지 않고 유예라고 일컬을 수 있는 발해인의 존재양태를 요·금대에 걸쳐 포괄적으로 조명하고자 한다. 먼저 유민과 유예의 사전적 의미를 살펴보면 전자는 망하여 없어진 나라의 백성이고, 후자는 선조가 죽고 남은 자손이라고 할 수 있다. 따라서 유민의 의미에는 그 구성원이었던 예맥계와 말갈계의 발해주민을 모두 포괄하지만, 유예는 종족계통이 다른 발해인과 여진으로 구분하여만 한다. 더욱이 시간적으로 유민의 신분은 제한적이기 때문에 일정한 시간이 지나면 새로운 나라의 백성이 된다. 그래서 사서에 등장하는 그들을 전기의 발해유민과 후기의 발해인으로 구분하여 그 양상을 살펴보고자 한다.

발해인이라는 역사적 실체를 재구성하는 데 있어서 진리라고 생각되었던 과거의 기록을 어떻게 재인식해야 현재의 역사이해와 상호 충돌하지 않고 조화를 이룰 수 있을지 면밀히 검토해야만 했다. 그러나 이러한 과제를 수행하는 데 어려운 점은 역시 사료의 부족과 각 연구자의 의견이 현격하게 대립되고 있는 것이다. 이는 발해인이 남긴 사료가 전혀 없고 대부분 중원왕조의 사적에 의존해야 한다는 불균형이 초래한 결과이다. 주로 중원왕조의 정사(正史)인 24사 속에 각 시대마다 달리하는 외국전을 통해 당시 동북국가의 정세를 살펴볼 수밖에 없는데 그 찬술자의 개인적 성향과 지식정도 및 그들이 처해있던 정치 환경에 따라 상당한 내용의 차이가 존재할 수 있기 때문이다.

또한 외국전은 중국의 화이사상에 의거하여 객관적 사실을 기록하기보다는 중화사상의 주관적 인식을 바탕으로 서술되었다고도 볼 수 있다. 더욱이 원거리에 위치한 국외사정을 당시의 여건에서 정확히 파악할 수 없었다. 뿐만 아니라 사신 및 상인 등의 여행자들이 전한 정보는 어느 정도 주관이 개입되어 있다고 볼 수 있어 그 기사를 전적으로 신뢰할 수도 없다. 그래서 같은 대상일지라도 그 내용이 조금씩 틀릴 수 있고 이를 바탕으로 한 후대 연구자의 해석은 더욱더 편차가 날 수밖에 없다.

이러한 점들을 감안할 때 발해인을 재구성하는 작업은 우선 사료의 검증이 선행되어야만 하고, 이후 개개 요소에 대한 연구서의 상세한 검토를 통해 귀납적으로 접근해야 한다. 따라서 본고에서는 거란 및 여진의 이민족에 대한 지배정책을 통해 발해인의 존재양태를 아래와 같이 검토해보고자 한다.

제1부에서는 거란이 발흥한 이후에 거란-발해 관계의 추이를 조명하고자 한다. 10세기 동북아 국제정세의 가장 큰 특징은 거란의 건국과 발해의 멸망이라고 할 수 있다. 궁극적으로 거란의 요동경략은 발해멸망으로, 그리고 그들의 최초 요동정책은 동란의 설립으로 대변할 수 있다. 그러나 발해유민의 격렬한 저항에 부딪힌 요 태조는 일단 국호만 바꾼 채 발해의 연속성을 인정한다. 그렇다면 동란국은 발해를 계승한 독립정권인가? 결코 그렇지 않다. 동란은 외견상 독립국의 형태를 갖추고 있었을 뿐 실질적으로 하나의 국가로 가기 위한 과도기적 정치체제에 불과했다. 따라서 거란이 어떤 의도로 동란을 설립하였고 거란과 동란의 관계가 어떤 방식으로 전개되었는지 살펴봄으로써 그 실체를 파악하고자 한다. 이와 더불어 동

란의 소멸과정을 통해 거란의 요동정책에 대한 성패와 그 영향을 엿보고
자 한다.

제2부에서는 거란의 사회구조와 이중지배체제에 따른 발해인의 사회적
지위를 살펴보고자 한다. 당시 거란은 "국제로서 거란인을 다스리며 한제
로서 한인을 다스린다"라고 하는 "인속이치"의 민족정책을 채택하여 각 민
족과 부족을 효율적으로 통치하고자 했다. 이에 따라 거란 통치자는 남북
지역의 서로 다른 생산방식 및 생활습관과 민족구성에 맞추어 북남면관제
도(北南面官制度)를 실시하였을 뿐만 아니라 법률 및 부세의 징수 등 여러
방면에도 이를 적용함으로써 피정복민의 반항정서를 약화시켰다. 그러나
이러한 이중지배체제는 민족적 차별에 근거하는 내재적 한계가 있었기 때
문에 각 민족들 사이에 사회적 지위가 불평등하였다. 그렇다면 발해인의
사회적 지위는 어떠했는가? 예맥계와 숙신계로 구성되었던 발해주민은
요대에 이르러 발해인과 여진으로 구분된다. 그들은 거란인, 해인, 한인과
같은 다른 구성원에 비해 저급한 대우를 받게 된다. 따라서 발해인에 대한
거란의 인식과 처우를 알아보고자 한다.

제3부에서는 거란 통치 하에 발해인의 존재 양태를 살펴보고자 한다.
요대 발해인의 존재양태는 발해부흥운동, 해외망명, 강제이주로 대별할
수 있다. 우선 발해 계승국이라고 할 수 있는 후발해, 정안국(定安國), 올
야국(兀惹國), 오사성부투부발해국(烏舍城浮渝府渤海國)의 실체와 그 존
재여부를 살펴보고자 한다. 그러나 이들 국가에 관한 기록이 절대적으로
부족하고 설사 있더라도 서로 뒤섞여 있어 상호관계를 추론하기 힘든 형
편이다. 특히 후발해는 정식 국호가 아니며 그 구성조차 학자마다 견해를
달리하고 있으니 후발해의 역사적 존재여부는 재고해 볼 필요가 있다. 본
고는 후발해라는 명칭이 후세 연구자들에 의해 만들어진 담론이라고 판단
하였고, 더 나아가 그것은 발해 고지에 존재했던 소국들의 총칭으로 보는

관점을 조심스럽게 제기해보고자 한다. 이와 달리 정안국은 의심할 여지 없이 역사적 실체이다. 다만 건국 주체와 존속시기, 중심지역 등을 복원하는 데 많은 어려움이 따른다. 그래서 당시 거란의 지배체제 및 여진, 송과의 역학관계 등을 살펴서 인식의 대상을 넓힘으로써 정안국의 위치 및 올야와의 관계를 재구성하고자 시도했다.

이외에 발해유민은 부흥운동과 중첩되어 해외망명과 강제이주 등으로 고향을 떠나야만 했다. 발해인의 이동은 일시적인 현상이 아니라 장기간에 걸쳐 단계적으로 이루어졌기 때문에 시기마다 그 이동의 원인이 다르다. 따라서 그 유형을 시기와 지역별로 나누어 살펴볼 필요가 있다. 무엇보다도 거란 내지로 강제 이주된 발해계 거란주민들이 어떤 형태로 안치되어 통치를 받았는지 살펴보고자 한다. 거란의 발해인에 대한 이주정책이야말로 발해유민의 존재형태를 파악하는 데 빼놓을 수 없는 문제이며 이를 통해 발해계 거란주민의 사회적 지위 및 정치적 투쟁도 파악할 수 있을 것으로 기대된다.

제4부에서는 정치·사회적으로 소외된 발해인의 반요투쟁 및 요금교체기에 있어서 발해인의 동향을 살펴보고자 한다. 반요투쟁은 두 가지 성격으로 규정할 수 있는데 첫째는 발해부흥운동이고, 둘째는 민족갈등의 표출이다. 발해부흥운동의 과정을 거쳐 발해유민은 거란의 주민으로 귀속되었으나 다민족 국가였던 요조에서는 시간이 갈수록 주체민족과 피지배민족 간에 모순이 노출되었다. 민족갈등은 반요정치투쟁으로 증폭되었고 그 중심에는 발해인이 서 있었다. 먼저 요 성종 태평(太平) 9년(1929)에 동경 요양부에서 대장군으로 활약하던 대연림(大延琳)이 흥요국(興遼國)을 건국하였으나 1년여 만에 진압되었다. 이후에도 고욕(古欲)과 고영창(高永昌)의 반란이 이어졌으나 모두 실패로 돌아갔고, 지역적으로 발해인과 공동체적 운명을 지녔던 여진에게 왕조교체의 주역자리를 양보해야만 했다. 그

렇다면 요금교체기에 발해인은 어떻게 처신하였을까? 그들은 송-요-금 등 삼국의 역학관계 속에서 각자의 이해타산에 따라 삶을 영위해야만 했다. 이는 발해에 대한 계승의식이나 종족의식이 쇠퇴되거나 소멸된 상태에 있었기 때문이다. 요금교체기에 발해인의 행적을 살펴보는 것이야말로 발해인의 향방을 규명하는 데 있어서 가늠자와 같은 역할을 할 것으로 기대한다.

제5부에서는 금대 발해인의 발전과 쇠퇴에 대해 살펴보고자 한다. 금의 건국에 적극적으로 협조한 발해인은 그 위상이 요대와 달리 제고되었다. 이는 여진이 건국할 때뿐만 아니라 요동을 병합하는 과정에서 발해인이 적극적으로 동조했고, 협력자가 필요했던 여진도 발해인과의 친연성(親緣性)을 중시했기 때문에 금조가 망할 때까지 안정적인 지위를 유지했다. 그렇다면 발해인은 어떤 경로를 통해 통치 집단에 들어간 것인가?

금초에는 정치적으로 중용을 받은 자가 대부분 여진 종실 내지는 귀족들이었으므로 발해인은 아직 권력 상층부에 진입할 방법이 없었다. 그러나 희종 이후에 금 정권 내부의 권력투쟁으로 말미암아 발해인에게 절호의 기회가 주어진다. 해릉왕(海陵王)이 군주를 시해하고 즉위한 후에 자신의 황위를 공고히 하려고 종실을 배척하고 비종실 여진인과 발해인 등을 중용했기 때문이다. 해릉왕의 어머니와 원비(元妃) 모두가 요양의 발해인 출신이었으므로 그들에 대한 특별한 친근감을 가지고 있었다. 또한 해릉왕의 뒤를 이은 세종도 그의 어머니 및 3명의 후비가 모두 발해인이었으므로 그들과 복잡하게 얽힌 관계였다.

『금사』「후비전」중에 기록되어 있는 발해인 출신의 후비가 10명 이상이었고, 금조 9명의 황제 중에 해릉왕, 세종, 위소왕, 선종 등 4명의 어머니가 동경 발해인이었을 것으로 추정된다. 어떤 이유로 금조가 요양의 발해인 출신의 자녀들을 종실의 측실(側室)로 삼았는가? 이를 파악하기 위해 우선 금조의 발해인에 대한 인식을 파악해야만 한다. 또한 발해의 우성

(右姓)이었던 대씨, 이씨, 장씨 등과 여진 황실 간의 통혼 및 발해인의 관직 진출을 분석함으로써 그들의 정치적 위상을 고찰할 수 있다.

마지막으로 결론에서는 본론의 내용을 정리하면서 반요투쟁뿐만 아니라 요·금대 발해인의 사회경제적 및 군사적 역할을 소략하게나마 정리하였다. 그리고 발해가 망한 후에도 소위 발해인이라는 집단이 오랜 세월 유지하였지만 원대에 이르러 그들의 정체성은 점차 상실되어 그 족칭마저 사라져간 것을 논급하고자 한다.

2. 연구 동향

본고의 내용은 요·금사와 발해사가 중첩되어 있고 이와 관련된 기존의 연구는 각 나라의 이해관계에 따라 대단히 첨예하게 대립되고 있다. 왜냐하면 만주와 한반도 북부를 무대로 전개된 동북사는 한국학계의 민족주의적 정서와 중국학계의 애국주의적 경향이 충돌하는 중요한 접점이기 때문이다.[2] 중국은 통일적 다민족국가론을 기반으로 2000년대 이후 동북공정이라는 틀 속에서 동북사를 학술적 차원을 넘어 중요한 정치적 사안으로 간주하여 접근하고 있다.[3] 한편 이에 대응하여 남북한 학계에서도 민족사적 귀속 및 자국사 편입문제와 관련하여 적극적인 자세를 취하고 있는 실정이다.

이전에 요·금사는 북방 오랑캐의 역사라는 편견과 사료의 결핍으로 학자들의 적극적인 관심을 끌지 못했다. 요·금사 및 발해사 연구와 관련하

---

2) 金翰奎, 『遼東史』, 서울, 문학과 지성사, 2004, p. 17.
3) 『中國의 東北邊疆 硏究』, 서울, 동북아역사재단, 2007, pp. 15~37. 王洛林, 全哲洙, 馬大正 등은 동북공정을 추진하는 핵심 인사들인데 한결같이 동북공정의 정치적 성격을 강조하고 있다.

여 가장 큰 문제는 기본사료의 결핍이며 현재까지 전해지는 사료조차 적지 않은 오류가 보이고 있기 때문이다. 특히 『요사』는 역대수사(易代修史)의 전통을 잇지 못했을 뿐만 아니라 중국 정사 중에 가장 대표적인 두찬(杜撰)으로 꼽는다. 그 외에 『송사』·『금사』·『오대사』·『속자치통감장편』·『고려사』 등에 거란 및 발해와 관계된 내용이 산재되어 있지만 중원왕조 및 고려의 편견이 내재되어 있다. 또한 『요사』를 편찬할 때 참고했던 『거란국지』 역시 남송 관료인 엽융례(葉隆禮)가 찬술하였으므로 한족 중심의 사관이라는 한계를 지니고 있다. 그나마 정통왕조로 인정받아 『요사』라는 정사가 남아있는 것은 매우 다행이며 그것이 없었더라면 요대 발해인의 연구는 불가능했을 것이다.

이러한 이해 속에 요·금대 발해인에 관한 연구 동향을 살펴보면, 직접적으로 이 주제를 다룬 연구 성과는 많지 않다. 한국에서는 주로 발해유민에 국한하여 고려와의 연관성을 찾고자 했기 때문에 발해부흥운동 및 고려 내투민(來投民)에 관한 연구가 주를 이루고 있다. 이와 관련하여 이효형(李孝珩)의 『발해 유민사 연구』를 제외하면 발해사 전체의 흐름 속에서 개설적인 수준을 크게 벗어나지 못하고 있다.[4] 반면 중국에서는 발해를 자국사의 한 부분으로 규정하고 있기 때문에 발해 유예를 단순히 거란의 주민으로 취급하고 있으며 그들과 고려와의 관계에도 큰 의미를 부여하지 않고 있다.[5]

---

4) 韓圭哲, 『渤海의 對外關係史』, 서울, 신서원, 1994; 徐炳國, 『고구려인과 말갈족의 발해국』, 서울, 한국학술정보, 2007; 金昌洙, 「高麗와 興遼國」, 『黃義敦先生古稀紀念史學論叢』, 1960; 徐炳國, 「渤海 遺民史 研究」, 『고구려발해연구』 25, 2006; 李孝珩, 「興遼國 성립과 對高麗 구원 요청」, 『釜大史學』 22, 1998, 「발해유민의 大渤海 건국과 고려와의 관계」, 『白山學報』 64, 2002, 「발해의 멸망과 유민의 諸樣相-東丹國 관련 발해유민을 중심으로」, 『백산학보』 72, 2005; 徐炳國, 「渤海 遺民史 研究」, 『고구려발해연구』 25, 2006; 金渭顯, 「遼代의 渤海流民 研究」, 『고구려연구회학술총서』, 2008.

5) 王民信, 「契丹統治下의 渤海人民」, 『民族與華僑論文集』 創刊號, 1974; 王成國, 「論遼代 渤海人」, 『博物館研究』, 1987 2期; 劉肅勇, 「渤海流民與金朝的政治關係」, 『北方民族』

먼저 요대 발해인과 관련하여 최초 발해유민들이 참여했던 동란은 과도기적 체제로서 그 존속기간도 길지 않았다. 따라서 동란사는 거란사의 일부에 불과하기 때문에 한국학계에서는 큰 관심을 받지 못하고 다만 발해 유민사와의 연결고리로 취급되는 정도이다. 하지만 중국학계에서는 거란 초기 권력투쟁의 연장선상에서 동란의 왕이었던 야율배(耶律倍) 개인에 대한 연구 및 우차상(右次相) 야율우지(耶律羽之) 묘지명에 대한 연구, 그리고 동란의 건국과 소멸에 대한 연구가 비중 있게 다뤄지고 있다.[6]

이 시기 발해유민은 동란의 지배에 저항하여 일부는 해외로 망명하고 일부는 발해부흥운동을 전개하게 되는데 발해고지에 후발해, 정안국, 올야국, 오사성부투부발해국 등의 나라를 세운다. 이른바 후발해라는 명칭은 와다키요시(和田淸)가 최초 언급하였고, 이와 비슷한 시기에 이케우치 히로시(池內宏)의 「철리고(鐵利考)」에서는 후발해가 아닌 대광현 정권이라는 용어를 대신 사용하기도 했다. 이후 30여 년간 후발해국설은 거의 주목을 받지 못하다가 히노가이사부로(日野開三郎)의 「後渤海の建國」을 통해 체계적으로 논의되면서 후발해의 존재를 인정하기 시작했다.[7] 이러한

1990, 1期; 程妮娜, 「辽代渤海人地區的東丹國探析」, 『北方史地』, 2005 6期.

6) 楊雨舒, 「近十年來國內東丹史研究槪述」, 『社會科學戰線』, 1996 3期; 金渭顯, 「東丹國考」, 『宋遼金元史硏究』, 第4號, 2000; 劉肅勇, 「東丹國與東丹王耶律倍」, 『遼寧師院學報』, 1982 3期; 艾生武, 「東丹國初探」, 『北方論叢』, 1983 2期; 王德忠, 「遼朝對東丹國的統治政策及其評價」, 『昭烏達蒙族師專學報-社会科學版』, 1987, 2期; 楊雨舒, 「東丹南遷芻議」, 『社會科學戰線』, 1993 5期; 蓋之庸, 「耶律羽之墓誌銘考證」, 『北方文物』, 2001 1期; 程妮娜, 「辽代渤海人地區的東丹國探析」, 『北方史地』, 2005 6期; 李雪梅, 「論東丹國的建國原因及其性質」, 『遼寧師範大學學報』, 第30卷, 2007 3期; 彭艶芬·竇文良 「遼太祖封長子倍爲人皇王之意探析」 『保定學院學報』, 2008, 3期; 康鵬, 「東丹國廢罷時間新探」, 『北方文物』, 2010, 2期; 李孝衍, 「渤海의 멸망과 遺民의 諸樣相-東丹國 관련 渤海遺民을 중심으로」, 『백산학보』, 72, 2005.

7) 和田淸, 「定安國に就いて」, 『東洋學報』 6, 1916; 「兀惹考」, 『東洋學報』 38-1, 1955; 池內宏, 「鐵利考」, 『滿鮮地理歷史硏究報告』 3, 1933; 日野開三郎, 「後渤海の建國」, 『帝國學師院記事』 2卷3號, 1943; 「定安國考」, 『東洋史學』, 1·2·3合輯, 1950.

연구 성과는 발해의 민족사적 귀속문제와 직접 연관이 있는 남북한 학계
에도 영향을 주어 현재 후발해의 실체를 담론화하고 있다.[8]

하지만 후발해는 정식 국호가 아니며 그 구성조차 학자마다 견해를 달
리하고 있는 실정이며 중국학계에서는 전혀 언급조차 하지 않는다. 이러
한 제반 문제에 대해서는 한규철(韓圭哲)이 자세히 언급하고 있다.[9] 그리
고 후발해와 비슷한 시기에 있던 정안국, 올야에 대한 연구 역시 일본에서
비롯되었지만 현재 중국 및 한국학계에서도 중요한 관심의 대상이다.[10]
다만 위치의 비정 및 정안국과 올야의 관계를 어떻게 설정할 것인가에 대
한 문제가 가로놓여 있어 좀 더 정확한 고증과 연구가 필요하다.

이와 더불어 요대 발해인의 양상 중에서 발해인의 해외망명과 강제이
주에 대한 연구는 빼놓을 수 없는 분야이지만 이 또한 각국의 이해관계에
따라 논지(論旨)의 방향을 달리하고 있다. 한국학계에서는 유민의 상당수
가 고려에 내투했다는 데에 의미를 부여하여 한국사와 연관성을 찾는 데
초점을 맞추고 있다.[11] 반면 중국학계에서는 발해유민이 이웃국가인 고
려로 이동했다고 언급하는 정도에 그치고 있다. 오히려 해외망명보다는

---

8) 金渭顯,「遼代 渤海復興運動의 性格」,『明大論文集』11집, 1997;「渤海流民과 後渤海
   및 大渤海」,『고구려연구』6, 1998: 韓圭哲,「渤海復興國'後渤海'研究-연구동향과 형
   성과정을 중심으로」,『國史館論叢』62, 1995; 李美子,「후발해국의 존재여부에 대하
   여」,『백산학보』67, 2003.

9) 韓圭哲,「渤海復興國'後渤海'研究 - 연구동향과 형성과정을 중심으로」,『國史館論叢』
   62, 1995.

10) 馮繼欽,「遼代兀惹新探」,『東北地放史研究』, 1986 4期; 孫進己,「定安國·兀惹國及燕
    頗的活動」,『東北民族史研究 1』, 中州古籍出版社, 1994; 劉浦江,「遼代的渤海遺民-以
    東丹國和定安國爲中心-」,『文史』1輯, 2003; 朱國忱,「兀惹部·兀惹城硏究」,『東北史
    地』, 2007 3期; 梁玉多,「定安國小考」,『北方文物』, 2010 1期; 三上次男,「高麗と定安
    國」,『東方學報』11-1, 1940; 日野開三郞,「定安國考」,『東洋史學』1·2·3合輯, 1950·
    51;「兀惹部の發展」,『史淵』1·2·3·4合輯, 1943·44·45.

11) 李鍾明,「高麗에 來投한 渤海人考」,『白山學報』4호, 1968; 韓圭哲,「고려 來投·來往
    거란인-발해유민과 관련하여」,『한국사연구』47, 1984):「渤海遺民의 高麗投化」,『역
    사와경제』33, 199.

거란사에 중점을 두고 거란의 강제이주정책 및 발해인의 안치방식 등에 역점을 두고 있다.[12] 발해인과 같은 농경 이주민들은 대체로 주현제의 관할 하에 소속되었으며 그 존재방식은 지역에 따라 일반주현(一般州縣) 및 알로타주현(斡魯朶州縣), 봉릉읍(奉陵邑), 두하군주(頭下軍州) 등으로 나뉘어 안치되었다. 따라서 요대 발해인의 양상을 살펴보기 위해서는 거란 사회의 발전과정 및 지방행정제도의 구획 등을 검토해야만 한다.

이와 관련하여 최근의 거란 정치경제사 연구에서 북남면관 및 목농복합(牧農複合)의 이중지배체제에 대해 주목하고 있다. 이 분야의 주요 연구자로는 진술(陳述)을 비롯하여 양약미(楊若薇), 칠협(漆俠), 교유매(喬幼梅) 등을 들 수 있다. 그리고 이후 많은 학자들에 의해 거란의 행정, 관직, 군사제도 뿐만 아니라 경제의 유형, 부역과 토지제도, 사원경제 등이 연구되었다.[13] 특히 거란의 사회신분제도와 관련하여 두하호(頭下戶)의 성격

---

12) 王成國,「論遼代渤海人」,『博物館研究』, 1987 2期; 楊保隆,「遼代渤海人的逃亡與遷徙」, 『民族研究』, 1990 4期; 楊福瑞,「遼朝徙置州考論」,『昭烏達蒙族師專學報』, 1990 3期;「遼代移民問題研究」,『昭烏達蒙師專學報』 23卷, 2002 5期; 武玉環,「遼朝的渤海移民政策」,『中國東北邊疆研究』, 中國社會科學出版社, 2003;「王氏高麗時期的渤海移民政策」,『遼金史研究』, 吉林大學出版社, 2005; 蔣金玲「遼代渤海移民的治理和歸屬研究」, 吉林大學 碩士學位論文, 2004; 李龍範,「遼代 東京道의 渤海流民」,『史叢·鄭在覺先生回甲紀念論叢』, 1973;「遼代 上京·中京道의 渤海流民」,『白山學報』 15號, 1973.

13) 陳述,『契丹政治史稿』, 北京, 人民出版社, 1986;『契丹社會經濟史稿』, 北京, 生活·讀書·新知三聯書店出版社, 1963; 楊若薇,『契丹王朝政治軍事制度研究』, 北京, 中國社會科學出版社, 1991; 何天明,『遼代政權機構史稿』, 內蒙古大學出版社, 2004; 漆俠·喬幼梅,『遼夏金經濟史』, 河北大學出版社, 1994; 漆俠 主編,『遼宋西夏金代通史(卷1~8)』, 人民出版社, 2010; 張博泉,「遼金"二稅戶"研究」,『歷史研究』, 1983 2期; 武玉環,「遼代刑法制度考述」,『中國史研究』, 1999 1期;「遼代部族制探析」,『史學集刊』, 2000 1期;「遼代斡魯朶探析」,『歷史研究』, 2000 2期;「遼代軍制述論」,『北方民族』, 2000 1期;「遼代賦役制度」,『北方文物』, 2003 1期; 劉浦江,「遼代的頭下制度與頭下軍州」,『中國史研究』, 2000 3期; 李錫厚,「遼代諸宮衛各色人戶的身分」,『首都師範大學學報(社會科學版)』, 1985 4期;「頭下與遼金"二稅戶"」,『文史』 38輯, 1994; 馮永謙,「遼代頭下州探索」,『北方文物』 1986 4期;「遼代部分州縣所在地考證」,『博物館研究』, 1992 1期;「遼

에 대해 마르크스 유물사관에 입각하여 노예 사회적 성격을 지니고 있다고 이해되었으나 농노적 성격이 강하다는 학설 또한 만만치 않다. 이것은 두하호에 예속된 발해유민의 신분과도 직결되기 때문에 좀 더 치밀한 논증이 필요할 것이다.

21세기에 들어서서 중국학계의 거란사 연구 성과는 가히 독보적이라고 말할 수 있다. 그러나 거란사를 단순히 중국사로 보는 중국학계의 시각과 성과를 그대로 수용해서는 안 될 것이다. 왜냐하면 거란을 통일적다민족 국가의 일원으로 보고자 하는 정치적 배경과 밀접한 관계가 있어 왜곡될 소지가 다분하기 때문이다. 무엇보다도 발해를 포함하여 동북아시아 제 민족의 역사는 한국사의 일부이기 때문에 한족 중심의 역사관을 극복할 때 비로소 제자리 매김을 할 수 있을 것이다. 하지만 통일신라론이라는 거대담론을 극복하지 못한 채 고려와의 관계사 속에서 발해 유민사를 인식하는 한계가 있다. 따라서 국내학계에서는 발해유민을 고려와 연계시키는 작업보다는 좀 더 큰 틀 속에서 예맥-동호-숙신계 국가와 관련지어 고찰해 가야만 할 것이다.

이를 위해 발해인의 종족 계통이 우선 정립되어야만 한다. 고대사의 해석에 있어서 많은 갈등이 노정되고 있는데 특히 발해인의 족원과 관련해서는 각 연구자의 의견이 현격하게 대립되고 있다. 한국학계에서는 발해의 주체민족 및 주민 구성이 주로 예맥계의 고구려 유예라고 주장하는14)

代部分州縣今地考」, 『北方文物』, 1994 4期; 張國慶, 「略論遼朝軍隊的徵調制度」, 『北京社會科學』 1998 2期.
14) 宋基豪, 「대조영의 出自와 발해의 건국과정」, 『아시아 문화』 7, 1991; 權五重, 「靺鞨의 種族系統에 관한 試論」, 『진단학보』 49, 1980; 盧泰敦, 「발해국의 주민 구성과 발해인의 족원」, 『한국고대의 국가와 사회』, 1985, 「발해국의 주민 구성에 대한 연구현황과 과제-고려별종과 발해족을 둘러싼 논의를 중심으로」, 『한국사 연구』 122, 2003; 韓圭哲, 「발해인이 된 고구려말갈」, 『고구려발해연구』 26, 2007; 林相先, 「발해 지배세력의 구성과 종족적 연원」, 『백산학보』 51, 1998; 박시형, 「발해는 고구려의 계승국」, 『발해사연구논집』 Ⅰ, 1992; 장국종, 「발해본토의 주민구성」, 『력사과학』 2, 1991; 림

한편 중국학계에서는 속말말갈(粟末靺鞨)이라고 한다.[15] 다른 한편 손진기(孫進己)를 비롯한 몇몇 학자가 발해인을 발해족의 형성이라는 관점에서 그 의미를 찾고자 했다.[16] 즉 예맥족과 말갈족이 융합하여 새로운 민족을 형성하였는데 이들은 순수 말갈족도 예맥족도 아닌 발해족으로서 이들이 사칭(史稱) 발해인이라는 것이다. 이에 대해 김향(金香)[17] 등의 학자는 이러한 발해족설을 정면으로 반박하였던바 발해가 멸망할 때까지 발해족을 형성한 적이 없다고 주장하였다.

그러나 발해족설을 지지하던 반박하던 간에 발해의 주체민족은 속말말갈이며 궁극적으로 문헌상에 등장하는 발해인은 속말말갈이라고 주장할 뿐이다. 결국 중국의 발해사 연구는 통일적 다민족국가라는 중국의 소수민족 정책에서 벗어나지 못하고 2000년대 동북공정으로 연결되고 있는 형편이다. 이에 반해 한국학계에서는 발해인이라고 일컫는 공동체는 고구려 왕조부터 융합되어 하나의 민족성분을 가지게 된 고구려, 부여, 옥저, 동예 출신의 예맥족이었을 뿐이며 말갈족과는 분명한 경계를 가지고 있었다는 것이 중론이다.

호성, 「발해의 기본주민은 고구려 유민」, 『고조선고구려발해 발표 논문집』, 2005; 장국종, 「발해의 주민구성」, 『발해사연구논집』 I, 1992.

15) 康守鵬, 「突地稽李謹行與粟末靺鞨」, 『牧丹江師院學報』, 1987 2期; 王成國, 「試論唐代渤海國的族屬問題」, 『瀋陽師院學院學報』, 1982 1期; 魏國忠, 「渤海靺鞨的稱號」, 『學習與探索』, 1981 2期; 魏國忠·郭素美, 「論渤海主體民族的族屬問題」, 『社會科學戰線』, 2001 3期; 朱國忱·張太湘·魏國忠·吳文衡, 「渤海國的族屬問題」, 『學習與探索』, 1985 5期; 朱國忱·魏國忠·劉曉東, 「論渤海族源與大氏族屬問題」, 『高句麗·渤海研究集成』 4, 1997; 孫秀仁·艾生武·莊嚴, 「渤海的族源」, 『學習與探索』, 1982 5期; 杨军, 「靺鞨诸部与渤海建国集团」, 『民族研究』, 2006 2期.

16) 孫進己, 「渤海民族的形成發展過程」, 『北方文物』, 1994 2期; 崔紹喜, 「渤海族的興起與消亡」, 『遼寧師院學報』, 1979 4期; 孫秀仁·干志耿, 「論渤海的形成與歸向」, 『學習與探索』, 1982 4期.

17) 金香, 「關于"天孫"的 理解」, 『北方文物』, 1988 2期; 「關于渤海國的若干民族問題」, 『社會科學戰線』, 1989 1期; 「渤海國時形成渤海民族碼」, 『北方文物』, 1990 4期.

　따라서 요대에는 발해인과 여진으로 구분되었고 이들은 각각 별개의 역사를 전개해나갔다. 이와 관련해서 요의 민족차별정책에 따른 발해인과 여진의 정치투쟁에 관한 연구 현황을 살펴보고자 한다. 거란은 동북아 역사상 소수의 유목민족이 주체가 되어 건립한 다민족국가로서 그들의 통치정책은 무엇보다도 민족정책과 밀접한 관계를 가질 수밖에 없었다. 이를 위해 거란 통치자는 인속이치의 민족정책을 채택하여 이중지배체제를 확립했다. 칼 비트포겔이 풍가승(馮家升)과 함께 집필한 *History of Chinese Society; Liao(907~1125)*에서 거란의 이원체제를 지적한 바 있다. 이후 정치·경제·사회 전반에 걸친 이원적 통치체제를 학문적으로 체계화하려는 노력이 계속되었다.[18] 그리고 민족정책에 대한 연구는 거란, 해, 한인, 발해인, 여진 등에 걸쳐 다양한 성과가 있으나 각 민족에 대한 비교연구는 찾아보기 힘든 실정이다. 주목할 만한 연구자로서 손진기, 유포강(劉浦江), 왕성국(王成國), 양보륭(楊保隆) 등을 들 수 있으며 이들의 연구 성과를 통해 발해인의 사회적 지위를 유추해 볼만 하다.[19] 발해인의 사회적

18) 何天明, 「試論遼朝政權機構的特點和淵源」, 『內蒙古社會科學』, 1992 3期; 王德忠, 「論遼朝"因俗而治"統治政策形成的歷史條件」, 『求是學刊』, 1999 5期; 杜烈原, 「遼代二元體制與契丹社會制度的發展」, 『遼金契丹女眞史硏究』, 1989 1期; 韓濱娜, 「試論遼代地方行政區劃制度」, 『東北師大學報』, 1993 2期; 王繼忠, 「論遼法二元現象及其融合趨勢」, 『安徽大學學報』, 1997 6期.

19) 孫進己, 『東北民族源流』, 哈爾濱, 黑龍江人民出版社, 1987; 『東北民族史硏究』, 中州古籍出版社, 1994; 「遼代女眞的族體」, 『東北地方史硏究』, 1984 1期; 「女眞源流考」, 『史學集刊』, 1984 4期; 「遼代女眞的經濟及社會性質」, 『克山師專學報』, 1985 1期; 「遼以前契丹族的發展」, 『遼金史論集』 7輯, 1996; 「渤海民族的形成發展過程」, 『北方文物』, 1994 2期; 劉浦江, 「金朝的民族政策與民族岐視」, 『歷史硏究』, 1996 3期; 「試論遼代的民族政策」, 『遼金史論』, 遼寧大學出版社, 1999; 王成國, 「略論唐代渤海與東北各族的關係」, 『東北地方史硏究』, 1986 3期; 「論遼代渤海人」, 『博物館硏究』, 1987 2期; 「遼代民族政策初探」, 『北方文物』, 1987 2期; 「略論遼朝統治下的漢人」, 『社會科學輯刊』, 1997 5期; 楊保隆, 「遼代女眞別稱考辨」, 『中國民族史硏究』 2輯, 中央民族學院出版社, 1989; 「簡論遼代的民族政策」, 『北方文物』, 1991 3期; 冉守祖, 「略論遼朝"因俗而治"的民族政策」, 『史學月刊』, 1993 1期; 金殿士, 「遼代的民族統治政策」, 『東北地方史硏究』

구체상은 사료의 결핍으로 파악하기 어렵지만 그나마 통혼(通婚) 및 임관(任官) 등을 통해 지배계층에 편입된 발해인 세가대족(世家大族)에 대한 연구가 최근 왕선군(王善軍)에 의해 이루어진 바 있다.[20]

한편 대다수의 발해인은 요 조정의 압박과 착취에 신음하였고 이는 발해인의 반요감정을 더욱 자극시켰다. 따라서 대영림, 고욕, 고영창 등의 발해인이 반란을 주도하였고 요 정권에 일격을 가했다. 이들 반요투쟁의 성격과 관련해서 김위현(金渭顯)은 유민사의 시기를 구분하여 전기의 발해부흥운동과 달리 후기에는 정치투쟁의 성격을 띠고 있다고 구명한 바 있다.[21] 하지만 홍요국 및 대발해에 대한 개별적 연구 성과는 찾아보기 힘든 실정이고 거란 내지는 발해사에 관한 개론서 중에 간략하게 소개되는 정도이다. 더욱이 고영창의 반란은 아골타(阿骨打)의 금 건국과 맞물려 있어 연구자의 관심을 끌지 못했다. 다만 한국학계에서의 홍요국 및 대발해에 대한 연구는 고려의 대응양상에 초점이 맞추어져 있는 반면 중국학계에서는 거란 주민의 정치투쟁 가운데 하나로 인식하는 형편이다.[22] 하지만 요금교체기에 발해인의 역할이 무시할 수 없는 요소였던 만큼 이 분야의 연구야말로 금대 발해인의 지위를 살펴보는 데 선행되어야 할 대상이다.

이어서 금대 발해인에 관한 연구 동향을 살펴보면 한국에서는 직접적

1986 3期; 王德忠, 「論遼朝"因俗而治"統治政策形成的歷史條件」, 『求是學刊』, 1999 5期; 王民信, 「契丹統治下的渤海人民」, 『民族與華僑論文集』創刊號, 1974, 「遼朝統治下的奚族」, 『政治大學邊政研究所年報(臺北)』 1974 5期. 孟廣耀, 「遼朝與奚族的關係」, 『中國民族史研究』, 中國社會科學出版社, 1987

20) 王善軍, 『世家大族與遼代社會』, 北京, 人民出版社, 2008.

21) 金渭顯, 「遼代의 渤海復興運動의 性格」, 『明大論文集』 11, 1978.

22) 金昌洙, 「高麗와 興遼國」, 『黃義敦先生古稀紀念史學論叢』, 1960; 李孝珩, 「興遼國 성립과 對高麗 구원 요청」, 『釜大史學』 22, 1998; 「발해유민의 大渤海 건국과 고려와의 관계」, 『白山學報』 64, 2002); 劉肅勇, 「論高永昌反遼抗金斗爭」, 『遼寧師院學報』 1981, 4期; 「渤海流民大延琳의 反遼斗爭」, 『學習與探索』, 1983 2期.

으로 이 주제를 다룬 연구 성과는 거의 없다. 이와 관련해서는 이용범(李龍範)이 「金初 渤海遺民」이라는 제목으로 금 정권의 발해인에 대한 견제정책을 논술한 바 있고, 김위현이 「금대 발해인에 대한 向方」과 「金史의 韓國史 歸屬 問題」를 검토하였으나 시론에 불과하다. 한편 일본의 요·금사 및 발해사에 대한 관심과 연구는 본래 제국주의의 전개와 밀접한 관계가 있지만 거란이나 여진 지배하에 발해유민의 활동을 깊이 있게 연구하여 괄목할 만한 성과를 거두기도 했다. 히노가이사부로는 「後渤海の 建國」, 「定安國考」 등을 통해 후발해의 실체를 담론화했는데 단순히 유민들의 부흥운동에 그치는 것이 아니라 당시 동아시아 전체의 역사 흐름과 연결 지어 논지를 전개하고 있다는 측면에서 시사하는 바가 매우 크다고 하겠다.

또한 도야마군지(外山軍治)는 『金朝史研究』를 통해 금조 치하의 발해인에 대한 연구를 처음 시도하였던바 세종의 어머니 정의황후(貞懿皇后)가 발해인이라는 사실을 고증하였다. 그 결과 세종 추대의 중심세력이 발해인이라는 것을 좀 더 치밀하게 밝혀낸 점은 후학들에게 많은 영향을 주었다. 그 외에 미카미즈기오(三上次男)의 『金代女眞社會の研究』, 『金代政治制度の研究』, 『金代政治社會の研究』 등의 연구 성과가 단연 돋보이는데 이를 통해 금대 민족정책과 피지배 민족 간의 정치적 역학관계를 살펴볼 수 있으나 발해인이라는 역사적 실체에 대해서는 논외로 하고 있다는 점이 아쉬움으로 남는다.

그리고 중국의 발해사 연구의 첫 시작은 김육불의 『발해국지장편』이라고 해도 과언이 아니다. 이 책은 한국과 일본의 1차 사료까지 총망라하여 관련 기사를 체계적으로 분류하여 고증하였다. 따라서 발해사 연구의 최고 권위를 갖게 되었으며 연구자들에게는 주요한 참고 서적이 되었다. 전체 20권 중에서 「유예열전」을 통해서 요·금대의 발해인의 활약상을 살펴볼 수 있다. 특히 출신지역 말고는 한인과 구별하기 어려운 발해인을 고증하여 일목요연하게 정리했다는 점에서 그 의의가 자못 크다고 하겠다.

또한 본 연구와 직접적으로 관련이 있는 금대 발해인에 대해서는 왕세련(王世蓮)의 「渤海遺民與金之勃興」, 유숙용(劉肅勇)의 「渤海遺民與金朝的政治關係」, 유포강의 「渤海世家與女眞皇室的婚姻」, 도흥지(都興智)의 「試論遼陽政變及遼東渤海人」 등과 같이 많지 않은 성과를 들 수 있지만 그나마도 연구 내용이 중복되고 있기 때문에 좀 더 독창적인 연구가 요구된다.23)

이상과 같이 연구동향을 살펴보았으나 결론적으로 많은 쟁점에 있어 바라보는 시각이 현저하게 차이가 있다는 것을 알 수 있다. 무엇보다도 중국사와 한국사의 접점인 요동의 역사를 어느 쪽에 귀속시키느냐는 현재주의적 시각과도 무관하지 않다. 역사가 과거에 일어난 객관적 사건임에도 불구하고 현재의 국적과 입장에 따라 주관적으로 해석된다면 발해사는 물론 모든 역사가 유동적일 수밖에 없다. 그렇다면 현재의 자국사가 훗날 타국사가 될 수도 있다는 점을 인식할 때 역사학자들은 현재주의적 역사해석을 경계해야만 한다.

---

23) 金渭顯, 「金代 渤海人의 向方」, 『韓民族硏究』 7, 2009; 劉肅勇, 「遼金兩代的遼陽地方史和民族問題」, 『社會科學動態』, 1982 8期, 「金代遼陽渤海人述略」, 『東北地方史硏究』, 1986 4期, 「渤海遺民與金朝的政治關係」, 『北方民族』, 1990 1期; 劉浦江, 「渤海世家與女直皇室的聯姻-兼論金代渤海人的政治地位」, 『大陸雜誌』, 1995 1期, 「金朝的民族政策與民族岐視」, 『歷史硏究』, 1996 3期; 王世蓮, 「渤海流民與金之發興」, 『求是學刊』, 1983 4期; 方衍, 「金朝之民族關系」, 『黑龍江民族叢刊』, 1992 2期; 蕭愛民, 「遼金民族政策對比硏究」, 『北方民族文化』, 昭烏達蒙族師專學報, 1992年 增刊; 外山軍治, 『金朝史硏究』, (東京, 同朋舍, 1979); 三上次男, 『金史硏究(1·2·3)』, (東京, 中央公論美術出版, 1970~1973).

제1부

거란의 요동경략과
발해의 멸망

제 1 장
거란의 발흥과 거란 – 발해 관계

1. 10세기 동북아 정세의 변화와 거란의 발흥

역사적으로 동북아시아 국제정세는 각 민족의 자립역량에 따라 그 관계를 설정할 수 있다. 10세기 전후 정복왕조가 출현하기 이전까지 동북아시아의 정세는 중국의 정치적 권위를 기축으로 그 주변 국가들이 통제되는 일원적 지배질서였으나 시대가 내려오면서 주변국가의 발전 정도에 따라 그 기축이 양극화 내지는 역전현상이 일어나게 된다. 정복왕조의 선두 주자였던 거란 이전에도 흉노(匈奴)·선비(鮮卑)·유연(柔然)·돌궐(突厥)·회흘(回紇:위구르)·고구려(高句麗)·토번(吐蕃)과 같은 국가들이 중국과 병립하곤 했으나 그것은 일시적인 현상이었을 뿐이며 결국 중원문화에 압도되어 중국왕조의 정치질서에 흡수되었다. 설사 흡수되지 않았더라도 대다수가 부족연합체의 정치경제적 한계 때문에 중국과의 대등한 양극체제 내지는 세력균형체제를 이루었다고 보기 어려울듯하다.

고대 동아시아 국제질서는 중국 중심의 위계적(階的國) 국제체제라고 규정할 수 있다. 이러한 체제는 춘추전국시대의 혼란을 극복한 진한시기 및 위진남북조시대의 분열을 통합한 수당시기로 대표된다. 진한제국은 멸국치현(滅國置縣)을 기본원칙으로 주변 약소국을 통합하여 직접 지배하였고, 수당제국은 도호부(都護府)를 설치하여 간접적으로 기미지배(羈縻支配)하는 단일체제의 정치질서를 완성하였다. 하지만 이러한 국제질서는 중국왕조가 주변국들을 제압할 만한 힘이 있을 때 가능한 것이었을 뿐 다른 시기에는 그렇지 못하였다. 위진남북조시대 및 오대십국시대와 같은 분열의 시기에는 말할 것도 없고 송과 같은 통일왕조에서조차 주변 제국으로부터 수세적 입장에 놓이게 된다. 특히 송대에는 거란족의 요나 여진족의 금과 병립하는 양극체제가 출현하게 되는데 바로 이 시기부터 중국은 다른 민족에 의해 영토의 일부 내지는 전부를 지배받는 단서를 제공하였다.

10세기 동북아의 정세는 중원의 분열과 거란의 팽창으로 대변할 수 있다. 거란은 주변의 소수민족들을 병합한 후에 동방의 강국인 발해를 점령하였을 뿐만 아니라 고려도 신속시켰으며 중원왕조를 압박하여 장성 이남의 땅을 획득했다. 이후 그 위세가 동북아를 압도하는데 연운16주의 영유는 유목민족의 역사에서 중대한 전기를 마련한 것이었다. 이전의 오호(五胡)의 북조는 유목민들이 장성 이남으로 내려와 중국 내지에서 잡거하다가 국가를 건설한 침투왕조(浸透王朝)였다. 반면 거란은 자신의 정체성을 유지한 채 만리장성 이남의 땅을 지배한 것이다. 거란과 같이 유목사회체제를 유지하면서 장성 이남의 농경지역을 지배하는 국가를 이른바 정복왕조(征服王朝)[1]라고 부르는데 이러한 왕조의 출현을 10세기 동북아 국제정세의 가장 큰 특징이라고 말할 수 있다.

당말 이후에 동아시아 형세에서 이러한 변화가 발생했던 배경은 수당

---

1) 征服王朝는 독일출신 미국인 비트포겔(K.A.Wittfogel)이 馮家昇과의 공저 *History of Chinese Society; Liao(907~1125)*, New York, American Philosophical Society, 1949의 서문에서 처음으로 사용한 이후 일반화된 개념이다.

제국의 개방적인 국가경영에 힘입어 이민족들이 중원의 선진문명을 적극적으로 수용하였으며 또한 민족적 자각을 일으켜 중국에 대항했기 때문이다. 게다가 안록산(安祿山)의 난을 계기로 중원의 분권화가 가속화되는 한편 몽고초원에서는 내륙아시아를 제패하던 위구르제국이 멸망함으로써 동북아 일대에 정치권력의 공백이 생기면서 거란이 발흥하는 계기를 갖게 되었던 것이다. 이러한 역학관계 속에서 거란은 유목과 약탈에서 벗어나 정주와 점령이라는 생활양식을 지향하게 된다. 이들은 부족제에서 전제군주제로 이행하면서 강력한 민족국가를 형성하였다. 이에 따라 국호와 연호를 사용하였고, 자국의 문자를 만들어 거란어를 사용할 수 있도록 하였다. 이러한 형태는 10세기 이후 북방에서 발흥한 부족연맹체 국가들에게 선례를 남겼는데 바로 여진족의 금(金), 몽골족의 원(元), 만주족의 청(淸) 등에게 영향을 주었던 것이다.

한편 거란의 발흥과정을 살펴보면 그들은 동호계(東胡系)[2]의 종족이며 동부 선비의 일파인데 이주과정에서 점차 우문(宇文), 모용(慕容), 단(段) 등 3부를 형성하였다. 그러나 3부 사이에 각축전을 벌이는 과정에서 344년에 전연(前燕)의 모용황(慕容皝)이 단부를 멸망시키고, 다음해 우문부를 친정하여 그 부중(部衆) 5,000여락(落)을 창려(昌黎)로 이주시켰다. 이때 나머지 무리는 고구려로 도주하거나 송막(松漠)으로 숨어버렸으며 수십 년이 경과한 후에 그 부락이 점차 강대해져 수시로 북위(北魏)의 변경을 약탈하였다. 그러나 등국(登國) 3년(388)에 북위 태조 탁발규(拓跋珪)가 송막에서 유목하던 우문부의 무리들을 정벌하였으므로 그들은 고막해

---

2) 거란의 기원과 관련,『舊五代史』卷137「外國列傳 一」에서는 "契丹者 古匈奴之種也", 『北史』卷94「契丹傳」에는 "契丹國在庫莫奚東 與庫莫奚異種同類",『新唐書』卷219「北狄傳」에는 "契丹本東胡種 其先為匈奴所破 保鮮卑山",『五代會要』卷29「契丹傳」에서는 "契丹本鮮卑之種也"라고 구분하고 있지만 거란의 거주지역이 동호지역에 해당하므로 큰 의미의 東胡系로 이해하고자 한다.

(庫莫奚)와 거란 양부로 분리되어 각자 독립된 길을 걷게 되었다.

이후 거란은 북위와 여러 해 왕래를 한 후에 정식으로 승인을 받아 "제국(諸國)의 말석에서 향응에 참가하는 지위를 얻었다"[3]고 한다. 이때부터 6세기 중엽까지 거란은 고팔부(古八部) 연맹 단계에 해당한다. 고팔부는 강력한 이웃국가의 침략을 공동으로 방어하기 위해서 만든 이완된 부락연맹으로 수령은 각부에서 용맹하고 지략이 있는 자를 뽑아 그를 수령으로 추대했다.[4] 사회가 발전하고 그 역량이 증강함에 따라 그들은 외부로 발전할 필요가 있었으나 주변국에 비해서 그 역량이 상대적으로 약소하였다. 북조 말에는 유연 대신에 강력한 돌궐이 출현하면서 거란의 일부가 돌궐의 통치권에 편입되었고, 나머지는 동쪽 고구려로 도망가 기거함으로써 거란의 고팔부 연맹은 와해되었다.

이후 수당제국이 성립되자 중원왕조와 돌궐의 길항관계(拮抗關係) 속에서 거란은 양국에 번갈아가면서 예속되었다. 개황(開皇) 말에는 부락 4천여 가(家)가 돌궐을 배반하고 항복해오자 수 문제는 돌궐과의 친선관계 때문에 위무하여 돌려보내고자 했으나 그들은 거절하고 돌아가지 않았다. 『수서』에 의하면 당시 거란은 "그 부락이 점점 많아지자 마침내 북쪽으로 수초를 따라 옮겨가 요서 정북 쪽으로 2백리에 있는 탁흘신수(託紇臣水: 라오하강)에 의지하여 살았다. 동서로 5백리, 남북으로 3백리에 걸쳐 있었고 10부로 나뉘었다"[5]고 하는데 『요사』에는 "그 10부의 이름들이 전해지지 않는다"[6]고 했다. 이때 돌궐의 사발략(沙缽略)가한이 토둔(土屯)을 파견하여 그들을 통솔하였다. 수말 당초에 거란은 두 번째로 대하씨(大賀

---

3) 『魏書』卷100, 「契丹傳」 "得班饗于諸國之末"

4) 『契丹國志』 「契丹國初興本末」 "八部大人後稍整兵 三年一會 于各部內選雄勇有謀略者 立之爲主 舊主退位 例以爲常"

5) 『隋書』卷84, 「北狄:契丹·室韋」 "部落漸衆 遂北徙逐水草 當遼西正北二百里 依託紇臣水而居, 東西亘五百里 南北三百里 分爲十部"

6) 『遼史』卷32, 「營衛志 中」 "部落漸衆 … 分爲十部 逸其名"

氏) 연맹을 형성하였는데 돌궐에 신속되어 "사근(俟斤)"이 되었다. 거란
부족연맹의 수령은 원래 돌궐의 사근 중에 하나였다. 후에 거란의 수장이
가한으로 자립하자 그 아래 소속된 각부의 추장을 사근, 즉 이리근(夷离
堇)이라고 불렀으며 이는 군마(軍馬)를 통솔하는 부족관이었다.

당 초기, 즉 고조·태종·고종시기에 거란 각부가 계속 내부(來附)하였
으므로 주(州)를 설치하였다. 정관(貞觀) 22년(648)에는 거란의 수령 "굴
가(窟哥)가 부중을 이끌고 내속(內屬)하기를 청하자 곧바로 송막도독부를
설치하고 그를 좌령군장군(左領軍將軍) 겸 송막도독부(松漠都督府)·무극
현남(無極縣男)으로 삼고 이씨 성을 하사하였는데"[7] 이후 거란은 당의 기
미부주(羈縻府州) 체제 하에 예속되었다. 굴가가 죽은 후에 그의 손자 이
진충(李盡忠)이 송막도독이 되어 그의 처남 손만형(孫萬榮)과 함께 영주
성(營州城)에 기거하였다. 무측천 만세통천(萬歲通天) 원년(696)에 영주
도독 조문홰(趙文翽)가 "거란의 기근을 구휼하지 않았고 추장을 마치 노
복 보듯이 취급하자 두 사람은 분노하여 반란을 일으켰다."[8] 이러한 거란
의 대반란을 당은 돌궐의 힘을 빌려 어렵게 진압하였다. 이후에도 무측천
은 당에 항복한 거란의 장수 이해고(李楷固)를 이용하여 재차 거란을 토벌
하자 일부 패잔의 부중은 황수(潢水:시라무렌강)·토하(土河:라오하강)의
합류점으로 도망가서 부족의 명목을 간신히 보존하였으나 결국 돌궐에 다
시 예속되었다.

이후에 당과 20여 년간 내왕이 단절되었으나 개황(開元) 2년(714)에 대
하씨 연맹의 수령 실활(失活)이 해인(奚人)을 따라 사신을 파견하였으므
로 현종은 더욱 그들을 위무하여 개원 3년에 송막도독부를 다시 설치하면

7)『舊唐書』卷199,「北狄傳·契丹」"二十二年 窟哥等部咸請內屬 乃置松漠都督府 以窟哥
爲左領軍將軍兼松漠都督府無極縣男 賜姓李氏"
8)『資治通鑑』卷205,「則天順聖皇后中之上」"契丹饑 不加賑給 視酋長如奴僕 故二人怨而
反."

서 실활을 도독으로 삼았다. 그리고 영주도독부도 설치하여 거란을 관리
하였다. 실활 사후에 군사수장이었던 가돌우(可突于)가 전권을 잡으면서
그 수령들을 계속 폐위시켰는데도 불구하고 당조는 그를 회유하기 위해
다만 그의 청을 대부분 따라줄 뿐이었다. 개황 18년(730)에 가돌우가 소고
(邵固)를 살해하고 따로 굴열(屈烈)을 수령으로 세우자 대하씨 연맹은 요
련씨 연맹으로 바뀌게 되었다. 이후에 거란과 당과의 관계는 재차 단절되
었다. 734년에 대하씨 연맹이 와해되자 친당성향의 독활부(獨活部) 수령
인 과절(過折)이 가돌우와 굴열을 둘 다 살해하였다. 다음해 가돌우의 동
당(同黨)이자 요련씨의 지지자이면서 요 황실의 시조인 야율열리(耶律涅
里:泥禮)가 과절을 살해하고 요련조리(遙輦俎里:遙輦祖里)를 수령으로 추
대하여 조오(阻午)가한이라 불렀다. 그는 야율열리의 보좌 아래 부락의
정돈과 재건에 착수하였는데 요련씨 연맹은 처음에 여전히 8부로 조직
되었고 후에 다시 20부로 분화되었다.[9] 『신오대사』에 따르면 당시 거란
은 팔부족 연맹체의 부족국가였다. 각 부의 우두머리를 대인(大人)이라
불렀으며 그 중에 한 명을 추대하여 기고(旗鼓)를 세워 팔부를 통솔하게
하였다고 한다. 팔부연맹의 수령은 가한(可汗, Khan)이고 중원에서는 거
란왕이라고 불렀는데 당의 관제에 따라 거란왕은 송막도독부의 도독을 겸
하였다.

줄곧 당과 위구르제국의 위령(威令)에 굴복하던 거란족은 8세기 중엽

---

9) ≪建國 以前 契丹의 部族≫ (『遼史』卷32·33,「營衛志 中·下」部族)

部族 聯盟體名	部 落 名
古 8部 聯盟	悉萬丹部, 何大何部, 伏弗郁部, 羽陵部, 日連部, 匹絜部, 黎部, 吐六于部
隋 契丹 10部	未詳
唐 大賀氏 8部 聯盟	達稽部, 紇便部, 獨活部, 芬問部, 突便部, 芮奚部, 墜斤部, 伏部
遙輦氏 8部 聯盟	旦利皆部, 乙室活部, 實活部, 納尾部, 頻沒部, 納會雞部, 集解部, 奚嗢部
遙輦 阻午可汗 20部 聯盟	迭剌部, 乙室部, 品部, 楮特部, 烏隗部, 突呂不部, 涅剌部, 突擧部, 右大部, 左大部 + 遙輦氏 8部, (2개의 部는 未詳)

안사(安史)의 난으로 인한 중국의 분열과 9세기 위구르제국의 와해를 틈타 자립의 태세를 갖추었다. 그들의 "땅이 북쪽으로 실위와 접하고, 동쪽으로는 고(구)려와 이웃하였으며 서쪽으로는 해와 접하고 남쪽으로는 영주에 이르게 되었다"[10]고 한다. 중원 및 초원지역에서의 권력공백이 거란에게 천우신조(天佑神助)로 작용했다. 당 말기 "광계(光啓: 885~887)때에 바야흐로 천하에 도적이 일어나서 북쪽 영토가 혼란에 빠지자 거란은 해와 실위를 침입하여 작은 부종(部種)을 모두 복속시켰다."[11] 거란이 흥기하기 시작한 것은 바로 이 무렵의 국제정세 때문이었고, 야율아보기의 출현도 거란을 역사무대의 전면에 등장시키는 계기가 되었다.

야율아보기는 901년에 질랄부(迭剌部)의 이리근에 피선되자마자 군사상의 대권을 장악하였다. 그는 이를 기반으로 자신의 정치권력을 확장함으로써 가한의 권위를 초월하였다. 907년에는 마침내 흔덕근(痕德堇) 가한을 대신하여 야율아보기가 가한으로 선출되었는데 자신의 강력함과 용맹성을 믿고 여러 부족장이 교대로 가한이 되는 관행을 받아들이지 않았다. 여기에 반발한 그의 동생들과 부족장들의 반란이 끊이지 않았다. 이는 가한 자리를 놓고 벌이는 쟁탈전에서 비롯되었는데 세선제(世選制)에 따라 그의 형제들도 가한이 될 수 있는 자격이 있었기 때문이었다.

형제들의 반란은 911년부터 915년까지 비교적 장기간에 걸쳐 일어났다. 이는 황족과 귀족 내부의 모반사건으로 실제로는 정권쟁탈전이나 다름없었다. 이 사건으로 국력의 손실은 컸지만 반대로 야율아보기를 중심으로 하는 체제가 확립될 수 있는 기회이기도 하였다. 처음 911년에는 야율아보기의 동생들 중에 동모제(同母弟)인 야율랄갈(耶律剌葛), 야율질랄

---

10) 『五代會要』卷72, 「四夷附錄 1」 "當唐之世 其地北接室韋 東隣高麗 西界奚國 而南至營州."

11) 『舊五代史』卷137, 「契丹傳」 "光啓中 其王沁·丹者 乘中原多故 北邊無備 遂蠶食諸郡達靼奚室韋之屬"

(耶律迭剌), 야율인저석(耶律寅底石), 야율안단(耶律安端) 등이 반란을 공모하였으나 안단의 아내 점목고(粘睦姑)가 이 사실을 고변함으로써 실패하였다. 야율아보기가 그들 모두를 용서해주었으나 912년에 숙부인 야율할저(耶律轄底)의 선동으로 또다시 모반했다. 이 역시 형제들은 사죄하는 것으로 끝났으나 반란의 책임자인 할저는 구금되어 있다가 목을 매 죽었다. 913년에도 여러 아우들이 기병 1천여 기(騎)를 이끌고 야율아보기에게 접근하다가 실패하였다. 이 사건의 연루자가 무려 6~7천여 명이나 되었다. 마침내 동생들의 세력을 진압하면서 914년에 교(絞)·참(斬)·투애(投崖)·생예(生瘞:생매장)·사귀전(射鬼箭)[12] 등의 형법으로 반당 300여 인을 사형에 처하였으나 형제들은 석방하였다. 915년에 술율씨(述律氏)의 책략에 따라 나머지 각부의 반대자를 제압함으로써 훗날 거란을 건립할 수 있는 초석을 마련하게 되었다.

거란 각부의 통제를 공고히 한 후에 야율아보기는 영토 확장에 착수하여 새북(塞北)을 통일하기 시작했다. 우선 해(奚)와 습(霫) 등을 속부로 통합한 후에 오고(烏古), 흑고자실위(黑庫子室韋), 조복(阻卜:韃靼), 토번 등을 차례로 정복했다. 또한 중국의 혼란을 틈타 장성 이남을 침입함으로써 산서지역의 사타족(沙陀族) 출신인 이극용(李克用)·이존욱(李存勖) 부자와 유계(幽薊)지역을 놓고 각축전을 벌이기도 했다. 이와 더불어 중국의 하남세력인 주전충(朱全忠)과도 연계하여 중국의 정세에 깊숙이 간여했다. 안으로는 수구귀족 세력을 진압하고 밖으로는 막북통일을 추진하는 과정에서 야율아보기는 세습의 전제권력을 구축하고자 했다. 그는 한족

---

12) 거란군의 출전의식이다. 황제가 친정할 때 갑주(甲冑)를 쓰고 여러 황제의 사당에 제사를 지내고 그때 사형수 1명을 정벌 나가는 방향의 기둥에 묶어 놓고 화살을 마구 쏘아 고슴도치처럼 화살이 꽂히도록 하여 상서롭지 못한 일을 물리치는 의식이다. 이때 화살은 명전(鳴箭)으로 쏘는데 흡사 귀신이 우는 소리와 같다고 하여 귀전(鬼箭)이라고도 한다.

책사들의 건의에 따라 916년에 칭제 건원하여 국호를 거란(契丹),[13] 연호를 신책(神册)이라 하였다. 907년과 916년 두 차례의 즉위와 관련해서 첫 번째는 부족연맹체제의 대군장인 가한으로서의 즉위를 의미하고, 두 번째 즉위는 여러 부족을 압도하고 전제군주권을 확립함으로써 중화적인 제왕 칭호와 연호를 발포한 것이라고 추론할 수 있다. 이로써 거란은 부족연맹 체제에서 중앙집권국가로 이행하기 시작했고 이를 바탕으로 대제국의 길을 걷게 된다.

태조 야율아보기는 대외적으로 신책 원년(916)에 서쪽 정벌에 착수하여 돌궐, 당항(党項), 토번, 소번(小蕃), 사타 등 여러 부를 모두 평정하였고, 안으로 제도를 정비하여 신책 5년(921)에는 거란대자를 만들고 6년에는 법률을 정하여 반작(班爵)을 바로잡게 함으로써[14] 거란의 국력을 강화시켰다. 이어서 중원지역을 정복하고자 했지만 동쪽에 발해라는 세력을 간과할 수 없었다. 거란은 "중국을 엿보는 뜻을 갖게 된 뒤부터 여진과 발해 등이 그 배후에 있음을 걱정하여 발해를 치려고 하였다"[15]고 한다. 건국 이후에 발해와 탐색전을 벌이던 거란은 마침내 발해 원정을 착수한다.

---

13) 劉浦江, 「遼朝國號考釋」, 『歷史硏究』, 2001 6期.

≪遼朝의 國號 變遷 槪況≫

年代	漢文 國號	非漢文 國號
916-937年 (태조~태종)	大契丹	哈喇契丹(全稱) 大契丹, 契丹國, 契丹(簡稱)
938-982年 (태종~경종)	大遼(燕雲漢地), 大契丹(遼朝故地)	
983-1065年 (성종~흥종)	大契丹	
1066-1125年 (도종~천조제)	大遼	

14) 『遼史』卷1·2, 「太祖本紀」 "神册元年 秋七月壬申 親征突厥·党項·吐渾·小蕃·沙陀 諸部 皆平之 … 神册五年春正月乙丑 始制契丹大字 … 神册六年夏五月丙戌朔 詔定法律 正班爵"

15) 『新五代史』卷72, 「契丹傳」 "然自此頗有窺中國之志 患女眞渤海在其後 欲擊渤海."

2. 거란 건국 전후 발해-거란 관계의 변화

발해를 구성하는 주민은 예맥계 및 숙신계로서 동호계의 거란족과 여러 가지 면에서 차이가 있는 민족이었다. 거란족은 4세기 중엽에 시라무렌강16)의 남쪽 유역에서 유목하며 고구려·모용연 양국 사이에 끼어있던 미약한 세력이었는데 5세기 후반에 이르러 고구려의 압력을 피해 대릉하(大凌河:다링강) 유역까지 남하하게 된다. 요서지방까지 이동하게 되자 불가피하게 중국과의 갈등이 빈번하게 되었고 북위시대에 비로소 조공관계가 수립되었다. 이후 거란은 송막17)에서 유목생활을 하며 주위의 형세에 따라 유연, 고구려, 돌궐, 위구르, 중원왕조 등에 부속되기도 하였다. 앞서 살펴보았듯이 거란이 고팔부 연맹 및 대하씨 연맹을 거쳐 요련씨(遙輦氏) 연맹 시기에 이르러 부족을 통합한 야율아보기가 건국을 지향하게 된다.

한편 고구려 유민이었던 대조영(大祚榮)은 696년에 이진충의 난을 계기로 고구려 유민과 말갈의 무리를 규합하여 동모산(東牟山)에서 발해를 건국하였다. 건국 과정에서 대조영 집단이 거란과 함께 반당전쟁을 펼쳤으나 실패하였고, 거란의 여당(餘黨)으로 몰려 동주(東走)하였는데 이는 당시 발해의 건국집단이 거란과 공동의 목표를 지향했음을 암시한다. 당의 무측천(武則天)이 거란의 항장(降將) 이해고에게 대조영 집단을 토벌하게 하는 한편 책봉으로 그들을 회유하려 했던 점을 미루어 보아 고구려 유민이었던 대조영 집단은 당에 적대적인 입장을 견지했음을 알 수 있다.

그러나 대조영 집단의 반당활동을 부정하는 견해에 따르면 속말말갈과

---

16) 西拉木倫(시라무렌)은 몽고어로 "누런 강"을 의미한다. 黃河(황하)와 구별하기 위해 이전에는 潢水(황수)라고 쓰였다. 또는 饒樂水(요락수), 吐護眞水(토호진수) 등으로 불렸다.

17) 내몽고 동부의 시라무렌강 및 라오하강 중하류 일대를 옛날에는 송막이라 불렀다. 당의 기미도독부(羈縻都督府)의 이름으로 정관 22년(648)에 거란족으로 부락을 설치하였다. 治所(치소)는 현재 내몽고 巴林右旗(파림우기)의 남쪽에 설치하였다.

고구려 유민은 당을 공격하지 않았다고 한다. 거란이 영주를 점거하자 동쪽으로 향한 것은 그들이 거란의 통제를 벗어나기 위한 것이며 무측천이 이해고에게 그들을 토벌하라고 명령했던 것도 단지 걸사비우(乞四比羽)와 걸걸중상(乞乞仲象)이 당의 책봉을 받아들이지 않았기 때문이라고 주장한다.[18] 그러나 당시 고구려 유민이었던 그들은 거란의 속박보다는 당의 기미에서 벗어나고자 했고 영주도독 조문홰의 횡포는 송막지역의 거란뿐만 아니라 영주지역의 다른 민족들에게도 분노를 불러일으켰음에 틀림없다.

당시 이진충이 이끄는 무리 속에는 거란뿐만 아니라 내지로 옮겨진 동호계의 해·습·실위도 있었고 민족 성분이 다른 말갈과 고구려 유민도 포함되어 있었다. 그들은 당의 영주도독부에서 기미지배를 받아오던 가운데 송막도독인 이진충에게 이끌려 반당전쟁에 직간접적으로 참여했다. 이 반란은 거란의 투쟁에서 시작되었으나 당의 지배하에 있었던 고구려 유민도 말갈과 연합하여 거란의 반당전쟁에 동조했다. 반란군은 697년에 하북의 영평(永平) 부근에서 17만 명의 당나라 군사를 거의 전멸시켰고, 이어서 유주(幽州)와 그 주위의 여러 성들을 함락시키는 등 세력을 떨쳤으나 돌궐이 당에 협력한 것을 계기로 상황은 반전되었다. 이진충이 죽고 난 후에 그 뒤를 이은 손만영의 세력이 점차 약화되자 대조영 집단은 이들과 결별하여 탈출을 시도하였다. 거란의 반당전쟁은 고구려 유민들의 탈출에 유리한 조건을 마련해주었고, 결국 대조영이 발해라는 새로운 왕조의 서막을 열게 된 것이다.

당시 거란과 대조영 집단의 역학관계는 우월적 지위를 지닌 이진충이 주도하였으나 대조영 집단은 그들과 더불어 반당이라는 공동의 목표를 지향하며 상호 협력했던 것이다. 걸걸중상이 사리(舍利)라는 관직을 얻은

---

18) 孫進己, 「粟末靺鞨的漢化及建立渤海國」, 哈爾濱出版社, 『高句麗渤海研究集成』 4, 1997, pp.135~136.

것은 분명히 거란의 무상(無上)가한이었던 이진충에게 받은 것으로 추정되기 때문에 대조영 집단이 거란에 종속되어 있었다고 볼 수 있다. 『요사』의 「국어해(國語解)」에는 "거란의 호민(豪民)은 두건을 두르는데 소와 낙타 10마리와 말 100필을 바치면 관직을 주니 바로 사리라고 일컫는다. 뒤에 드디어 여러 군영의 관리를 삼았으니 낭관(郎官)의 직급을 준 것이다"[19]라고 기술되어 있다. 또한 『오대회요』에서는 조영의 아버지를 "대사리(大舍利) 걸걸중상"이라고 일컬었고 주를 달아 "대는 성이며 사리는 관이고 걸걸중상은 이름이다"[20]라고 한 것을 보면 거란으로 부터 관직을 받은 듯하다.

하지만 대조영 집단은 자신들의 운명을 완전히 거란에게 맡긴 것은 아니다. 이들은 쉽게 굴복하지 않았던 고구려의 유민으로서 복국(復國)을 도모하기 위한 전략의 일환으로 거란과 함께 행동했을 것이다. 그러나 형세가 역전되어 거란인의 대세가 꺾이자 대조영 집단은 더 이상 거란에 기대할 수 없었으므로 그들과 다른 길을 모색해야만 했다. 대조영 집단의 이탈은 손만영이 영도하던 거란세력을 약화시켰고 이에 따른 거란의 원망도 극에 달했을 것이다. 어떤 이는 훗날 야율아보기가 발해를 대대로 내려오는 원수라고 지칭한 이유가 바로 이때의 배신 때문이라고 말하기도 한다. 이는 후술하기로 하고 결국 돌궐의 개입으로 이진충의 난은 진압되었고 이후 거란은 돌궐에 복속되었다.

대조영이 동쪽으로 달아나 발해를 건국한 후에 거란과의 관계는 어떻게 되었는가? 결론적으로 말하자면 서로 돌아볼 겨를이 없어 상호관계를 형성하지 못했다고 생각된다. 당시 동북아 정세는 당과 돌궐이라는 강대국의 양극체제 속에 약소국은 자신의 국익에 따라 대외관계를 모색하였

---

19) 『遼史』卷116, 「國語解」 "契丹豪民要裹頭巾者 納牛駝十頭 馬百疋 乃給官名曰舍利 後遂爲諸帳官 以郎君繫之"
20) 『五代會要』卷30, 「渤海」 "有高麗別種大舍利乞乞仲象 大姓 舍利官 乞乞仲象名也".

다. 우선 당은 이진충의 난을 돌궐의 도움으로 평정했지만 그 결과 거란과 해가 돌궐에 복속됨으로써 동북방면의 요충지인 영주를 회복하지 못하였다. 또한 안동도호부가 안동도독부로 축소됨으로써 요동 지역의 지배력도 약화되었기 때문에 거란은 돌궐의 영향력 하에 놓이게 되었다.

그리고 발해는 건국과정에서 당의 토벌을 받았기 때문에 건국 즉시 돌궐과 통교하여 우호적인 관계를 맺었다. 이런 역학관계에서 볼 때 발해는 거란·해와 마찬가지로 돌궐의 세력권에 포함되었다. 따라서 거란과 발해도 적대적인 관계를 유지하였다고는 볼 수 없다. 이후 당과 돌궐 간에 화친관계가 성립됨에 따라 발해도 713년에 당과 국교를 수립하였다. 당은 발해와 조공책봉관계를 수립하여 요동지역을 안정시키고 이를 통해 거란을 견제하고자 했지만 뜻대로 되지는 않았다.

한편 묵철(默啜)가한[21] 시기에 돌궐이 쇠약해지자 개원 2년(714)에 이진충의 족제(族弟) 실활이 거란 각부를 이끌고 당에 귀부하였고, 당은 재차 송막도독부를 설치하여 그를 도독으로 삼아 송막군왕(松莫郡王)으로 봉하였다. 그러나 돌궐이 다시 세력을 회복하게 되면서 상황은 변할 수밖에 없었다. 돌궐은 묵철가한 사후에 비가(毗伽)가한(716~733)이 혼란을 수습하면서 세력을 다시 회복하였으므로 거란에 대해 영향력을 행사했다. 개원 6년(718)에 새로 즉위한 거란의 사고(娑固)가 당에 입조한 틈을 타서 가돌우(可突于)가 부락 통솔권을 탈취하자 안동도호 설태(薛泰)가 당나라 군사와 사고의 무리 및 해족을 거느리고 가돌우를 공격하였지만 대패하였다. 당시 당은 거란을 토벌하기 위해 발해에 사신을 보내어 그들이 돌궐에 참여하는 것을 막고 당과 협력할 것을 요구한 것 같다. 다음 기록은 이때

---

21) 묵철은 돌궐 제2제국의 2대 가한(재위 691~716)이다. 691년 형 골돌록(骨咄祿)가한이 죽은 뒤 그의 아들이 어린 것을 빌미로 왕위를 빼앗아 가한이 되었다. 해·거란·키르키즈·탕구트·바슈밀·투르기시 등 여러 부족을 쳐서 영역을 확대했다. 동서교통의 요지를 차지하여 다시 돌궐의 전성시대를 이룩하였다.

의 정황을 전하는 것이다.

> 개원 8년(720) 9월 좌효위낭장(左驍衛郎將)으로 낭중(郎中)을 겸임한
> 장월(張越)을 말갈(발해)에 사신으로 보냈다. 이는 해와 거란이 당의 은
> 의(恩義)를 배반했기 때문에 토벌하려는 것이다.[22]

여기에 보이는 말갈은 발해를 가리키는 국칭(國稱)이다. 당이 고구려 유예가 세운 발해를 비하하기 위해 발해를 말갈 또는 발해말갈로 표현한 사례가 많기 때문이다.[23] 당의 기대와는 달리 돌궐의 세력회복은 발해를 억제하였기 때문에 그들이 당의 거란토벌에 어떠한 군사적 협력도 보이지 않았다.

이어서 가돌우는 가한들을 누차 폐위시키더니 개원 18년(730)에 결국 소고를 살해하고 굴열을 수령으로 세워서 대하씨 연맹을 요련씨 연맹으로 바꾸었다. 일찍이 돌궐과 결탁하여 누차 당을 공격해오던 가돌우가 734년에 친당의 독활부 수령 이과절에게 살해되었다. 다음해 가돌우의 잔당이었던 야율열리가 다시 이과절을 죽였는데 바로 이 사람이 훗날 거란왕실의 선조였다. 이과절과 열리는 모두 당으로부터 송막도독을 제수 받았다. 이는 거란이 돌궐 휘하에서 벗어나 당에 귀속되었음을 의미한다. 이에 따라 돌궐도 거란과 해를 토벌하기 위해 발해에 사신을 파견하였다. 이 무렵 당 현종이 발해의 무왕에게 보낸 칙서를 통해 당시의 상황을 알 수 있다.

> 근래 경의 표문을 보니 돌궐이 사신을 보내 양번(兩蕃)을 공격하려고
> 하는 모양이다. 해와 거란이 지금 당에 복속되어서 돌궐이 사사로이 원한

---

22) 『册府元龜』卷986, 「征討 5」 “開元八年 九月 遣左驍衛郎將攝郎中張越使于靺鞨 以奚及
    契丹背恩義討之也”
23) 羅永男, 「渤海靺鞨의 再解釋-大祚榮의 出自와 渤海의 住民構成」, 『전북사학』 39호,
    2011.

을 품고 이들에게 복수하고자 한 것이다. 경이 따르지 않으면 그만이지 어찌 사신을 방해하는가? 아마도 사신을 결박한 모양인데 의리상 그러는 게 아니다.[24]

발해는 건국 초기에 돌궐과 어떤 형태로든 긴밀한 관계를 유지했을 것이다. 당에 반대하여 건국하였던 결과 힘의 열세를 극복하기 위해 예속관계이던 동맹관계이던 돌궐의 영향권에 있었다. 하지만 당으로부터 책봉을 받고 긴장이 완화되자 돌궐과도 일정한 거리를 두고 등거리 외교를 지향했을 것이다. 그러나 발해가 돌궐의 사신을 홀대하면서까지 거란을 침략하자는 제안을 거부한 점을 미루어 보아 당시 등주(登州)를 침략했던 발해가 당과의 관계회복이 절실했고 영주지역의 분란에 휘말리고 싶지 않았을 것임에 틀림없다. 다만 돌궐의 사신을 결박하는 등의 외교상 무례는 중국 측의 과장된 기록일 수도 있다. 당시 발해가 기울어져가는 돌궐과 협력해서 당의 속부인 거란에 침략할 이유가 없었겠지만 그렇더라도 여전히 강대국인 돌궐을 자극할 필요가 없었기 때문에 도발적 행위를 하지는 않았을 것이다. 무엇보다도 발해는 서쪽보다는 동쪽의 말갈 제 세력을 복속시키는 데 힘을 기울이고 있던 터라 서쪽 변경을 위험하게 하는 무모한 행위를 하지 않았다고 본다.

따라서 발해는 당이나 돌궐을 도와서 거란에 대한 침략행위를 하지 않았다. 거란 역시 당과 돌궐 사이에 끼여 복종과 반란을 반복하고 있던 터라 동쪽의 발해로 진출할 여력이 없었다. 그때까지 거란은 주체 세력이라 기보다는 당과 돌궐에 번갈아 예속되어 있었기 때문에 발해와의 관계에서도 주도적인 역할을 할 수 없었다. 요련씨 연맹은 일찍이 돌궐에 의부한 적이 있었지만 천보(天寶) 4년(745)에 돌궐이 위구르에게 멸망당하자 거

---

24) 『文苑英華』 卷471, 翰林制詔 52 蕃書 4 "又近得卿表云 突厥遣使 求合擬打兩蕃 奚及契丹 今旣內屬 而突厥私恨 欲讐此蕃 卿但不從 何妨有使 擬行執縛 義所不然"

란의 조오(阻午)가한이 당에 투항하여 당조로부터 이회수(李懷秀)라는 이름을 받고 송막도독에 임명되었다. 그러나 당시 평로절도사이자 사부경략사(四部經略使:해·거란·발해·흑수)였던 안록산이 부단히 거란과 해를 침략했기 때문에 당에 반기를 들어 위구르에 의부해버렸다.

이후 100여 년간 위구르의 통제를 받던 거란은 당 문종 개성(開成) 5년(840)에 위구르가 다시 키르키즈에게 멸망당하자 이로부터 이탈하여 당에 귀부함으로써 양국 간에는 예속관계가 다시 회복되었다. 하지만 이때 당조는 사회경제적으로 모순이 심화되고 있었고, 이와 함께 기미정책의 파탄으로 변경방위체제는 도호부 체제에서 절도사 체제로 이행되고 있었다. 따라서 대부분의 번진(藩鎭)은 변경에 설치된 도호부보다 내지로 후퇴한 지점에 설립되어 있었기 때문에 거란이 자립할 기회를 갖게 된 것이다.

안사의 난을 계기로 거란은 사타와 동시에 부상하게 되었다. 사타족의 수장인 주아적심(朱邪赤心)이 방훈(龐勛)의 난을 진압하고 역사의 무대에 등장한 868년경에 거란도 동시에 세력을 확대하기 시작했다. 사타는 산서 지방을, 거란은 동북쪽의 시라무렌 일대를 근거로 서로 인접하였다. 거란은 산서의 이극용 및 유주의 유인공 등과 각축전을 벌이면서 요동 쪽으로도 세력을 확대하기 시작했다. 거란의 팽창은 불가피하게 발해와 충돌할 수밖에 없었기 때문에 이즈음해서 거란과 발해 양국 간에 적대관계가 형성되기 시작했다.

한편 일부 연구자는 발해가 건국한 후에 줄곧 거란과 긴장관계에 있었다는 근거로 앞서 제시한 바 있는 이진충의 난까지 소급하기도 한다. 발해가 이진충의 난에서 거란을 배신했고[25] 건국 후에도 "부여고지에 부여부(夫餘府)를 두고 군대를 상주시켜 거란을 방어했기"[26] 때문에 양국은 기

---

25) 馬利淸,「契丹與渤海關系探源」,『內蒙古社會科學』, 1998 5期.
26) 『新唐書』卷219,「北狄傳」"扶餘故地爲扶餘府 常屯勁兵扞契丹"

본적으로 적대적이었다고 본다.[27] 그러나 대체적인 통설은 초기에는 친
선관계를 유지하다가 발해의 문왕(文王) 때부터 관계가 냉각되어 부여부
일대에 강력한 군대를 상주시켜 거란을 방비했고, 거란의 반역자인 할저
(轄底)를 받아들였기 때문에 양국 관계가 더욱 악화되었다고 한다.[28] 또
한 양국 간의 관계를 당과의 관계 변화에서 찾아보면 발해의 대당 관계가
순조로워지면서 거란과 틈이 생겼다고 이해한다. 이러한 상황이 거란을
자극하여 발해지역을 침범하게 만들었기 때문에 양국 간에 대립이 시작되
었다고 보았다.[29]

이상에서 살펴보았듯이 초기에 양국이 친선관계에 있었다고는 하나 사
실 각국의 절박함 때문에 상대에 대한 무관심이 그렇게 비춰질 수도 있다.
거란은 이진충의 난의 실패로 혼란을 겪었고, 발해는 건국 직후에 국가체
제를 정비하느라 여념이 없었기 때문이다. 또한 반당정서라는 전제가 상
호간에 우호적인 정서를 갖게 했지만 자국의 필요에 따라 이해관계가 달
라질 수도 있었다. 양국은 상황에 따라 당에 복종과 저항을 반복하였지만
대체로 거란은 반당정서를 유지한 반면 발해는 친당노선을 유지했다. 특
히 천보 15재(載)(755)에 일어난 안록산의 반란에 거란은 실위 및 해와 함
께 동참하였으나 발해는 그 대열에 참여하지 않음으로써 양국은 근본적인
문제에 있어 일치하지 않았던 것 같다.

더 나아가 발해는 문왕이 즉위한 이후부터 지배체제를 정비하기 위해
대당관계를 개선하였고 이를 기반으로 말갈 제부를 복속시켜 영토를 확장
하였다. 이에 반해 돌궐과 당에 번갈아 예속된 채 전통적인 유목생활을 계

---

27) 孫進己, 「渤海國和隣族隣國的關係」, 『高句麗渤海研究集成』 4, 哈爾濱出版社, 1997;
    王成國, 「略論唐代渤海 與東北各族的關係」, 『東北地方史研究』, 1986 3期.
28) 방학봉, 『중국동북민족관계사』, 대륙연구소출판부, 1994; 朱國忱·魏國忠, 『渤海史稿』,
    黑龍江文物出版編輯室, 1984.
29) 魏國忠·朱國忱·郝慶雲, 『渤海國史』, 北京, 中國社會科學出版社, 2006, p. 498.

속 유지하던 거란사회는 발해와 사회경제적으로 격차가 심해졌다. 이로
인해 비교적 풍요로운 발해지역으로 넘어와 약탈과 소요를 일으켰으므로
상호관계는 점차 악화되었을 것이다. 따라서 발해는 서부지역인 부여부에
정예부대를 주둔시켜 이들을 막을 수밖에 없었는데 이후 양국은 점차 대
항적인 태세로 전환되었다.

결정적으로 거란과 발해의 관계가 악화일로로 치닫게 된 계기는 거란
의 자립과 발흥이다. 안사의 난 이후에 당의 실력은 약화되었고 위구르를
멸망시킨 키르키즈 세력은 멀리 서북에 있었으므로 거란 주위에는 이미
강대한 적대세력이 없어졌다. 따라서 거란은 상대적으로 유리한 환경에
놓이게 되어 그 사회는 비교적 큰 발전을 이루었고 이를 기반으로 국가로
의 발전을 지향했다. 그리고 10세기 초에는 야율아보기가 등장하면서 대
외정복에 힘썼고 이러한 과정에서 발해와 충돌은 불가피하였다. 그는 서
남으로 팽창하는 과정에서 발해라는 배후의 적을 없애야한다고 인식했다.
우선 거란은 서북을 제압하고 남쪽의 중원세력과 각축전을 벌이는 가운데
요동지역을 공격했다. 『거란국지』에서는 이때의 정황을 "현재 동북의 제
이는 모두 복속시켰으나 오로지 발해만 아직 복속시키지 못하였다. 태조
가 남정할 때 발해가 그 뒤에서 공격할 것이 두려워 이에 먼저 병사를 거
느리고 발해의 요동지역을 공격하였다"[30]고 기록하고 있다.

『요사』「태조본기」는 거란 초기 발해와의 관계에 대해 다음과 같이 서
술하고 있다.

거란의 야율아보기는 908년에 진동해구(鎭東海口)에 장성을 축조하였
고, 909년에는 요동을 순행하였을 뿐만 아니라 915년에 이르면 직접 압
록강에서 낚시를 하였다. 이 때 신라와 고려가 사신을 파견하여 각각 방

---

30) 『契丹國志』卷1,「太祖大聖皇帝」"時東北諸夷皆服屬 惟渤海未服 太祖謀南征 恐渤海
掎其後 乃先擧兵擊渤海之遼東"

물과 보검을 진상했다. 또한 吳越(오월)도 그에게 사신을 파견했다. 신책 3년(918)에 이르러 발해가 사신을 보내 조공하였다. 919년 2월에 요양(遼陽) 고성을 수리하고 한민과 발해호를 이주시켜 그곳을 채운 뒤 동평군(東平郡)으로 개명하여 방어사를 두었다. 뒤이어 921년 12월에 조서를 내려 단주(檀州)와 순주(順州)의 백성을 동평과 심주(瀋州)로 이주시켰고 924년 5월에도 계주(薊州)의 백성을 요주(遼州) 지역으로 이주시켰다. 이에 따라 발해가 924년 5월에 요주를 공격하여 자사 장수실(張秀實)을 죽이고 백성들을 약탈하였다.[31]

이와 같이 "동경은 이전에 발해고지였으나 야율아보기가 힘을 들여 20여 년간 싸워 이를 획득하여 비로소 동경을 건설하였다."[32] 협의의 요동, 즉 요양 일대가 발해의 영역이었는가에 대해서는 이론의 여지가 없지 않지만 거란이 요동지역으로 진출한 것은 분명히 발해에게 위협으로 작용하였다. 별다른 반응을 보이지 않던 발해는 914년에 요에 사신을 파견하여 요동의 남부지역을 둘러싸고 외교적 협상을 벌인 듯하다. 그럼에도 불구하고 거란은 요동 남부를 차지하여 동평군을 설치하였기 때문에 발해와 충돌이 불가피하였다. 결국 발해와 거란의 물리적 충돌이 빈번해짐에 따라 마침내 야율아보기는 다음과 같이 발해에 대해 총공세를 명령한다.

천보 4년(925) 12월 을해(乙亥)에 조서를 내려 말했다. 이른바 두 가지 일에서 하나의 일은 이미 끝났는데 오직 발해와의 세수(世讎)를 아직 설

---

31) 『遼史』卷1,「太祖本紀 上」"二年冬十月 築長城於鎭東海口. 三年春正月 行遼東. 九年冬十月戊申 鉤魚于鴨綠江. 新羅遣使貢方物 高麗遣使進寶劍 吳越王錢鏐遣滕彦休來貢. 神册三年二月 渤海遣使來貢. 四年二月丙寅 修遼陽以漢民・渤海戶實之 改爲東平郡 置防禦使. 六年己卯 詔徙檀・順民于東平·瀋州. 天贊三年夏五月 徙薊州民實遼州地. 渤海殺其刺史張秀實而掠其民"
32) 『契丹國志』卷10,「天祚皇帝 上」"東京乃渤海故地, 自阿保機力戰二十餘年始得之, 建爲東京"

욕하지 못했으니 어찌 안주할 수 있겠는가! 이에 거병하여 발해의 대인선 (大諲譔)을 친정하고자 황후, 황태자, 대원수 요골(堯骨)을 모두 따르게 하였다.[33]

여기서 말하는 세수는 대대로 내려오는 원한의 뜻으로 해석할 수 있으나 앞서 살펴보았듯이 거란과 발해는 원수관계라고 보기 어려울 정도로 공조한 적이 많다. 당은 일찍이 거란이 "동쪽으로 발해와 결합하고 있다"[34]라고 질책했고 신라도 발해가 "처음에 거란과 함께 악(惡)을 행한다"[35]라고 비난하고 있어 발해와 거란 사이에 연계하고 있었음을 알 수 있다. 또한 "거란이 일찍이 발해와 연합했다가 갑자기 의심을 내어 맹약을 배신하고 멸망시켰다"[36]라는 기록에서도 원래 원수관계는 아닌 듯하다. 따라서 이러한 인식은 요동을 둘러싼 20여 년간의 갈등 때문에 비롯된 것이기 때문에 세수라는 말은 당시 거란인에게 발해에 대한 적대감을 고조시켜 전투력을 제고하기 위한 수사적 표현이었다고 볼 수 있다.

이상과 같이 발해가 거란에게 멸망되기 직전까지의 상호인식은 결코 적대적이지만은 않았다. 다만 동북아 정세의 변화, 즉 거란의 발흥으로 양국의 세력균형이 깨지게 되면서 거란의 팽창정책이 불가피하게 발해와 충돌을 초래하게 된 것이다.

---

33)『遼史』卷2,「太祖本紀 下」"十二月乙亥 詔曰 所謂兩事 一事已畢 惟渤海世讎未雪 豈宜安駐 乃擧兵親征渤海大諲譔. 皇后皇太子大元帥堯骨皆從"

34)『全唐文』卷352,「樊衡」"契丹東龍鍾走林奔穴 甌脫不守 髡頭匿光 可突干挾馬浮河 僅獲殘喘 謂其困而知悟 面縛請降. 而西連匈奴 東構渤海 收合餘燼 窺我阿降奚 我是以有盧龍之師"

35)『紀年東史約』卷3,「新羅紀」"謹按渤海之源流 句麗未滅之時 本爲尢贅部落靺鞨之屬 寔繁有徒 是名粟末小蕃 嘗逐句麗內徙 至武后之際 自營州作蘖始稱振國 梟音則嘯聚白山鴞 義則喧張黑水 始與契丹濟惡 旋於突厥 通謀萬里耨苗 屢拒渡遼之轍"

36)『高麗史』卷2,「世家 二」太祖25年 10月條 "(壬寅)二十五年冬十月 契丹遣使 來遺橐駝五十匹. 王以契丹嘗與渤海連和 忽生疑貳 背盟殄滅 此甚無道 不足遠結爲隣"

제 2 장

발해의 멸망과 동란의 설치

1. 거란의 요동경략과 발해의 멸망

해와 습, 실위 등과 같은 동호계 제부를 모두 병합해서 요동의 서부를 전부 장악한 거란은 그때까지 요동의 중부와 동부를 지배해온 발해를 경략하지 않을 수 없었다. 거란은 정치적으로 혼란이 거듭되는 중원에 지대한 관심을 두었지만 항상 중원의 여러 나라와 친교를 맺고 있던 서쪽의 돌궐, 당항 및 동쪽의 발해, 고려 등이 위협적인 존재였다. 당시 거란의 군세가 강했지만 배후에 적을 두고 중원을 공략할 수 있는 정도는 아니었다. 따라서 거란이 발해를 경략하는 것은 요동 전체를 지배하고 중원으로 진출하기 위해서는 반드시 거쳐야 할 과정이었다.

앞서 밝혔듯이 발해와 거란은 인접하였기 때문에 역사적으로 깊은 관계를 맺어왔으나 거란이 성장함에 따라 양국 간에 분쟁이 불가피하였다. 거란이 요동으로 진출하자 발해와 거란 사이에 긴장관계가 고조되기 시작했다. 919년에 요양의 고성을 수리하여 한호(漢戶) 및 발해호(渤海戶)를 그 곳에 채우고 거란의 행정구역으로 바꾸는 사건이 일어났다. 거란이 요동지방을 공략하면서 경영을 도모하던 중에 발해가 924년 5월에 거란의 통치권역인 요주를 공격하여 요주자사 장수실을 죽이고 그 곳 백성들을 약취해갔다.[1] 이에 거란의 야율아보기가 동쪽의 발해에 대한 반격을 시도하였으나 아무 소득 없이 퇴각하였으며[2] 이를 계기로 거란은 발해에 대한 전면공격을 계획하게 되었다.

천보 4년(925) 12월에 조서를 내려 "이른바 두 가지 일 중에서 하나의 일은 이미 끝났는데 오직 발해와의 대대로 이어진 원한을 아직 설욕하지 못했으니 어찌 안주할 수 있겠는가"[3]라고 하였다. 여기에서 두 가지 일 중의 하나는 서방 제부의 공략이었고, 또 하나는 동쪽의 발해를 공략하는 것이었는데 이때 서방의 공략은 이미 마무리된 상태였다. 요 태조는 거병하여 발해의 대인선을 친정하기 위해 황후, 황태자, 대원수 요골을 모두 따르게 할 정도로 총공세를 계획했다. 이번 대규모의 군사행동은 비록 대대로 내려온 원수를 설욕한다는 기치 아래 이루어졌으나 이미 예정된 수순이었고 더 나아가 중원을 정복하기 위한 장기적인 포석이었다.

이때 발해는 통치 집단의 부패와 권력다툼 및 민족 간 모순으로 점차 쇠퇴해가고 있는 상태였다. 하지만 해동성국(海東盛國)이라고 불릴 만큼 대국이었을 뿐만 아니라 적어도 표면적으로 여전히 부강한 상태를 유지하고 있었던 발해에 대해 거란은 쉽게 군사적인 행동을 취할 수 없었다. 『요사』, 『거란국지』 등의 사적에는 거란이 건국한 이래 20여 년이나 발해와 서로 다투었고, 그 기간에 지속된 각축전은 상당히 격렬하였으므로 요동지역의 사회경제와 문화가 심각하게 파괴되어 역사상 유명한 요충지인 요양의 고성조차 옛 모습을 찾을 수 없게 되었다고 한다. 마침내 요양을 점령한 거란은 고성을 수축하고 한호와 발해호를 채워서 발해 공격의 전초

---

1) 『遼史』 卷2, 「太祖本紀 下」 "是月 徙薊州民實遼州地. 渤海殺其刺史張秀實而掠其民."
2) 『資治通鑑』 卷273, 「莊宗 同光2年 9月 癸卯」 "契丹攻勃海無功而還"
3) 『遼史』 卷2, 「太祖本紀 下」 "所謂兩事 一事已畢 惟渤海世讎未雪 豈宜安駐?"

기지로 삼았다.

　거란이 착실하게 준비한 반면 장기간 안정된 환경 속에 있던 발해의 통치계급은 현상에 만족하여 향락을 추구하였고 토목사업을 일으켜 200여 개의 성지(城池)를 건축함으로써 백성들을 도탄에 빠지게 하였다. 성지 중에 홀한성(忽汗城)은 주변 길이가 16km나 되어 그 규모가 장안성과 낙양성보다는 적었지만 동시대의 일본이나 신라의 성보다 훨씬 커서 동북아 지역에서 손꼽을 수 있는 대도시의 하나였다. 물론 국가적 위상을 확보하기 위한 조치였다고도 볼 수 있으나 크고 작은 200여 개의 성지를 건축하는데 필요한 인력·물력·재력은 의심할 여지없이 백성에게 전가되었을 것이다.4) 더욱이 발해의 문물제도가 잘 정비되어 있었지만 그 설치운영이 지배층의 권력수단에 지나지 않았고 현상에 안주하고 있었다.5) 그리고 당시 발해의 귀족들은 서인(徐寅)의 「참사검(斬蛇劍)」, 「어구수(御溝水)」, 「인생기하(人生幾何)」 등의 부(賦)를 얻어 집집마다 금으로 글씨를 써서 병풍을 만들었다고 전한다. 이 부의 주제가 비록 당말의 사회풍기를 비판한 것이지만 발해인이 그것을 숭상했기 때문에 발해말년의 사회풍기도 이와 큰 차이가 없었을 것이라고 추측된다.6) 여기에서 당시 발해의 사회풍습이 전체적으로 해이해진 점을 엿볼 수 있다.

　다른 한편으로 민족사이의 모순이 노정되기 시작했다. 발해는 다민족 왕국으로 고구려 유민과 대다수의 말갈 외에 한, 거란, 해, 실위, 위구르 등 많은 민족으로 구성되어 있었다. 그들은 발해정권이 강성할 때와는 달리 통치역량이 쇠약해지자 점차 반항하여 독립적인 지위를 획득하고자 했다. 먼저 흑수말갈(黑水靺鞨)의 여러 부족이 행동을 옮겼는데 신라와 연맹하여 공동으로 군사행동을 시도하기도 했고, 후에는 흑수말갈의 추장들이

---

4) 魏國忠·朱國忱·郝慶雲, 『渤海國史』, 北京, 中國社會科學出版社, 2006, p.551.
5) 박시형, 『발해사』, 김일성종합대학출판사, 1979, p.89.
6) 宋基豪, 『발해정치사 연구』, 서울, 일조각, 1995, p.229.

고려에 투항하기도 했다. 또한 독자적으로 후당(後唐)에 사자를 보내 조
공을 바친 점을 보아도 일부 속부들이 발해의 통치에서 벗어났음을 알 수
있다.7) 929년 야율우지(耶律羽之)가 요 태종에게 올린 표문에서 "선제(先
帝)는 그들의 마음이 떠났으므로 기회를 틈타 움직여서 싸우지도 않고 이
겼으니 하늘과 사람이 동시에 도와준 것이다."8)라고 말했듯이 이는 발해
왕국의 내부 분열과 동요를 보여주는 대목이다.

　이상과 같이 발해가 멸망한 원인 중에 지배층의 내부분열과 향락의 탐
닉에만 초점을 맞추는 것은 논란의 여지가 있을 수 있다. 따라서 단편적인
분석의 문제점을 지적하고 사료해석에 있어서 다양한 접근을 시도해야만
한다는 주장도 있다.9) 심지어 발해가 왜 그렇게 쉽게 패망했는가에 대한
의구심을 가진 일부학자들이 기후 변화나 백두산 화산폭발까지 거론하
고10) 있는 실정이지만 논리의 비약이라는 한계를 피할 수 없다.

　무엇보다도 발해는 대인선 말기에 격렬한 권력투쟁이 존재하였을 가능
성이 높다. 예컨대 『고려사』의 기록을 보면 발해가 망하기 전에 발해의
대신들이 다수 고려에 망명하는 사건이 일어났다.11) 이런 점을 볼 때 통
치 집단 내부에 뭔가 심상치 않은 변란이 일어났음을 추론할 수 있다. 따
라서 이러한 문제를 안고 있는 상황에서 거란의 침략을 막을 수 있는 국력
이 없었던 것이 멸망의 주원인으로 볼 수 있다. 무엇보다도 해동성국이라
고 칭할 정도로 번성했던 국가가 결정적인 순간에 아무런 저항 없이 멸망

---

7) 魏國忠, 『渤海國史』, 北京, 中國社會科學出版社, 2006, pp.551~553.
8) 『遼史』 卷75, 「耶律羽之傳」 "先帝因彼離心乘釁而動 故不戰而克 天授人與彼一時也."
9) 金恩國, 「渤海滅亡의 原因」, 『고구려발해연구』 6, 1999.
10) 吉野正敏, 「氣候變動と渤海の盛衰」; 町田 洋, 「火山噴火と渤海の衰亡」, 『迷の王國, 渤
　　海』, 角川書店, 1992.
11) 『高麗史』 卷1, 「世家 一」 太祖8年 9月條 "八年 九月 丙寅 渤海將軍申德等五百人來投
　　庚子 渤海禮部卿大和鈞均老司政大元鈞工部卿大福謨左右衛將軍大審理等率民一百戶來
　　附… 至是契丹主謂左右曰 世讎未雪豈宜安處 乃大擧攻渤海大諲譔圍忽汗城 大諲譔戰
　　敗乞降 遂滅渤海 於是其國人來奔者相繼"

했다는 점은 달리 해석할 방법을 찾기 어렵다.

어쨌든 발해멸망의 내부원인이 무엇이든 간에 거란과 20여 년에 걸친 각축전 끝에 대규모 군단을 이끌고 동쪽으로 온 야율아보기에 의해 멸망하게 된다. 거란군은 거침없이 진군하여 부여성을 포위하였고, 3일 동안 공방전을 벌인 끝에 함락하였다. 이후 척은(惕隱) 안단(安端)이 이끄는 선봉의 기병은 발해의 노상(老相)이 통솔한 3만 명의 원군을 물리치고 왕도인 홀한성에 도달하였다. 이러한 형세 하에 대인선을 비롯한 발해의 통치집단은 투지를 상실하였고, 거란군이 성을 포위한지 4일째 되던 날 항복할 것을 결정하였다. 요 태조는 항복을 수락하였고 이로 인해 대인선은 "소복을 입고 새끼줄로 양을 끌며 신료 300여 명을 거느리고 나와 항례(降禮)를 치렀다. 황제는 예의를 갖추어 우대하고 그를 풀어주었다. 거란의 근시 강말달(康末怛) 등 13인이 소수의 병사를 이끌고 성에 들어가 병기를 수색하는 과정에서 발해군민들은 그들을 죽이고 반항하였다. 대인선역시 생각을 바꿔 다시 저항하다가 거란군에 의해 홀한성이 완전히 정복당했다. 요 태조는 성안으로 가마를 타고 들어갔고 대인선이 말 앞에서 죄를 청하자 즉시 성 밖으로 압송시켰다"[12]고 한다. 이로써 발해정권은 14대 229년 만에 멸망하였다.

발해를 멸망시킨 후 1개월 만인 천현 원년(926) 2월에 태조 야율아보기는 "그 국명을 바꾸어 동란(東丹)이라 하고 그 성을 천복(天福)이라 명명하여 야율배(耶律倍)를 인황왕(人皇王)으로 삼아 다스리게 하였다."[13] 이른바 동란은 동방의 거란이라는 의미이며 그 국명에서 볼 수 있듯이 거란의 종속국으로 발해를 대신하게 하였다. 동란의 정체성과 관련해서 별개

---

12) 『遼史』卷2, 「太祖本紀 下」 "辛未 諲譔素服 槀索牽羊 率僚屬三百餘人出降. 上優禮而釋之. 甲戌 詔諭渤海郡縣. 丙子 遣近侍康末怛等十三人入城索兵器 爲邏卒所害. 丁丑 諲譔復叛 攻其城 破之. 駕幸城中 諲譔請馬前, 詔以兵衛諲譔及族屬以出"
13) 『遼史』卷72, 「義宗倍傳」 "改其國曰東丹 名其城曰天福 以倍為人皇王主之."

의 독립국이라고 주장하는 의견도 있지만 대부분 요의 괴뢰정권, 위성국, 부용국, 번병국(藩屛國) 등으로 규정하고 있다. 따라서 다음 절에서는 동란의 성립배경 및 거란과의 관계를 통해 그 정체성을 살펴보고자 한다.

2. 동란의 설립과 그 성격

거란은 왜 직접지배방식을 채택하지 않고 형식상 독립된 정권을 세워 간접적으로 지배하는 방식을 선택하였을까? 그 이유를 선행연구의 내용 및 필자의 의견으로 추론해보고자 한다. 첫 번째 발해인들의 민심을 달래고자 한 것이라고 한다. "해동성국"이니 "삼인발해당일호(三人渤海當一虎)"니 하면서 그 국가의 강성함과 인민의 용맹성을 칭송받던 발해가 거란의 공격을 받아 2개월도 채 못 되어 도성이 함락되고 국왕이 항복하였기 때문에 각부가 즉시 반항하기 시작하였다. 이들을 초무하기 위해서는 발해의 상층인물들이 참여하는 연합정부를 구성하지 않으면 안 되었던 것이다.[14] 하지만 발해인에 대한 위무정책만으로는 동란국의 설립을 설명하기에는 논리가 부족하고 만약 그렇더라도 그 결과는 거란의 의도대로 되지 않았다.

거란의 태조가 발해를 동란국으로 대신한 것은 발해를 멸망시킨 직후인 2월 19일이다. 그런데 발해 유민들의 반란은 이후 3월에 안변(安邊)·막힐(鄭頡)·정리(定理) 3부에서, 5월에는 남해(南海)·정리 2부에서, 7월에는 철주(鐵州)에서 일어났기 때문에 시간적으로 반란을 잠재우기 위한 위무책으로 동란을 건국했다고 보기는 어렵다. 거란 태조는 이리필(夷離畢) 강묵기(康黙記) 및 척은 안단, 대원수 요골 등을 보내 발해 유민들의

---

14) 金渭顯, 「東丹國考」, 『宋遼金元史硏究』 第4號, 2000.

반란을 철저히 진압했기 때문이다. 설령 위무의 목적으로 발해의 상층인
물들로 구성된 연합정부를 세웠다하더라도 발해의 일부세력은 계속해서
반항하였고 많은 유민들은 고려나 여진 지역으로 도망가는 등 동란 정권
에 협조하지 않았다.

이외에 산림으로 도망가 숨은 유민도 많이 있었을 것인데 이것은 훗날
정안국왕이 "발해유민들의 무리가 나라의 모퉁이에 보전하기 위해 모여
있다"거나 혹은 "대를 이어 절개를 지키며 항복하지 않고 무리들과 더불어
피해있는 채 가까스로 생존하였고 국력을 양성하여 오늘에 이르렀다"[15]
라는 말 가운데서도 명확한 증거를 들 수 있다. 결국 발해에 대한 거란의
위무정책은 실패하였고, 어쩔 수 없이 동란을 서천시킴으로써 요동의 동
부지역을 포기하게 된다.

둘째로는 거란 초기에 시행한 사회 관리체제에서 그 원인을 찾고 있다.
거란사회는 건국 전후 씨족사회 말기의 단계였고 부족의 수령은 관습법에
의지하여 통치하였기 때문에 성문법규 및 설관제도(設官制度)가 없었다.
그래서 거란 초기의 정치조직 형태는 혈연관계를 기초로 한 부족연맹이었
고 거란은 다만 왕조의 이름을 가진 부족연맹체제에 불과했다. 거란이 건
국한 지 20년 만에 발해를 멸망시켰을 때도 전통적인 부족제도를 여전히
유지하였고 중원지역의 중앙집권적 주현제도는 아직 거란 영내에서 시행
되지 않았다. 따라서 요 태조는 발해의 제도를 계승하여 동란을 설립하는
것 외에는 달리 선택의 여지가 없었던 것이다.[16]

이러한 주장에서 볼 수 있듯이 중국학자들은 사회발전단계설에 입각하
여 중원을 제외한 주변 국가들에 대해 발전의 정도가 후진적이라는 주장
을 줄곧 한다. 하지만 유목국가와 정주국가의 사회발전단계를 획일적으로

---

15) 『宋史』卷491, 「定安國傳」 "渤海遺黎 保據方隅 涉歷星紀 … 祖考守節不降 與衆避地
    僅存生聚 以迄于今."
16) 李錫厚, 「遼金時期契丹及女眞族社會性質的演變」, 『歷史研究』, 1994.

적용할 수 없으며 자연 지리적 특성으로 볼 때 유목국가가 정주사회의 봉건국가 형태를 답습할 이유가 없다고 본다. 따라서 거란이 부족연맹체였기 때문에 동란을 세웠다기보다는 정치사회체제가 다른 정주국가를 통치하기 위한 방편이었다고 보는 것이 합당하다. 훗날 호한분치(胡漢分治)의 이중체제는 북남면관제도라는 형태로 구체화되는 것에서도 이를 엿볼 수 있다.

따라서 거란은 기본적으로 발해가 시행한 원래의 통치방식과 각종 제도를 보존하고 국왕을 핵심으로 하는 군주전제의 정치체제를 유지하였던 것이라고 여겨진다. 왜냐하면 발해지역에서는 일찍이 군현제가 확립되어 그 사회경제 및 문화와 생산력의 발전수준이 중원과 대체로 비슷하였고 정치제도 역시 봉건화의 정도가 매우 깊었기 때문이다. 따라서 거란 통치자들은 동란을 설립하여 이전부터 있었던 통치방식을 보존하면서 한법(漢法)을 채택할 수밖에 없었던 것이다. 이는 거란의 통치하에 각 민족의 사회·경제·문화의 현저한 차이에 대응하여 혼란을 최소화하기 위한 조치였다고 볼 수 있다.

셋째로는 거란의 이익과 필요에 따라 번병국 내지는 부역국을 건립하여 다른 속국들과 마찬가지로 정치적·경제적 의무를 담당하게 할 목적이었다. 거란은 건국 초기에 광활한 요동지역을 직접 지배하기에는 아직 역량이 부족하여 시간이 필요했다. 따라서 요 태조는 동란을 세워 번병으로 삼아 전쟁이 있으면 선봉대에 서도록 했던 것이다.[17] 훗날 요가 중원을 얻어서 석경당(石敬塘)을 진(晉) 황제로 삼아 다스리게 하고 금이 중원을 얻어 유예(劉豫)로 하여금 다스리게 한 것과 같은 이치로 볼 수 있다.[18] 또한 발해를 정복한 후 규정에 따라 "포 15만 단(端)과 말 천 필(匹)"[19] 외

---

17) 洪皓, 『松漠紀聞』上, 「渤海」"有戰則用爲前驅."
18) 金毓黻, 『東北通史』, 臺北, 洪氏出版社, 1976, p.430.
19) 『遼史』卷72, 「義宗倍傳」"歲貢布十五萬端·馬千匹."

에 기타 특산품을 공납하도록 하였는데 이는 유목국가였던 거란에 비해 발해가 방직업과 농업이 발달했을 것이고 이에 따라 일회성 약탈 보다는 동란을 세워 지속적인 공납을 받는 것이 훨씬 유리하다고 판단했기 때문이다. 발해를 정복하는 과정에서 부여성을 점령한 후 태자 야율배의 간언에 따라 호구를 약탈하고 백성을 노예로 삼는 방법을 취소했던 점에서도 이러한 의도를 엿볼 수 있다. 결국 야율아보기는 직접지배의 한계를 극복하기 위해 자신의 장자를 왕으로 세워 정치경제적으로 상당한 의무를 지게 할 속국을 설립한 것이다.

마지막으로 동란은 거란제국이라는 연합국을 만들기 위한 과도기적 정치체제로 볼 수 있다. 요 태조는 자신의 장자이자 태자인 야율배를 동란의 국왕으로 책봉했다. 그렇다면 야율배가 거란의 황태자 지위를 상실한 것인가? 결코 그렇게 볼 수 없다고 생각된다. 야율배는 한문학적 소양이 비교적 높았고 어릴 때부터 학문을 좋아하고 밖으로 관대하고 안으로 효심이 지극했다. 또한 장성하여 성품이 독서를 좋아했던 반면 활쏘기와 수렵을 좋아하지 않았으며 경사(經史)와 예문(藝文)에 널리 통하여 공자를 존중하고 유학을 숭상할 줄 알았다. 이러한 점에서 발해의 왕으로 가장 좋은 후보자라 생각할 수 있다. 태조 야율아보기는 한문화적 소양을 가진 태자를 동란의 왕으로 책봉한 후에 훗날 거란의 황위를 계승하게 하면 자연스럽게 하나의 국가로 통합될 것이라고 생각했을 것이다.

야율아보기는 천복성을 떠나 귀국할 때 야율배에게 "이곳은 바다를 접해 있어서 오랫동안 거주할 곳이 아니다. 너를 남겨서 어루만지고 통치하게 함으로써 짐의 백성에게 사랑하는 마음을 보이고자 한다. … 네가 동토를 다스리게 되면 내가 다시 무엇을 걱정하겠느냐?"[20]라고 말하고 있다.

---

20) 『遼史』 卷72, 「義宗倍傳」 "此地瀕海 非可久居 留汝撫治 以見朕愛民之心. … 得汝治東土 吾復何憂."

이러한 말 속에서 엿볼 수 있듯이 태조 야율아보기는 태자를 통해 잠시 동
란을 지배하는 과도기적 정권을 수립했다고 볼 수 있다. 스기야마 마사아
키(杉山正明) 역시 태조 야율아보기는 단순히 힘에 의한 병합이 아니고 거
란과 발해를 융합하는 일종의 연합왕가 내지는 연합왕국을 이루고자 했다
고 주장한다. 즉 거란·해·발해 삼자를 엮어 야율아보기의 혈통이 공통의
군주로 하는 다원복합의 광역국가를 구상했던 것이다.21) 궁극적으로 동
군연합(同君聯合) 형태의 국가를 건설하기 위한 전초단계로서 과도기적
국가를 설립한 것이 동란이었다고 볼 수 있다.

이와 같이 동란의 설립 배경으로 다양한 의견을 제시할 수 있겠지만 한
가지만이 아닌 여러 요소가 결합되어 추진되었을 것이다. 최초 거란은 발
해를 직접 통치할만한 역량을 지니지 못했기 때문에 시간을 확보할 필요
가 있었다. 요컨대 동란은 거란 속의 또 다른 나라로 존재하면서 궁극적으
로 거란이라는 하나의 나라로 통합하는 과정의 산물이었다.

---

21) 杉山正明, 『中國의 歷史-疾驅する草原の征服者』, 東京, 講談社, 2005, p.186.

제 3 장

동란의 발해유민 지배방식

1. 동란의 정치체제

동란은 거란이 발해를 멸망시킨 후 세운 국가이기 때문에 거란에 의부하고 예속된 정치 실체였음을 부정할 수 없다. 하지만 초기에 있어서 동란은 정치·경제·외교적으로 독립적인 체제를 유지하였다고 볼 수 있다. 앞서 말한 바와 같이 발해는 거란에 비해 높은 사회발전 단계에 있었으므로 더욱 완비된 문물과 전장제도를 갖추고 있었을 뿐만 아니라 거란 통치자들도 발해의 사회 안정과 제도의 연속성을 보존하기 위해 발해 고유의 제도를 유지하였다. 따라서 그 실권은 거의 거란의 통치 집단에 의해 장악되었겠지만 외형적으로나마 독립적인 형태를 갖추게 되었다.

우선 요 태조가 발해를 멸망시킨 후에 취한 다음과 같은 조치에서 동란의 정치체제를 살펴보고자 한다. 『요사』 및 『거란국지』에 따르면 거란은 동란을 건국한 후에 다음과 같은 명령을 내리고 있다.

국명을 바꾸어 동란이라 하고 그 성을 천복이라 명명하였고, 야율배를 인황왕으로 삼아 다스리게 하였다. 이에 천자의 관복을 하사하고 감로(甘露)라 건원하였으며 황제의 칙지로 좌우대차(左右大次)의 4상(相)과 백관을 두고 오직 한법(漢法)을 쓰게 하였으며 매 년 포(布) 15만 단과 말 천 필을 공납하게 하였다.[1]

돌욕(突欲)이 동란에 주재할 때에 발해국에도 궁전이 있었고 12류면(旒冕)을 쓰고 옷에는 모두 용 모양을 그렸으며 황제의 칙지로 령을 시행했다. 발해의 좌우평장사(左右平章事)와 대내상(大內相) 이하 백관은 모두 그 나라(발해)에서 임명하였다.[2]

이와 같이 동란은 거란의 정삭(正朔)을 받지 않고 건원칭제하였다. 또한 발해지역에 대한 통치는 오히려 그 풍속에 따라 다스리고 한법에 의거하였으므로 형식적으로나마 독립적인 국가형태를 취했다고 볼 수 있다. 원래의 통치방식과 각종 제도를 보존하고 국왕을 핵심으로 하는 군주전제의 정치체제를 보존하였던 것은 문화적으로 상이한 유목국가가 봉건화된 발해를 통치하는 데 어쩔 수 없는 선택이었을 것이다.

거란은 발해왕실과 귀족에 대해서 강온양면책을 병용하였다. 거란 통치자는 발해왕실 및 그 귀족과의 관계를 잘 처리하는 것이 바로 동란을 공고히 통치할 수 있는 가장 좋은 방법이라고 인식하였다. 따라서 거란은 동란에게 자신의 독립적 행정권을 부여함으로써 발해 고유의 제도를 유지하였다. 이러한 형태는 우선 통치기구 상에서 구현되었다. 태조 야율아보기는 발해를 동란으로 바꾼 후에 황제의 동생 야율질랄을 좌대상, 발해의 노

---

1) 『遼史』卷72,「耶律倍傳」"改其國曰東丹 名其城曰天福 以倍為人皇王主之. 仍賜天子冠服 建元甘露, 稱制 置左右大次四相及百官 一用漢法. 歲貢布十五萬端 馬千匹."
2) 『契丹國志』卷14,「諸王傳」"先是 突欲鎭東丹時乃渤海國亦有宮殿 被十二旒冕 服皆畫龍像. 稱制行令. 凡渤海 左右平章事・大內相已下百官 皆其國自除授 歲貢契丹國細布五萬疋・麤布十萬疋・馬一千匹."

상을 우대상, 발해의 사도(司徒) 대소현(大素賢)을 좌차상, 야율우지를 우
차상으로 삼았다.[3] 좌우상의 관직은 발해관직을 모방하여 설치한 것이
다.

『신당서』 권219 「발해전」의 기록에 따르면 "발해의 관직으로 선조성
(宣詔省)에는 좌상, 좌평장사, 시중, 좌상시(左常侍), 간의(諫議)가 있고 중
대성(中臺省)에는 우상, 우평장사, 내사(內史), 조고사인(詔誥舍人)이 있
다. 그리고 정강성(政堂省)에는 대내상(大內相) 1인이 있는데 좌상과 우상
보다 높았다"고 한다. 발해와 동란의 재상 직을 대비하면 동란의 좌대상과
좌차상은 발해의 좌상과 좌평장사에, 우대상과 우차상은 발해의 우상과
우평장사에 각각 해당된다. 발해의 관제와 다른 것은 단지 중대성만 있고
선조성, 정당성이 없으며 중대성이 동란의 중추적인 행정기구였다. 후에
다시 좌·우대차상 중에 대차(大次)의 등급을 없애고 좌·우상으로 간소화
했는데 이와 같이 동란국의 중앙통치기구는 발해의 관제를 상당부분 계승
한 것이다.

그리고 그들은 발해왕실과 귀족을 구슬리기 위해 한편으로 발해 왕실
의 "족장(族帳)을 보존시켜 요련에 버금가도록"[4] 존숭한 지위를 주었고
북면제장관(北面諸帳官) 중에 발해장사(渤海帳司)를 설치하여 발해재상
(渤海宰相), 발해태보(渤海太保), 발해달마(渤海撻馬) 등의 관직을 설치하
여 서천한 발해왕실의 사무를 관리하게 하였다. 다른 한편으로는 발해귀
족을 고토로부터 옮기게 한 후에 여유로운 생활을 할 수 있게 대우하였는
데 이것은 국파가망(國破家亡)의 구한(仇恨)을 희석시키고 토착사회와 단
절하게 함으로써 동란에 대한 위협을 방비한 것이다.

그리고 발해 국왕 대인선이 동란에 존재하는 것을 커다란 위협으로 간

---

3) 『遼史』 卷2, 「太祖本紀 下」 "皇弟迭剌為左大相 渤海老相為右大相 渤海司徒大素賢為左
次相 耶律羽之為右次相"
4) 『遼史』 卷45, 「百官志 一」 "滅渤海國 存其族帳 亞於遙輦"

주하였기 때문에 발해유민들에 대한 그의 영향력과 호소력을 차단하기 위해 "황도 서쪽으로 보내 성을 쌓아 거주토록 하였다."[5] 또한 거란을 위급하게 한 발해유민은 철저하게 진압하면서 그들을 대규모로 강제 이주시켰다. 태종 야율덕광(耶律德光)은 사민(徙民)의 조(詔)를 내림과 동시에 동평군(東平郡)을 남경으로 승격시키고 천현 6년(931) 3월에는 남경에 중대성을 설치하였다. 이러한 조치는 바로 거란 통치자가 동란의 중심을 남쪽으로 옮겨 그 독립성을 약화시킨 것이다. 더 나아가 동란왕이 아닌 중대성에게 실권을 부여함으로써 동란을 한낱 거란의 지방행정 단위로 전락시키는 수순을 밟게 한 것이다.

재정적인 면에서 거란 통치자는 동란에 대해 거란 및 기타 유목민족과는 다른 수탈방식을 채택하였다. 동란이 거란의 중앙정부에 "세공(歲貢)으로 포 50만 단, 말 1,000필"을 공납할 것을 규정하였다. 이러한 수탈방식은 거란이 피정복민족에게 매년 일정 수량의 목축을 진공(進貢)하도록 한 것과 큰 차이가 있는데 그것은 발해의 방직업이 거란 내지보다 발달하였으므로 목축 이외의 일정한 포필(布匹)을 진공하도록 한 것이라고 보인다. 이는 발해가 지역마다 특산품이 발달하였기 때문이다. 그 대표적인 특산품으로는 "태백산(太白山)의 흰토끼, 남해(南海)의 다시마, 책성(柵城)의 된장, 부여의 사슴, 막힐의 돼지, 솔빈(率賓)의 말, 현주(顯州)의 삼베, 옥주(沃州)의 솜, 용주(龍州)의 명주, 위성(位城)의 철, 노성(盧城)의 벼, 미타호(湄沱湖)의 붕어, 환도(丸都)의 자두, 악유(樂游)의 배 등"[6] 14종을 들 수 있다.

한편 발해의 부세제도를 설명할 자료가 없어 동란에 대한 착취량을 직

---

5) 『遼史』卷2,「太祖本紀 下」"衛送大諲譔于皇都西 築城以居之"
6) 『新唐書』卷219,「渤海」"俗所貴者 曰太白山之菟 南海之昆布 柵城之豉 扶餘之鹿 鄭頡之豕 率賓之馬 顯州之布 沃州之緜 龍州之紬 位城之鐵 盧城之稻 湄沱湖之鯽 果有丸都之李 樂游之梨."

접 비교할 수는 없지만 그다지 많은 물량이라고는 볼 수 없다. 물론 일부 학자 중에는 당시 생산력으로 보아 동란이 재정적으로 상당히 부담을 느낄만한 수량이라고 반론을 제기한다.[7] 하지만 왕승례(王承禮)가 편찬한 『발해간사(渤海簡史)』의 통계에 따르면 요동, 요서, 소오달맹(昭烏達盟) 일대로 이주된 발해의 총호수가 약 9만 4천여 호이고 만약 1호를 5구(口)로 계산하면 그 수가 47만에 이른다. 동란의 호수는 이보다 훨씬 많았을 것이며 인구수에 견주어 보면 그다지 많은 착취량이라고 볼 수 없을 것이다. 또한 요동지역을 지배했던 고구려의 부세정책과 비교하면 전부(田賦)를 "사람에 따라 포 5필, 곡(穀) 5석(石)을 징수하고 … 조호(租戶)에게는 1석, 차등호는 7두(斗), 하등호는 5두를 징수한"[8]것으로 보아 그 양이 결코 많지 않다고 볼 수 있다.

예컨대 "요동의 새로 편입된 영토에서는 술을 전매하지 않았고 소금과 누룩 역시 전매를 완화했다"[9]라는 기사에서도 볼 수 있듯이 거란은 동란을 건국한 초기에 민족갈등을 완화하고 통치를 공고화하기 위해 수탈을 경감시키는 등의 회유정책을 실시해야만 했다. 더욱이 거란이 중원의 연운16주를 점령하기 전에 동란은 거란 영내의 주요 농업 지역이었으며 그들이 필요로 하는 농산품의 주요 공급지로 기대했기 때문이다. 동란은 당시 거란 경제에 있어서 중요한 지위를 점했다. 그러한 지역을 회복불능의 상태로 약탈하기보다는 나름대로 동란의 독립적인 재정운영을 통하여 일정부분 지속적으로 세공을 받치게 하였음을 추론할 수 있다.

그밖에도 발해유민은 상세도 면제받았다. "거란의 아보기가 발해왕 대인선을 멸망시킨 후 그 명장(名帳) 1,000여 호를 연(燕) 지역으로 옮겨 전주(田疇)를 지급하고 부세수입을 덜어주었으며 왕래, 무역, 관시 모두 과

---

7) 李錫厚, 『遼金西夏史』, 上海, 上海人民出版社, 2003, p.17.
8) 『隨書』 卷81, 「高麗傳」 "人稅布五匹、穀五石. … 租戶一石 次七斗 下五斗."
9) 『遼史』 卷59, 「食貨志 上」 "遼東新附地不榷酤 而鹽麯之禁亦弛."

세하지 않았다"[10]고 한다. 그리고 발해 유민이 과거에 익숙했던 야철(冶鐵)과 조차(造車)에 종사하게 하여 새로운 지역에 안주할 수 있도록 우대하였다. 이는 발해유민이 적극적으로 생산하도록 고무하는 조치였을 뿐만 아니라 사는 곳을 편안히 여겨 떠나가기 어렵게 한 거란의 정책적 배려였다고 할 수 있다.

외교와 관련해서도 동란은 대외적으로 독립적인 정치교류의 권한을 보유하고 있었다. 동란이 건립된 초기에 그들의 대외활동은 상대적으로 독립성을 유지한 듯한데 이런 대외교류는 세 가지 정황에서 나타난다. 첫째는 동란 사신의 독립적인 활동이었고, 둘째는 거란 사신과 함께 출사하여 단독적인 명호(名號)를 사용하는 점, 그리고 셋째는 거란 사신도 동란 사신도 아닌 여전히 발해 사신으로 불렸던 점 등이 그것이다.

예를 들면 후당 명종 천성(天成) 원년(926) 4월에 "사자 대진림(大陳林) 등 116인을 파견하여 조공하고" 7월에는 "발해인 대소좌(大昭佐) 등 6인이 조공하였다"고 한다. 또 천성 4년 5월에 "발해 사자 고정사(高正嗣)를 파견하여 입조하고 방물을 진공하였다"고 하며 장흥(長興) 4년 12월에는 "발해의 사자 문성각(文成角)이 아울러 와서 조공하였다"[11]고 하는 등 많은 발해 명칭의 기사가 있다. 당시의 중원정권도 이전과 마찬가지로 발해라고 칭했다. 이러한 기사는 훗날 후발해라는 근거로 사용되기도 했지만 김육불은 동란의 신민 가운데 다른 나라로 간 사람들이 일찍이 스스로 발해라고 칭하여 말하고 다른 나라의 기록에서도 또한 발해의 사자가 왔다고 하지 동란이라고 하지 않았다[12]라고 했다.

---

10) 洪皓, 『松漠紀聞』 上, 「渤海」 "契丹阿保機滅其王大諲譔 徙其名帳千餘戸于燕 給以田疇 捐其賦入 往來貿易關市皆不征."

11) 『册府元龜』 卷972, 「外臣部·朝貢五」 "明宗天成元年四月 渤海國王大諲譔 遣使大陳林等一百一十六人 朝貢進兒口女口各三人·人參·昆布·白附子及虎皮等. … 渤海使人大昭佐等六人朝貢. … (天成四年)五月 渤海遣使高正嗣入朝貢方物. … (長興二年)十二月 渤海使文成角竝來朝貢"

이외에도 동란에서는 사자를 파견하여 "양이나 말을 남당(南唐)에 조공하고" 아울러 "별도로 양 3만구와 말 200필을 가지고 와서 판매하고 그 값으로 비단, 차, 약 등을 구매하게 해 달라고 하니 열조(烈祖)가 이를 허락했다"[13]고 한다. 또한 감로(甘露) 4년(929) 겨울에 동란의 사신 배구(裴璆) 등 93명을 일본으로 보냈다. 일본은 발해가 망한 사실을 알지 못했었는데 이때 비로소 발해가 멸망했다는 사실을 알게 되자 동란의 사절단을 홀대하여 돌려보냈다.

이러한 기사들에서 볼 수 있듯이 거란은 표면적으로 동란에게 대외적으로 정치교류의 독립성을 인정하였다. 이는 아마도 거란의 급격한 영토확장으로 인해 주변국들과 긴장을 초래할 것을 염려한 조치였을 것이다. 발해를 계승한 동란으로 분식(粉飾)함으로써 동북아 국제관계에 있어서 긴장완화를 도모하고 적대국과의 교역창구로도 이용하려는 의도가 있었다고 본다.

하지만 일부학자들은 동란의 사신들이 발해라는 구칭(舊稱)을 혼용했다고 보기보다는 발해유민들이 일정한 정치체제를 유지한 채 대외활동을 하였을 것이라고 주장한다. 이는 동란을 건국한 직후에 장령부, 안변부, 정리부, 남해부 등지에서 발해유민들이 거란에 대해 강력하게 저항한 사례가 수차례 있었다는 점과 발해가 멸망한 이후에도 상당한 기간 동안 발해라는 이름으로 외교활동을 하였다는 점을 들어 이들 세력을 후발해라고 한다.[14] 특히 발해가 멸망한 이후에도 발해라는 이름을 가지고 중국에 조공한 사례가 바로 후발해의 존재를 입증하는 것이고 동란과는 별개의 정

---

12) 金毓黻,『渤海國志長篇』卷4,「後記·渤海國志二」.
13) 陸游,『南唐書』卷18,「契丹」"烈祖 昇元二年 契丹主耶律德光及其弟東丹王各遣使以羊馬入貢 別持羊三萬口·馬二百匹來鬻 以其價市羅紈·茶藥. 烈祖從之."
14) 和田淸,「定安國について」,『東洋學報』6, 1916; 日野開三郞,「後渤海の建國」,『日野開三郞東洋史學論集 第16卷』, 東京, 三一書房, 1990.

치체제라고 보고 있다. 그 세력이 후에 올야 및 정안국과 연결된다고 하지만 사료의 한계성 때문에 그 존재 여부를 확증할 수 없는 실정이다.

이상과 같이 정치·경제체제를 통해 동란국의 성격을 파악해보면 동란국은 독립국이라는 외피를 두른 거란의 괴뢰국에 불과했다. 동란국의 성격에 대해 김육불은 석경당의 진(晉)이나 유예의 제(齊)에 비유했고 이에 따라 다수는 거란의 지국(支國)[15] 또는 지부(支部)[16]로서 발해 주민들을 거란의 통치하에 두고 착취하기 위한 하나의 방편이지 어떠한 독립국도 아니라고 하였다. 다른 한편으로는 독립적인 성격이 강한 제2의 발해[17]라고도 하지만 과연 그렇게 규정할 수 있을지는 의문이다. 동란은 발해지역을 용이하게 통치하기 위한 수단으로 건립한 임시국가였으며 사실상 주권은 거란이 지니고 있었던 것으로 파악된다.

2. 동란의 소멸과 그 영향

태조 야율아보기는 동란을 설립한 이후 상경으로 돌아오는 도중에 부여성에서 갑자기 염질(染疾)로 사망하게 된다. 이와 더불어 그가 구상한 동란의 체제도 무너지게 된다. 우선 동란의 도읍을 천복성(天福城)에서 동평으로 옮기게 되는데 이것은 요동의 동부지역을 포기한 것이나 다름없다. 그렇다면 왜 거란의 통치 집단은 동란을 축소시킨 것일까? 그 원인은 크게 두 가지로서 거란 내부의 권력다툼과 발해유민의 끊이지 않는 대규모 반란에서 찾을 수 있다.

야율아보기가 병사하자 그의 처인 술율씨가 "태후로 섭정하여 군국의

15) 孫晋泰, 『韓國民族史槪論』, 서울, 을유문화사, 1948, p.234.
16) 박시형, 『발해사』, 서울, 이론과 실천, 2004, p.294.
17) 徐炳國, 『발해 발해인』, 서울, 일념, 1990, p.135.

일을 임시로 결정하였다"[18]고 한다. 술율씨는 위구르계이면서 강인한 기질의 소유자였고 거란 조정의 2인자로서 작전회의와 군사행동에 참가하였는데 한편으로는 태조 야율아보기와 경쟁자 관계이기도 하였다. 이는 황족(皇族)과 후족(后族)간의 권력투쟁의 필연적인 결과였고 구체적으로는 대외정책과 황위계승 문제에서 비롯된 것이다. 그녀는 새로운 황제의 즉위도 미룬 채 국내외 동향과 반응을 예의주시하면서 태조 야율아보기의 측근들을 제거하기 시작했다. 제일 먼저 야율배의 황위계승을 촉구한 남원이리근(南院夷離董) 야율질리(耶律迭里)를 죽였을 뿐만 아니라 선제의 순장을 빌미로 야율아보기의 측근들을 제거했다. 이렇게 해서 죽은 사람이 "전후 백을 헤아렸다"[19]고 한다.

아마도 태조 야율아보기의 측근들과 술율씨 사이에 갈등이 내재되어 있었던바 조정 내부에 야율배를 황위계승자로 삼고자 한 황태자파와 야율덕광을 황위계승자로 삼고자 한 황후파의 권력투쟁이 있었던 것 같다. 황후로서는 아직 부족제의 잔재가 남아있던 건국 초기에 수구 귀족세력을 제거하지 않고는 황제권을 보장받을 수 없다고 판단하였을 것이다. 또 황태후는 강고한 전제 군주권을 확립하기 위해서는 "총민하고 학문을 좋아하며, 밖으로는 관대하고 안으로 극진한"[20] 야율배보다는 엄중하고 군국지무(軍國之務)에 능한 야율덕광이 적합하다고 생각했을 것이다.

『신오대사』에 따르면 "야율아보기가 죽자 장자인 동란왕 돌욕은 당연히 즉위하려고 하였다. 그 어머니 술율씨가 그녀의 어린 아들과 안단소군(安端小君:야율아보기의 다섯째 동생)을 부여에 보내 동란왕을 대신하게 하고 장차 그를 후사로 삼으려 했으나 술율은 그 둘째아들 야율덕광을 더 총애했다. 그는 지혜와 용기가 있고 평소에 제부(諸部)가 복종하였기 때

18)『遼史』卷2,「太祖本紀 下」"壬午 皇后稱制 權決軍國事"
19)『契丹國志』卷13,「后妃傳」"先是 太祖崩於渤海 太后殺諸將數百人."
20)『遼史』卷72,「義宗倍傳」"聰敏好學 外寬內摯"

문이다. 그리하여 안단이 떠난 뒤에 제부는 술율의 뜻을 받들어 덕광을 세
웠다"[21]고 한다. 이렇게 해서 야율덕광이 즉위하여 거란의 태종이 되었던
것이다.

황위계승에 실패한 태자가 동란왕이었던 만큼 동란의 경영에도 심각한
영향을 미친 것은 당연한 이치이다. 아직 민심이 안정되지 않은데다 거란
의 통치 집단 내부의 격렬한 권력투쟁은 의심할 여지없이 발해고지에 대
한 통제력을 약화시켰다. 많은 발해유민들은 거란의 정복을 받아들이지
않았고 일부는 여진이나 고려로 망명해 들어갔다. 또 일부는 산림으로 들
어가 반요집단을 형성하기에 이른다. 당시 발해정권의 잔여세력과 많은
유민들의 끊이지 않는 대규모 저항은 거란의 통치 집단으로 하여금 두려
움과 불안을 느끼지 않을 수 없게 하였다. 따라서 야율덕광은 즉위 후에
야율배가 발해 유민과 연합하여 자기에게 반기를 들 것을 두려워했기 때
문에 형의 행동을 통제하면서 동란으로 돌아갈 수 없게 하였고 대신 중대
성 우차상 야율우지를 동란의 최고 권력자로 삼았다.

이에 따라 야율우지는 천현 3년(928)에 상표(上表)하여 "발해는 예전에
남조(南朝:중국의 국가들)를 두려워하여 험한 지세에 의지하여 스스로를
지키며 홀한성에 거주하였는데 지금 … 그 유종(遺種)이 점차 번식하여 멀
리 떨어진 지경에 거주하니, 후환이 될까 걱정됩니다. 양수(梁水)의 땅은
그들의 고향이고 토지가 비옥하며 나무와 철, 소금, 물고기 등의 이익이
있으니 그들이 미약한 틈을 타서 인민을 되돌려 옮기는 것이 만대의 좋은
계책이 될 것입니다. … 그런 연후에 그 무리를 골라 우리의 왼쪽을 보좌
하게 하고 돌궐과 당항, 실위 등이 우리의 오른쪽을 돕는다면 남방(중국)
을 앉아서 제압함으로써 천하를 통일하여 성조(聖祖)가 이루지 못한 공을

---

21) 『新五代史』 卷72, 「契丹傳」 "初 阿保機死 長子東丹王突欲當立 其母述律遣其幼子安端
少君之扶餘代之 將立以爲嗣. 然述律尤愛德光. 德光有智勇 素已服其諸部 安端已去 而
諸部希述律意 共立德光."

이루고, 후세에는 끝없는 복을 줄 것입니다."[22]라고 했고 황제는 그 표를 받아들였다. 태종은 동란과 발해유민의 통제수단으로 동란의 천도 및 강제이주정책을 택했던 것이다.

이후에 동란 주민을 이주시켜 동평군을 채우게 하였는데 그 이주민의 대다수가 발해인이었다. 남천을 거부한 발해인들은 격렬하게 저항하였지만 태종은 사민을 강행하였고 최후의 수단으로 홀한성에 불을 질러 완전히 파괴해버렸다고 한다.[23] 이외에도 거란 통치자들은 발해인을 요서로 이주시킴으로써 더 이상 반란을 일으키지 못하게 하였다. 이와 더불어 태종은 동란왕 야율배를 철저히 붙들어 매어 친정을 할 수 없게 만들었다. "조서를 내려 인황왕의 위위(儀衛)를 설치하고 계속해서 인황왕의 집에 행차하여 제사고기를 하사하는"[24] 등의 행동으로 형을 지극히 모시는 듯 했지만 실제로는 시종일관 형을 경계하며 "호위병들로 하여금 몰래 그의 동정을 엿보게 함으로써"[25] 연금한 것과 다름없게 만들었다. 태종은 동평군을 승격시켜 남경이라 하였는데 적어도 이때부터 동란은 독립형태의 국가가 아닌 거란의 지방정권으로 전락된 것이나 다름없다.

한편 태종의 감시 하에 있던 야율배는 동란왕으로서 실권도 없이 시를 짓고 그림을 그리며 은연 자중하였으나 분심을 가라앉힐 수만은 없었다. 후당 명종 이사원(李嗣源)은 그러한 사정을 눈치 채고 비밀리에 야율배와 접촉하여 망명을 유도하였으므로 그는 어머니와 동생의 압박 속에 부끄럽

---

22) 『遼史』卷75,「耶律羽之傳」"渤海昔畏南朝 阻險自衛 居忽汗城. 今 … 有種寖以蕃息 今居遠境 恐爲後患. 梁水之地乃其故鄉 地衍土沃 有木鐵鹽魚之利. 乘其微弱 徙還其民 萬世長策也. … 然後選徒以翼吾左 突厥·党項·室韋夾輔吾右 可以坐制南邦 混一天下 成聖祖未集之功 貽後世無疆之福."

23) 魏國忠·朱國忱·郝慶雲,『渤海國史』, 北京, 中國社會科學出版社, 2006, p.572; 方學鳳,『발해의 강역과 지리』, 서울, 정토출판, 2012, p.64.

24) 『遼史』卷3,「太宗本紀 上」"(天贊五年九月) 庚辰 詔置人皇王儀衛. 冬十月戊戌 遣使賜人皇王胙"

25) 『遼史』卷72,「義宗倍傳」"又置衛士陰伺動靜"

게 살아가느니 다른 삶을 선택하게 된다. 그가 고국을 떠날 때 해안에 나무를 세워 "작은 산이 큰 산을 누르니, 큰 산은 아무 힘이 없구나. 고향 사람들 보기가 부끄러워, 아예 나라 밖으로 가버리련다"[26]라고 쓴 해상시(海上詩)에서도 당시의 심경을 엿볼 수 있다.

야율배는 천현 5년(930)에 남경을 떠나 등주(登州)에 도착하였는데 이사원은 그를 후대하여 동란이라는 성과 모화(慕華)라는 이름을 주었고 회화군(懷化軍) 절도사 및 서주(瑞州)·신주(愼州) 관찰사에 임명하였다. 후에 다시 이찬화(李贊華)라는 이름을 하사하고 의성절도사(義成節度使)에 임명하였는데 여기에는 후당 명종이 거란을 견제하고자 한 의도가 있었던 것이다. 명종이 죽은 후에 이종후(李從厚)가 즉위하였다. 수개월 후 이종가(李從珂)가 반란을 일으켰는데 그의 경쟁자였던 석경당이 거란의 후원을 얻어 후당을 멸망시켰다. 이러한 과정에서 야율배는 밀보를 보내 이종가가 쿠데타를 일으킨 사실을 거란에 알려주면서 후당을 토벌할 것을 요청하는 등 석연치 않은 행동을 하였다. 하지만 이종가가 동반자살하자는 요구를 거절하다가 살해되었다.

동란은 천도로 인해 이미 지방정권화가 가속화된 데다가 야율배가 후당으로 망명하자 더욱 유명무실하게 된다. 거란은 새로운 왕을 임명하지도 않았고, 그렇게 할 필요성도 느끼지 못했던 것 같다. 일단 왕비인 소씨(蕭氏)가 국정을 주관하였지만 실권은 태종의 대리인이었던 야율우지의 수중에 있었다. 회동(會同) 원년(938)에 지방편제상 남경을 동경으로 바꾸었는데 이는 동란이 거란의 행정편제인 동경도에 편입되었음을 나타내는 것이고 이로써 동란은 실질적으로 소멸한 것과 다름없었다.

하지만 대동(大同) 원년(947)에 태종이 죽자 야율배의 아들 올욕(兀欲: 耶律阮)이 황제에 옹립되었다. 세종은 곧바로 모후인 소씨를 황태후로 추

---

26) 『遼史』卷72, 「義宗倍傳」 "小山壓大山 大山全無力. 羞見故鄕人 從此投外國"

존하고 동란왕 야율배를 양국황제(讓國皇帝)로 추시하였을 뿐만 아니라 이와 동시에 아버지가 왕이었던 동란을 명목상 부활시킨다. 야율안단을 명왕(明王)으로 봉하여 동란의 국정을 맡도록 하였고, 발해인 고모한(高模翰)을 중대성의 우상으로 임명하여 동란정권의 형식적인 체제를 갖추게 하였다. 중앙집권을 추진했던 세종이 굳이 동란을 부활시킨 것은 아버지의 왕국이었다는 데에서 그 원인을 찾을 수 있다.

연로한 안단이나 고모한을 동란의 집권층으로 임명한 것은 단지 예우의 차원에서 이루어진 정치행위에 불과하다고 볼 수 있다. 이 시점에서 동란은 지방정권도 아닌 명칭만 있는 상징적인 국가에 불과했다. 안단이 몇 개월 만에 죽자 더 이상 새로운 왕을 책봉하지 않았고, 건형(乾亨) 4년(982)에 성종이 즉위하면서 동란의 중대성 편제도 철회함으로써 요동지역의 통치는 동경유수사(東京留守司)에게 관리하도록 하였다. 이때 이르러 동란은 형식과 내용면에서 완전히 요의 지방행정조직에 편입되어 동란이라는 이름은 57년 만에 소멸하였다.

어차피 동란이라는 나라는 요동지배질서를 확립하기 위한 과도기적 성격을 가진 정치체제였던 만큼 궁극적으로 소멸할 운명이었지만 그 시간과 공간에 따라 지배의 실상은 상당한 차이가 있었을 것이다. 태종이 성급하게 동란을 포기함으로써 동란은 독립국에서 지방정권으로 더 나아가 지방행정단위로 편입되었는데 이러한 일련의 과정 속에서 요동에 대한 거란의 지배영역은 상당히 후퇴하였다. 발해고지에 대한 통제력의 이완은 훗날 거란을 멸망시키는 원인을 제공하기도 했다. 요동의 동부에는 여진과 발해유민들이 요가 멸망하는 날까지 여기저기서 끊임없이 저항을 계속하였고 최후에는 여진에 의해 요가 멸망되고 마는 중요한 원인이 된 것이다.

제 2 부

거란의 이중지배정책과
발해인

제 1 장

거란의 사회구조와 이중지배정책의 확립

1. 거란의 발전과 농경적 요소의 증대

문헌에 근거하면 거란족은 4세기 이래 요하의 상류지역인 시라무렌강과 라오하강 유역의 송막지대에서 부족단위로 산거하였다. 고막해는 북위(北魏) 변경에서 가까운 라오하강 일대에 거주하였고, 거란은 시라무렌강 유역에서 유목생활을 영위했다. 거란과 고막해는 소규모의 조방농업을 제외하고 목축, 수렵 및 어로 등을 주요 경제자원으로 삼았기 때문에 곡식을 얻는 것은 상당히 제한적이었다. 이러한 생산방식은 거란사회의 요구를 만족시킬 수 없었으므로 그들은 보조적인 경제수단으로 약탈과 교역을 선택해야만 했다. 『위서』의 기록을 보면 그들은 "대다수 구도(寇盜)였으나 북위 태평진군(太平眞君:440~451) 이래로 부단히 명마와 문피로 조공을 하여 … 제국(諸國)의 말석에서 향응에 참가하는 지위를 얻은 후 화룡(和龍:지금의 조양), 밀운(密雲:지금의 북경)일대에서 교역을 허락받았다"[1]

---

1) 『魏書』卷100, 「契丹傳」 "多爲寇盜 眞君以來 求朝獻 歲貢名馬. … 得班饗于諸國之末 …
各以其名馬文皮 入獻天府 遂求爲常 皆得交市于和龍密雲之間 貢獻不絶"

고 한다. 이것은 거란의 주요 생산품이 수렵과 목축으로 이루어졌음을 설
명해 준다. 농산품을 얻기 위해서는 전시에는 약탈, 평시에는 교역에 의존
하였음을 엿볼 수 있다.

5세기 말부터 9세기까지 거란은 주변국가와 부단히 정치경제적으로 충
돌하였으며 그 과정에서 거란의 8부족 연맹은 중원왕조 및 돌궐, 위구르
에게 귀부(歸附)와 저항을 반복하면서 공동체 의식을 더욱 강화시켜 나갔
다. 이진충의 반당전쟁 이후에 권력투쟁을 통해 요련씨가 대하씨를 대신
하게 되었으며 당의 기미지배를 받던 시기에는 중원의 정주문화가 거란에
전입되어 사회발전에 큰 영향을 주었다. 이에 따라 거란은 유목경제의 보
조수단인 약탈과 교역을 농경방식으로 바꾸려고 시도하기 시작한다.

이후 거란의 사회경제가 발전함에 따라 요련씨 연맹의 통치자들은 광
토중민(廣土衆民)의 의지를 갖기 시작했다. 이때 전후의 정황을 『요사』
권2 「태조본기」에서는 다음과 같이 전하고 있다.

> 의조(懿祖)가 균덕실(勻德實)을 낳았는데 비로소 백성들에게 농사를
> 가르치고 목축을 잘해서 나라가 부유해졌으니 이가 곧 현조(玄祖)이다.
> 현조는 살랄적(撒剌的)을 낳았는데 백성에게 어질고 재화를 애용하여 비
> 로소 야철소를 설치하고 백성들에게 주조하는 방법을 가르쳤으니 이가
> 곧 덕조(德祖)이며 태조의 부친이다. 대대로 거란 요련씨의 이리근이 되
> 어 정권을 장악하였다. 덕조의 동생인 술란(述瀾)은 북으로는 돌궐과 실
> 위를 정벌하고 남으로는 역주(易州)·정주(定州)·해·습 등 지역을 경략
> 하였다. 이후 비로소 축성공사를 일으켜 성읍을 두고 백성들에게 뽕나무
> 와 마(麻)를 심는 것을 가르쳐서 방직기술을 익히게 하였다. 이때에 광토
> 중민의 뜻이 있었다.[2]

---

2) 『遼史』 卷2, 「太祖紀」 "懿祖生勻德實 始教民稼穡 善畜牧 國以殷富 是爲玄祖. 玄祖生撒
刺的 仁民愛物 始置鐵冶 教民鼓鑄 是爲德祖 卽太祖之父也. 世爲契丹遙輦氏之夷離菫 執
其政柄. 德祖之弟述瀾 北征于厥·室韋 南略易·定·奚·霫 始興版築 置城邑 教民種桑麻

상기 인용문에서도 나타나듯 야율아보기의 조부인 균덕실 시기에 질랄부는 목축업 이외의 농경에도 관심을 가졌을 뿐만 아니라 아버지 살랄적 시기부터 점차 유목에서 정주로 전향하기 시작했는데 이 점은 유목민의 입장에서 보면 획기적인 일이었다.

이러한 행태는 거란족이 몇 대에 걸쳐 이루어진 사고의 전환이라고 말할 수 있다. 특히 "광토중민"의 뜻은 거란족이 단순히 목초지의 범위만을 확대하거나 종전에 일삼던 야만적 약탈과도 다른 의미로 누대에 걸쳐 결정된 건국의 신호였다.[3] 즉 광토중민이 구체화되는 과정은 영토를 개척하고 대량의 백성을 확보하는 것이었다. 그 주요 조치는 이민(移民)이었고 이는 대외정복과 함께 추진되었다. 살랄적의 "광토중민"부터 야율아보기의 "동정서토(東征西討)"의 실행까지는 거란의 건국에서 없어서는 안 될 필연적인 과정이었다.

야율아보기는 대외정복을 착수한 이후에 부단히 포로를 잡아오거나 정복지의 인구를 강제 이주시켰다. 이렇게 유입된 한족인구에 대해서 처음에는 "한성(漢城)"을 수축하는 방식으로 안치시켰는데 황하(潢河:시라무렌)[4] 남쪽의 용화주(龍化州)가 대표적이다. 또한 그는 한성을 건립하여 한인들에게 선진의 공구와 우량한 작물품종을 가지고 농지를 개간하게 하였으며 심지어 염지 등 천연자원도 개발하도록 강요하여 자신의 세력 기반을 공고히 했다. 이러한 세력을 기반으로 태조 야율아보기는 916년에 칭제 건원하였고 "광토중민"의 계획을 계속 진행하였다. 서쪽으로 "돌궐, 토번, 당항, 소번, 사타 등 여러 부를 친정하여 모두 평정하고 추장과 그들

習織組 已有廣土衆民之志"

3) 楊福瑞,「遼朝移民問題研究」,『昭烏達蒙族師專學報』, 2002 5期.

4) 潢河(몽골어: Šira Mören 시라무렌, 중국어: 西拉木倫河, 병음: Xilamulunhe)은 내몽골 자치구 동부에 흐르는 강이다. 遼河(랴오허강) 수계에 속하고 老哈河(라오하강)와 합류한 후에 서요하가 된다. 시라무렌은 몽골어로 "누런 강"을 의미한다. 황하(黃河)와 구별하기 위해 이전에는 황수(潢水) 또는 황하(潢河)라고 쓰였다.

의 15,600호를 포로로 잡았다."[5] 남쪽으로는 하동(河東), 대북(代北), 유계 (幽薊)로 남하하여 유주의 유인공 부자, 하동의 이극용 부자와 상황에 따라 연합하거나 공격함으로써 번진 간의 각축전에 참여했고 발해가 혼란한 틈을 타서 동쪽으로 발전하여 요동을 거란의 통제 하에 두었다.

거란의 통치자들은 한호 및 발해호 등의 농경민을 천사시켜 거란 내지를 충실히 하였다. 신책 6년(921)에는 태조가 "병사를 나누어 단주(檀州)·순주(順州)·안원현(安遠縣)·낙랑현(良鄉縣)·망도현(望都縣)·로현(潞縣)·만성현(滿城縣)·수성현(遂城縣) 등을 노략질하고 그 백성을 사로잡아 내지로 옮겼다."[6] 이후 재차 무력을 이용하여 실위, 토욕혼(土浴渾), 우궐(于厥), 해, 당항, 적렬(敵烈), 조복(阻卜) 등을 속부 내지는 속국으로 만들었으며 천찬 5년(926)에는 마침내 발해를 멸망시켜 동란을 세웠다. 태조를 계승한 태종도 남방경략에 뜻을 두고 누차 중원을 침입하여 후당을 위협하였고 후당과 후진의 교체기에 석경당을 원조한 대가로 연운16주를 획득했다. 마침내 성종시기에 거란은 최대의 판도를 차지하였으며『요사』「지리지」에 따르면 "동으로는 바다에 이르고 서로는 금산(金山:알타이산맥)을 넘어 사막에 다다르고 북으로는 려구하(臚朐河),[7] 남으로는 백구(白溝)[8]에 이르렀기 때문에 땅의 넓이가 만 리였다"[9]라고 할 만큼 광활한 지역이었다.

---

5)『遼史』卷1,「太祖本紀 上」"親征突厥·吐渾·党項·小蕃·沙陀諸部 皆平之. 俘其酋長及其戶萬五千六百"

6)『遼史』卷2,「太祖本紀 下」"分兵掠檀·順等州·安遠軍·三河·良鄉·望都·潞·滿城·遂城等縣 俘其民徙內地"

7) 몽고 및 원대에는 怯綠連河이라 불렸고, 지금 몽골 국경 내의 額爾古納河의 지류인 克魯倫河(케르렌강)이다.

8) 요·송의 분계 지점으로 상류는 거마하(拒馬河:大淸河 支流)가 되는데 하북성 내수현(淶水縣)에서 출발하여 하류는 하북성 웅현(雄縣)이다. 따라서 계하(界河)라고도 한다.

9)『遼史』卷37,「地理志 一」"東至于海 西至金山 暨于流沙 北至臚朐河 南至白溝 幅員萬里"

여기에 거란인은 물론 해인, 한인, 발해인, 서북 제족 등이 주민으로 구성되었지만 남북의 지리와 자연조건이 달랐기 때문에 각 민족의 생활방식과 경제구조에 큰 차이가 있었다. 『요사』「영위지」에는 이러한 정경이 잘 묘사되어 있다.

　장성 이남은 비가 많고 더위가 많아서 그 사람들이 농사를 지어 먹으며, 뽕나무와 마를 심어서 옷을 지어입고, 궁실을 지어서 거주하고, 성곽을 쌓아 다스린다. 대막(大漠) 지역은 가뭄이 심하고 바람이 많아서 가축을 기르고 고기잡이와 사냥을 해서 먹고, 모피로 옷을 지어입고, 계절에 따라 이동하면서 거마(車馬)로 집을 삼는다. 이는 바로 날씨와 지형이 남북을 가르는 이유이다.[10]

이 기사에서 볼 수 있듯이 거란 경내의 각 지역은 자연환경이 현격하게 차이가 있어 사회발전이 불균형하였으므로 전국적으로 일치된 경제 구조가 형성될 수 없었다.

대체로 장성이북의 민족과 부족은 주로 목축에 종사하며 유목생활을 했고, 장성 이남의 한인은 주로 농경에 종사하면서 정주생활을 하였다. 더욱이 사회 발전의 과정에서 보면, 한인 및 발해인은 일찍이 봉건제 사회를 경험했으나 거란 지역은 일부 봉건적 요소를 지닌 노예제 사회였다. 그 외 유목·수렵민족들도 사회발전 단계가 천차만별이었다. 이러한 현실에 직면하여 거란의 통치자들은 자신의 신흥국가를 어떻게 공고히 해야 할지 고민하였다. 그 결과 각 민족과 부족을 효율적으로 통치하기 위해서 남북 지역의 서로 다른 생산방식 및 생활습관, 민족구성에 맞추어 "인속이치(因

---

10) 『遼史』 卷32, 「營衛志」 "長城以南 多雨多暑 其人耕稼以食 桑麻以衣 宮室以居 城郭以
　　治. 大漠之間 多旱多風 畜牧畋漁以食 皮毛以衣 轉徙随時 車馬爲家 此天時地利所以限
　　南北也"

俗而治)"의 통치정책을 채택하게 된 것이다.

이와 같이 인속이치의 민족정책을 채택한 주요 배경은 우선 정주생활을 하던 한인과 발해인이 "거마위가(車馬爲家)"의 유목사회에 쉽게 융화할 수 없어 도주할 우려가 있기 때문이었다. 또한 일정한 방식의 통치를 강요한다면 유목민이던 농경민이던 간에 어느 한 쪽에서 필연적으로 강렬한 저항을 초래할 수밖에 없었다. 그래서 야율아보기는 농경민들을 굳이 유목민으로 만드는 것 보다 한성에 안치시켜 농업 및 수공업 등에 종사시켜 그 생산물을 착취하는 것이 훨씬 효율적이라고 판단했을 것이다.

그래서 야율아보기는 한족 사인을 거란의 통치 진영에 참여시켜 정주민을 통치하는 데 주도적인 역할을 맡긴다. 그 중 한연휘(韓延徽)는 원래 유수광(劉守光)의 사신으로 거란에 왔다가 구금되어 돌아가지 못하고 거란에 입사하게 되었는데 그가 한인을 통치하는 방법을 제시하였다. 그는 최초로 거란에게 아개부(牙開府)를 설치하여 성곽을 쌓고 시장과 마을을 조성하게 가르쳤다. 또한 한인들을 그곳에 거주하게 하면서 각각 배우자를 맞아 황무지를 개간하여 경작토록 하였다. 이에 따라 한인들은 각각 생업에 안주하면서 도망가는 자가 더욱 감소하게 되었다.[11]

이는 한인을 대하는 데 있어서 가능한 한 그들의 생활방식에 맞게 통치할 것을 제안한 것이고 태조 야율아보기도 이를 수락했다. 그리고 태종시기에 한림학사 장려(張礪)는 태종이 후진을 정복하고 개봉에 입성하여 약탈을 자행하자 "지금 대요(大遼)가 비로소 중국을 얻었는데 마땅히 중국인으로 하여금 이를 다스려야하지 국인(國人)이나 좌우에 가까운 습관만을 사용해서는 안된다"[12]고 상주했다. 이러한 주장에서도 인속이치의 사

---

11) 『契丹國志』卷1,「太祖大聖大明神烈天皇帝」"延徽始教契丹建牙開府 築城廓 立市里 以處漢人 使各有配偶 墾藝荒田. 由是漢人各安生業 逃亡者益少"『遼史』卷74,「韓延徽 傳」에서도 같은 내용이 보인다.
12) 『全遼文』卷4 "今大遼始得中國 宜以中國人治之 不可專用國人及左右近習"

상이 명백히 담겨있었으나 이를 무시한 태종이 훗날 후회하며 "나는 중국인들이 이렇게 통제하기 어려운지 몰랐다!"[13]라고 탄식하였다고 한다.

이와 같이 인속이치는 다른 민족, 다른 경제의 성분이 병존하면서 사회발전의 수준이 불균형한 조건 하에서 어떻게 통치를 공고히 하느냐가 주요 관건이었다. 거란은 초지를 버리고 중국 내지에 들어간 북위의 양식도 아니고 당나라가 이민족에게 자치를 허용하던 기미지배 방식도 아닌 "분이치지(分而治之)"의 방식을 선택했다. 그것은 바로 거란의 직접 지배하에 초지와 농지를 나누어 각각 통제하고자 한 것이다. 그들은 최초의 정복왕조답게 이전의 유목민족이 중원문화에 일방적으로 흡수되었던 것과는 달리 이민족과의 적극적인 공생관계를 추구하고자 했던 것이다.

2. 이중지배정책의 지향과 실제

태조 야율아보기의 번한분치(蕃漢分治)를 기초로 한 인속이치는 태종과 세종에 이르러 거란의 국책으로 발전하였고 그것은 주로 정치, 경제, 법률 등 다방면에서 구현되었다. 우선 직관제도와 관련해서 『요사』「백관지」의 내용을 인용하면

거란의 구속(舊俗)은 일이 간결하여 직무가 섞이지 않았으며 관제는 소박하면서 실질적이어서 명칭으로 일을 어지럽히지 않았으므로 흥성했다. 태조 신책 6년(921)에 조서를 내려 반열과 작위를 바로잡았다. 태종에 이르러 중국의 제도를 겸하여 관직을 남북으로 나누어 국제(國制)로서 거란을 다스리고 한제(漢制)로서 한인을 대우하였다. 국제는 간단하고 소

---

13) 『遼史拾遺』 卷3, 「太宗 下」 "我不知中國之人難制如此!"

박하였지만 한제는 이름을 늘어놓는 풍조가 여전히 존재하였다. 요국의
관제는 북원(北院)과 남원(南院)으로 나누어 북면(北面)은 궁장(宮帳) 및
부족과 속국에 관한 정사를 다스렸고 남면은 한인의 주현과 조부(租賦),
군마(軍馬)의 일을 다스렸다. 풍속에 따라 다스렸던 것은 마땅하였다.[14]

라고 기술하고 있다.

소위 인속이치는 "官分南北, 蕃漢分治"의 특징을 개괄하여 말한 것으로,
즉 국제로서 거란인을 다스리며 한제로서 한인을 다스린다고 했듯이 거란
내의 주민을 유목민과 농경민으로 나누어 각각 별도로 통치하는 이중지배
체제를 말한다. 그러나 북면관이 궁장, 부족, 속국의 정사를 다스리고 남
면관이 한인의 주현, 조부, 군마의 일을 맡는 형태의 분치는 결코 분열이
아닌 오호십육국시대부터 꾸준히 시도해온 호·한(胡·漢)통합의 결과라
고 볼 수 있다. 이러한 분치가 분열이 아닌 이유는, 요조의 군국대정(軍國
大政)을 매년 정기적으로 동·하날발(冬·夏捺鉢)의 북·남신료회의에서
토론하여 결정하였으며 남면의 중앙관원에 대해서는 평시의 권력을 제한
하여 "관료를 임명할 때에 재상이 서명하여 등급을 정하는데 그칠 뿐 행재
소(行在所)에서 회의하기를 기다렸다가 황제의 뜻을 얻어 고칙(誥敕:임명
장)을 발급해주도록"[15] 규정되어 있기 때문이다. 즉 분치의 목적은 각 민
족의 다른 정황을 적용하기 위해 통치차원에서 분리하였을 뿐 궁극적으로
는 거란족 중심의 통합적인 정권을 모색한 것이다.

그러나 유목 및 농경사회를 같이 영유하는 정복왕조로서 통치조직의
이중성은 피할 수 없었다. 이는 북남면관으로 상징되었다. 북면관은 초원

---

14) 『遼史』 卷45, 「百官志 一」 "契丹舊俗 事簡職專 官制朴實 不以名亂之 其興也勃焉. 太祖
神冊六年 詔正班爵. 至 于太宗 兼制中國 官分南北 以國制治契丹 以漢制待漢人 國制簡
朴 漢制則沿名之風固存也. 遼國官制 分北南院. 北面治宮帳部族屬國之政 南面治漢人州
縣租賦軍馬之事. 因俗而治 得其宜矣"
15) 『遼史』 卷32, 「營衛志 中」 "除拜官僚 止行堂帖權差 俟會議行在所取旨 出給誥敕"

의 부족을 대상으로, 남면관은 농경사회를 대상으로 하였다. 원래 부족연
맹시대에는 부족이라고 하면 8부가 전부였기 때문에 정령(政令)도 간단하
고 조잡했고 따라서 관부도 단지 대우월부(大于越府)만으로서 부족의 민
정 및 군정을 관리할 수 있었다. 그러나 태조가 거란을 건국하자 부족의
종류가 18부로 다양해졌기 때문에 당연히 이에 대처하여 북면의 관제도
다양화하지 않을 수 없었다. 남북재상부 이하가 중국 제도에 입각하여 초
지의 백성을 통치하는 중앙기관으로서 정비된 것이다.

우선 인속이치에 따라 이원화된 정치체제를 살펴보면 거란의 중앙관제
는 북면관과 남면관으로 대별할 수 있다. 요나라의 북면재상부는 북면관
제에서의 최고관부를 이루고 그 아래에는 육부에 상당하는 부국(部局)을
가진다. 즉 북추밀(北樞密)이 병무, 남추밀(南樞密)이 이부, 북왕(北王)과
남왕(南王)이 호부를, 이리필(夷離畢)이 형부를, 선휘(宣徽)가 공부를, 적
렬마도(敵烈麻都)가 예부를 맡고 북부재상(北府宰相)과 남부재상(南府宰
相)이 각종 사무를 총괄한다.[16] 반면 중국인을 통치하는 남면조관은 연주
와 대주 등 16주를 얻은 후에 당나라 제도를 사용하여 남면에 삼성(三省)·
육부(六部)·대(臺)·원(院)·시(寺)·감(監)·제위(諸衛)·동궁(東宮) 등
관직을 설치하였다.[17]

한인추밀원, 즉 남추밀원에서 상서성을 겸하였으므로 남면관청은 남추
밀원에서 관할한 듯하다. 요의 남면관제는 당말오대에 군정을 총할하는
추밀원이 총리부(總理府)를 겸했던 관제이므로 중서성과 문화성은 전적
으로 형식만 갖춘 관제에 불과 했던 것이다.[18] 결국 요나라의 최고 행정

---

16) 『遼史』卷45,「百官志 一」"凡遼朝官 北樞密視兵部 南樞密視吏部 北南二王視戶部 夷
   離畢視刑部 宣徽視工部 敵烈麻都視禮部 北南府宰相總之"
17) 『遼史』卷47,「百官志 三」"遼有北面朝官矣 既得燕代十有六州 乃用唐制 復設南面三
   省·六部·臺·院·寺·監·諸衛·東宮之官"
18) 『岩波講座 世界歷史 9』, 東京, 岩波書店, 1974, p.30.

기관은 북남추밀원이었다. 북추밀원은 거란인을 비롯하여 유목민의 군사와 민정을 장악하였고, 남추밀원은 한인과 발해인 등 농경민의 민정 일반을 처리했다. 하지만 요의 관제가 매우 복잡하고 그 통속관계가 불분명했기 때문에 추밀원에 대한 직능 역시 줄곧 논쟁의 대상이 되고 있다.

한편 중앙관제에서 보이는 이원체제는 지방의 관제에서도 행해져 부족제 및 주현제, 속국·속부제 등이 병행되었다. 태종시기에 거란 및 여러 유목민족으로 구성한 20개의 부는 인구의 증가에 따라 성종시기에 34개의 부로 재편되었다.[19] 부족은 인구의 다소에 따라 대부족과 소부족으로 구분되었는데 오원부(五院部), 육원부(六院部), 을실부(乙室部), 해육부(奚六部)가 대부족에 해당된다. 대부족과 소부족의 행정은 각각 대왕원(大王院)과 정도사사(節度使司)가 관장하였으며 부(部)-석렬(石烈)-미리(彌里)의 행정단위로 구성되어 있다. 석렬과 미리는 각각 중국의 현과 향에 해당된다.

반면 농경민은 대부분 주현에 편입되었는데 앞서 살펴보았듯이 주현은 요초부터 시행된 사민정책으로 설치된 것으로 두하군주, 알로타에 속한 주현, 일반주현 등으로 구분할 수 있다. 주에는 절도주(節度州)와 자사주(刺史州)가 있으며 현에서는 현령이 민정을 관리하였다. 주현의 중치정책(重置政策)과 상응하여 요조 말에는 주현의 수가 156주군성(州軍城)과 209현(縣)에 이르게 되었다. 그러나 자사주에는 부(府) 또는 절도주에 속하는 것 이외에 도(道)에 직속되는 것도 있어서 그 통속관계가 매우 불규칙했다. 도의 수도인 경(京)에는 유수사(留守司), 경순원(警巡院), 처치사(處置司) 등이 있어 치안·사법·징세를 분장했다. 부에는 지부사(知府事)와 동지부사(同知府事)가 있고 특수한 주에는 방어사(防禦使)·단련사

---

19) 부족의 수는 『遼史』의 「營衛志」·「地理志」·「百官志」마다 각각 다르게 기록되어 있어 그 수를 정확하게 파악할 수 없으나 요 말기에는 대략 52개 정도로 이를 것으로 추정된다.

(團練使)·관찰사(觀察使)가 있었다.

부락과 주현 이외에 속부와 속국은 북면관이 관할하였으며 원래의 추장을 대왕 혹은 절도사 등으로 삼아 일정한 자치권을 향유하게 하였다. 이처럼 유목민에게는 부족제를 적용하고 농경민은 주현제로 편성하는 한편 거란인을 통치하는 최고 기관으로 북추밀원을 설치하고 중국인은 남추밀원의 관할 하에 통치함으로써 각각 북면과 남면으로 구분하였는데 이것이 소위 인속이치를 바탕으로 한 북남면관 제도이다.

이러한 북남면관의 관리등용에 있어서 거란인을 북면관에 기용하는 것이 요조의 원칙이었으나 때로는 남면관의 최고기관에도 거란인을 임명하였고 중하급 관청에는 오직 중국인과 발해인을 등용하였다. 관리를 등용하는데 과거제를 실시한 것은 성종 말년이며 흥종 중희(重熙) 5년(1037)에 처음 실시된 공거법(貢擧法)에 따라 어진사(御進士) 49명이 기용되었다. 또한 도종 함옹(咸雍) 6년(1070)에는 현량과(賢良科)를 설치하여 진사 138명을 기용하였다. 이렇듯 진사과에 급제한 중국인 관리는 추밀직학사(樞密直學士)를 거쳐 점차 정치의 중요한 방면에 참여하기에 이르렀다. 중앙 관료 이외에도 주현의 행정에 종사한 지방관과 그 밑에 실무를 담당하는 서리(胥吏)가 대부분 중국인 또는 발해인이었다.

다음으로 이중지배의 원칙이 거란 법률의 제정과 부세의 징수에도 반영되었음을 알 수 있다. 일찍이 신책 6년(921)에 태조 야율아보기는 대신들에게 "거란과 제이(諸夷)를 다스리는 법을 제정하도록 명할 때 한인은 율령으로 판단"[20]하라고 규정했다. 거란과 서북 제 민족은 한인과 분별하여 법령을 적용하였는데, 유목민의 범죄자는 원래의 관습법에 따라 처리했고 한인은 중원에서 성행한 당률(唐律)에 따라 죄를 결정했다. 또한 "발해인을 다스리는 것도 역시 한률(漢律)에 의거"[21]했는데 이것은 발해인의

---

20) 『遼史』卷61, 「刑法志 上」 "定治契丹及諸夷之法 漢人則斷以律令"

생산방식과 사회발전단계가 중원의 한족과 비슷했기 때문이다.

거란은 성종 태평(太平)연간에 소덕(蕭德)이 황제의 뜻에 따라 임아(林牙) 야율서성(耶律庶成)과 함께 율령을 편찬하였으며 홍종 중희 5년(1036)에 547개 조(條)로 증보하였고 함옹 6년(1070)에는 중희구제(重熙舊制)를 교정하여 789개 조를 완성하였다.22) 이 율령은 북방 유목민족의 전통을 보유하면서 동시에 당조의 법률로부터 많은 영향을 받은 산물이었다. 한인에 관한 법률은 요 초기에 대체로 당률을 답습하였으나 성종시기에는 한인 사건의 판결에서 기본적으로 송률에 근거했음을 알 수 있다. 예컨대 태평 10년(1030)에 성종은 일찍이 "조서를 내려 한인의 공사는 모두 모름지기 남조의 법도를 직접 물어서 일을 행하라"23)고 하였다. 하지만 송 초의 법령은 대체로 당률을 답습하였기 때문에 기본정신은 당률에 의거한 것이나 다름없다.

하지만 거란 초기에는 각 민족 간의 법률적용에 있어서 "북인이 한인을 살해하면 벌을 주고, 한인이 북인을 살해하면 사형에 처하는"24)것과 같이 매우 불평등한 점도 있었다. 이러한 법적 차별에 대해 사회가 발전하고 각 민족 간의 교류가 빈번해짐에 따라 그 모순을 해소하려는 노력이 이루어졌다. 성종 때의 기록을 보면 "이전에 거란인과 한인이 서로 싸우다가 죽음에 이르면 그 법의 경중이 고르지 못했는데 이때에 이르러 같은 등급으로 처벌하였다. 그리고 통화(統和) 12년(994)의 조서에서도 거란인이 10악(十惡)을 범하면 또한 법률에 따라서 처리하라"25)고 하였다. 이는 비록

---

21) 『遼史』 卷61, 「刑法志 上」 "至太宗始 治渤海人亦依漢律"
22) 『遼史』 卷62, 「刑法志 下」 "六年 爲五百四十五條; 取律一百七十三條 又創增七十一條 凡七百八十九條 增重編者至千餘條"
23) 『契丹國志』 卷7, 「聖宗天輔皇帝」 "詔漢兒公事皆須體問南朝法度行事"
24) 『續資治通鑑長編』 卷156, 慶曆5年 閏5月 癸丑. "北人殺漢人者罰 漢人者殺北人者死"
25) 『遼史』 卷61, 「刑法志 上」 "先是 契丹及漢人相毆致死 其法輕重不均 至是一等科之. 統和十二年 詔契丹人犯十惡 亦斷以律"

인속이치와는 배치되었지만 거란인과 한인에 대한 법률 적용을 점차 통일시켜가는 노력이라고 할 수 있다. 이처럼 민족 간의 융합이 일정 부분 이루어져가고 있음을 엿볼 수 있다.

부세의 징수 역시 이중지배의 원칙을 적용했다. 초지와 농지는 자연생태와 생산방식이 완전히 다르기 때문에 획일적인 세법을 실시할 수 없었다. 우선 부락민에 대한 징세는 그들이 보유한 가축 수에 비례하여 정기적으로 징수하는 가축세의 형태를 취했다. 그 중에 양과 말은 목축업의 주요 생산품이었으므로 거란의 부세 중에 중요한 대상이었다. 이러한 두필(頭匹)은 오직 국가의 공용(公用) 내지는 재정지출에 활용되었는데 양은 관리에게 봉록을 지급하기 위해 사용되었다. 이를 이른바 "봉양(俸羊)"이라 불렀다. 양 이외에 기타 실물징수도 있었는데 그 대상은 "괄부민마(括富民馬)"라는 기록에서 볼 수 있듯이 말을 들 수 있다. 유목민에 대한 징세의 기준은 기록을 찾을 수 없어 정확하게 규정할 수 없으나 같은 종류의 유목왕조에서 그 사례를 찾아 유추하면 원 태종 원년(1229)에 "몽골의 백성은 말 100필을 소유하면 빈마(牝馬) 한 마리를, 소 100두를 가지면 자우(牸牛) 한 마리를, 양 100두를 소유하면 분양(羒羊) 한 마리를 징수한다"[26]고 하였는데 이와 같은 가축추분세(家畜抽分稅)가 거란에서도 사용되었을 것이라 추정된다.

그 외 자치의 성격이 비교적 강한 속국과 속부, 즉 서북부의 오고, 적렬, 조복과 동부의 여진, 오국부에 거주하는 속민들에 대해서는 공납의 형태로 특산물을 매년 납부하게 하였다. 이것들은 결코 전무세(田畝稅)가 아니기 때문에 "무출조부(無出租賦)"라고 일컬었다.[27] 특산물은 지역과 생산방식에 따라 그 종류는 다양하나 서북부 지역의 품목은 대체로 말, 낙타,

---

26) 『元史』卷2,「太宗紀」"蒙古民 有馬百者輸牝馬一 牛百者輸牸牛一 羊百者輸羒羊一 爲永制"

27) 程妮娜,『古代中國東北民族地區建置史』, 北京, 中華書局, 2011, p.249.

담비가죽 등을 들 수 있다. 예컨대 성종 개태(開泰) 7년(1018)에 "동북쪽
의 월리매(越里篤), 부아리(剖阿里), 오리미(奧里米), 포노리(蒲奴里), 철려
(鐵驪) 등 5부에게 해마다 초피(貂皮) 65,000장과 말 300필을 납부하도
록 명령하였다. … 다음 해에는 조복에게 조서를 내려 구례(舊例)를 따라
해마다 말 1,700필, 낙타 440필, 담비 가죽 10,000장, 날다람쥐의 가죽
25,000장을 바치도록 하였다."[28] 또한 숙여진은 소위 인삼, 백부자(白附
子), 천남성(天南星), 복령(茯苓), 저령(豬苓), 백포(白布) 등을 공납하였던
반면 생여진 및 오국부 등은 진주, 교어피(膠魚皮), 초피, 해동청(海東靑),
인삼, 생금(生金), 밀랍, 포백(布帛), 환록(喚鹿) 등을 불규칙적으로 공납했
다.

한편 농업지역의 전부(田賦) 징수와 관련하여 『요사』 「식화지」에는 "부
세의 제도는 태조가 한연휘에게 맡기면서부터 비로소 국가의 용도를 제정
하였고, 태종이 5경의 호(戶)와 정(丁)을 등록하여서 부세를 정하였다"[29]
고 기록되어 있다. 한연휘는 일찍이 초원에 한인을 안치시키는 정책을 진
헌하였고 부세제도 역시 이때에 정해졌을 것이다. 당시 그 범위는 상경과
중경의 농호(農戶)에 국한되었으나 발해고지와 연운16주를 편입하면서
호구(戶口)와 인정(人丁)의 수가 늘어남에 따라 부역제도는 당, 오대, 발해
의 제도를 참조하여 확정하였다. 거란의 전부(田賦)는 무(畝)를 계산하여
징수하였고 요역은 호의 물력(物力) 고하에 따라 징수하였는데 균등한 부
역을 위해 항상 괄전(括田:丈量田畝)과 괄호(括戶:登記戶口)를 하였다. 부
세의 징수는 후당의 양세법에 따라 춘하 두 번에 걸쳐 징수하였음을 다음

---

28) 『遼史』 卷16, 「聖宗本紀 7」 "命東北越里篤·剖阿里·奧里米·蒲奴里·鐵驪等五部歲貢
貂皮六萬五千 馬三百. …詔阻卜依舊歲貢馬千七百·駝四百四十·貂鼠皮萬·靑鼠皮二
萬五千"
29) 『遼史』 卷59, 「食貨志 上」 "賦稅之制 自太祖任韓延徽 始制國用 太宗籍五京戶丁以定賦
稅"

의 『요사습유(遼史拾遺)』 권28 「식화지」에 인용된 『선부진지(宣府鎭志)』
의 내용에서 엿볼 수 있다.

> 『선부진지』에서 말하기를, '거란 통화 18년(1000)에 조서를 내려 북쪽
> 지방은 기후가 상당히 늦기 때문에 마땅히 후당의 옛 제도를 따라 대맥과
> 소맥과 완두는 6월 10일부터 징수를 시작하고, 9월에 이르면 징수를 마친
> 다. 정세(正稅)와 필백전(匹帛錢) 및 혜전(鞋錢), 지전(地錢), 각곡전(榷曲
> 錢) 등은 6월 20일부터 징수를 시작하여 10월에 징수를 마친다'고 하였
> 다.[30]

이로부터 하세의 납부기한 및 정세 이외에도 필백전 및 혜전, 지전 등의
잡세와 각곡전과 같은 전매세 등을 부과하였음을 알 수 있다.

이러한 양세 및 잡세는 당과 오대의 것을 답습한 것이다. 원래 한인들이
거주하던 남경도와 서경도에 그대로 적용되었는데 그 부담이 적지 않았
다. 반면 동경도는 대부분 발해의 이주민이었던 관계로 그들을 위무하기
위해 부역의 제도가 대체로 관대하였다. "요동은 새로운 귀부지(歸附地)
에 술을 전매하지 않았고 염국(鹽麴)에 관한 금지조항도 느슨했다."[31] 또
한 발해인에게 "토지를 주고 부세의 납입을 삭감하고 무역의 왕래나 관시
(關市)는 모두 세금을 징수하지 않았다"[32]고 기록되어 있어 당시의 동경
발해인에 대한 정황을 잘 보여준다. 이처럼 각 지역의 농호는 출신과 신분
이 달랐기 때문에 납세의 정황도 달랐다. 무엇보다도 주현의 자경농은 국

---

30) 『遼史拾遺』 卷 28, 「食貨志」 『宣府鎭志』 曰 : 契丹統和十八年詔 北地節侯頗晚 宜從
   後唐舊制 大・小麥豌豆六月十 日起徵 至九月納足 正稅 匹帛錢 鞋・地・榷曲錢等 六月
   二十日起徵 十月納足"
31) 『遼史』 卷59, 「食貨志 上」 "遼東新附地不榷酤 而鹽麴之禁亦弛"
32) 洪皓, 『松漠紀聞』 "阿保機滅渤海 遷其族帳千餘戶于燕 給以田疇 捐其賦入 往來貿易關
   市皆不徵 有戰則用爲前驅"

가에 전부(田賦)를 납부했지만 귀족들의 두하호에 예속된 농노는 국가와
영주에게 각각 부세를 납부했다. 즉 국가에 전부를 납부했을 뿐만 아니라
영주에게도 "시정지부(市井之賦)"33)를 납부했기 때문에 그들을 소위 이세
호(二稅戶)라고 불렀다.

부세 이외에 병역과 요역도 요구되었는데 이러한 역역(力役) 역시 이중
지배의 원칙에 따라 민족별로 그 의무를 구분했다. 우선 병역이 가장 광범
위하고 보편적인 의의를 지녔으나 주로 거란 부락민에게 해당되었다. "요
의 병제는 대체로 백성들의 나이가 15세 이상에서 50세 이하까지 병적에
속했다. 1명의 정군(正軍)에는 말 3필에 타초곡(打草穀)34)과 수영포가정
(守營鋪家丁:일꾼)이 각각 1명씩 딸렸다."35) 병사들은 전시에 스스로 무기
및 안장과 말을 준비하여 절도사를 따라 출정해야만 했고 평시에도 변방
을 지켜야만 했다. 병역의 부담은 날이 갈수록 무거워졌고 빈민뿐만 아니
라 부유한 백성도 징발되어 변방을 지켜야만 했으므로 "거란의 여러 역호
(役戶)들은 빈곤한 자가 많게"36)되었다. 결국 이러한 현상은 홍종 시기에
이르러 이미 정국의 안정과 국가의 성쇠에 영향을 주는 심각한 문제가 되
었다.

또한 속국은 전시에 조병(助兵)의 의무가 있었으므로 요조는 각 속국에
"일이 있으면 곧 사자를 보내 군사를 징발하거나 혹은 조서를 내려 마음대
로 징발하였는데 이에 따르지 않는 자는 토벌하였다. 조역군(助役軍)의 많
고 적음은 각각 속국의 편의를 따르게 하여 정해진 수가 없었다"37)고 규

---

33) 『遼史』卷59,「食貨志 上」"凡市井之賦 各歸頭下 惟酒稅赴納上京 此分頭下軍州賦爲二
　　等也"
34) 거란초기에 거란人馬에게 양식과 마초를 공급하지 않고 매일 기병을 사방으로 보내
　　약탈을 해옴으로써 군수품을 조달하였는데 이를 타초곡(打草穀)이라 하였다.
35) 『遼史』卷34,「兵衛志 上」"遼國兵制 凡民年十五以上 五十以下 隸兵籍. 每正軍一名 馬
　　三疋 打草谷·守營鋪家丁各一人"
36) 『遼史』卷10,「聖宗紀 1」"契丹諸役戶多貧困"
37) 『遼史』卷36,「兵衛志 下 屬國軍」"有事則遣使徵兵 或下詔專徵; 不從者討之. 助軍衆寡

정하고 있다. 물론 농경민도 병역에 자유로울 수는 없지만 주로 경제적 부담을 지는 등 기병군단의 물질적 기초를 제공하였으며 거란 부락민과는 달리 주로 요역의 주체가 되었다. 피정복 민족에 대해 요조가 부과한 잡역은 거란인에 비해 그 정도가 몹시 과중했다. 예컨대 "당시에 백성들이 매우 걱정했던 것은 역체(驛遞), 마우(馬牛), 기고(旗鼓), 향정(鄕正), 청예(廳隷), 창사(倉司)의 부역과 같은 일이었다. 심지어 파산하고도 그것을 다 채울 수가 없었다. 마인망(馬人望)이 백성들로 하여금 돈을 내게 하고 관부에서 스스로 부역할 사람을 모집하니 당시의 사람들이 편하게 생각하였다"[38]고 한다. 여기에 나열된 각종 역은 당대부터 내려오던 것으로 종류가 번잡했고 중역(重役)이었기 때문에 백성들은 몹시 고통에 시달렸고 이로 인해 당시 마인망이 모역(募役)으로 해결하고자 했으나 이미 요조가 멸망하기 직전에 이르렀다.

요컨대 거란의 민족정책은 다른 민족, 다른 경제의 성분이 병존하고 사회 발전 수준이 불균형한 조건하에서 어떻게 통치를 공고히 하느냐가 주요 관심사였다. 그들은 최초의 정복왕조답게 이전의 유목민족이 중원문화에 일방적으로 흡수되었던 것과는 달리 적극적인 공생관계를 추구했던 것이다. 비트포겔(Wittfogel)이 요조의 사회·경제·정치·문화 등 각 분야에서 보이는 이원성을 지적하였던 것처럼 거란은 자신의 유목적 정체성을 유지하면서 선진적인 정주민의 농경문화를 포섭한 유목왕조였다. 그들은 농경과 유목이라는 기존의 이분법적 패러다임을 인속이치라는 원칙하에 남북면관제도 및 목농복합체제라는 새로운 통합체제로 변용시켰다고 볼 수 있다.

各從其便 無常額"
38) 『遼史』卷105, 「馬人望傳」 "當時民所甚患者 驛遞·馬牛·旗鼓·鄕正·廳隷·倉司之役 至破産不能給. 人望使民出錢 官自募役 時以爲便"

3. 이중지배체제 하에 민족차별정책

거란의 통치자들은 앞서 서술한 것과 같이 각 민족의 풍속과 발전정도에 따라 그들의 제도를 바꾸지 않고 인속이치 함으로써 피정복민의 반항정서를 약화시켰다. 그러나 그 정책은 어느 정도 갈등을 완화시켰을 뿐 근본적으로 민족갈등을 해결하지 못했다. 왜냐하면 인속이치를 바탕으로 한 이중지배정책은 민족적 차별을 전제로 하는 내재적 한계가 있었기 때문이다. 더욱이 한인과 발해인의 수가 거란인에 비해 많았고 그들은 정치·경제·문화적으로 선진적이었으므로 그들을 진정시키는 것이 거란의 통치지위를 장기간 안정시키는 관건이다. 이런 정황에 비추어 볼 때 요조가 말한 인속이치의 방침은 주로 한인과 발해인을 겨냥한 민족정책이라고도 볼 수 있다. 그러나 거란의 통치방식은 무력진압을 위주로 하고 안무(按撫)를 보조적인 수단으로 삼았기 때문에 다수의 피지배 민족을 정치적으로 억압하고 경제적으로 착취하였다. 그리하여 거란 통치자는 정치경제적 목적에 따라 그들을 차별적으로 대우했기 때문에 각 민족의 사회적 지위가 불평등하게 되었다.

우선 거란족은 주체민족으로 사회적 지위가 가장 높았다. 거란인 중에 일부 귀족 세력이 중요 관직을 세습하는 특권을 향유했기 때문이다. 야율아보기는 자신의 일족인 야율씨 뿐만 아니라 근친인 요련씨 및 오랫동안 인척관계를 맺고 있던 술율씨 등을 특히 장족(帳族)이라 하여 일반 부족민과 구분하였다. 그리하여 이를 이원황족(二院皇族)·사장황족(四帳皇族)·국구장족(國舅帳族)[39]으로 나누어 황족 또는 준황족 등의 특권층을 형성

---

39) 이원황족(二院皇族)은 숙조(肅祖)의 맏아들 흡신(洽昚), 셋째아들 갈랄(葛剌), 막내아들 흡례(洽禮), 의조(懿祖)의 둘째아들 첩랄(帖剌), 막내아들 요고직(裏古直)의 자손들이다. 그리고 현조(玄祖) 균덕실(勻德實)의 둘째아들 암목(巖木)의 후손을 맹부방(孟父房), 셋째아들 석로(釋魯)를 중부방(仲父房)이라 하며 막내아들 덕조(德祖) 살랄

하게 하였다. 그 중 야율아보기를 핵심으로 하는 황제의 가계가 가장 큰 정치경제적 특권을 누리며 대대로 중앙의 조정에서 지방의 통치기구에 이르기까지 고위관직을 독점했다. 예컨대 야율씨로서 『요사』의 「열전」에 입전된 자가 305명으로 총 수의 1/3정도를 차지할 정도였다.

이들은 민족정책의 결정자였던 관계로 거란족을 유지 보호하며 피정복 민족내의 상층계급의 이익을 대변했다. 또한 그들의 상무적인 습속으로 인해 타민족에 대한 학살과 강제이민이 빈번하게 발생하기도 했다. 예컨대 발해를 멸망시킨 후 야율아보기는 여진인의 반항을 두려워하여 여진인 수천 호를 요양의 남쪽으로 이주시켜 그들의 역량을 분산시키고 쇠약하게 만들었다.[40] 또 태종 천현 3년(928)에는 동란민으로 동평을 채우도록 조를 내려 대부분 발해인을 요동 지역으로 강제 이주시켰다. 이후 성종 통화 4년(986) 정월에는 "추밀사 야율사진(耶律斜軫)과 임아 근덕(勤德) 등이 여진을 토벌하고 얻은 인구 10여만 명과 말 20여만 마리 및 여러 전리품을 바쳤다."[41] 게다가 성종 개태 4년(1015)에 북추밀사 야율세량(耶律世良)은 "명령을 어긴 오고를 토벌하여 모두 죽이고"[42] "이미 적렬득(迪烈得)을 격파하고서 그 무리의 장정들을 모두 죽였다"[43]고 한다. 이러한 지배민족과 피지배민족간의 긴장관계는 결국 거란이 여진에게 멸망당하는 결과를 초래하였지만 거란인의 우월적 지위를 기반으로 한 통치형태는 요조 내내

적(撒刺的)의 원자가바로 태조(太祖) 천황제(天皇帝)로 이를 횡장(橫帳)이라 한다. 다음은 랄갈(剌葛), 질랄(迭剌), 인저석(寅底石), 안단(安端), 소(蘇)이니 모두 계부방(季父房)이라 하는데 이들 1帳3房을 사장황족(四帳皇族)이라 한다. 그리고 국구장족(國舅帳族)은 발리(拔里) ,을실이(乙室已), 술률(述律) 3족을 일컬으며 중국의 풍습을 따라 모두 소성(蕭姓)을 갖게 되었다.(『요사』「백관지」 및 「외척표」)

40) 『三朝北盟會編』卷3, 政宣上帙 重和二年正月十日丁巳條 "安巴堅慮女眞爲患 乃誘其强宗大姓 數千户移至遼陽之南 以分其勢使不得相通"

41) 『遼史』卷11,「聖宗本紀」"樞密使耶律斜軫 林牙勤德等上討女直所獲生口十餘萬馬二十餘萬及諸物"

42) 『遼史』卷69,「部族表」"耶律世良討叛命烏古 盡殺之"

43) 『遼史』卷15,「聖宗本紀」"世良懲創 旣破迪烈得 輒殲其丁壯."

지속되었다.

한편 지배층과 달리 평민계층의 거란인은 귀족의 각종 특권을 향유하지 못했다. 거란의 각부는 대왕(이리근), 절도사, 사도(척은), 상온 등이 부락의 군사·행정·경제의 권력을 장악하면서 일부의 가계가 절도사 선출에 대대로 참여하였다. 이러한 부락의 장관은 실제로 그곳의 영주나 다름없었으며 부락 및 석렬, 미리에 편입된 일반 거란인은 영주의 허락 없이 임의대로 정해진 영역을 이탈할 수 없었다. 그들은 유목지역의 생산 담당자이자 부락 귀족의 속민이었다. 그러나 거란족의 주요 구성원인 부락민들도 약간의 가노(家奴)와 부곡(部曲)을 소유할 수 있었기 때문에 법률상 독립적인 인격과 지위를 지녔다. 다만 대외정복전쟁 중에 황실과 귀족은 약탈한 호구와 재부 등의 많은 이득을 얻었던 반면 각 부락민들은 무거운 병역부담으로 인해 생계를 위협받기도 했다.

특히 거란 사회가 비교적 빠르게 발전함에 따라 평민계층의 분화는 더욱 더 현저해졌고 그 과정에서 일부 중하층의 부족민이 빈민화되는 경우도 있었다. 그래서 요조 중기에 야율소(耶律昭)는 일찍이 다음과 같이 지적한 바 있다.

무릇 서북의 각 부는 농사철을 만날 때마다 한 사람은 정찰하는 일을 하고 한 사람은 공전의 농사를 짓고 또 한 사람은 규관(糺官)의 일에 동원됩니다. 대체로 네 사람의 장정이 함께 집안에 머무를 시간이 없습니다. 가축 키우는 일은 처자식들에게 의지하고 있습니다. 한 차례의 노략질을 겪으면 곤궁과 가난은 바로 닥칩니다. 봄여름의 진휼도 관리들 대부분이 겨를 섞어 배분하고 거두어들이는 것이 혹독합니다. 그리하여 몇 달이 못 가서 다시 곤궁을 호소합니다.[44]

---

44) 『遼史』卷104, 「耶律昭傳」 "夫西北諸部 每當農時 一夫爲偵候 一夫治公田 二夫給糺官之役 大率四丁無一室處. 芻牧之事 仰給妻孥. 一遭寇掠 貧窮立至"

비록 성종 이후 황제들은 여러 차례 제부족의 평민들을 진휼하였지만
계층분화를 막을 수 없었다. 이러한 전반적인 추세는 거란족 내부의 갈등
을 첨예화시켰고 결국 이것이 요 왕조의 약화를 초래하는 원인을 제공하
기도 했다.

다음으로 요조는 해인을 우대하였다. 거란과 "이종동류(異種同類)"[45] 즉
부족은 달라도 동일종족이었던 해족 육부에 대해서는 "그 장부(帳部)를
위무함에 있어서 국족(國族)에 비견될 정도였으므로"[46] 해6부는 거란의
오원부, 육원부, 을실부와 함께 사대 부족으로 배치되었다. 즉 해인으로
하여금 해왕부의 대왕을 맡게 하였고 아울러 해의 다섯 왕족에게는 "대대
로 요인과 혼인케 하였기 때문에 술율씨의 성을 갖도록 하여"[47] 그 귀족
은 물론 많은 해인들이 모두 거란귀족 및 일반 거란인과 같은 대우를 받게
하였다. 그들을 우대한 목적은 나날이 확장되어 가는 거란의 영역을 거란
인만으로는 유지경영하기 어려웠기 때문에 그들과 가장 가까운 관계에 있
었던 해인들의 협력이 필요했다.

해 왕족들은 그 지위에 걸맞게 상당히 넓은 전장(田莊)을 점유하였고
해족 부락민의 부역이나 해족 부곡의 지위도 공히 거란과 같았다고 한
다.[48] 또한 법률 적용에 있어서도 한인 및 발해인과 달리 거란 고유법의
적용을 받았는데 비록 죄를 지었더라도 속(贖)하여 주거나 면죄되는 것이
거란인의 경우와 같았다. 예컨대 통화 6년(988)에 "해왕 주녕(籌寧:和朔奴
의 字)이 죄 없는 이호(李浩)를 죽이자 해당 관서에서 그가 귀인이라는 것

---

45) 해와 거란 두 민족을 『魏書』・『北史』・『隋書』 등에서 이종동류(異種同類)로 표현하
　　고 있으나 그 해석은 분분하다. 陳述은 『契丹史論證考』에서 종족은 다르나 같은 이류
　　(夷類)라는 뜻으로 해석했던 반면 王民信은 『契丹史論叢』에서 부족은 달리하여도 동
　　일한 종족이라는 김육불의 동족이부설(同族異部說)을 지지하고 있다.
46) 『遼史』 卷45,「百官志 一」"併奚王之衆 撫其帳部 擬於國族"
47) 『金史』 卷67,「奚王回离保傳」"世與遼人爲昏(婚) 因附姓述律氏中"
48) 張正明, 『契丹史略』, 北京, 中華書局, 1979, p.127.

을 들어서 죄의 대가로 얼마의 돈을 내어 이호의 집에 주는 것으로 결정하는 정도로 그쳤다"[49]는 사례는 그러한 정황을 잘 보여준다. 일부 논자는 해족을 동족같이 우대하여 그들의 협력을 구하고자 했던 것이 마치 훗날 몽고가 색목인(色目人)에게 대한 태도와도 같았다고 말하기도 한다.[50]

해족은 우대정책으로 말미암아 피지배 민족 중에 사회적 지위가 가장 높았다. 따라서 준지배민족의 지위를 얻은 해족은 요대를 통해 초기(923)에 있었던 호손(胡損)의 반란을 제외하고 줄곧 요조에 충성하였다. 이후에는 점차 거란과 일체가 되어 대연림의 반란을 진압하는 데 참여하거나 혹은 서하전 및 고려전에 출정하는 등 요조에 적극적으로 협조했다. 또한 성종 통화 24년(1006)에는 옛날 해왕 아장(牙帳)의 땅에 중경 대정부를 건립하여[51] 해외 사절들을 여기에서 맞음으로써 거란의 정치 중심이 중경으로 이전해 가는 모습을 보인다. 이와 같이 해인에 대한 통치가 상당히 우호적이었던 것은 종족적, 문화적 동질감에서 비롯된 것으로 실제로 일종의 연합조직 내지는 연방과 같은 성질로 관리되었다고도 볼 수 있다. 결국 거란인은 자국의 유불리의 판단에 따라 민족정책을 결정하였던바 해족에 대한 우대정책은 거란 통치의 안정화에 적극적인 효과를 거두었다.

그 다음 요조 치하의 구성원들 중에 한인을 꼽을 수 있는데 그 인수가 상당히 많았다. 확실히 알 수는 없으나 『요사』의 「지리지」나 「병위지」에 기록된 "번한전호(蕃漢轉戶)"의 수를 파악하면 한인이 적지 않았다는 것을 명확하게 보여주고 있다. 하지만 그 내원이 복잡하여 사회적 지위도 제각기 다를 수밖에 없었다. 첫째로 당말오대 시기에 번진의 할거로 많은 북

---

49) 『遼史』 卷12, 「聖宗本紀」 "奚王籌寧殺無罪人李浩 所司議貴 請貸其罪 令出錢贍浩家 從之"

50) 島田正郎, 『遼朝史の研究』, 東京, 創文社, 1979, pp.101~102.

51) 『遼史』 卷45, 「地理志 三」 "統和二十四年 五帳院進故奚王牙帳地. 二十五年 城之實以漢戶 號曰中京 府曰大定"

중국인이 전란과 학정을 피해 자발적으로 거란으로 도망해 오거나 태조 야율아보기에 의해 포로로 잡혀온 한인들이 다수 있었다. 이들은 알로타 주현이나 두하군주에 속했고 그 지위도 비교적 낮은 예속민으로 전락된 반면 자발적으로 거란에 의탁하거나 포로로 잡힌 자들 중에 지식이 있는 사인은 거란에 중용되어 통치계급에 흡수되었다.

둘째로 석경당에게 할양받은 연운지역의 한인은 원래의 사회적 신분을 그대로 유지하였으나 거란으로부터 부세를 착취당하는 주요 대상이 되어 경제적으로 차별을 받았다. 예를 들면 『구국지(九國志)』를 저술한 노진 (路振)이 대중상부(大中祥符) 원년(1008)에 거란으로 사신을 다녀온 후 "북로(北虜)의 정치가 가혹하여 유계(幽薊)지역 사람들이 이를 고통스러 워했다"[52]고 하였고, 철종 원우(元祐) 연간에 소철(蘇轍) 역시 거란으로 사신을 갔다 돌아온 후 "북조의 정치는 거란에게 관대하고 연(燕)지역 사람들에게 포악한 것이 대개 이미 오래되었다. 그리하여 신(臣)들이 산전 (山前)의 여러 주에 지후(祗候)들을 찾아가 직접 물었더니 … 매번 급히 징발하는 일이 있으면 바로 은패(銀牌)를 찬 천사(天使)를 파견하여 한호 에게서 찾아냈으며 현리들도 자주 채찍질을 당하고 부자들은 옥백(玉帛) 이나 자녀를 강제로 빼앗겼으나 감히 애석해할 수가 없으니 연지역의 사 람들이 매우 고통스러워했다"[53]고 전했다. 하지만 이것은 어느 정도 송인 들의 편견에서 비롯되었다고 볼 수 있다.

왜냐하면 연운16주에 거주한 한인들은 대부분 당시 선진농업과 수공업 기술을 보유한 존재였고 아울러 상당한 문화적 수양과 치세경험을 지닌 문인사환(文人仕宦)들이 다수 있었기 때문에 거란은 이들을 소홀히 할 수

---

52) 『宋朝事實類苑』卷77 "虜政苛刻 幽薊苦之."

53) 『欒城集』卷42, 「論北朝政事大略」"北朝之政 寬契丹 虐燕人 蓋已舊矣. 然臣等訪聞山 前諸州祗候 … 每有急速 調發之政 即遣天使帶銀牌於漢戶須索 縣吏動遭鞭箠 富家多被 强取玉帛子女不敢愛惜 燕人最以爲苦"

없었다. 게다가 요조의 남쪽에는 북송왕조가 거란의 대적(大敵)으로 존재
했던 관계로 그들이 요조를 이반하는 것을 경계했기 때문에 오히려 해족
및 발해인보다 그 역할을 더 중시하는 정책을 채택하기도 했다. 그래서 성
종은 개혁을 통해 한인의 사회적 지위를 제고하였고 연운지역의 무거운
경제부담도 점차 경감시켰다. 예를 들어 앞서 언급한 노진이나 소철이 거
란에 사신으로 가기 이전인 통화 14년(996)에 성종은 "남경도에서 새로 제
정한 세법(稅法)의 부담이 너무 과중하므로 이를 삭감하였다"[54]고 한다.
그래서 전연의 맹약 이후에는 전황(田況)도 "하삭(河朔:황하의 북쪽지방)
의 백성들이 점차로 본업에 종사할 뜻이 생겼다"라고 지적한바 있다.[55]

　거란 역대 군주는 이들 한족을 중용하여 자신의 통치기반을 확고히 다
지는 데 활용했다. 왜냐하면 한인들이 거란의 건립, 제도의 구축, 선진 문
화의 전파 등 국가를 안정시키는 데 중요한 역할을 했기 때문이다. 그 중
에 한연휘와 한지고(韓知古)는 "요조의 이한(二韓)"이라고 불릴 만큼 가장
공적이 뚜렷한 한인이었다. 이와 같이 중용된 한인은 거란귀족을 도와 각
종제도를 건립하였고 "초원기자(草原騎子)" 즉 호인(胡人)들이 할 수 없는
역할을 수행함으로써 요조의 통치를 공고히 하였다.

　그래서 거란 통치자는 한인 중에서 더 많은 유식지사를 끌어 모으기 위
해 성종 통화 6년(988)부터는 "백관 가운데 사람을 선택할 때에는 반드시
종실의 성씨를 우선으로 한다"[56]는 원래의 규정을 바꾸고 과거를 실시하
여 인재를 뽑는 선관제도(選官制度)를 설립하기 시작했는데 이후에 흥종,
도종, 천조제 등도 모두 이를 폐지하지 않고 따랐다. 한인에 대한 거란귀
족의 정책은 상당히 우호적인 편이었고 이에 따라 한인들의 반요정서는
찾아보기 힘들 정도였다. 그리하여 요 초기에 한연휘가 후당으로 도망간

---

54) 『遼史』 卷13, 「聖宗本紀」 "以南京道新定稅法太重 減之."
55) 田況, 『儒林公議』 卷下 「河朔之民 漸有生意矣」
56) 『遼史』 卷45, 「百官志 一」 "百官擇人 必先宗姓"

후 다시 거란으로 돌아왔고, 거란 경내로 이주한 일반 한인도 다시는 돌아갈 생각을 하지 않았다고 한다. 아울러 거란의 남쪽 국경 지역에 거주한 한인도 송 경내로 도망가는 사건이 그다지 많이 발생하지 않았다. 이러한 의미에서 정주민이었던 한족에 대한 민족정책은 매우 성공적이었다고 볼 수 있다.

그러나 발해출신의 제 민족의 상황은 달랐다. 발해는 예맥계의 고구려 유예와 숙신계의 말갈인으로 구성되어 있었는데 거란 통치자들은 반요정서가 강한 발해인에 대해 경계심을 늦추지 않았고 강온양면책을 병용하였다. 우선 거란이 발해를 멸망시킨 후 야율아보기 등의 거란귀족들은 거듭 발해에 대해 관용정책을 채택할 수밖에 없었다. 무엇보다도 발해가 300만 이상의 인구를 가지고 있었고[57] 그들의 용맹성이 널리 알려져 있었던 터라 원래의 체제를 쉽게 변동시킬 수 없다고 판단하였다. 그래서 그 국호를 동란으로 대신하여 다만 "해마다 포 15만 단과 말 천 필을 공납하도록"[58] 요구했을 뿐이다. 다른 한편으로 발해 왕족인 대인선에게는 요 황도의 서쪽에 성을 쌓고 거주하게 하고, "발해를 멸망시킨 후에도 그 족장(族帳)을 존치시켜서 요련에 버금가게 하였다."[59] 이런 종류의 처리 방법은 거란의 통치자가 발해인과의 관계를 좋게 해결하여 그들의 원한 정서를 감소시키기 위한 의도에서 비롯된 것이었다.

한편으로 거란은 발해인의 통제수단으로 강제이주를 단행했었다. 태종은 야율우지의 제의에 따라 원거리에 있던 동란국의 주민을 요조의 통치 중심지와 가까운 요양 근처로 강제 이주시켜 미래의 후환을 미연에 방지하고자 했다. 동란의 남천은 사실상 발해의 동북영토를 포기하는 대신 요양지역을 충실히 경영하기 위한 일환책이나 다름없었고 발해인을 거란의

---

57) 魏國忠·朱國忱, 「渤海人口考略」, 『求是學刊』, 1983 3期.
58) 『遼史』 卷72, 「耶律義宗傳」 "歲貢布十五萬端 馬千匹"
59) 『遼史』 卷45, 「百官志 一」 "滅渤海國 存其族帳 亞於遙輦"

인적자원으로 충당하려는 의도가 명백한 것이었다. 신흥국이었던 거란은 정권 내부의 안정을 찾은 후에 비로소 동란을 완전 폐지하였고 그 백성에 대한 통치방식을 한인과 동일하게 적용하였다. 반면 거란을 건국한 전후에 포로로 잡혀왔던 발해인들은 태조 야율아보기 때부터 거란 귀족의 두하호나 각 알로타의 궁호가 되었는데 이들은 사적으로 예속된 신분이었다. 이것은 발해인 뿐만 아니라 해인, 한인에게도 해당되었으나 성종 이후에 두하주가 점차 해체되면서 그 소속민도 주현민으로 전환되었다.

발해인의 정황은 다음 장에서 좀 더 상술하기로 하고 마지막으로 발해의 구성원이었던 여진족에 대해 살펴보고자 한다. 그들은 발해인 및 한인과 달리 대다수가 씨족부락제 단계에 있었으며 거란의 중심지에서 멀리 떨어져 있었다. 따라서 여진은 정치사회적으로 낙후되어 있었으나 발해인과 결합하여 거란을 위협할 수 있는 가능성도 있었다. 그래서 거란군주는 여진을 약화시킬 필요가 있었다. 처음에 야율아보기는 여진이 우환거리가 될까 염려해서 그들 중에 강종대성(强宗大姓) 수천 호를 요양의 남쪽으로 이주시킴으로써 그 세력을 분리시켜 서로 왕래하지 못하게 하였다. 이때 요양으로 이주시켜 요 호적에 올린 자들을 합소관이라고 했는데 이들이 이른바 숙여진이다. 이들은 주로 동경도의 동남부 각지에 산거하였으며 요조는 인속이치의 통치방식에 따라 속국·속부제에 편입시켜 이를 대왕부(大王府)라고 불렀다.[60] 예컨대 성종 태평 6년(1126)에 "갈소관부(葛蘇館部)가 기와 북을 만들 수 있게 해달라고 애걸하였으므로 허락하였는데"[61] 요조는 갈소관로여진국대왕부(葛蘇館路女眞國大王府)를 설치하여 거란 혹은 발해인을 절도사로 파견하여 관리하였다.

---

60) 숙여진 지역의 속부와 속국은 女直國順化王府, 北女直國大王府, 南女直國大王府, 葛蘇館路女直國大王府, 長白山女直國大王府, 鴨綠江女直大王府, 瀕海女直國大王府 등이 있다.

61) 『遼史』卷17, 「聖宗本紀」 "葛蘇館部乞建旗鼓 許之"

또한 송화강 이북 및 목단강 유역에서 동부해안까지 많은 여진부락이 분포하고 있었다. 거란이 발해를 멸망시킨 후 동북 변경의 여진부락이 잇달아 귀부해왔으나 그들을 호적에 편입시키지 않고 송화강 부근에 성보(城堡)를 창건하면서 기미의 방법으로 그들을 통치했다. 이들을 생여진이라 불렀는데 강 연안이나 산골짜기에 흩어져 살면서 수렵 및 어로 등을 생계수단으로 삼았다. 그들이 거주하는 곳이 비교적 궁벽하고 사회발전 수준도 낮았지만 제부가 서로 이웃하여 교류가 빈번한데다가 거란 정부의 직접적인 통치를 받지 않았기 때문에 거란과는 느슨한 예속관계를 맺었다. 후에 생여진도 요조의 속국·속부체제에 들어왔으나 명목상 요조의 속국·속부였을 뿐 실제로는 요와 고려 사이에서 반란과 복종을 거듭하면서 누차 거란의 변방에 후환이 되었다.[62] 따라서 요조는 황룡부병마도부서사(黃龍府兵馬都部署司), 황룡부철려군상온사(黃龍府鐵驪軍詳穩司), 함주병마상온사(咸州兵馬詳穩司), 동북로도통군사사(東北路都統軍使司) 등을 … 장춘로(長春路)에 설치하여 동북쪽의 여러 나라를 통제하였다.[63]

이러한 통제는 착취로 이어졌고 동북부 제족에게 특산물을 공납하게 했는데 오국(五國)과 오야부(烏惹部) 등은 마필, 진주, 교어피, 초피, 해동청 등을 공납했고 여진은 궁시(弓矢), 인삼, 생금, 밀랍, 진주, 포백, 해동청 외에도 환록, 응골(鷹鶻)을 키우는 노예를 공납했다. 특히 "타여진(打女眞)"[64]이라는 말은 요조 통치계급이 여진의 토산품을 강제로 징수하거

---

62) 『遼史拾遺』 卷18 「屬國表·遼境四至」 "前後屢與契丹爲邊患"

63) 『遼史』 卷46, 「百官志 二」 "黃龍府兵馬都部署司 一作都監署司. 黃龍府鐵驪軍詳穩司·咸州兵馬詳穩司·東北路都統軍使司 … 已上長春路諸司 控制東北諸國."

64) 요 후기 춘날발(春捺鉢)의 지점은 영강주(寧江州: 지금 길림 부여동남 石頭城) 경내에 있었고 매년 초봄에 遼主는 그 지역에서 고기잡이와 매를 이용한 백조사냥 등의 오락을 즐겼는데 그때 여진 각 부족은 방물을 가져와 받치는 일종의 조공형식의 무역이 이루어졌지만 매우 불공평하게 실시하여 탈취하다시피 했는데 이러한 불의행위를 "打女眞"이라 한다.

나 저가로 매입하는 것을 가리키는 말로 일종의 경제적 착취의 수단이었
다. 또한 요 황제가 매년 얼음을 뚫고 낚시를 하거나 수렵할 때마다 여진
제부의 수령이 동원되었고 방물을 진상해야만 했는데 그것이 무척 고생스
러웠다. 심지어 요 조정에서 파견된 은패천사(銀牌天使)는 교만하고 횡포
하여 "여진지역에 도착하면 바로 여러 가지 필요한 물건을 각 부락에서 샅
샅이 찾았고 조금이라도 명을 따르지 않는 자가 있으면 소환하여 장시간
매질을 하거나 심지어 목을 베기도 하였다"[65]고 했다.

그리고 그들은 반드시 천침(薦枕)을 요구했는데 처음에는 중하호의 출
가하지 않은 여성에 그쳤으나 후에는 사자들이 끊임없이 대국의 명령이라
하여 유부녀이던 높은 신분이던 아랑곳 하지 않고 오직 아름다운 여인만
을 택했다.[66] 따라서 여진인의 불만이 팽배해졌는데 무엇보다 해동청의
포획을 둘러싸고 요의 통치자와 여진의 각부는 갈등이 격화되어 요조의
명운에도 직접 영향을 미치게 된다. 이처럼 여진족은 해족, 한족, 발해인
에 비해 훨씬 낮은 대우를 받았고 이는 여진족의 민족정서를 자극하여 훗
날 아골타가 등장하는 배경이 되었다.

이상과 같이 거란은 인속이치를 바탕으로 각 민족의 정황에 따라 차별
정책을 시행했다. 거란과 해의 거주지는 부족제도, 한인과 발해인은 주현
제도, 여진 및 서북제족은 속국·속부제도로 구분하여 통치하였다. 이것
으로서 정치적 안정 및 경제적 이익을 모색한 것이다. 피지배 민족은 대부
분 경제적 착취의 대상이었고 더욱이 집권층에 편입될 수 있었던 민족은
매우 제한적이었다. 이러한 차별정책이 초기에는 거란의 통치를 공고히

---

65) 『契丹國志』卷10, 「天祚皇帝中」 "又天使所至 百般需索於部落 稍不奉命 召其長加杖.
甚者誅之"
66) 『三朝北盟會編』卷3, 「政宣上帙三」 "又有使者號天使佩銀牌 每至其國必欲薦枕者 則其
國舊輪中下戶作止宿處 以未出室女待之 後使者絡譯 恃大國之命 惟擇美好婦人 不問其
有夫及閭閻高者"

하는데 도움이 되었다. 하지만 시간이 흐르면서 민족 갈등을 야기했고 이에 따라 발해인을 비롯하여 여진 제부의 반요정서가 심화되었다. 발해인 대연림을 비롯하여 여진인 아골타에 이르기까지 발해의 유민들은 거란정권에 반기를 들었고 마침내 가장 소외되었던 생여진을 주축으로 한 저항에 발해인까지 합류하여 거란을 멸망시키게 된다. 이러한 점에서 거란의 민족정책은 실패했다고 볼 수 있다.

요컨대 인속이치를 바탕으로 한 거란의 이중지배체제는 소수의 주체민족이 다수의 민족을 통치하는 데 있어서 하나의 이정표가 되었다. 그러나 민족정책의 입안자가 거란 통치자였기 때문에 거란족을 유지 보호했으며 그들의 이익을 우선했다. 그래서 그 민족정책의 실질은 피통치민족을 착취하고 압박하는 수단에 유리했을 뿐이다.[67] 결론적으로 거란 통치자가 이러한 민족정책에만 의지하여 복잡한 민족 문제를 해소하려 했다면 그것은 매우 현실적이지 못했다고 볼 수 있다.

---

67) 王成國, 「遼代民族政策初探」, 『北方文物』, 1987 2期.

제 2 장
요대 발해인의 정체와 사회적 지위

1. 발해의 영역과 주민구성

1) 발해의 주민구성

발해 역시 다민족국가로서 그 주민구성은 대체로 예맥족과 말갈족으로 구분할 수 있다. 그들은 발해라는 정치 공동체 속에 때로는 상호 협조하고 때로는 반목하면서 200여 년간 발해의 역사를 유지했지만 민족융합을 통해 하나의 민족을 이루지는 못했다. 요대에 있어서 그들은 발해인과 여진으로 분류된다. 그렇다면 사료에 계속 출현하는 발해인의 정체는 무엇일까? 그것에 대해 연구자마다 의견이 분분하여 예맥계 내지는 말갈계로 단정하기도 하고 더 나아가 발해족설을 주장하기도 한다. 따라서 발해인의 종족적 계통성을 규명하기 위해 발해의 건국시점까지 소급하여 발해의 주민구성을 살펴보고자 한다.

발해의 주민구성 문제는 대조영의 출자(出自)만큼이나 학자들 간 견해 차이가 심하다. 중국학자들은 발해의 주민 대다수가 말갈족으로 구성되었다고 주장하는 반면 북한 학자들은 고구려유민들로 구성되었다고 주장한다. 그동안 한국 학계에서는 소수의 고구려 유민이 지배계층을 형성하고 다수의 말갈인이 피지배계층을 형성했다는 이원적 주민구성론을 지지하였으나 최근에는 북한 학계에서 제기한 고구려 단일계통설[1]을 받아들이는 경향이 있다. 이와 같이 여러 가지 설로 나뉜 이유는 발해를 자신의 민족사에 귀속시키고자 하는 양국의 정치적 의도가 깔려있기 때문이다. 또한 남겨진 문헌 및 고고학적 자료가 절대적으로 부족하기 때문에 상호간에 추론만 난무할 뿐이며 때로는 지나치게 상상력에 의존함으로써 그 신뢰성을 담보할 수 없는 경우도 있다.

발해의 주민구성과 관련하여 지금까지 제기된 내용을 정리하면 세 가지로 구분할 수 있다. 그 하나는 고구려 내지는 말갈의 단일계통설이다. 먼저 중국학계에서 다수의 지지를 받고 있는 것이 말갈설인데 건국 당시 주체민족이 속말말갈이었고 발해 중기에 이르러 북방의 虞婁(우루), 불열(拂涅), 철리(鐵利), 월희(越喜), 흑수(黑水) 등 말갈계통의 여러 부락을 포섭함에 따라 말갈족이 더욱 절대적 우세를 차지하게 되었다고 한다. 말갈족이 발해 주민 중에 차지하는 비율은 6/10 이상을 초과하여 최소한 인구가 백 몇 십만 가량 되었을 것이며 고구려족은 25%에 불과하고 한인을 포함한 나머지 민족이 약 15%를 차지한다고 보고 있다.[2] 따라서 발해의 건국주체는 말갈이며 그 주민구성도 그들이 절대 다수를 차지한다고 주장하지만 이러한 인적구성의 비율을 뒷받침할 근거가 부족하기 때문에 받아들이기 곤란하다.

반면 고구려인이 압도적으로 다수를 차지하고 있다는 주장과 관련하여 고구려가 멸망할 당시 고구려 호구가 69만 7,000호[3]였으니 호당 5명씩으

---

1) 장국종, 「발해의 주민구성」(『발해사연구논문집(Ⅰ)』, 1992)과 한규철, 「발해국의 주민구성」(『발해사의 종합적 고찰』, 2000) 등에서는 고구려 단일 계통설을 주장하고 있다.
2) 金香, 「關于渤海國的若干民族問題」, 『社會科學戰線』, 1989 1期.
3) 『舊唐書』卷199, 「東夷傳·高麗」 "高麗國舊分爲五部 有城百七十六 戶六十九萬七千"

로 환산하면 인구는 거의 350만 명이 된다. 이 가운데 3만 8,300호(대략 20만)는 당나라로 끌려갔다고 보고 돌궐과 말갈, 신라, 일본 등지로 간 사람들을 포함하여 흩어진 사람들이 있다 하더라도 대부분의 주민들은 자신의 고향에 그대로 머물러 있었을 것이다. 따라서 고구려 유민의 수는 100만 정도이고 말갈 주민의 수는 15~20만 정도에 불과하기 때문에 발해의 기본주민은 고구려 유민이라는 것이다. 그래서 이러한 사실은 발해가 고구려 계승국이었음을 입증해준다고 한다.[4] 고구려 유민 전부가 고향을 떠나 타 지역으로 갔다는 것은 현실적으로 불가능한 일인 만큼 적어도 100만 이상이 발해의 편호가 되었을 것이다. 그렇다면 발해의 건국주체는 물론 피지배 계층도 고구려인이라고 주장할 만하다.

다음은 소수설이기는 하지만 발해족설이다. 그 내용은 발해의 주체민족이 고구려 주민도 아니고 그렇다고 말갈도 아닌 발해족이라고 주장한다. 발해족 형성의 시점에 대해서는 학자마다 의견을 달리하고 있지만 기본적으로 발해는 고구려 유민과 말갈이 연합하여 건립한 민족정권이고 발해건국 이후에는 상호 융합하여 발해족을 형성하였다는 것이다.[5] 다른 한편으로는 발해가 229년간 오랜 시간에 걸쳐 점차적으로 한 개의 새로운 공동체인 발해민족을 형성하였고, 발해민족은 본질적으로 일정부분 한화된 말갈인이 주체가 된 새로운 사람들의 공동체인데 대체로 4계통의 민족으로 조성되었다고 한다. 하나는 숙신말갈 계통이니 속말부, 백산부, 백돌부, 안거골부, 불열부, 호실부, 월희부, 우루부, 철리부, 흑수부 등 각부 말갈인을 포괄한다. 둘째는 예맥족계이니 부여인, 옥저인, 고구려인 등을 포괄한다. 셋째는 동호계이니 실위인, 거란인 등을 포괄한다. 넷째는 한족계이니 요동과 기타 각지에서 생활한 한인을 포괄하고 더욱이 통치 계층과 지식분자 계층에도 한인이 있다고 한다.[6] 이와 같은 중국학계의 발해족

4) 림호성, 「발해의 기본주민은 고구려유민」, 『고조선·고구려·발해 발표 논문집』, 2004.
5) 孫進己, 「渤海民族的形成發展過程」, 『北方文物』, 1994 2期.

설은 문헌상에 나타난 발해인을 심화 발전시킨 듯하나 민족의 생성과 변화가 이렇게 단기간에 이루어졌다는 것은 납득하기 어렵다.[7] 또한 발해 멸망 이후에 그 주민은 예맥계의 발해인과 말갈계의 여진으로 분화되었으므로 그들 모두가 단일의 발해족으로 통합되어 있었다고 보기에는 무리가 따른다. 다만 여진과 완충지역에 있었던 말갈계통의 불열부는 일정 부분 예맥족과 융합되어 하나의 민족이 되었을 개연성도 있다.

필자는 상기 세 가지 이론이 각각 타당한 일면이 있다고 생각되지만 시간과 공간에 따라 그 발해주민의 성격이 변할 수 있으므로 이에 따라 발해주민에 관한 이해의 시각을 재조명하고자 한다. 우선 『신당서』의 기사를 살펴보면 다음과 같다.

> 고(구)려가 멸망한 후 무리를 거느리고 읍루의 동모산을 차지했다. … 국토는 사방 5천리이며 편호는 10여만 이었고 승병이 수만 명이었다. 자못 문자를 잘 알았다. 부여·옥저·변한·조선과 바다 북쪽 여러 나라들의 땅을 모두 차지했다. … 무예가 즉위하여 크게 영토를 넓히자 동북의 제이(諸夷)가 두려워 신속하였다.[8]

여기서 알 수 있듯이 건국 초기 발해의 인구는 10여만 호이며 호당 5인 가족으로 환산하면 그 수가 50만이 된다. 『신오대사』에서도 "대조영을 따르는 무리들을 아우르니 그 무리가 40만이 있었다"[9]라고 하는 것을 보면 대체로 초기 인구는 50만 전후에 이를 것이라고 추정된다. 이후 대조영의 명성을 듣고 "말갈의 무리와 고(구)려에 남아 있던 주민들이 점점 그에게

---

6) 王承禮, 『東北的渤海國與東北亞』, 吉林文史出版社, 2000, p.104.
7) 盧泰敦, 「발해국의 주민 구성과 발해인의 족원」, 『한국고대의 국가와 사회』, 1985.
8) 『新唐書』 卷219, 「渤海傳」 "高麗滅 率衆保挹婁東牟山 … 地方五千里 戶十餘萬 勝兵數萬 頗知書契 盡得夫餘·沃沮·弁韓·朝鮮·海北諸國 … 子武藝立 斥大土宇 東北諸夷畏臣之"
9) 『新五代史』 卷74, 四夷附錄 「渤海傳」 "仲象子祚榮立 因幷有比羽之衆 其衆四十萬人"

돌아와"[10] 그 수가 족히 7~80만 명 정도로 늘어났을 것이다. 발해 초기의 영역은 동모산을 중심으로 고구려 고지의 북반부만을 차지하였다. 인구밀도가 높은 안동도호부 관할 지역이었던 요동 및 평양지역의 고구려 유민과 해외로 유망한 사람들이 제외되어 그 수가 고구려에 비해 반감되었던 것이다.

이후에 발해는 1차 영토 확장기를 맞는다. 무왕이 즉위하여 영토를 크게 확장하자 동북지방의 여러 오랑캐가 두려워하여 발해에 복속되었고, 그 결과 인구가 증가했다. "고(구)려가 멸망하면서 백돌부(伯咄部), 안거골부(安居骨部), 호실부(號室部) 역시 흩어지고 미약해져서 소식을 들을 수 없었으나 그 유민들은 발해의 편호(編戶)가 되었다"[11]고 하는데, 바로 이들이 분산 해체되어 소규모 부락으로 잔존하다가 이때 발해에 편입되었던 것이다. 새롭게 포섭된 말갈의 수를 정확하게 추산할 수 없으나 당시 무왕이 왕제 대문예(大文藝)와 대화하는 기사에서 발해의 인구를 추정할 수 있다. 대문예는 왕에게 아뢰기를 "옛날 고구려가 강성할 때 군사 30만으로 당나라와 맞서 싸운 것은 영웅스럽고 굳세다고 할 만하지만 당나라 군사가 한번 덮치자 땅을 쓴 듯이 멸망했습니다. 지금 우리는 고구려의 1/3밖에 안 되는데 왕께서 당나라를 거스르면 안 됩니다"[12]라고 했다. 당시 발해의 군대를 10만 정도로 보면 이와 비례하여 인구수도 고구려의 1/3 수준인 100만 정도라고 추산할 수 있다. 군대수와 인구수가 정비례하는 것은 아니지만 영토 확장에 따른 피정복민의 증가는 당연한 이치라고 볼 수 있다.

이후 문왕 대흠무(大欽茂)가 재위할 시기에 국책을 정리하면서 전쟁을

10) 『舊唐書』 卷199, 「北狄·渤海靺鞨傳」 "祚榮驍勇善用兵 靺鞨之衆及高麗餘燼 稍稍歸之"
11) 『舊唐書』 卷199, 「北狄·渤海靺鞨傳」 "伯咄·安居骨·號室等部 亦因高麗破後 奔散微弱 後無聞焉 縱有遺人 竝 爲渤海編戶"
12) 『新唐書』 卷219, 「渤海傳」 "昔高麗盛時 士三十萬 抗唐爲敵 可謂雄彊 唐兵一臨 掃地盡矣 今我衆比高麗三之一 王將違之 不可"

멈추었다. 문교에 힘을 쓰고 경제와 문화에 힘써 당조와 우호를 다지고 일
본과 선린관계를 유지하며 장기간에 걸친 안정 국면을 유지하였으므로 대
폭적인 인구증가에 유리한 여건을 만들었다.[13] 따라서 발해인의 인구가
급증한데다가 동북지방의 이민족들을 편입하였으므로 그 인구가 100만
이상을 초과했을 것이다. 다시 선왕대에 이르러 "대인수(大仁秀)는 남쪽
으로 신라를 평정하고 북쪽으로 여러 부락을 공략하여 도읍을 설치함"[14]
에 따라 불열, 월희, 철리, 우루, 흑수말갈 등의 말갈 제부들을 복속시킨
다. 뒤에 설명하겠지만 그들의 숫자가 대략 100만 정도에 이를 것이다. 발
해는 영토를 최대한 확장하였고 이를 기반으로 대이진(大彝震) 시기에 해
동성국이라 일컬어지게 되는데 그 내용은 5경15부62주의 지방통치제도의
정비를 의미한다. 이때 발해의 인구는 300만 정도에 육박했을 것이고 상
당수의 말갈부족이 발해의 행정체제에 편입되었다. 3부에서 후술하겠지
만 발해가 멸망한 후에 거란의 내지로 이주된 발해인 수가 최소 50만을 상
회하고 고려 및 해외로 망명한 자가 20만 이상에 이른다고[15] 볼 때 발해
의 인구수를 300만 이상으로 추정하는 것은 결코 잘못 산정된 것이라고
볼 수 없다.

또한 그 주민구성과 관련『신당서』의 고지설(故地說)을 살펴보면,

　　숙신의 옛 땅으로 상경을 삼아 용천부(龍泉府)라고 했고 그 남쪽을 중
　경으로 삼아 현덕부(顯德府)라고 하였다. 예맥의 옛 땅을 동경으로 삼아
　용원부(龍原府)라 했다. 옥저의 옛 땅을 남경을 삼아 남해부(南海府)라고
　했다. 고려의 옛 땅을 서경을 삼아 압록부(鴨涤府)라고 했다. 그리고 장
　령부(長嶺府)로 삼았다. 부여의 옛 땅을 부여부(夫餘府)로 삼고 항상 날쌘

13) 魏國忠·朱國忱·郝慶雲,『渤海國史』, 北京, 中國社會科學出版社, 2006, p.173.
14) 『遼史』卷38,「地理志 二」"渤海王大仁秀南征新羅 北略諸部 改置郡邑"
15) 楊保隆,「遼代渤海人的逃亡與遷徙」,『民族研究』, 1990 4期.

군사를 주둔시켜 거란을 방어하게 하였다. 그리고 막힐부(鄚頡府)로 삼
았다. 읍루의 옛 땅을 정리부(定理府)로 삼았다. 솔빈의 옛 땅을 솔빈부
(率賓府)로 삼았다. 불열의 옛 땅을 동평부(東平府)로 삼았다. 철리의 옛
땅을 철리부(鐵利府)로 삼았다. 월희의 옛 땅을 회원부(懷遠府)로 삼았
다. 또한 안원부(安遠府)로 삼았다. 영·동·속(郢銅涑)의 3주는 독주주
(獨奏州)로 삼았다.[16]

라고 하여 13개의 부가 기록되어 있으니 대략 예맥계 지역과 말갈계 지
역으로 크게 구분할 수 있다. 예맥계 연고지는 동경 용원부, 남경 남해부,
서경 압록부, 장령부, 부여부, 막힐부 등이고, 말갈계 지역은 상경 용천부,
중경 현덕부, 정리부, 솔빈부, 동평부, 철리부, 회원부, 안변부, 안원부 등
이었다. 이와 같은 행정구획으로 보아 숙신계통의 말갈인이 상당수 포함
되어 있음을 알 수 있다. 일부분 『신당서』의 편찬자가 잘못 고증한 부분
도 있고 고지에 반드시 그 종족이 살 이유는 없지만 고대사회에서는 종족
이동이 그다지 자유롭지 못한 것을 감안하면 발해는 고구려의 유민과 말
갈족으로 구성된 다민족국가였음이 틀림없다.

그 구성 비율을 정확하게 산출할 수 없지만 『삼조북맹회편』의 단편적
기사를 통해 추정해보고자 한다. "아보기는 여진을 근심거리로 생각하다
가 마침내 그 강종대성(强宗大姓)을 유인하여 수천 호를 요양의 남쪽으로
옮겼다. 이후 그 세력을 나누어 서로 통하지 못하게 하였다. … 소위 숙여

---

16) 『新唐書』卷219,「渤海傳」"以肅愼故地爲上京 曰龍泉府 領龍·湖·渤三州. 其南爲中
京 曰顯德府 領盧·顯·鐵·湯·榮·興六州. 貊故地爲東京 曰龍原府 亦曰柵城府 領慶·
鹽·穆·賀四州. 沃沮故地爲南京 曰南海府 領沃·晴·椒三州. 高麗故地爲西京 曰鴨淥
府 領神·桓·豐·正四州 曰長嶺府 領瑕·河二州. 扶餘故地爲扶餘府 常屯勁兵扞契丹
領扶·仙二州. 鄚頡府領鄚·高二州. 挹婁故地爲定理府 領定·潘二州. 安邊府領安·瓊
二州 率賓故地爲率賓府 領華·益·建三州. 拂涅故地爲東平府 領伊·蒙·沱·黑·比五
州. 鐵利故地爲鐵利府 領廣·汾·蒲·海·義·歸六州. 越喜故地爲懷遠府 領達·越·懷·
紀·富·美·福·邪·芝九州. 安遠府領寧·郿·慕·常四州. 又郢·銅·涑三州爲獨奏州.

진이라 하는 것이 이들이다. 속말의 북쪽으로부터 영강(寧江)의 동쪽까지 땅이 사방으로 천여 리에 달하며 호구는 10여 만인데 산곡 사이에 흩어져 살고 있었다. … 생여진이라 하였다."[17] 바로 이들이 흑수말갈의 후예들 이었는데 대략 그 인원이 10여만 호, 즉 50여만 명에 이른다. 그렇다면 흑수말갈 이외에 백돌, 안거골, 호실 및 영주 출신의 말갈세력을 합한다면 그 숫자가 100만 이상으로 추산될 것이다. 따라서 발해의 주민구성은 소수의 거란, 해, 한족들도 포함되었기 때문에 이들을 제외하면 고구려와 말갈계통의 주민 비율은 대체로 150만 대 100만 정도로 추정할 수 있다.

총괄하면 발해는 고구려 유민을 중심으로 말갈 뿐만 아니라 소수의 거란, 해, 한족 등으로 구성된 다민족국가였고, 그 구성비 또한 고구려나 말갈 어느 한쪽이 절대 다수를 차치하지 않았다는 것을 알 수 있다. 훗날 아골타가 발해인을 초무하기 위해 "여진과 발해가 본래 같은 집안"이라고 했던 것도 발해라는 정치공동체 속에 예맥과 말갈족이 잡거하면서 상호간에 일정부분 일체감이 있었기 때문이다.

2) 발해의 지배계층

발해의 주민구성은 이와 같이 복잡하고 다양하지만 지배적 지위에 있는 주체민족은 과연 누구였을까? 건국자의 출신이나 주민구성만으로는 주체민족의 성격을 논할 수 없고 그 지배집단의 계보를 파악해야만 이를 구명할 수 있을 것이다. 지금까지 남북한이나 일본 학계에서는 고구려 유민이 지배자 집단의 다수를 차지했음을 대체로 인정한다. 건국자와 지배집단이 고구려 유민이므로 주민 구성비에 상관없이 고구려 계승국이라고

---

17) 『三朝北盟會編』卷3, 政宣上帙 重和二年正月十日丁巳條 "安巴堅虜女真為患 乃誘其强宗大姓 數千戶移至遼陽之南 以分其勢使不得相通. 遷入遼陽著籍者 名曰哈斯罕. … 粟沫之北 寧江之東北者 地方千餘里 戶口十餘萬 散居山谷間. … 又有極邊遠而近東海者 則謂之東海女真"

할 만하지만 지배자 집단의 민족적 계보 측면에서 단도직입적으로 발해와 고구려의 관계를 연결지어 논할 수는 없다.[18] 따라서 여러 가지 요소를 통해 그 계보를 파악해야겠지만 700년이라는 유구한 역사와 말갈을 압도하는 고구려의 문화수준으로 볼 때 역시 그 유예들의 다수가 발해에서 지배계층을 형성하였을 것이다.

중국학자들은 이를 부정하기 위해 한화된 속말말갈이 주체가 되어 발해를 건국 통치하였다고 주장하지만 속말말갈은 숙신계 말갈이 아니라 그 지역의 원주민이었던 부여유민과 고구려인이었다. 부여의 약화를 틈타 물길(勿吉)이 속말수 하류지역까지 세력을 확대하였으나 6세기 중반 다시 고구려에게 지배되었다. 당시 물길계통의 돌지계(突地稽) 집단 내지는 오소고부(烏素固部) 등은 고구려에 예속되기를 거부한 채 저항하다가 패배하여 중국으로 이탈해 갔다. 수당 조정이 속말부를 예맥족이 아닌 말갈족의 거주지로 간주한 것은 바로 속말수 지역을 경유하여 영주지역으로 내부해온 말갈인들에서 비롯되었다고 생각된다. 또한 산림 속에서 반농반목(半農半獵)하던 말갈인은 중국학자들이 한족과 여진족을 비교할 때 흔히 말하듯이 씨족적 부족단계에 머무르고 있었을 뿐이다. 그들의 사회형태가 여전히 원시사회 단계의 말기에 머물러 있었음에도 불구하고 한화라는 수식어를 붙여 말갈부족을 발해의 통치 집단이라고 견강부회하려는 것은 발해를 자국사에 귀속시키려는 노력의 일환으로밖에 볼 수 없다.

이제 실증적인 분석을 통해 통치 집단을 분석해 보고자 한다. 먼저 다민족 국가였던 발해에서 고구려계 인물들이 지배층의 주축을 이루고 있었다는 것은 『송막기문』의 성씨 분포도를 통해서도 알 수 있다. 남송의 홍호(洪皓)는 다음과 같이 기록하고 있다.

---

18) 李成市, 『만들어진 고대-근대 국민 국가의 동아시아 이야기』, 서울, 삼인, 2009. p.96.

그 왕은 예부터 대씨를 성으로 삼았다. 우성에는 고(高), 장(張), 양(楊),
두(竇), 오(烏), 이(李)씨 등 불과 몇 가지밖에 되지 않았다. 부곡과 노비
등의 성이 없는 사람들은 모두 그 주인을 따랐다.[19]

발해는 건국과정부터 고구려 유민과 말갈인이 협력하였으며 이러한 상
황은 멸망할 때까지 지속되었다. 그러므로 발해의 성씨를 고구려계와 말
갈계로 구분할 수 있다. 발해의 가장 큰 귀족 성씨가 고, 장, 양, 두, 오, 이
씨라고 하는데 이 성씨들의 대부분이 고구려 귀족 성씨였으며 일부 말갈
인도 포함되어 있을 개연성을 선행 연구자들은 지적하고 있다.[20]

발해왕의 성(姓)인 대씨를 제외하면 그 다음으로 많은 비중을 차지하고
있는 것이 고씨인데, 기록에 전해지는 발해인 201명 가운데 그 수가 33명
으로 16.41%나 차지한다.[21] 물론 연구자에 따라 발해의 성씨를 62개, 발

---

19) 『松漠紀聞』 卷上, 「渤海」 "其王舊以大爲姓 右姓曰高張楊竇烏李不過數種 部曲奴婢無
   姓者皆從其主"
20) 王承禮 著, 宋基豪 譯, 『발해의 역사』, 춘천, 한림대학출판부, 1987. pp.126~127; 魏國
   忠·朱國忱·郝慶雲, 『渤海國史』, 北京, 中國社會科學出版社, 2006, p.226.
21) 림호성, 「발해의 기본주민은 고구려유민」, 『고조선·고구려·발해 발표 논문집』,
   2004.

≪기록에 보이는 발해 성씨 일람표≫

No	성씨	발해인(%)	발해유민	No	성씨	발해인	발해유민
1	대씨	67(33.33)	42(30.88)	16	배씨	2(0.99)	
2	고씨	33(16.41)	23(16.9)	17	주씨	1(0.73)	
3	이씨	14(6.9)	5(3.69)	18	해씨	1(0.73)	
4	양씨	8(3.9)	1(0.73)	19	류씨	1(0.73)	1(0.73)
5	왕씨	8(3.9)	14(10.29)	20	진씨	1(0.73)	
6	장씨	2(0.99)	10(7.35)	21	위씨	1(0.73)	
7	오씨	7(3.4)	5(3.69)	22	려씨	1(0.73)	
8	하씨	4(1.99)	-	23	김씨		1(0.73)
9	마씨	2(0.99)	-	24	은씨		1(0.73)
10	최씨	2(0.99)	-	25	홍씨		1(0.73)

해 유성인(有姓人)을 총 233명으로 분석한 결과가 있어[22] 그 자료에 따르면 비율은 다소 편차가 있을 수 있다. 어쨌든 고씨에 대해서는 『발해국지장편』에서도 고인(高仁), 고제덕(高齊德), 고보영(高寶英), 고모한(高模翰), 고영창(高永昌) 등 문관, 무장, 사서, 유예 등 56인을 등재하고 있으며 이들의 절대다수가 고구려 출신이었다.

발해 성씨 가운데 고씨 이외에 중국 사서에 확인되는 고구려 성은 마(馬)와 안(安)씨 두개이다.[23] 당과 일본에 사신으로 갔던 마문궤(馬文軌), 마복산(馬福山), 안귀보(安貴寶) 등을 들 수 있다. 그리고 장씨는 『금사』「장호전」에 따르면 본래 고씨였으나 요대에 장씨로 고친 바 있어[24] 대장 장문휴(張文休), 문신 장선수(張仙壽) 등도 고구려 출신일 가능성이 높다. 왕씨는 그 연원이 중국과 관련이 있지만 일찍이 고구려에 이주하여 왕사(王事)를 위하여 목숨을 바칠 정도로 고구려화된 성씨였다. 발해가 멸망한 후에 동란국의 한림학사가 된 왕계원(王繼遠)에 대해 그 가첩(家牒)에 한나라 태원왕(太原王) 열(烈)의 후손이라 되어 있는 점, 그리고 열의 17대 자손 왕문휴(王文林)가 고구려에서 벼슬하여 서부장(西部將)이 된 후에 왕의 일 때문에 죽었으며 그 증조인 악덕(樂德)은 처음으로 발해인이 되었다고[25] 한 기록 등이 이것을 잘 말해주고 있다. 소위 웅악왕씨(熊岳

11	임씨	1(0.49)	-	26	럴씨		1(0.73)
12	안씨	2(0.99)	-	27	라씨		1(0.73)
13	조씨	2(0.99)	-	28	하씨		1(0.73)
14	문씨	1(0.49)	1(0.73)	29	곽씨		2(1.47)
15	박씨	1(0.49)	1(0.73)	30	미상성명	39(19.4)	25(18.38)
					합계	201	136

22) 林相先, 「渤海 支配勢力의 構成과 種族的 淵源」, 『백산학보』 51, 1998.
23) 고구려에는 다양한 성씨가 존재하지만 임상선이 앞의 논문에서 기존의 연구 성과를 정리하였는데 葛·江·高·董·馬·孟·孫·安·餘·芮·溫·乙支·泉(淵) 등을 들 수 있다.
24) 『金史』 卷83, 「張浩傳」 "本姓高 東明王之後 曾祖覇 仕遼而爲張氏"

王氏)가 바로 이들이다. 그 외에 두씨는 기록에 나타나지 않는 것으로 보아 하(賀)씨로 잘못 기재되거나 아니면 망실되어 없어진 것 같다. 하씨는 하복연(賀福延) 등 3명이 보인다. 하씨를 포함한 양씨, 오씨, 이씨는 말갈계, 고구려계, 한족계가 공유한 성씨일 가능성이 높다. 왜냐하면 말갈이나 고구려, 거란인들 중에 당조로부터 이씨 성을 하사받은 경우가 있기 때문이다. 또한 박씨, 최씨, 김씨 등은 신라계로 추정할 수 있다.

말갈계의 성씨로는 중국 정사의 동이전과 『삼국사기』에 등장하는 말갈인으로서 인명이 확인되는 사례와 발해 당시의 인물을 정리하면 40개의 성명이 확인된다. 이 중 발해에서도 확인되는 성씨로는 실(失)·아(阿)·주(朱)·오(烏)·미(味)·율(聿)·공(公)·섭(聶)·어(菸)·목(木)·모(慕)·이(巳)·지(智)·사(史)·다(多)·모(冒)·알(謁)·총(蔥) 등이 있다. 또한 이름의 끝자가 계(計)나 몽(蒙)이나 리(利), 덕(德)자로 끝나는 이름도 말갈계라고 할 수 있다.[26]

이와 같이 개략적으로 선행연구를 살펴보았지만 고구려 계통이 확실한 대씨 및 고씨, 장씨 등과 그 외에 추정할 수 있는 일부 성씨를 포함하면 지배계층의 70% 이상이 고구려 계통이었음을 알 수 있다. 그러나 고씨 성을 일률적으로 고구려 유민으로 계산하는 것은 타당성이 부족할 뿐만 아니라 통치계층의 성씨 중에는 고구려 유민뿐만 아니라 말갈인도 있기 때문에 만일 대씨와 이씨를 가진 말갈인을 더하면 말갈인의 성씨가 차지하는 비율은 더욱 커진다는 반론도 있다.[27] 물론 고려로 망명한 흑수추장 고자라(高子羅)를 보면 말갈인 중에도 고씨 성을 가진 자가 있을 뿐만 아니라 대씨 성도 있었을 것이다. 하지만 『발해국지장편』의 「유예전」을 살펴보면

---

25) 金毓黻 編著, 발해사연구회 옮김, 『渤海國志長篇 (중)』, 서울, 신서원, 2008, p.131.

26) 王承禮 著, 宋基豪 譯, 『발해의 역사』, 춘천, 한림대학출판부, 1987, pp.126~127; 林相先, 「渤海 支配勢力의 構成과 種族的 淵源」, 『백산학보』51, 1998.

27) 魏國忠·朱國忱·郝慶雲, 『渤海國史』, 北京, 中國社會科學出版社, 2006, p.226.

대씨와 고씨는 대부분 고구려 유예임을 알 수 있다. 실례로 세자 대광현이 무리를 이끌고 고려로 망명하였다든가 고려 태조 왕건의 딸과 발해인 고모한 사이에 혼인이 이루어진 것 등을 보면 발해의 왕성 및 우성은 대부분 고구려의 후예임을 미루어 짐작할 수 있다. 즉 발해인이 고구려의 계승국인 고려와 줄곧 긴밀한 관계를 유지했다는 것은 이들이 대부분 고구려 유예라는 것을 단적으로 보여준다고 생각된다.

더욱이 말갈이 통제의 대상이 되어 부차적인 지위에 있었다는 사실은 『당회요』「발해전」에서 압말갈사(押靺鞨使)라는 직책 이름을 통해서도 확인할 수 있다. 792년 당나라에 간 발해사신 양길복(楊吉福)의 벼슬이 압말갈사로 되어 있는데 이것은 말갈을 통제하는 직책을 의미한다. 만약 발해 통치층이 말갈인이라면 무엇 때문에 자기와 같은 족속들을 통제하는 직책을 설치하였겠는가? 발해는 당의 영향을 받아 무왕(武王)시기에 새로 편입한 말갈 제부를 기미지배의 방식으로 통치했을 가능성이 높다. 영토 확장으로 새로 편입된 말갈지역의 지방통치방식과 관련하여 『유취국사(類聚國史)』에서는 다음과 같이 적고 있다.

> 발해국은 고려의 옛 지역에서 일어났는데, 천명개별천황(天命開別天皇:天智天皇) 7년(661) 고구려 국왕 고씨가 당에게 멸망되었으며, 그 후 천지진종풍조부천황(天之眞宗豊祖父天皇:文武天皇) 2년(698) 대조영이 발해를 건국하였다. 화동(和銅) 6년(713)에 당에서 책립 받았다. 그 나라는 길이가 2천리에 이르며 주현과 관역(館驛)이 없는 여러 곳은 촌리(村里)가 있는데 모두가 말갈 부락으로 형성되어 그 백성은 말갈인이 많고 土人이 적다. [촌리] 모두 토인으로 촌장을 삼는데 대촌(大村)의 우두머리를 도독(都督)이라 하고 차촌(次村)은 자사(刺史)라고 하였고 그 치하의 백성들은 모두가 [그들을] 수령이라고 부른다. 땅이 매우 추워 논농사에 적합하지 않으며 자못 풍속에 글을 안다.[28]

이 기록은 발해 강왕시기(794~809)에 견당승 영충(永忠) 등이 보낸 글을 근거한 것으로 발해가 건국한지 대략 100여 년이 지난 시기이다. 이때는 이미 오경제(五京制)를 비롯한 부주제(府州制)가 정비되었다고 본다. 발해 문왕시기(737~793)에 지방행정제도가 정비되었을 것으로 보는 것은 그 무렵 불열, 철리, 월희 등의 말갈 부락이 발해에게 직접 통치를 받게 되는 시점이기 때문이다. 이 부락들은 8세기 중엽에 발해에게 직접 통치를 받았으므로 당에 조공사를 보내지 못했다. 이러한 사실은 불열부와 월희부가 714년부터 741년까지만 대당 조공사를 보냈고, 철리부는 714년부터 747년까지만 보냈다는 사실들에서 확인되고 있다. 그리고 이러한 결과를 보면 문왕대에 동평부, 철리부, 회원부, 안원부가 편제될 수 있었다.[29]

그런데 상기 인용문 중에 "그 나라는 길이가 2천리에 이르며 주현과 관역이 없는 여러 곳은 촌리가 있는데 모두가 말갈부락으로 형성되어 그 백성은 말갈인이 많고 토인(土人)이 적다"라는 부분을, 기존의 연구자들이 "그 나라(발해)는 길이가 2천리이며 주현이나 관역이 없고 곳곳에 촌리가 있는데 모두가 말갈부락으로 그 백성 된 자는 말갈인이 많다"라고 오역(誤譯)하여 발해 전체가 촌리로 구성되고 주민은 주로 말갈로 구성된 것과 같은 오해를 불러 일으켰다. 그러나 상기의 인용문은 발해 전체를 개괄하는 기사이기 때문에 말갈부락만 기록한 것이 아니다. 다만 발해가 이미 부주현제(府州縣制)를 실시하고 있었던 터라 주현이나 관역 등이 정연하게 갖추어져 있지 않던 촌리에 거주하는 변방 주민의 구성실태를 전하는 것이라고 볼 수 있다.

---

28) 『類聚國史』卷193, 延曆15年 4月 戊子 "又傳奉在唐學問僧泳忠等所附書 渤海國者 高麗之故地也. 天命開別天皇七年 高麗王高氏爲唐所滅也. 後以天之眞宗豊祖父天皇二年 大祚榮始建渤海國 和銅六年 受唐册立 其國延裏二千里 無州縣館驛處處有村里 皆靺鞨部落 其百姓者靺鞨多 土人少. 皆以土人爲村長 大村曰都督 次曰刺史 其下百姓皆曰首領 土地極寒 不宣水田 俗頗知書"

29) 韓圭哲 외, 『발해5경과 영역변천』, 서울, 동북아역사재단, 2007. p.38.

『신당서』에 따르면 함통(咸通) 연간(860~873)에 이르러 발해가 드디어 해동성국이 되었고 국토는 5경15부62주로 완성되었다는 것은 이전에 부주현제가 정비되었음을 추정할 수 있다. 방학봉은 발해의 중앙정치기구가 문왕 때에 이르러 상당히 완벽하게 정비되었는데 중앙정치기구가 완벽하게 정비된 것으로 미루어 보아 지방행정기구로서의 경 - 부 - 주 - 현제도(京府州縣制度) 또한 같은 시기에 비교적 완벽하게 설치되었을 것이라 한다.[30]

그리고 대무예는 "흑수가 오래 전에 돌궐에 토둔(土屯)을 청할 때 먼저 우리에게 고하고 함께 갔다"고 말한 것을 보면 토둔이 토인으로 와전되었을 가능성도 있다. 『자치통감』에서 토둔은 돌궐이 설치하여 그에 복종한 나라를 감독하는 관리였다고 주를 달고 있으므로 도독, 토둔, 토인 모두 같은 의미일 수 있다. 따라서 상기 인용문에서 말하는 토인은 중앙에서 파견한 본토의 관원 및 군대와 그 식솔일 가능성이 높다. 그렇지 않다면 굳이 토인과 말갈을 구분하여 표기할 이유도 없다. 그런데 토인과 관련해서도 남북한 학자들은 토인을 고구려인이라고 주장하는 한편 중국학자들은 말갈이라고 주장한다.

살펴보건대 이 일대는 역사상 고구려인이 없었던 곳이며 곳곳에 촌리가 있었다는 것으로 미루어 볼 때 모두 말갈 원주민의 부락이었을 뿐이다. 다만 후에 이주해 와서 거주한 토인은 문화수준이 높고 관리 경험이 풍부한 속말말갈 출신의 사인(士人)이며 또한 발해통치계급에 부속한 고구려인과 한인도 포함한다. 따라서 대개 토인이 촌장이 되었을 것이라고 한다.[31] 그러나 『유취국사』의 기사 중에 "발해국은 고(구)려의 고지이다" "고씨 이래로 조공이 끊이지 않았다"라는 내용에 의거하면 발해가 고구려

---

30) 方學鳳, 『발해의 강역과 지리』, 서울, 정토출판, 2012. p.59.
31) 王承禮, 『中國東北的渤海國與東北亞』, 吉林文史出版社, 2000, p.43.

의 고토에 자리 잡았고 그를 계승했다고 간주해야만 한다. 따라서 발해국의 원주 토착민이란 뜻으로 표현된 토인은 고토의 주민인 고구려인을 지칭한다고[32) 해석하기도 한다.

그 외에 『유취국사』의 다른 판본에서는 토인이 아니라 사인(土人)으로 기록된 것이 있다. 이에 의거하여 사인은 사회적으로 일정한 영향력과 지위를 구비한 존재로서 이들을 지방 관리에 임명하였다는 가설도 제기되고 있다. 이와 관련하여 사인의 족속에 대해서는 어떤 민족으로 제한할 수는 없지만 산림 속에서 산거하면서 문자도 없던 말갈이 사인계층으로서 지방관이 되었다는 것은 현실적으로 받아들이기 어렵다. 따라서 대다수 고구려인이 사인계층을 형성하였다고 보아야 한다. 그런데 이 기사는 단일계통의 주민설과 배치되는 단적인 증거라고 생각된다. 어느 한 민족이 주민대다수를 구성하고 있다면 토인 내지는 사인을 따로 둘 필요가 없기 때문이다. 소위 토인 혹은 사인과 백성을 구분한다는 것은 단일계통의 주민설을 부정하는 것이나 다름없기 때문이다.

이상과 같이 발해의 지배계층과 관련해서 주로 선행 연구에 의존하여 기술하였지만 결론적으로 문명화된 고구려 유민들이 발해의 상부 지배계층의 주축이 되었다고 볼 수 있다. 그러나 모든 지배계층의 출신을 고구려 유민으로 볼 수 없을 뿐만 아니라 피지배층 역시 말갈로 한정시킬 수도 없다. 물론 지배층만 본다면 고구려유민 출신이 다수이겠지만 적지 않은 말갈인도 포함되어 있다는 것을 인정해야만 한다. 다시 말하면 발해는 다민족국가로서 지배계층이 예맥계 고구려 유민뿐만 아니라 말갈도 혼재되어 있었다.

---

32) 盧泰敦, 「발해국의 주민 구성과 발해인의 족원」, 『한국고대의 국가와 사회』, 1985.

2. 요대 발해인의 종족계통

앞서 살펴보았듯이 발해는 다민족국가로서 그 주민구성은 대체로 예맥족과 말갈족으로 대별할 수 있다. 그들은 발해라는 정치 공동체 속에 때로는 상호 협조하고 때로는 반목하면서 200여 년간 역사를 유지했지만 절대적으로 공동지역, 공동언어, 공동경제, 공동문화에 기반을 두는 하나의 민족을 이루지는 못했다. 그렇다면 발해가 멸망한 이후에도 사료에 계속 출현되는 발해인의 정체는 무엇일까? 발해의 주체민족과 관련하여 오랫동안 정론을 얻지 못한 채 고구려 유예론과 속말말갈론으로 양분되어 첨예하게 대립되고 있으며 혹자는 발해족이라는 개념을 제시하기도 했다. 즉 예맥족과 말갈족이 융합하여 새로운 민족을 형성하였는데 이들은 순수 말갈족도 예맥족도 아닌 발해족으로서 이들이 사칭(史稱) 발해인이라는 것이다. 우선 이러한 발해족에 관한 제설과 그 문제점에 대해 검토해 보고자한다.

먼저 최소희(崔紹喜)는 속말말갈이 고구려에 복속된 이후 발해가 건국하기까지 양자 간에 다방면에서 융합이 이루어졌다고 한다. 이렇게 형성된 발해족이 곧 발해말갈이고 고려별종이며 대조영의 건국 과정이야말로 바로 발해족의 초보적 형성 과정이라고 했다. 또한 발해의 200여 년 역사중에 이 부족들은 통일된 국가 속에서 공동으로 생활하며 완전히 하나의 공고한 공동체를 이루어 누가 어느 부족 출신인지를 구별해 낼 수 없게 되었다고 주장했다.[33] 손수인(孫秀仁), 간지경(干志耿)도 발해족의 형성과정을 두 단계로 개괄하였다. 첫 번째 단계는 수말당초로서 말갈족이 계속 영주지역으로 이주하여 한족, 거란족, 해족, 고구려인 등과 잡거하게 되었는데 이것이 바로 발해족 형성의 기점이었다. 두 번째 단계는 발해국이 존

---

33) 崔紹喜,「渤海族的興起與消亡」,『遼寧師院學報』, 1979 4期.

속한 200여 년 기간으로 흑수말갈을 제외한 육부말갈 및 각 족의 유예 역시 상당수가 서로 편입되어 이른바 발해족이 완성되었다는 것이다. 이들은 공동거주지, 경제생활, 언어 및 사회심리 등 민족의 4대 요소에 따라 발해족의 유래와 형성과정을 논증하고자 했다.[34]

이러한 종족융합론에 따르면 속말말갈이 주체가 되어 고구려의 요소를 수용한 발해족이 건국의 주체라고 주장한다. 이에 대해 손진기(孫進己)는 발해가 건국할 때까지 속말말갈과 고구려인의 융합이 이루어지지 않았다고 비판하였다. 그는 발해민족의 형성과정을 3단계로 나누고 있다. 그에 의하면 제1단계는 속말말갈민족의 형성단계이며 제2단계는 8세기 초의 발해말갈 민족의 형성단계로서 속말말갈과 백산말갈의 융합이었다. 제3단계는 8세기 후반 발해족의 형성단계인데 비말갈계, 즉 고구려인과 옥저인과의 융합이었다. 이후 9세기 초에 발해국이 다시 북해(北海) 제부를 정복하고 발해민족 발전의 새로운 단계에 진입함으로써 새로운 민족들을 흡수할 가능성이 있었으나 발해가 10세기에 멸망했기 때문에 이러한 과정은 실패했다고 한다. 따라서 발해의 동북부 지역에 거주하였던 흑수말갈, 철리말갈 등은 발해족으로 편입되지 않았고 발해족은 속말·백산 말갈인, 부여, 옥저, 동예 등과 고구려인 및 약간의 한족 등이 융합되어 형성되었으므로 발해족의 문화와 물길계 말갈의 문화는 차이를 나타내고 있다고 했다. 그리고 발해가 거란에 멸망하자 발해족의 일부는 고려에 망명하여 고려에 통합되거나 고지에 남아 여진족과 잡거하면서 그것에 통합되었고 나머지 대부분은 요양지역으로 강제 이주되어 송·요·금의 사적에서 발해인으로 칭해졌는데 그 뒤 한족에 흡수되어 소멸되었다고 주장했다.[35]

반면 김향은 이러한 발해족설을 정면으로 반박하였는데 그 내용을 살

퍼보면 발해가 멸망할 때까지 발해족을 형성한 적이 없다고 한다. 북방 소
수민족이 건립한 백년 이상의 역사를 가진 왕조는 예외 없이 모두 다민족
정권이었고 그 존속기간 중에 국호로 명명되는 하나의 새로운 민족이 파
생된 적이 결코 없었다. 다민족 국가의 강역과 민족지역은 서로 다른 개념
이며 동일시할 수 없다. 주지하다시피 발해에서 고구려 민족은 주로 압록
강 양안에서 활동하였고 속말말갈은 주로 송화강과 목단강 유역에서 활동
하였다. 그리고 나머지 말갈 제 부락, 예컨대 우루는 주로 지금 러시아 연
해주의 동부에서 활동하였다. 불열은 흥개호(興凱湖) 일대에 분포하였고
월희는 대체로 송화강 하류지역과 우수리강 이동 지역에 있었다. 흑수는
주로 흑룡강 유역에서 활동하였고 한족은 주로 요동지역에서 활동하였다.
각 민족은 모두 자기의 거주지역이 있었고 이러한 민족지역들의 총화가
바로 발해의 강역을 구성했다. 따라서 발해는 그 존속기간에 결코 발해족
의 공동지역, 공동의 경제생활, 공동의 언어 및 공동의 문화적 특징을 형
성하지 않았기 때문에 국가의 명칭으로는 존재하지만 민족의 명칭으로 존
재하는 것이 아니다. 다만 발해는 주로 속말말갈을 토대로 건립된 국가이
기 때문에 발해인의 개념을 사용할 때는 광의와 협의의 함의(含意)를 가진
다. 광의의 발해인은 발해의 각 민족 구성원을 가리키고 협의의 발해인은
오직 속말말갈인만을 가리킨다. 결국 발해인의 개념을 이해 혹은 사용할
때 그것은 속말말갈인을 가리키는 것이지 추상적인 발해족을 가리키는 게
아니라는 것이다.[36]

　이상과 같이 발해족설을 지지하던 반박하던 간에 발해의 주체민족은
속말말갈이며 궁극적으로 문헌상에 등장하는 발해인은 속말말갈인이라
고 주장할 뿐이다. 그렇다면 속말말갈의 족원에 대해 살펴볼 필요가 있다.
이에 대해 히노가이사부로(日野開三郎)는 『수서』에 전하는 말갈 7부 중에

---

36) 金香, 「渤海國時形成過渤海民族碼」, 『北方文物』, 1990 4期.

속말부와 백산부가 예맥계 말갈에 속하는데 옥저·동예가 백산부이고 부여지역의 부민이 속말부라고 하였다.[37] 권오중(權五重)은 더 나아가 속말말갈의 족원을 예족에서 찾고자 했다. 그는 고구려의 별종으로 부여·옥저·동예를 지목하였다. 예와 말갈이 문헌상에 출현함에 있어 선후관계로 교체되고 있다는 사실은 양자 간의 연계를 시사한다는 것이다. 또 부여의 영역이 송화강 유역을 중심으로 하는 지역이었음은 여러 학자가 공인하는 바이기 때문에 이에 의거하여 예족의 주거지로서 송화강 유역(옛 명칭은 속말수)을 비정할 수 있다. 그런데 송화강 유역은 또한 말갈의 주거지로 알려져 있기 때문에 예(濊)는 말갈, 즉 발해말갈의 전신이라고 이해한다. 또한 발해말갈의 주거지를 어느 일부에 한정시키지 않고 한반도의 동해안 지대까지 연장하여 옥저와 동예지역의 말갈 역시 예족으로 이해하려는 것이다.[38]

하지만 노태돈(盧泰敦)은 말갈의 거주지가 예맥계 주민의 그것과 겹치는 것만으로 속말말갈의 전신이 부여족이었다고 할 수 없으며 이는 5세기 말에 부여의 멸망으로 물길(勿吉)이 대신하였기 때문이라고 한다. 또한 함경도 지역의 말갈 역시 7~8세기 주민교체의 소산이라고 보았다. 따라서 예맥말갈설은 주민 이동이라는 역사적 사실을 간과하고 정태적으로 시간적 차이가 있는 두 기록을 직결시켜 이해하였기 때문에 그 실증적 논거를 인정하기 어렵다고 했다.[39] 이에 반해 손진기는 속말말갈의 서쪽 일부가 물길에 의해 정복당했을 뿐 대부분은 여전히 고구려에 부속되어 있었기 때문에 속말말갈은 그 자체가 예맥계라고 한다. 따라서 고구려와 이종동류(異種同類)에 속하거나 혹은 고구려의 영향을 받아 상당히 고구려의 혈

---

37) 日野開三郞, 「靺鞨7部考」, 『史淵』 36·37合輯, 1948.
38) 權五重, 「靺鞨의 種族系統에 관한 試論」, 『진단학보』 49, 1980.
39) 盧泰敦, 「발해국의 주민 구성에 대한 연구현황과 과제-고려별종과 발해족을 둘러싼 논의를 중심으로」, 『한국사 연구』 122, 2003.

통에 통합되었기 때문에 고려별종이라고 불렀다고 한다.[40] 따라서 발해
의 건국주체가 부여 출신으로 고구려에 통합된 예족으로 추정할 수 있다
는 것이다.

이상에서 보듯이 속말말갈과 백산말갈의 족원은 예맥족의 범주에 속하
며 이들이 중심되어 발해를 건국하였는데 이후 숙신계 말갈을 포섭함으로
써 혈연공동체가 아닌 지역공동체로 변화되었다. 그래서 발해의 민족구성
이 이원화되었던 것인데, 무엇보다도 발해가 멸망한 이후에도 발해인과
여진으로 뚜렷이 구분되었던 사실은 민족융합을 통해 발해족이라는 새로
운 민족이 형성된 것이 아니라 두 개의 민족이 처음부터 병존하였던 것임
을 잘 보여준다. 발해 존속 200여 년 동안 일부 선진문물 및 농경문화가
동북쪽으로 확산되었겠지만 시간적 한계 때문에 민족적 융합이 이루어졌
다고는 볼 수 없다. 따라서 발해인이라고 일컫는 공동체는 고구려 왕조부
터 융합되어 하나의 민족성분을 가지게 된 고구려, 부여, 옥저, 동예 출신
의 예맥족이었을 뿐이며 말갈족과는 분명한 경계를 가지고 있었다.

이후 거란에 의해 발해라는 지역공동체가 붕괴됨으로써 그 구성원은
재차 혈연공동체로 각각 분리되었으며 요조에서는 이들을 발해인과 여진
으로 구분하여 통치하였다. 여기에서 말하는 발해인은 발해국의 유민이라
기보다는 예맥계라는 종족적 의미를 내포하고 있다. 왜냐하면 발해에게
정복되었던 불열, 철리, 우루, 흑수부 등은 발해가 멸망한 후에도 여전히
올야, 철려, 오국부, 여진 등의 명칭으로 제각기 등장하는 것으로 미루어
보아 일체의 발해유민을 모두 발해인으로 칭하지는 않은 것으로 보인다.

따라서 발해인은 말갈과 융합되지 않았고 발해멸망 이후 사료에 등장
하는 발해인은 시종일관 예맥족의 후예들을 지칭하는 것이다. 김육불의
『발해국지장편』의 유예열전을 살펴보면, 발해인이라고 지칭되는 인물은

---

40) 孫進己, 「渤海民族的形成發展過程」, 『北方文物』, 1994 2期.

대부분 대씨와 고씨로 구성되어 있으며 이들은 바로 부여 및 고구려의 후예일 따름이다. 더욱이 발해부흥운동의 주도적인 역할을 한 인물들도 역시 예맥족일 뿐이며 말갈족의 후예는 찾아볼 수 없다. 예컨대 정안국왕이 송에 보낸 표문에서 "신 오현명(烏玄明)이 아룁니다. 신은 본래 고구려 옛 땅의 발해유민으로 한 구석에 웅거하여 세월을 보냅니다"[41]라고 자신의 정체성을 분명히 밝히고 있다. 이 사료는 발해가 망한 후 발해부흥운동을 펼쳤던 발해인이 여전히 그 민족성분을 숙지하고 있다는 것을 단적으로 보여준다. 이것은 예맥족이 발해정권 하에서 말갈족 등과 융합하여 발해족을 이룬 적이 결코 없다는 것을 웅변해주고 있다.

한편 말갈족 역시 요대에 발해인과 구분되어 여진이라고 통칭되었다. 여진은 몇 개의 독립된 부락연맹으로 나뉘어 각각 다른 칭호를 갖고 산거하였다. 당시 송인(宋人)이나 고려인이나 거란인은 모두 각자의 인식에 근거하여 여진을 몇 개의 부류로 나누었다. 예를 들어 고려인들은 여진이 거주하는 위치가 다른 점에 근거하여 동여진과 서여진을 나누었고, 宋人들은 여진의 경제문화의 발전 정도와 지리적 차이에 따라서 숙여진(熟女眞), 생여진(生女眞), 동해여진(東海女眞), 황두여진(黃頭女眞) 등으로 나누었다. 거란인 역시 남여진(南女眞), 북여진(北女眞), 갈소관여진(曷蘇館女眞), 황룡부여진(黃龍府女眞), 순화국여진(順化國女眞), 압록강여진(鴨綠江女眞), 장백산여진(長白山女眞), 생여진, 빈해여진(瀕海女眞) 등으로 구분하였다. 주변국의 인식을 통해서 볼 때도 말갈족은 발해의 주체민족이었던 예맥족과는 융합되지 않은 채 여진이라는 족칭으로 불리게 되었던 것이다.

훗날 아골타가 "여진과 발해가 본래 같은 집안"이라고 표방했던 것은

---

41) 『宋史』 卷491, 「外國傳·定安國」 "定安國王臣烏玄明言: 臣本以高麗舊壤 渤海遺黎 保據方隅"

종족적 일체감이 아니라 지역적 내지는 정치적 일체감을 표명한 것이다. 당시 일가라는 말이 한 국가라는 의미로서 통용되었던 것은『금사』「노언류(盧彦倫)전」의 "거란과 한인이 오래동안 한 집안이었다"[42]라는 표현에서도 잘 드러난다. 따라서 발해인과 여진인은 민족 융합의 산물이 아니고 원래의 종족적 정체성을 유지한 별개의 민족이었다고 말할 수 있다. 결론적으로 발해의 예맥계 및 말갈계 주민은 발해인과 여진으로 분화되어 각자의 길을 모색해 나갔던 것이다. 따라서 발해인은 말갈족도 아니고 발해족도 아닌 예맥계의 민족성분을 지닌 발해 주민만을 일컫는 문헌상의 명칭이라고 할 수 있다.

3. 요대 발해인의 사회적 지위

발해는 일찍이 7세기 후기에 건국하였으므로 거란에 비해 2세기 앞섰다. 비록 거란이 군사적 역량에 의지하여 발해를 멸망시켰으나 발해인의 경제적 발전 및 문화적 수준은 거란을 압도했다. 발해는 광대한 영역과 많은 인구를 지니고 일찍이 해동성국이라고 불렸던 선진국가로서 그 구성원들의 용맹성은 중원에까지 잘 알려져 있었다. 거란이 강력한 힘을 통해 선진민족을 일시적으로 정복하는 것은 가능했으나 오랫동안 그들을 통치하는 것은 그렇게 쉽지 않았다.

초기 발해인은 동란이라는 위성국가를 통해 간접지배를 받았으나 요조의 정권이 안정화됨에 따라 동란은 소멸되고 직접지배를 받게 되었다. 즉 동란시기의 발해유민은 일정부분 독립성을 유지하였지만 동란이 내지로

---

42)『金史』卷75,「盧彦倫傳」"遼兵敗于出河店 還至臨潢 散居民家 令給養之 而軍士縱态侵擾 無所不至 百姓殊厭苦之. 留守耶律赤狗兒不能禁戢 乃召軍民諭之曰; '契丹漢人久爲一家 今邊方有警 國用不足 致使兵士久滷父老'

강제 이주되어 거란에 편입됨에 따라 발해인은 거란주민으로 삶을 영위해야만 했다. 거란은 처음 발해인을 효율적으로 통치하기 위해 발해의 사회 상층을 포섭하지 않을 수 없었다. 특히 강력한 사회적 호소력 및 방대한 세력을 가진 발해왕족 및 귀족들은 우선 이용해야 할 대상이었으므로 왕족의 존숭 및 통혼, 임관 등의 방법으로 그들을 권력층에 참여시켰다. 그러나 거란의 발해인에 대한 인식은 줄곧 경계의 대상이었기 때문에 요대가 끝날 때까지 발해인의 정치적 지위는 비교적 높지 않았다. 이와 관련해서 우선 정치적으로 요대에 활약한 발해인의 정황을 살펴보면 다음과 같다.

거란은 앞서 언급한대로 발해왕 대인선을 황도 상경 임황부의 서쪽으로 압송하여 성을 짓고 살게 하였으며 발해왕실에게 요련에 버금가는 존귀한 지위를 주었다. 또한 고토에 남아있던 발해귀족 가운데 일부를 기용하여 동란의 정권에 참여시켰다. 이러한 정치적 행위는 그들에게 실권을 부여한 것이 아니라 발해유민들의 반항정서를 완화시키기 위한 정책수단이었을 뿐이었다. 따라서 대인선이 요련씨 및 해 왕족과 같은 존숭을 받은 것 같지만 구체적인 내용은 다르다. 해 왕족은 세선(世選)의 방식으로 여전히 왕이 되는 특권을 가졌고 거란은 단지 감군(監軍)만을 맡았을 뿐이다. 그러나 발해왕족은 거란의 중심지로 옮겨져 고국과 멀리 떨어졌을 뿐만 아니라 발해를 대신한 동란국의 왕은 거란이 맡았다.

따라서 같은 피지배 민족이었던 해왕족에 비해 발해왕족의 정치적 지위는 낮았으며 이름뿐인 존숭이었다고 볼 수 있다. 또한 동란국의 우대상 및 좌차상을 담당한 발해의 노상과 사도 대소현은 단지 상징적인 의미만 가졌을 뿐 실제로 권력은 없었다. 왜냐하면 동란은 거란의 위성국가 내지 속국으로서 실질적인 권한이 요 조정에 집중되어 있었기 때문이다. 예컨대 좌상겸 동경유수 야율우지가 대소현이 법을 어겼다는 것을 구실삼아 탄핵하여 면직시킨 사건은 허울뿐인 발해인 관료들의 위상을 잘 보여준다.

다음은 통혼과 관련하여 거란황족과 발해왕족이 다수 혼인관계를 맺었는데 이것은 분명히 정략결혼임에 틀림없다. 정치적 혼인은 일종의 상호 이용의 수단이다. 거란황족 측에서 보면 통혼은 대씨 후예에 대해 존숭을 표시함으로써 망국의 적대의식을 감소시킬 수 있는 것이었다. 반면 대씨 측에서는 혼인을 통해 자신의 사회적 지위를 안정시킬 수 있어 일종의 사회적 명망을 보존한 것이다.[43] 그러나 요대에 대씨의 여인이 후비로 책봉된 것이 얼마만큼이나 발해인의 명망을 유지시켰는지에 대해서는 회의적이다. 양자 간의 혼인이 빈번했음에도 불구하고 금대의 발해인 후족과 같이 정치적 영향력을 갖지 못했기 때문이다. 더욱이 발해왕족이 거란황족의 여인과 혼인을 한 사례가 거의 없는 것은 발해인의 낮은 지위를 보여준다.

현존자료에 의하면 거란황족이 대씨 여자를 취한 사례는 다음과 같다. 동란왕 야율배의 후비 중에는 대씨와 고씨가 있었고 경종에게 발해비가 한명 있었는데 그 성을 알 수 없으나 김육불은 발해 대씨 출신의 여자라고 추정하고 있다. 그리고 성종비 중에서도 대씨가 있었다. 천조황제의 문비도 성이 대씨인데 어릴 때 이름은 슬슬(瑟瑟)이라 했고 발해 왕족의 후예였다.[44] 또한 황제를 제외하고 황실 귀족도 발해왕족의 대씨 여자를 아내로 삼은 경우가 있었는데 야율달갈리(耶律撻葛里)는 문비의 언니에게 장가를 들었고, 야율여도(耶律余覩)도 문비의 여동생을 아내로 삼았다. 그리고 옥전한씨(玉田韓氏) 출신인 야율융우(耶律隆祐:韓德顯)도 일찍이 대씨와 혼인관계를 맺었다. 그 묘지의 기록에 따르면 "부인 한사람이 발해 여인으로 대씨 출신이다." 이러한 사례들은 양자 간의 혼인이 빈번했음을 설

---

43) 王善軍, 『世家大族與遼代社會』, 北京, 人民出版社, 2008, p.82.
44) 『渤海國志長編』 卷13 "文妃姓大氏小字瑟瑟王裔也"

명하지만 대씨의 성원이 거란의 황족여인에게 장가를 간 기록은 거의 없고 단지 대력추(大力秋)가 성종의 딸이자 대씨비의 소생인 장수(長壽)와 결혼한 사례만 보일 뿐이다.

그리고 임관과 관련하여 살펴보면 요조 중앙관원 중에 발해인은 비교적 적었으나 일부 대관을 지내며 정치적 영향력을 끼친 사람들도 있다. 요조는 북면관원을 세선[45]을 통해 선임한 반면 남면관원은 주로 과거로 선임하였다. 과거는 처음에 연경에서 시행하였으며 진사 급제자의 수는 통화 22년(1004)까지 그 수가 매년 10인을 넘지 않을 정도로 적었다. 그러나 인재의 수요가 증대함에 따라 진사의 수도 증가하여 십 수인 내지는 수십인을 선발하였다. 이 중에는 탁월한 재능을 구비한 발해인도 포함되어 있었으며 그들은 성종이후에 주로 무관에 임용되었다. 요대에 중용된 발해인이 주로 무관이었던 이유는 첫째로 "발해인 세 명이면 호랑이 한 마리를 당해낸다"와 같이 그들의 용맹성이 돋보였고, 둘째로 한인이 문관직을 선점했기 때문에 그들의 진출이 제한적이었다. 셋째로 전연지맹(澶淵之盟) 이후 송과의 교류가 증대하여 한인 출신의 관료가 더욱 필요했기 때문이라고 생각된다.

발해인 관원의 행적을 살펴보면 발해의 왕족과 우성들은 요조의 관료가되어 강토를 개척하고 발해인의 반란을 진압했으며 지방을 관리하며 큰 공로를 세우기도 했다. 예를 들어 고모한은 요 조정에 출사한 후에 여러 차례 전공을 세웠는데 석경당을 원조하여 태원의 포위를 풀었으며 후에는 거란에 반기를 든 후진을 멸망시키는데 중요한 역할을 하였다. 요 태종은 백관

---

45) 요조의 세선제도(世選制度)는 부락연맹의 추장과 관원을 선거(選擧)하던 전통적인 방식이다. 거란민족이 발전하면서 관습적으로 동일 가족 내에서 그들의 후계자를 선출하는 방법이 점차 세선제도로 확립되었는데 이는 선거제도와 세습제도의 과도기적 형태라고도 볼 수 있다. 요조는 거란 귀족이 사회상층에서의 우월적 지위를 확보할 수 있도록 요직을 독점하는 제도로 활용하였다.

들이 참석한 연찬(宴饌)에서 "이 사람은 나라의 용감한 장수이다. 짐이 천하를 통일한 것은 바로 이 사람의 힘이라고 말했으며 또한 그대의 영웅스러움과 정예함은 대적할 자가 없으니 매가 꿩과 토끼를 덮치는 것과 같으므로 초상화를 인각에 걸어야 마땅하다"[46]고 상찬했다. 그는 천록(天祿) 2년(948)에 개부의동삼사(開府儀同三司)에 올랐고 응력(應曆) 초에는 중대성 우상을 제수 받았으며 9년에는 중대성 좌상으로 옮겼다가 곧 죽었다.

그리고 요 성종시기 발해인 대연림이 동경에서 반란을 일으켰을 때 하행미(夏行美)는 함께 일을 도모하자는 제안을 거부하고 야율포고(耶律蒲古)에게 그 실상을 보고함으로써 대연림을 진압하는 데 공을 세웠다. 그는 그 공으로 동정사문하평장사(同政事門下平章事)의 관함이 더해졌고 다음 해 충순군절도사(忠順軍節度使)로 옮겼다. 문치방면에서도 요를 위해 중대한 공헌을 한 발해인으로『요사』「열전」중에 상세히 기록된 자는 대강예(大康乂), 대공정(大公鼎) 등을 들 수 있다. 대강예는 성종 개태 연간에 벼슬이 남부재상까지 올랐으며 지황룡부(知黃龍府)로 나가서 동부 지역민들을 안무하여 복종시켰다. 또한 대공정은 도종 함옹 10년(1074)에 진사에 급제하여 심주관찰판관(瀋州觀察判官)으로 등용된 후 선정을 베풀어 백성들의 고충을 덜어주었다. 그는 여러 관직을 거쳐 천조시기에는 중경 유수로 제수되었고 정량공신(貞亮功臣) 및 보절공신(保節功臣)을 하사받았다. 그의 아들 창령(昌齡)은 좌승제(左承制), 창사(昌嗣)는 명주자사(洺州刺史), 창조(昌朝)는 진영군절도사(鎭寧軍節度)를 각각 역임했다.

『요사』「열전」및 김육불의『발해국지장편』을 통해 요대 정치권에 출사한 사람들을 정리하면 아래와 같다.

---

46)『遼史』卷76「高模翰傳」"此國之勇將, 朕統一天下 斯人之力也 … 上曰 朕憑高觀兩軍之勢 顧卿英銳無敵 如鷹逐雉兔. 當圖形麟閣 爵貤後裔"

【표 2-1】 요조에 입사(入仕)한 발해인

이름		관직명	이름		관직명
大素賢	발해왕족	東丹 左次相	大道行郎	발해왕족	渤海軍監門軍
王繼遠	발해후예	東丹 翰林學士	高眞詳	발해후예	渤海軍 判官
王咸飭	발해후예	中作使	王光祿	발해후예	渤海軍孔目
王叔寧	발해후예	六宅使 恩州刺史	大堅濟	발해왕족	東京回禮使
大昭佐	발해왕족	東丹의 後唐使臣	大永信	발해왕족	遼의 高麗 使臣
高正祠	발해후예	東丹의 後唐使臣	大仲宣	발해왕족	泰州管內觀察使
文成角	발해후예	東丹의 後唐使臣	高永昌	발해후예	供奉官
高保乂	발해후예	東丹 右錄事試大理評事	大忠	발해후예	禮賓使
列周道	발해후예	東丹 南海府都督	大信	발해후예	興中主簿
烏濟顯	발해후예	東丹 政堂省 工部卿	大公鼎	발해왕족	中京留守
高徒煥	발해후예	東丹 兵器寺少令	大昌齡	발해왕족	左承制
高模翰	발해후예	中臺省 左右相	大昌嗣	발해왕족	洺州刺史
高儒	발해후예	勝州刺史	大昌朝	발해왕족	鎭寧軍節度
高爲裘	발해후예	順義軍馬步軍都指揮使	高楨	발해후예	進士
高永肩	발해후예	蔚州長靑軍指揮使	高安國	발해후예	興辰開三鎭節度使
大仁靖	발해왕족	東京宰相府右平章事	高六哥	발해후예	刺史
高淸明	발해후예	渤海詳穩	高仙壽	발해후예	海州刺史
大康乂	발해왕족	南府宰相	楊朴	발해후예	敎書郎
羅漢	발해후예	渤海帳司宰相	郭約師	발해후예	諸衛上將軍
大延林	발해왕족	東京舍利軍 詳穩	燕頗	발해후예	黃龍府 衛將
夏行美	발해후예	渤海帳司太保	大漢	발해왕족	西南招討使
大力秋	발해왕족	駙馬都尉	大鵬翼	발해왕족	翼州防禦使
高欲	발해후예	饒州의 將帥(推定)	大榮	발해왕족	寧康州防禦使

이상과 같이 발해왕족 대씨와 고·장·양·오·이씨 등의 발해귀족이 요

정권에서 관직을 맡았으나 그들 가운데 왕족 대씨 및 우성 고씨가 맡은 관직을 제외하면 대부분 동경도의 하급관직에 불과했다. 또한 동란의 관직을 제외하면 요대에 주요 관직을 맡은 발해인은 그리 많지 않았고 요조에 의지하는 정도에 따라 그들이 처한 사회적 지위도 크게 달랐다. 어떤 자는 친요 관료로 신흥귀족이 되었던 반면 어떤 자는 거란의 통치에 반대하여 반란을 일으키기도 하였다. 결국 거란의 통제에 순응하지 않고 부단히 저항했던 발해인은 그들의 정치적 신분을 보장받기 어려웠던 것이다.

다음은 일반백성 및 하층계급의 신분을 지닌 발해인의 사회경제적 지위를 살펴보고자 한다. 요대 거란사회는 노예제와 봉건제가 혼재되어 있었고 노예제의 실시가 설령 짧았다 하더라도 그 잔재가 정치체제 및 경제구조 중에 상당한 영향을 끼쳤다.[47] 거란은 정복전쟁을 일으켜 많은 재물과 전쟁포로를 획득했고 전쟁 중에 납치되어 온 포로들은 의심할 여지없이 황족 및 귀족들의 노예가 되었다. 포로로 잡힌 발해인은 돌궐인, 토욕혼인, 당항인과 마찬가지로 그 처지가 매우 비참한 노예로 전락되어 제멋대로 살육, 매매, 상사되었다. 『요사』에 의하면 "앞서 포로로 잡은 발해호를 이호에게 주었던"[48] 것처럼 피랍되어 온 전쟁포로들은 일반적으로 노예 취급을 받았다. 이들은 처음 알로타나 두하군주라는 거란의 특수한 행정체제 속에 궁호나 두하호로 예속되었으나 거란사회의 봉건화가 진척됨에 따라 이들은 점차 농노의 성격으로 변화되었다.

먼저 알로타에 예속된 발해인을 살펴보면 알로타의 일부였던 번한전호에는 한인뿐만 아니라 발해인도 포함되어 있었다. 또한 알로타의 호구는 주현을 나누고 부족을 갈라서 편성된 만큼.발해인의 주현도 적지 않게 포함되어 있었음에 틀림없다. 이들은 해당 알로타의 경제적 부담을 담당하

---

47) 王成國, 「論遼代渤海人」, 『博物館研究』, 1987 2期.
48) 『遼史』 卷3, 「太宗本紀 上」 "以先所俘渤海戶賜李胡"

는 동시에 황릉도 봉수하였는데 궁호의 사회적 지위는 노예보다 약간 높
았으나 경제적으로 일정한 부세와 노역을 제공해야만 했다. 따라서 황실
의 물질적 기초가 되었던 알로타 소속의 주현이 제공하는 부세가 상당히
컸기 때문에 발해인이 받는 정치적 압박과 경제적 착취도 비교적 엄중했
던 것이다.

그래서 알로타에 예속된 주현민을 통해 발해인의 의무를 구체적으로
살펴보면 첫째, 농업 및 기타생산에 종사하며 조정에 부세를 납부하였다.
도종 수창(壽昌) 5년(1099) 10월에 요 조정은 요주의 기근을 구휼하기 위
해 계속해서 세금을 일 년간 면제하였다.[49] 여기에서 요주는 발해유민을
이주시켜 설치한 주로서 장녕궁(長寧宮)에 예속되어 조정에 전조(田租)를
납부했음을 알 수 있다. 또한 송나라 사람인 노진이 목격한 바에 의하면
"영하(靈河)를 따라 영(靈)·금(錦)·현(顯)·패(霸) 등 4주가 있었는데 비
단을 생산하였으며 주민(州民)들은 전조를 납부하지 않고 다만 잠직(蠶
織)을 공급함으로써 이들을 태후사잠호(太后絲蠶戶)라고 일컬었다"[50]고
한다. 그들은 황실을 위해 전조 대신에 수공업 제품을 공급하기도 했던 것
이다. 그 외에 택주(澤州)도 광산업을 맡아 매년 관에서 사용하는 탄(炭)
을 납부했다.[51]

둘째, 요역을 맡았다. 가사훈은 함옹 6년(1070) 이후에 "동지영주군주
사(同知永州軍州事)로 옮겼다. 이미 그 자리에 오르기 전부터 밤낮으로 민
사의 이로움과 병폐를 다스리고자 계획하였던바 그 부와 인접한 용화주나
강성주(降聖州) 등에서 매년 행재에 동원되는 부역인원을 감면해줄 것을
상주하면서 연간 동원되는 인원이 총 30여만 명이어서 과세가 천하에 가

---

49) 『遼史』 卷26, 「道宗本紀 六」 "賑遼州饑 仍免租賦一年"
50) 路振, 『乘軺錄』 "沿靈河有靈·錦·顯·霸四州地 生桑麻貝錦 州民無田租 但供蠶織 名曰太
后絲蠶戶"
51) 『遼史』 卷105, 「馬人望傳」 "歲澤州官炭"

장 많다고 하였다."[52] 여기에 영주(永州), 용화주, 강성주는 발해인으로 구성된 알로타이며 그들은 매년 조정에 노동력을 제공하였다. 또한 대공정이 심주관찰판관(沈州觀察判官)을 맡고 있을 때 요동 지역의 폭우로 인해 농사를 망치게 될까봐 북추밀원은 하천이 넘치는 것을 막도록 정장들에게 제방을 완성케 하였던바[53] 심주는 돈목궁(敦睦宮)에 예속된 주였으므로 그곳의 발해호는 제방을 수리하는 책임을 맡기도 하였다.

셋째, 황릉을 봉수(奉守)하였다. 알로타의 주현 중에 일부분은 황제와 후비 등의 능침(陵寢)에 봉사하기 위해 봉릉읍으로 전환하였다. 요대에 조주(祖州), 회주(懷州), 현주(顯州), 건주(乾州) 및 경주(慶州) 등 5개의 봉릉읍을 설치하였는데 그 중 회주, 현주 및 그 관할의 봉선현(奉先縣), 산동현(山東縣), 경주는 모두 많은 발해 이주민을 포괄한 봉릉읍이었다. 조주와 회주는 각각 태조와 태종의 봉릉읍인데 조주 성내에도 지후(祗侯)의 번인(蕃人), 한인, 발해인 등이 3백 명이 있었다.[54] 또한 현주는 동란왕의 봉릉읍이며 후에 세종도 여기에 매장되었고, 건주는 경종의 봉릉읍이다. 그리고 홍종이 성종의 봉릉읍인 "경주를 건설하면서 번한의 수릉(守陵) 3천호를 두었다는"[55] 기사는 상당수의 발해호가 능침에 봉사하였음을 짐작할 수 있게 한다.

넷째, 전쟁에 출정하였다. 알로타호는 "유사시에는 공격을 임무로 삼고 쉬는 동안에는 사냥과 고기잡이로 생업을 삼는다. 하루도 진을 치고 주둔하지 않는 적이 없으며 어디에서나 시위하지 않는 적이 없다. 게다가 징병하면 정장들은 군사에 종사했기"[56] 때문이다. 통화 12년(994) 8월에 성종

---

52) 『遼代石刻文編』, 石家莊, 河北敎育出版社, 1995, p.478, "徙同知永州軍州事 旣上 日夜經畵民事利病 奏減其部并隣道龍化·降聖等州歲供行在役助 計民功三十餘萬 奏課天下第一"

53) 『遼史』 卷105, 「大公鼎傳」 "時遼東雨水傷稼 北樞密院 大發瀨河丁壯以完堤防"

54) 『遼史』 卷37, 「地理志 二」 "祗侯蕃漢渤海三百人"

55) 『遼史』 卷37, 「地理志 二」 "置蕃漢守陵三千戶"

은 조를 내려 황태자비에게 서북로 오고 등의 부병(部兵) 및 영흥궁의 분군(分軍)을 통솔하여 서쪽 변경을 순찰하도록[57]했는데 영흥궁은 앞서 보았듯이 태조가 발해를 평정하고 포로로 잡은 민호를 배치한 곳이기 때문에 분군(分軍)의 태반이 발해인이었고 그들은 조정의 명령에 따라 전쟁에 출정할 의무가 있었던 것이다.

다음은 두하군주(頭下軍州)에 예속된 발해인을 살펴보고자 한다. 황실 이하 특히 대귀족과 대관료는 주와 현으로 연결된 커다란 토지와 수천인에 이르는 부곡을 점유하였는데[58] 이것이 바로 요대의 두하군주였다. 이곳의 부곡은 대다수 전쟁 중에 끌려온 포로였으며 발해인이 점유한 비중 또한 적지 않았다. 『요사』「지리지」의 통계에 따르면 16개의 두하주 중에 한인과 발해인이 점한 것이 절대 다수였다. 이들 발해인과 한인들은 사인의 토지에 결박되어 남경여직(男耕女織)에 종사하면서 영주에게 정기적으로 조세를 납부했을 뿐만 아니라 규정된 부분의 부세도 국가에 내야만 했다.

문헌에 기록되어 있는 것과 같이 "요나라 사람이 중원의 사람들을 노략질하거나 해, 발해 등 여러 나라의 생구(生口)를 얻으면 귀족 혹은 유공자에게 나누어주었다. 많게는 1~2주에 이르고 적게는 수백에 이르렀다. 이들 모두가 노비이며 관에 조를 납부해야 할 뿐만 아니라 그 주인에게도 과(課)를 납부했는데 이를 소위 이세호라고 불렀다"[59]고 한다. 여기에서 분명한 것은 이들 이세호가 두하주의 영주뿐만 아니라 국가에 이중으로 구속되었으므로 알로타호에 비해 경제적 부담정도가 더욱 무거웠음을 알 수 있다.

---

56) 『遼史』卷31,「營衛志 上」"有事則以攻戰爲務 閑暇則以畋漁爲生. 無日不營 無在不衛" "有調發 則丁壯從戎事"

57) 『遼史』卷13,「聖宗本紀 四」"隣西北路烏古等部兵及永興宮分軍 撫定西邊"

58) 張正明, 『契丹史略』尤其是大貴族大官僚占有着跨州連縣的大片土地和數以千計的部曲

59) 『中州集』卷2,「李承旨晏」"遼人掠中原人及得奚·渤海諸國生口 分賜貴近或有功者 大至一二州 小亦數百 皆爲奴婢 輸租爲官且納課給其主 謂之二稅戶"

그리고 정벌과정에서 포로로 잡혀온 알로타 및 두하군주의 예속민과는 달리 거란 내지로 강제 이주된 발해인 중에는 일반주현에 편입되어 농업 및 수공업 생산에 종사한 사람도 있었다. 요동지역으로 강제 이주된 발해의 호우(豪右) 출신은 원래 의 사회적 지위를 보존 받았고 이주지역의 사회경제도 발해의 농노제가 그대로 유지되었다. 발해의 사회계층은 우성으로 불리는 성은 고, 장, 양, 두, 오, 이 등 수종에 불과했다. 그리고 부곡과 노비는 성이 없는 자들로 모두 그 주인을 위해 종사하였다.[60] 이들 부곡 및 노비는 거란 내지로 이주한 후에도 여전히 우성 대족에 의부한 채 사회적 신분은 변함이 없었다. 또한 거란에 의해 강제 이주될 당시에 "곤궁하고 궁핍하여 이주할 수 없는 자는 상국의 부민들이 도와주고 이들을 예속시킨다"[61]라고 하였는데 이는 자연스럽게 많은 수의 유민들이 거란의 귀족들에게도 예속되어 부곡이나 노비로 전락되었다는 것을 의미한다.

한편 발해인 중에는 봉건지주 및 그 지주에게 의부한 부곡, 농노 이외에 또한 적지 않은 수의 자경농이 있었다. 호우 출신의 지주는 물론이고 요정권의 관전을 경작한 자들 중에서 자작농의 대열에 합류하는 경우가 있었다. 농지는 관전과 사전이 있었고, 관전은 다시 한전과 둔전으로 대별할 수 있었는데 둔전은 멋대로 빌려줄 수 없었던 반면 한전 대부분은 유민을 모아 경작하게 하였다. 통화 15년(998)에 백성을 모아 란하(灤河) 유역의 광대한 토지를 경작하게 하면서 10년이 지나서야 비로소 세금을 납부하였는데 이것이 바로 관의 휴전제(閑田制)였다.[62] 처음에는 세금을 면제해주거나 혹은 후에 경작자가 소유하면 국가에 세금을 납부하게 했다. 이러한 사례를 비추어 볼 때 발해인이 밀집되어 있던 동경도 지역에도 틀림없이 한전제를 실시하였고 이를 통해 소지주가 된 발해인도 적지 않았으리라

---

60) 『松漠紀聞』 "右姓曰 高張楊竇烏李 不過數種. 部曲奴婢無姓者 皆從其主"
61) 『遼史』 卷3, 「太宗本紀 一」 "因詔困乏不能遷者 許上國富民給贍而隷屬之"
62) 『遼史』 卷59, 「食貨志 上」 "統和十五年 慕民耕灤河曠地 十年始租 此在官閑田制也"

추정된다.

이들은 거란의 편호로 농업에 주로 종사하며 부세를 납부했다. 거란의 부역(賦役)은 전부(田賦)와 요역으로 나뉘며 대개 전부는 무(畝)를 계산하여 징수하였고, 요역은 호의 재산 고하에 따라 징수하였다. 부세의 징수는 후당의 양세법에 따라 춘하 두 번에 걸쳐 징수하였는데 원래 한인들이 거주하던 남경도와 서경도에서는 그대로 적용하였던 반면 동경도는 대부분 발해의 이주민이었던 관계로 그들을 위무하기 위해 부역의 제도가 대체로 관대하였다. 『송막기문』에 "밭을 주어 그 부세를 면제하였고 관시를 왕래하며 무역할 때 모두 징세하지 않았다"[63]라고 기록되어 있어 당시의 발해인에 대한 면세정황을 볼 수 있다. 그러나 시간이 흘러가면서 발해인에 대한 민족차별과 착취정도가 심해져서 이러한 특혜는 사라지고 양세 외에 갖은 명목의 잡세를 거두었다. 이로 인해 부담이 가중되었으므로 결국 발해인의 반란을 초래하기도 했다.

이상과 같이 다민족이 잡거하는 요조의 특수한 상황에서 판단할 때 발해인이 처한 사회적 지위는 거란족 및 해족, 한족에 비해 낮았고 이에 따라 그 사회신분과 법률지위도 차별대우를 받았다. 발해의 상위계층은 거란에 병합된 후에도 어느 정도 그 지위를 유지하였으나 피정복민족이었기 때문에 줄곧 엄격한 통제를 받았다. 그것과 비교하면 같은 농경민족이지만 한인의 정황은 오히려 크게 달랐다. 비록 그들은 과거에 귀족이 아니었지만 요대에 중용된 사람들이 많았다. 예를 들어 옥전한씨의 한지고는 순흠황후(淳欽皇后)의 배가노예(陪嫁奴隷)로서 신분이 천했지만 점차 발전하여 요대 가장 권세 있는 한인의 세가대족(世家大族)을 이루었다. 그 외에 유(劉)·마(馬)·보(趙) 등의 한인가족도 요조에 입사한 후에 공을 세워

---

63) 『松漠紀聞』卷1 "阿保機滅渤海 遷其族帳千餘戶于燕 給以田疇 捐其賦入 往來貿易關市 皆不徵 有戰則用爲前驅"

요대 상류층에 버금가는 사회적 신분을 보장받았다.

요컨대 발해인의 계속되는 반요투쟁은 이와 같이 거란사회의 계급 및 민족갈등이 날로 첨예해가는 조건하에서 발생한 것이고, 결국 정치경제적으로 소외된 발해인은 요조에 이반하여 금을 건국하는데 일조하게 된 것이다.

제 3 부

거란 지배하에
발해인의 존재양태

제 1 장

발해인의 해외망명

1. 해외망명의 성격

발해가 926년 거란의 야율아보기에게 멸망당한 후 적지 않은 발해인이 거란의 통치를 견딜 수 없어 해외로 도피했으며 다른 한편으로 거란 통치자들에 의해 거란 내지로 강제 이주되었다. 발해인의 반요투쟁을 소극적인 방법과 적극적인 방법으로 구분하여 전자를 해외로의 망명으로 보고, 후자를 발해부흥운동으로 간주하였는데 궁극적으로 거란의 통치를 거부했다는 점에서 공통점을 찾을 수 있다. 본 장에서는 우선 해외망명의 성격과 원인을 살펴보고자 한다.

발해가 거란에 의해 멸망되기 직전부터 대략 200여 년에 걸쳐 많은 발해인이 해외망명을 시도하였다. 그 요인을 포괄적으로 보면 거란의 통치를 거부했기 때문이라고 할 수 있으나 이는 너무 단선적이며 편의적인 해석이다. 수많은 발해인의 망명은 일시적인 현상이 아니라 장기간에 걸쳐 단계적으로 이루어졌기 때문에 시기마다 망명의 원인이 다르다. 또한 발해인이 해외로 망명한 지역은 고려를 비롯해 중원 및 생여진 지역 등 다양하므로 망명의 유형을 시기와 지역별로 나누어 살펴볼 필요가 있다. 사료에 따르면 발해인이 가장 많이 망명한 지역은 고려이다. 이런 정황이 출현한 것은 우선 역사적으로 발해인과 고려인 사이의 관계가 비교적 밀접하였고, 또한 거란이 동란을 내지로 옮겨 송화강 이동지역을 일정기간 방기했던 탓으로 발해인의 망명을 효율적으로 통제하지 못했기 때문이다.[1]

발해인 망명은 그 성격 및 시간에 따라 몇 단계로 구분할 수 있다. 먼저 시기에 따라 망명자들의 성격은 분명히 달라진다. 사료에서는 발해의 유예를 대체로 발해인으로 통칭하고 있지만 그 성분을 엄격히 구분하면 발해 주민-동란 주민-발해유민-정안국 주민-발해계 거란주민 등으로 대별할 수 있다. 여기에서 발해주민은 발해가 멸망하기 이전에 발해를 구성했던 예맥 및 말갈계 주민을 일컫는데 멸망한 이후에는 거란의 통치를 받아들이는 동란주민과 그렇지 않았던 발해유민으로 분리된다. 발해유민이란 동란의 통치를 거부한 채 발해 고토에서 부흥운동을 전개한 구발해의 주민들을 지칭한다. 흔히 이들을 후발해의 주민이라고 부르기도 한다. 그러나 후발해를 발해부흥운동을 펼친 제 세력에 대한 총칭으로 확장하여 해석한다면 정안국이 건국되기까지 각지에서 부흥운동을 펼친 자들을 모두 발해유민으로 보는 것이 타당하다.

이후 각 지역의 발해유민은 각자도생을 하다가 해외로 망명하거나 정안국이라는 발해의 계승국으로 흡수 통합되었다. 정안국은 미약하나마 상당 기간 존재하였고 국제정세에도 능동적으로 대처하였으나 요 성종의 동방경략 이후에 그 세력이 점차 약화되어 소멸되었다. 정안국의 건국에서 소멸까지 그 기간에 망명한 자를 『고려사』에서는 발해인이라 지칭하고 있으나 그들은 엄연히 말하면 정안국 주민이었음에 틀림없다. 이전의 발해유민이 비국가적 형태의 정치적 공동체를 형성했던 것과는 달리 국가라

---

1) 楊保隆, 「遼代渤海人的逃亡與遷徙」, 『民族研究』, 1990 4期.

는 테두리 속에 왕이 존재하고 연호를 사용하는 독립적인 왕국이었던 만큼 그 주민들을 정안국인으로 불러야 마땅하다.

정안국을 끝으로 발해부흥운동의 막은 내리고 대부분의 발해유민은 거란의 속부 내지는 주현의 거란주민으로 편입되어 점차 발해의 정체성을 상실해갔다. 일부 논자는 발해인의 망명횟수가 급속히 줄고 거란과 여진인의 내투횟수와 규모가 늘어났던 것이야말로 바로 발해인이 점차 거란과 여진으로 불리어지게 되었음을 의미한다고 주장했다.[2] 이러한 의견에 공감하며 시간이 흘러갈수록 고려에서는 발해유예를 거란주민으로 인식하였을 뿐만 아니라 거란의 속부였던 생여진 지역에 거주하던 발해유예들조차 여진으로 인식하였을 가능성이 다분하다.

고려로 망명한 발해인을 그 성격에 따라 단계적으로 구분하면 다음과 같이 정리할 수 있다.

【표 3-1】 고려로 망명한 발해인의 분류

時 期	亡命人名	職 位	隨從 人員	正 體
921년 2월	高子羅	흑수추장	170인	
921년 4월	阿於閒	흑수추장(추정)	200인	
923년	北蕃人	주민	1,500인	
925년 9월(丙申)	神德	將軍	500인	
925년 9월(庚子)	大和鈞	禮部卿	100인	발해주민
	(大)均老	禮部卿(추정)		
	大元鈞	司政		
	大福謩	工部卿		
	大審理	左右衛將軍		
925년 12월	冒(豆)干	左首衛小將	100인	
	朴漁	檢校開國男		
926년 초	大光顯	渤海世子	수만호	
927년 3월	吳興	工部卿	50인	동란국 주민
	載雄	僧	60인	
928년 3월	金神	주민	60호	

---

2) 韓圭哲, 「高麗 來投來往 契丹人-渤海遺民과 관련하여」, 『한국사연구』 47, 1984.

928년 7월	大儒範	왕족(추정)	미상	
928년 9월	隱繼宗	발해귀족(추정)	미상	
929년 6월	洪見	주민	배 20척	
929년 9월	正近	주민	300여 인	
934년 7월	(大)陳林	발해사신(후당)	160인	발해유민
938년 7월	朴昇	주민	3,000여 호	
979년 4월	渤海人	주민	수만	정안국
1018년	骨須	미상	單身	주민
1030년 5월	大道李卿	契丹水軍指麾使虎騎尉	6인	
1030년 9월	李匡祿	興遼國郢州刺史	단신	
1030년 10월	契丹·奚哥·渤海	주민	500여 인	
1031년 3월	契丹·渤海人	주민	40여 인	
1031년 7월(丁卯)	大道行郎	遼渤海監門軍	14인	
1031년 7월(己巳)	高眞祥	遼渤海諸軍判官	단신	
	王光祿	遼渤海軍孔目	단신	
1032년 정월	沙志明童	주민	29인	
1032년 2월	史通	주민	17인	
1032년 3월	高善悟	契丹殿直	단신	
	高眞成	契丹殿前	단신	
	大光	左廂都指揮使	단신	발해계
	崔運符	保州懷化軍事判官	단신	거란주민
	李運衡	鄕貢進士	단신	
1032년 5월	薩五德	주민	15인	
1032년 6월(辛亥)	亏音若己	주민	12인	
1032년 6월(乙卯)	所乙史	주민	17인	
1032년 7월	高城	주민	20인	
1032년 10월	李南松	주민	10인	
1033년 4월	首乙分	주민	10인	
	可守	주민	3인	
1033년 5월	正奇叱火	遼渤海軍監門隊	19인	
1033년 6월	先宋	주민	7인	
1033년 12월	奇叱火	주민	11인	
1047년 6월	高無諸	미상	단신	
1050년 4월	開好	주민	未詳	
1064년 12월	高奴	주민	3인	
1116년 12월	渤海人	주민	44인	

이외에도 『고려사』 5 「세가」에 보이는 망명자들 중에는 발해인으로 추정할 수 있는 거란인과 여진인이 다수 기록되어 있다. 하지만 성씨만으로

이들이 전부 발해의 유예인지 판단할 수는 없다. 왜냐하면 대씨나 고씨 외에 나머지 성은 한족일 수도 있고 거란 및 여진족일 수도 있기 때문이다.

일부 논자가 망명자들 대부분이 발해인이라고 추정하는 근거는 첫째 고려 초기에 발해인이 고려로 망명한 기록이 소멸되면서 거란인 및 여진인의 망명기록이 증가하고 있는 사실 때문이다. 즉 발해의 멸망으로 발해유민이 거란인과 여진인으로 불리게 됨으로써『고려사』에서도 발해유민을 거란인으로 기록하게 되었다는 것이다. 둘째 발해계 거란주민이 반요투쟁을 전개하다가 실패한 이후 거란인 신분으로 고려에 정치적 망명을 하는 사례가 많다는 것이다. 셋째 거란군 안에는 상당수의 발해유예들이 포함되어 있었으며 이들 역시 고려와의 전투에 동원되었을 것이다. 따라서 현종연간 이후 고려에 내투한 거란인 가운데는 발해출신의 거란병사가 많았을 것이라고 이해하고 있다.[3]

이러한 추론이 상당한 설득력이 있지만 발해계 거란주민들이 고려와의 친연성을 부정하고 스스로 거란인이라고 호칭하지는 않았을 것이다. 비록 국권은 상실되었으나 요대에 걸쳐 민족적 정체성을 유지했던 발해인이 반거란 정서가 지배적이던 고려에 망명하면서 본인을 거란인으로 자처하지 않았을 것이다. 특히 외모에서도 현격한 차이가 있는 거란인과 발해인을 혼동해서 기록하지 않았을 것이다. 따라서 고려에 망명한 거란인을 모두 발해유예로 포함시킬 수는 없다고 생각된다.

한편 고려 이외에도 중원이나 여진지역으로 망명한 발해인은 다수 있었다. 거란은 발해를 멸망시키는 과정에서 포로들을 내지로 옮기고 중원을 남정하는 과정에서 용맹한 발해인을 거란 군대에 편입시켜 연운지역으로 이동시켰을 것이다. 그들을 이용하여 남방을 제어하면 천하를 통일할 수 있었다고 생각했기 때문이다. 예컨대 "그 무리를 골라 우리의 왼쪽을

---

3) 韓圭哲,『渤海의 對外關係史』, 서울, 신서원, 1994, p.277.

보좌하게 하고 돌궐과 당항, 실위 등이 우리의 오른쪽을 돕는다면 남방(중국)을 앉아서 제압하여 천하를 통일할 것이라고"[4] 간주했다. 하지만 발해인들 중에는 고한모와 같이 거란을 위해 전공을 세운 자도 있지만 끝내 거란에 동화되지 않고 중원으로 도주한 자도 있었다. 무엇보다도 자신의 나라를 멸망시킨 거란을 위해 적극적으로 전쟁에 임해야 할 필요성을 느끼지 못했을 것이다. 예컨대 동란 출신의 관료인 오사다(烏斯多), 대란하(大鸞河) 등이 이끄는 무리들이 중원으로 망명했는데 그 시기는 대체로 동란 시기였다. 왜냐하면 전연의 맹약이 체결된 이후 송과 거란 사이에 국경이 획정되자 더 이상 중원으로의 망명은 보이지 않기 때문이다.

그런 반면 여진지역으로의 망명도 꾸준히 이어졌을 것으로 추정된다. 왜냐하면 여진지역은 말갈족이 거주하던 발해의 영역이었고 거란이 일시 방기한 지역이었던 관계로 거란의 통치를 거부한 발해인이 상당수 여진의 산림지역으로 숨어들어갔을 것이라고 생각되기 때문이다. 여진인은 당시 문자가 없었으므로 고려인과 같이 구체적인 기록을 남기지 않아 이를 뒷받침할 만한 사료는 없다. 『요사』 역시 이와 관련하여 개괄적인 기록만 남겼는데, 천현 3년(928) 태종이 야율우지에게 동란을 남천시키라고 조서를 내렸을 때 많은 "발해인들이 신라(고려로 추정) 혹은 여진지역으로 도주하였다"[5]고 한다. 고려가 혈연적으로 밀접한 관계가 있었다면 여진은 지역적으로 근접했기 때문에 발해인의 망명지로 적합했을 것이다.

이상과 같이 고려를 비롯하여 중원과 여진으로 망명한 발해인을 종합하면 그 수가 수십만에 이를 것이다. 먼저 고려로 망명한 발해인은 어디에 거주했는지 구체적인 기록이 없어 정확히 알 수는 없지만 대략 그 수가 10~20만에 이를 것이다.[6] 또한 중원으로 망명한 발해인은 그 길이 멀고

---

4) 『遼史』卷75,「耶律羽之傳」"然後選徒以翼吾左 突厥·党項·室韋夾輔吾右 可以坐制南邦 混一天下"
5) 『遼史』卷3,「太宗本紀 上」"其民或亡入新羅·女直"

중간에 거란의 통치력이 미치고 있었기 때문에 쉽게 통과할 수 없었다. 따라서 대부분 군사적으로 동원된 발해인 병사들이 전쟁 중에 중원으로 도주했다고 생각되며 그 수는 많지 않아 대략 수천 명에 이를 것이다. 마지막으로 사료를 통해 그 숫자를 가늠할 수 없지만 지리적으로 이웃한 여진 지역으로 망명한 발해인의 수 역시 상당수에 달했을 것이라고 추정된다.

이를 종합하면 발해인이 단계적으로 고려, 중원 및 여진 지역에 도망간 총 수는 약 3~40만으로 추정할 수 있다. 요컨대 해외 망명은 시간과 공간을 달리하여 부단히 이루어졌으며 망명인의 수는 대략 발해 주민의 10% 전후에 해당될 것으로 추정된다. 그렇다면 이렇게 많은 발해인이 어떤 배경에서 해외로 망명하였는지 살펴보아야만 할 것이다.

2. 망명의 배경과 원인

우선 발해가 멸망하기 이전부터 다수의 발해주민이 해외로 이주하기 시작했다. 이는 발해의 멸망에도 상당한 영향을 미쳤을 것이다. 선행 연구자들에 의해 제기된 멸망한 원인을 살펴보면 대체로 민족 구성상의 취약성, 정권내부의 분열, 지배계층의 사치와 가렴주구(苛斂誅求), 발해왕 대인선의 무능한 통치력, 토목공사와 노동력 징발로 인한 체제불안, 외교 전략의 실패, 심지어 화산 폭발에 의한 멸망설에 이르기까지 그 요인을 다양하게 제기하고 있다.[7] 동서고금을 통해 어느 왕조도 멸망한 원인이 일원

---

6) 楊保隆,「遼代渤海人的逃亡與遷徙」,『民族硏究』, 1990 4期.

7) 방학봉,「발해멸망의 원인에 대하여」,『발해사연구』1 ,연변대학출판사, 1990; 송기호, 「발해의 멸망」,『발해정치사연구』, 서울, 일조각, 1995; 김은국,「발해멸망의 원인」,『고구려발해연구』6, 1999; 김기섭,「발해의 멸망과정과 원인」,『한국고대사학연구』50, 2008;吉野正敏,「氣候變動と渤海の盛衰」; 町田 洋,「火山噴火と渤海の衰亡」,『迷の王國, 渤海』, 角川書店, 1992; 魏國忠・朱國忱・郝慶雲,『渤海國史』, 北京, 中國社會科學

적이기보다는 여러 요소가 복합적으로 작용하는 것이 상례이다. 따라서 발해 역시 상술한 다양한 원인들에 의해 점차 쇠약해졌고 이 틈을 이용한 거란의 직접적인 공격으로 허망하게 멸망한 것으로 추론할 수 있다.

이와 같이 발해 왕조가 점차 쇠약해지자 속부였던 흑수말갈 등이 발해에 반항하여 점차적으로 독립적 지위를 획득하기 시작했을 뿐만 아니라 일부 세력은 고려에 투항하였다. 예컨대 "921년 2월에 흑수의 추장 고자라(高子羅)가 170인을 거느리고 투항했고 … 같은 해 4월에 다시 흑수의 아어한(阿於閒)이 200인을 거느리고 고려에 투항하였다"[8]고 한다. 이는 다민족 국가였던 발해가 주민 구성의 취약성 때문에 야기된 것이라고 볼 수 있다. 이들은 주체민족인 발해인과 이해관계가 달랐기 때문에 발해왕조가 쇠약해진 틈을 타서 반항적 자세를 견지하다가 힘의 열세로 고려로 망명한 듯하다. 시간이 흐를수록 발해의 통치력이 더욱 이완되어 가자 북번인(北蕃人)들은 제각기 활로를 모색하기 시작하였다. 일부는 정치적 공동체를 형성하여 중원의 후당에게 조공사신을 보내기도 했고, 고려 태조 6년(923)에는 유금필(庾黔弼)의 초유로 북번인 1,500명이 고려로 귀부하기도 했다.[9] 이는 의심할 여지없이 발해가 급격히 쇠락하여 통치력을 상실하고 있음을 보여주는 것이다.

한편 북번인이 아닌 발해인조차 고려로 망명을 시도했다. 『고려사』에 따르면 태조 8년(925) "가을 9월 병신(丙申)에 발해 장군 신덕 등 오백 인이 내투하였고, 이어서 그 달 경자(庚子)에 발해의 예부경(禮部卿) 대화균 균로(大和鈞均老), 사정(司政) 대원균(大元鈞), 공부경(工部卿) 대복모(大

出版社, 2006.
8) 『高麗史』卷1,「世家 一」太祖4年 2月條 "四年春二月甲子 黑水酋長高子羅, 率百七十人 來投 … 夏四月乙酉 黑水阿於閒率二百人來投"
9) 『高麗史』卷92,「世家」"於是 諸部相率來附者千五百人 又歸被虜三千餘人. 由是 北方晏 然 太祖特加襃獎"

福誓), 좌우위장군(左右衛將軍) 대심리(大審理) 등이 백성 100호를 거느리고 내부하였다"[10]고 한다. 이는 야율아보기가 천찬 4년(925) 12월 을해(乙亥)에 발해를 친정하겠다고 조를 내렸는데 거란이 발해를 공격하기 수개월 전부터 이미 대규모의 발해귀족들이 수종(隨從)들을 이끌고 고려로 도피했음을 보여준다. 그 이후에도 "12월 무자(戊子)에 발해좌수위소장(渤海左首衛小將) 모두간(冒豆干), 검교개국남(檢校開國男) 박어(朴漁) 등은 또 백성 1,000호를 이끌고"[11] 고려에 귀부했다.

이러한 상황 속에 관료들의 기강은 해이해졌고 더욱이 거란에 대한 주화파와 주전파가 대립하며 통치계급의 내부에 모순이 노정되었을 것이다. 결국 범용했던 말왕 대인선이 우유부단하여 강력한 통치력을 갖지 못했기 때문에 더 이상 대씨 왕조에 기대할 수 없다고 판단한 일부 문무신료들이 고려로 망명하였다고 판단된다. 하지만 이들의 망명은 도피의 성격이 강하기 때문에 멸망 이후 반요성격의 망명과는 성격을 달리한다. 훗날 야율우지가 요 태종에게 올린 표문에서 "발해의 민심이 멀어진 틈을 타 싸우지 않고 이겼다"[12]라고 말한 것은 이를 여실히 증명해준다.

대인선의 평가에 대해서는 이론의 여지가 없지 않다. 재위 20년이라는 짧지 않은 기간에 거란의 요동 공격을 잘 대처했고, 후에 거란에게 정식 항복하고도 다시 저항한 점을 근거로 그의 통치력이 미약하지는 않았다고 말하기도 한다.[13] 그러나 발해의 말왕이라는 점에서는 부정적인 시각을 피할 수 없으며 재위 기간만으로 그의 통치력을 판단할 수도 없다. 또한

---

10) 『高麗史』 卷1, 「世家 一」 太祖8年 9月條 "九月丙申 渤海將軍申德等五百人來投 更子渤海禮部卿大和鈞 · 均老 · 司政大元鈞 · 工部卿大福謩 · 左右衛將軍大審理等率民一百戶來附"
11) 『高麗史』 卷1, 「世家 一」 太祖8年 12月條 "渤海左首衛小將冒豆干 · 檢校開國男朴漁等率民一千戶來附"
12) 『遼史』 卷75, 「耶律羽之傳」 "先帝因彼離心 乘釁而動 故不戰而克"
13) 李孝珩, 『발해 유민사 연구』, 서울, 혜안, 2007, pp.90~92.

거란은 중원 제 세력과의 각축전 때문에 당시 요동 함락에 총력을 기울이지 않았었지만 발해에 대한 총공세를 천명한 후에는 군사적 요새인 부여성을 3일 만에 함락시키고 이어서 6일 만에 발해의 수도 홀한성을 포위하여 멸망시켰기 때문이다. "해동성국" 및 "발해삼인당일호(渤海三人當一虎)"라는 칭송이 무색할 정도로 발해의 군사력이 무력했다는 것은 당시 발해의 국력을 명백히 보여주는 단면이다.

어쨌든 발해인의 해외망명은 발해 후기의 혼란한 상황에서 비롯되었고 이러한 도피행위는 조정 대신들 사이에 점차 확산되어 간 듯하다. 발해의 노상이 이끄는 3만 명의 군사를 전북부재상(前北府宰相) 소아고지(蕭阿古只)가 홀로 기병 5백 명을 거느리고 대패시켰다고는 하나 이는 과장된 기록인 듯하다. 노상은 이미 거란군과 대적할 마음이 없었고 아마도 대인선의 명에 따라 거란과 화의를 청하고자 했을 것이다. 상황이 여의치 않자 노상은 왕에게 전령을 보냈고 대인선은 준비된 절차에 따라 망국의 죄인으로 소복을 입은 채 신료 300여 명과 함께 항례(降禮)를 치렀던 것이라고 추정할 수 있다. 따라서 발해가 멸망하기도 전에 발해의 문무신료들이 고려로 망명하였던 것은 도주의 성격이 강했으므로 소극적 저항운동의 성격을 지닌 발해유민들의 망명과는 그 궤를 달리한다.

한편 발해가 거란의 공격을 받는 과정에서 재차 대규모 망명사건이 발생한다. 발해멸망 직후에 해당되는 926년에는 망명사례가 없었지만 거란의 침략과정에서 발해의 세자 대광현이 925년 말 전후에 수만의 무리를 이끌고 긴박하게 고려로 피난하였다. 대광현의 망명 시기가 기록마다 편차가 있으므로 주요 사서의 내용을 비교해보면 다음과 같다.

> 태조 17년(934) 7월에 발해의 세자 대광현이 수만의 무리를 거느리고 와서 귀부했다.[14)]

태조 천수 8년(925)에 거란이 발해를 멸하자 세자 대광현이 와서 귀부
하였다.[15]

태조 8년(925) 12월 거란 왕이 발해 홀한성을 대거 공격하여 멸망시키
고 동란국으로 바꾸었다. 그 세자 대광현 및 장군 신덕, 예부경 대화균균
로, 사정 대원균, 공부경 대복모, 좌우위장군 대심리, 소장 모두간, 검교
개국남 박어, 공부경 오흥 등 앞뒤로 내투한 자가 수만호에 이른다.[16]

후세의 사적들은 『고려사』나 『고려사절요』에 따라 기록하였는바 『동
국통감(東國通鑑)』, 『동사회강(東史會綱)』, 『해동역사(海東繹史)』, 『발해
국지(渤海國志)』, 『발해국지장편』 등은 발해의 멸망(926)과 함께 대광현
이 고려에 망명한 것으로 보았고 『동사강목(東史綱目)』, 『대한강역고(大
韓疆域考)』, 『동사집략(東史集略)』, 『발해국기(渤海國記)』 등은 그 내투
시간을 태조 17년(934)으로 보고 있다.

이상의 기록에 나타난 대광현의 망명 시기를 대별하면 925년 12월, 926
년 초, 934년으로 구분할 수 있다. 934년을 제외하면 대부분의 문헌에서
발해가 멸망한 시기와 대광현의 망명한 시점이 일치하고 있다. 그러나
925년은 거란이 발해에 대해 공격을 개시한 시점이었기 때문에 발해의 멸
망을 926년으로 채택한 문헌이 옳은 듯하다. 다만 대광현의 망명과 관련
하여 발해가 멸망한 직후에 거란의 삼엄한 경비를 피해 수만호를 이끌고
고려로 망명하기는 어려웠을 것이다. 따라서 세자 대광현의 무리는 925년
12월에 거란이 발해를 공격한 시점에 홀한성을 출발하여 926년에 고려에

---

14) 『高麗史』卷2, 「世家 二」太祖17年 7月條 "渤海國世子大光顯率衆數萬來投"
15) 『高麗史』卷86, 「年表 一」"契丹滅渤海國 世子大光顯來附"
16) 『高麗史節要』卷1 "契丹主大擧功渤海國忽汗城 滅之改爲東丹國 其世子大光顯及將軍申
　　德 禮部卿大和鈞均老 · 司政大元鈞 · 工部卿大福謩 · 左右衛將軍大審理 · 小將冒豆干 ·
　　檢校開國男朴漁 · 工部卿吳興 前後來奔者數萬戶"

도착했다고 보는 것이 타당하다. 앞서 살펴보았듯이 거란이 공격할 즈음 발해 조정은 패배주의에 휩싸였고 문무신료들이 앞 다투어 도주하는 상황에서 훗날을 도모하기 위해 세자를 중심으로 많은 친신과 백성들이 고려로 피난했을 것이다.

다음으로는 거란이 동란을 세운 이후에 동란의 주민이 된 발해인의 망명을 살펴보고자 한다. 요 천현 원년(926) 2월에 야율아보기가 발해를 동란으로 바꾸면서 유화정책을 운용하여 동란의 고급관원으로 거란과 발해 구신을 각각 반씩 임명하였기 때문에 문무신료들의 망명은 일단락되는 듯했다. 그러나 동란이 건국된 지 1년이 지난 고려 태조 10년(927) 3월에 발해 공부경 오흥 등 50인과 승려 재웅(載雄) 등 60인이 고려로 내투하였다.[17] 이어서 928년 3월에도 발해인 김신(金神) 등 60호가 내투하였고, 7월과 9월에도 백성을 인솔한 대유범(大儒範) 및 은계종(隱繼宗)이 각각 내부하였다.[18] 이들은 『고려사』에 발해인으로 기록되어 있지만 국적은 동란이며 동란의 지배를 벗어나기 위해 고려로 내투했을 가능성이 높다.

거란은 동군일국체제(同君一國體制)로 가기 위한 과도체제로 동란을 건립하였으나 동란왕인 야율배가 거란의 황위를 계승하지 못하고 야율덕광이 황제로 즉위하자 상황이 바뀌게 되었다. 태종 야율덕광은 황태제 시절부터 발해유민의 저항을 선두에서 진압하였던바 발해유민에 대한 경계심을 늦추지 않았고 따라서 동란의 고급관료를 거란인으로 교체하고자 했다. 우차상 야율우지를 앞세워 발해의 상층세력을 공격하여 그들의 영향력을 약화시켰다. 예컨대 회동 초년에 표를 올려 좌차상 대소현이 불법적

---

17) 『高麗史』卷1, 「世家 一」太祖10年 3月條 "三月甲寅渤海工部卿吳興等五十人僧載雄等六十人來投"

18) 『高麗史』卷1, 「世家 一」太祖11年 3月條 "三月戊申金神等六十戶來投 … 七月辛亥渤海大儒範率民來附… 九月丁酉渤海人隱繼宗等來附 人謂失禮 大相含弘曰失土人三拜古之禮也"

으로 탐오한 사실을 상주하였고 그 결과 대소현이 파면되었을 뿐만 아니라 발해파들도 커다란 타격을 받았다. 이러한 과정을 거쳐 동란의 통치하에 발해인이 점차 정치적으로 소외되고 민족적으로 차별을 받기 시작하자 일군의 무리가 고려로 망명하였던 것으로 추정된다.

더 나아가 928년 12월에 태종 야율덕광은 조서를 내려 야율우지로 하여금 동란국의 발해인을 옮겨 동평을 채우도록 하였다. 이에 발해인은 격렬하게 저항하였지만 태종은 이주정책을 강행하였고 최후의 수단으로 홀한성에 불을 질러 완전히 파괴해버렸다.[19] 당시 많은 발해호는 이주할 능력이 없었기 때문에 거란 통치자들이 명령을 내려서 무릇 "곤궁하고 궁핍하여 이주할 수 없는 자는 상국의 부민들이 도와주고 이를 예속시킨다"[20]고 하였다. 이는 자연스럽게 많은 수의 발해인이 거란의 귀족들에게 예속되어 두하주나 알로타(斡魯朶)의 부곡이나 노비가 되었음을 의미한다. 따라서 다수의 발해인은 이에 반발하여 일부는 신라와 여진지역으로 도망가기도 하였다.[21] 그러나 여기서 말하는 신라는 고려일 가능성이 높다. 왜냐하면 당시 한반도는 후삼국시대로서 신라의 영역은 경상도 지역에 국한되었기 때문에 발해와 인접해 있지 않았다. 더욱이 『요사』가 두찬이라는 점을 감안하면 고려를 신라로 표기했을 가능성이 높다.

이어서 929년에 발해인 홍견(洪見) 등이 배 20척에 사람과 물건을 싣고 내부해 왔고, 9월에는 발해 정근(正近) 등 300여 인이 내투해 왔다. 거란의 강제이주 등 민족 억압정책에 직면한 발해인은 더 이상 감내할 수 없어 반요투쟁의 방식으로 해외망명을 선택한 것이다. 이때 발해인이 고려뿐만 아니라 여진지역으로 도망가는 것 또한 매우 자연스러운 현상이었을 것이다. 여진지역은 발해의 영역이었으나 발해가 멸망한 후에 거란의 통치력

---

19) 魏國忠・朱國忱・郝慶雲, 『渤海國史』, 北京, 中國社會科學出版社, 2006, p.572.
20) 『遼史』 卷3, 「太宗本紀 上」 "因詔困乏不能遷者 許上國富民給贍而隸屬之"
21) 『遼史』 卷3, 「太宗本紀 上」 "其民或亡入新羅・女直"

이 동북지역까지 미치지 못했기 때문이다. 더욱이 일부 여진지역에는 발해인과 여진이 잡거하였을 뿐만 아니라 그 지역의 지방관 내지 도독 중에는 발해인 출신이 많았던 터라 발해유민의 주요 망명지로 적합했다. 예컨대 말갈주민이 다수 거주했던 올야부라든지 남해부에 파견되었던 도독이 발해귀족 출신의 열씨와 오씨였음은 이를 방증해준다. 따라서 홀한성 중심의 발해인 가운데 상당수가 동란의 통치를 거부하고 이들 여진지역으로 도피하였을 것이라고 추측할 수 있다. 그러나 당시 여진인은 문자가 없어서 고려인과 같이 기록을 남기지 못해 구체적인 망명인 수를 알 수는 없지만 오히려 고려로 망명한 수보다 더 많았을지도 모른다.

이후 동란이 소멸될 때까지 또 한 차례 대규모의 망명이 이루어진다. 고려 태조 17년(934) 12월에 발해 진림(陳林) 등 160인이 내부해 왔고, 태조 21년(938)에는 발해인 박승(朴昇)이 3,000여 호를 이끌고 내투하였다.[22] 거란은 동란의 수도를 요양으로 옮긴 이후에 송화강 이동지역을 일정시간 방기했으므로 발해고지는 명목상 요조에 귀속되어 있었을 뿐 실제로 대다수 지역이 정치적으로 방치된 상태나 다름없었다. 이러한 가운데 발해의 할거세력들이 건국에 박차를 가했고 그 가운데 한 무리의 수장이 발해의 서쪽지역에 나라를 건국하였는데 이것이 바로 정안국이다. 이러한 과정 속에 중심에서 밀려난 무리들이 고려로 망명하였다고 볼 수 있다.

일본 및 한국학자들은 상기한 930년대의 망명을 후발해 및 정안국의 건국과 연관을 짓고 있다. 하지만 후발해는 전제와 추론을 거듭하여 탄생한 가상의 국가인 관계로 논외로 하고, 930년대 발해유민의 제 세력들이 정안국을 건국하는 과정에서 주도세력인 남해부의 열씨세력과 뜻이 안 맞았거나 혹은 주도권을 놓고 상호 각축을 벌이는 과정에서 탈락한 세력이 고

---

22) 『高麗史』卷2,「世家 二」太祖17年 12月條 "十二月渤海陳林等一百六十人來附 … (二十一年) 是歲 渤海人朴昇以三千餘戶來投"

려로 망명했을 것으로 추측된다. 히노가이사부로(日野開三郎) 역시 전제
는 다르지만 발해인 간에 대사건이 발생하여 박승 등이 고려로 망명했을
것이라 추론했다. 즉 압록부에 있던 후발해의 잔존세력이 새롭게 이주해
온 남해부의 열씨 세력과 충돌하여 패한 후에 박승의 무리가 고려로 망명
했다는 것이다.[23] 진림은 926년 4월에 발해 사신으로 후당에 파견된 대진
림(大陳林)이었을 것이라 추정되지만 발해가 멸망한 후에 그의 행적이 보
이지 않다가 934년에 고려로 망명했다는 기록만 남기고 있어 확정할 수는
없다. 다수의 학자들은 그를 대진림으로 인식하고 귀국 이후 발해부흥운
동의 중심세력인 후발해에 머물다가 대광현의 측근으로서 그의 뒤를 따라
고려로 망명하였을 것으로 본다.

　그러나 본고에서는 후발해의 존재와 대광현의 934년 망명설을 앞서 부
정한 바 있다. 따라서 사신으로 갔던 대진림이 후당에서 망국의 소식을 접
했으나 귀국하지 않았을 가능성이 높다. 거란을 적대시했던 후당의 조정
은 거란에게 망한 발해의 사신을 홀대하지는 않았을 것이다. 하지만 당시
중원의 정세가 너무 불안정해 대진림이 더 이상 후당 조정에 기대어 머물
수는 없었기 때문에 중원보다는 안전한 고려로 직접 망명했을 가능성이
높다. 후당 장흥(長興) 4년(933)에 명종이 병석에 있을 때 양자 진왕(秦王)
이종영(李從榮)의 탈권 사건이 미수에 그쳤고, 명종 사후에는 송왕(宋王)
이종후(李從厚)가 즉위하였으나 수개월 후인 청태(淸泰) 원년(934)에 양
자 로왕(潞王) 이종가(李從珂)가 반란을 일으켜 즉위하였다. 따라서 망국
의 사신은 관심 밖의 대상으로 숙식조차 해결하기 어려운 상황에 처해졌
을 것이다. 이러한 정황에서 언제 어떤 위기에 처할지 모르는 불안감은 대
진림에게 모종의 결단을 내리지 않을 수 없게 하였다. 그를 위시한 사신
일행들은 동란으로 돌아와야 마땅했으나 동란의 인황왕조차 후당으로 망

---

23) 日野開三郎, 『日野開三郎東洋史學論集 (第16卷)』, 東京, 三一書房, 1991, pp. 268~267.

명한 마당에 고려 이외에는 선택의 여지가 없었을 것이다.

　박승의 망명이후 무려 40여 년간 발해인의 고려 망명이 뜸했으나 고려 경종 4년(979)에 다시 수만 명의 발해인이 내투하였다.[24] 한동안 망명이 단절되었던 것은 942년 만부교(萬夫橋) 사건[25] 이후에 거란의 통치자는 발해인을 더욱 강력하게 단속하여 그들의 고려 망명을 억제하였기 때문일 것이다. 그렇다면 갑자기 수만 명에 이르는 발해인이 무슨 이유로 고려에 망명하였을까? 엄밀히 말하면 이들은 발해인이라기 보다는 정안국인이라 고 표현하는 것이 옳을 듯하다. 앞서 살펴보았듯이 현덕부에 정안국을 건 국한 열만화(烈萬華)는 대국인 북송의 힘을 빌려 원수를 갚으려 했다. 그 는 "여진이 파견한 사신을 통하여 표(表)와 방물(方物)을 바쳤고 태평흥국 (太平興國) 연간(976~983)에는 송 태종이 원대한 계획을 세워 거란을 토 벌하려 하면서 정안국에 기각(掎角)의 형세를 펼치도록 조서를 내렸다. 정안국 역시 원수가 침범을 그치지 않는 것에 대해 원망하던 터라 중국에 서 군사를 일으켜 북방을 토벌한다는 소식을 듣고 송의 군대에 의지하여 묵은 울분을 씻을 수 있을까 하여 조서를 받고 대단히 기뻐하였다"[26]고 한다. 이에 따라 송이 군사를 일으켰을 때에 동맹국인 정안국도 필연적으 로 군사를 일으켜 송과 보조를 맞추었다. 그러나 송 태종은 태평흥국 4년 (979)에 일으킨 고량하(高粱河) 전투에서 대패하였고 정안국도 거란에게 군사적 타격을 입었을 것이다.

---

24) 『高麗史』卷2,「世家 二」景宗4年 6月條 "是歲 渤海人數萬來投"

25) 고려 시대 개경 보정문(保定門) 안에 있던 다리이다. 태조 25년(942) 거란이 친선을 도모하여 사신과 낙타 50필을 보냈으나 태조는 교린을 거부하고 낙타를 이곳에 묶어 두어 굶겨 죽인 사건이다. 이 일로 만부교는 탁타교(橐駝橋)란 별명을 얻었고 속칭 야다리라고도 했다.

26) 『宋史』卷491,「外國傳·定安國」"開寶三年 其國王烈萬華因女真遣使入貢 乃附表貢獻 方物. 太平興國中 太宗 方經營遠略 討擊契丹 因降詔其國 令張掎角之勢 其國亦怨寇讎 侵侮不已 聞中國用兵北討 欲依王師攄宿憤 得詔大喜"

이러한 내용은 정안국왕 오현명이 송에 보낸 표문에서 다음과 같이 기록되어 있다.

> 얼마 전 거란이 그 강포함을 믿고 [우리의] 강토에 침범하여 성채를 깨부수고 인민들을 사로잡아 갔습니다. [하지만] 신의 선조들은 절의를 지키며 항복하지 않고 백성들과 더불어 다른 지역으로 피하여 가까스로 인명을 보전하며 지금에 이르고 있습니다.[27]

이와 같이 정안국왕 열만화가 거란의 침략을 피해 백성을 이끌고 오사성(烏舍城)으로 천도하였고 올야의 군주였던 오씨에 의해 왕이 교체된 것이다. 이는 곧 정안국이 올야에 병합되었음을 의미하는 것이다. 이러한 일련의 과정 속에 정안국인 수만 명이 고려로 내투했을 가능성이 높다. 『고려사』에서 이들을 정안국인이라고 하지 않고 발해인이라고 한 이유는 정안국이 바로 발해유민이 세운 발해 계승국이었고 망명인들 조차 스스로 발해인이라고 자처했기 때문이었을 것이다.

혹자는 이때의 망명을 연파(燕頗)의 반요 군사행동이 요에게 진압을 당한 후에 도주한 무리라고 보고 있다. 이렇게 많은 발해인이 고려로 망명해 온 것은 당시 거란 통치자가 반요투쟁에 참가한 자에 대한 대규모 진압을 진행했기 때문이다. 발해인은 이를 감내할 수 없어 발해멸망 50여 년 후에 또 다시 망명을 시도한 것으로 이해하고 있다. 하지만 연파의 난은 975년에 일어났으므로 시간적으로 맞지 않다. 나아가 연파가 군사를 거느리고 오사성으로 도주한 후에 거란 통치자가 반란자들의 기반을 없애려고 현지의 발해유민 천여 호를 남쪽의 통주(通州)로 이주시키고 황룡부를 폐지해 버렸다. 이러한 상황 속에서 수만의 무리가 고려로 망명할 수 있었을 것이

---

27) 『宋史』卷49, 「外國傳·定安國」 "而頃歲契丹恃其強暴 入寇境土 攻破城砦 俘略人民 臣祖考守節不降 與衆避地 僅存生聚 以迄于今"

라 여겨지지 않는다.

이상과 같이 열거한 것에서 볼 수 있듯이 발해가 멸망하기 직전부터 50여 년이라는 기간 동안에 고려 및 여진 지역으로 도망하거나 망명한 발해인이 이미 상당수 있었다는 것을 알 수 있다. 특히 고려 태조시기에 망명한 발해인은 세 가지 유형으로 구분할 수 있다. 첫째는 발해의 말기적 증상으로 고위 문무 관료가 도피한 것이다. 둘째는 멸망 직후 거란의 강제이주정책에 반발하여 소극적 반요투쟁의 일환으로 해외로 망명한 것이다. 셋째는 발해의 고토에 남아있으면서 적극적인 반요투쟁의 과정 속에서 여의치 않게 된 저항집단이 망명한 것이다. 그러나 거란이 내부적으로 안정을 되찾고 요 성종의 동방경략으로 송화강 동부지역에까지 그들의 통치력이 다시 미치자 발해인의 부흥운동은 어느 정도 진정되었다. 따라서 이후에 망명한 발해인은 발해유민이라기보다는 거란주민, 즉 계요적발해인(係遼籍渤海人)이었던 관계로 점차 거란인으로 불리게 되었을 것이다. 그래서 1030년부터 1033년까지 4년 동안에 발해인이 계속하여 내투하지만 이들은 정안국과는 상관없이 요동지역에서 거란의 통치를 받던 발해계 거란주민이었다.

그리고 요 태평 9년(1029) 8월에는 대연림이 민족갈등의 기회를 틈타 지금의 요양에서 흥요국(興遼國)을 창건하였고 연호를 천명(天命)이라 하였다. 그러나 내부의 왕도평(王道平)이 발해인 하행미(夏行美) 등과 함께 배반하였기 때문에 1년 만에 대연림이 붙잡힘으로써 발해인의 반란은 평정되었다. 『고려사』에는 "9월에 흥요국의 영주자사(郢州刺史) 이광록(李匡祿)이 정변을 급하게 알리러 왔다가 망국의 소식을 접하자 돌아가지 않고 그대로 머물렀다. … 12월에는 거란, 해, 발해민 500여 명이 내투하였다"[28]고 기록되어 있다. 이후 발해인은 계속 고려로 도망해 왔는데 기록

---

28) 『高麗史』卷5, 「世家 五」 顯宗20年 9月條 "九月丙辰 興遼國郢州刺史李匡祿來告急 尋

에 따르면 고려 현종 22년(1031) "3월에 거란과 발해인 40여 명이 내투하였고, 7월에는 발해감문군(渤海監門軍) 대도행랑(大道行郞) 등 40여 명이 내투하였을 뿐만 아니라 발해제군판관(渤海諸軍判官) 고정상(高貞祥), 공목왕광록(孔目王光祿)이 거란에서 첩(牒)을 가지고 내투하였다"29)고 한다. 이후 고려 덕종 원년(1032)과 2년에 발해인이 고려로 도망쳐 온 것이 10여 차례 있었으나 그 무리가 수명에서 20여 명에 이르기까지 모두 같지는 않았다. 이 단계에서 도망쳐 온 발해인은 아마도 대연림의 반요투쟁에 참여한 자와 그 친속들이었을 것이다.

여러 가지 이유로 반요투쟁은 비록 실패했지만 안팎의 후원이 없는 상황에서 1년여를 버텼다는 것은 요조가 동북지역을 통치하는 데 심각한 영향을 주지 않을 수 없었다. 이로 인해 거란 조정은 뒷수습을 하는 과정에서 발해인에 대해서 어느 정도 양보를 하지 않을 수 없었다. 예를 들어 전쟁 후에 소효목(蕭效穆)을 동경유수에 임명하여 정무(政務)는 관대하고 간단하게 하고, 유민(流民)을 위무하여 받아들이는30) 정책을 추진하였다. 그러나 이러한 일련의 조치가 발해인과 거란 통치자 사이의 모순을 근본적으로 제거할 수는 없었고, 반란자들에 대한 강경조치는 대연림의 난이 진압된 후에도 요동의 발해인을 계속 망명하게 한 원인이 되었다.

시간이 흘러갈수록 민족차별정책은 더욱 심화되어 반요투쟁이 계속되었다. 대연림의 난 이후에 각 지역의 발해인은 계속해서 새로운 반란을 일으켰다. 요조 말년에 이르러 요주(饒州)의 발해인 고욕과 동경의 발해인 고영창(高永昌) 등이 연속해서 난을 일으켰는데 반란이 실패한 후에 발해

聞國亡 遂留不歸 … 冬十二月 契丹·奚哥·渤海民五百餘人來投"

29)『高麗史』卷5,「世家 五」顯宗22年 3月條 "三月是月 契丹渤海民四十餘人來投 … 七月 丁卯渤海監門軍大道行郞等四十人來投 己巳 渤海諸軍判官高貞祥·孔目王光祿 自契丹 持牒來投"

30)『遼史』卷87,「蕭孝穆傳」"改東京留守 賜佐國功臣. 爲政務寬簡 撫納流徙 其民安之"

인의 망명이 다시 잇따랐다. 요 천경(天慶) 6년(1116) 정월 동경의 비장 (裨將)이었던 발해인 고영창이 여진 아골타의 반요기병을 틈타 동경에서 봉기하였으며 이때 호응한 지역이 한 순간에 50여주나 되었다. 거란의 병 사와 각축전을 펼치는 가운데 고영창은 아골타에게 사신을 보내 구원을 요청했으나 당시 금을 건국한 아골타는 거절하였고 오히려 병사를 보내 그해 5월에 고영창을 잡아 죽였다.

고영창의 반요항금(反遼抗金) 투쟁은 5개월 만에 요조가 아니라 금에게 진압되었다. 이로 인해 한 무리의 고영창 추종자들은 동쪽 고려로 도망갔 다. 기록에 따르면 고려 목종 11년(1116) "12월에 거란 33인, 한 52인, 해 155인, 숙여진 50인, 발해 44인이 도망 왔고 … 다음해 정월 발해 52인, 해 89인, 한 6인, 거란 18인, 숙여진 8인이 요로부터 내투해왔다"[31]고 한다. 따라서 아골타는 발해인에 대해 적극적인 초무와 우대정책을 실행하였는 데 "그 향인(鄕人)들에게 말하기를 '여진과 발해는 본래 한 집안인데 내가 군사를 일으킨 것은 죄인을 정벌하는 것으로 무고한 사람에게 함부로 대 하지 않는다'라고 초유했고 완안루실(完顏婁室)을 시켜 계요적여진을 초 유하게 하자"[32] 비로소 대규모의 도망이 그치게 되었다.

상술한 것 외에 현종 9년(1018)에 "정안국인 골수(骨須)가 내분(來犇)하 였으나"[33] 이때는 정안국이 이미 소멸된 상태이기 때문에 그 유민이었음 을 짐작할 수 있다. 또한 문종 4년(1050)에 "발해 개호(開好) 등이 내투하 였을"[34]뿐만 아니라 발해계 거란인 고무저(高無諸)와 고노(高奴) 등 다수

---

31) 『高麗史』卷14,「世家 十四」睿宗 11年 12月條 "是月 契丹三十三人 漢五十二人 奚一百 五十五人 熟女眞五十人 渤海四十四人來" 睿宗 11年 12月條 "壬辰 渤海五十二人, 奚八 十九人, 漢六人, 契丹十八人, 熟女眞八人, 自遼來投"

32) 『金史』卷2,「太祖本紀」"招諭其鄕人曰：'女直渤海本同一家 我興師伐罪 不濫及無辜 也.' 使完顏婁室 招諭係遼籍女直"

33) 『高麗史』卷4,「世家 四」顯宗9年 1月條 "定安國人骨須來犇"

34) 『高麗史』卷7,「世家 七」文宗4年 4月條 "渤海開好等來投"

도 고려로 도망 왔으나 구체적인 배경은 알 수 없다. 다만 요대 말기에 정치사회가 이완되고 민족갈등이 심화되는 과정에서 일부 발해계 거란인이 망명한 듯하다.

그리고 앞서 언급한 중원으로의 망명은 대부분 요대 초기에 발생하였는데 이는 거란이 남쪽으로 세력을 팽창하고자 발해인을 군사적으로 동원했기 때문이다. 후주(後周) 현덕(顯德) 원년(954)에 "발해의 오사라(烏思羅) 등 30인이 귀화하였으나 그 후 격절(隔絶)되어 통하지 않았다"[35]고 한다. 여기서 말하는 발해는 실제로 동란이다. 이들은 연운지역 등 요 남부 변경의 발해인 병사일 것으로 판단되며 거란 통치자를 위해 후주(後周)와 싸우기를 원치 않았기 때문에 중원으로 도망간 것이라 여겨진다.

이후 북송 태평흥국 4년(979) 6월에 발해인 추장 대란하(大鸞河)가 소교(小校) 이훈(李勳) 등 60인과 부족 3백기 및 범양군민 200여 인을 모두 이끌고 내항(來降)하였다.[36] 요 통화 4년(986)에는 애정(艾正), 조희찬(趙希贊) 및 응주(應州)와 삭주(朔州)의 절도부사(節度副使)인 해군소교(奚軍小校) 애리할(隘离轄), 발해소교(渤海小校) 관해(貫海) 등이 송으로 망명했다.[37] 응주와 삭주는 요 서경 대동부의 소속이었고, 관해 등은 요에 의해 남부 변경으로 징발된 발해인 병사였기 때문에 기회를 틈타 송으로 도망간 것으로 보인다. 이와 같이 요 초기 남정하는 과정에서 동원된 발해인 병사들은 일단 기회가 있으면 줄곧 중원으로 망명하려고 했지만 1004년에 전연의 맹약을 계기로 양국 간의 경계가 확정되어 월경자는 송환한다는 조약이 체결됨으로써 중원으로의 망명은 일단락되었다.

---

35) 『文獻通考』 卷326, 「渤海傳」 "後周 顯德元年 渤海國烏思羅等三十人歸化 其後隔絶不通"

36) 『續資治通鑑長編』 卷20, 太平興國4年 6月 庚午 "酋帥大鸞河率小校李勳等十六人‧部族三百騎與范陽軍民二百餘人皆來降"

37) 『遼史』 卷11, 「聖宗本紀 二」 "以艾正趙希贊及應州朔州節度副使奚軍小校隘离轄 渤海小校貫海等叛入于宋"

한편 발해인이 거란의 통치를 피해 발해의 고토였던 여진지역으로 도 망가는 것은 매우 자연스러운 현상이라고 이미 언급한 바 있다. 구체적인 기록이 남아있지 않아 정확한 수를 알 수는 없지만 천현 3년(928) 요 태종 이 야율우지에게 동란을 남천시키라고 조를 내렸을 때 많은 발해인이 강 제이주를 피하여 고려와 여진지역으로 망명하였고, 후에 아골타가 등장하 면서 거란의 민족정책에 반감을 가졌던 발해인 다수가 금에 합류하였다. 요대 핍박을 받던 피지배민족이라는 공통점과 과거 발해라는 정치적 공동 체 속에 일가를 이루었다는 점은 여진지역으로의 망명을 더욱 가속화시켰 을 것이다.

이상과 같이 발해인은 거란인의 통치를 견딜 수 없어 상당수가 해외로 망명하였으나 시기와 지역에 따라 그 성격과 목적이 조금씩 달랐다. 개인 의 영달을 위해서 혹은 반요투쟁의 연장선상에서 망명한 발해인은 대부분 지배계층이었다. 반면 일반 백성들은 고향에 머무르다 거란에 의해 타향 으로 강제 이주되었다. 자발적인 망명과 달리 강압적인 이주는 어떤 내용 과 절차에 따라 이루어졌는지 다음 장에서 살펴보고자 한다.

제 2 장

거란의 발해인 이주정책

1. 이주정책의 배경

발해인 중에는 요 통치에 반발하여 스스로 해외에 망명한 사람도 있는 반면 또 한편으로는 강압에 못 이겨 자신의 고향을 떠나야만 하는 사람도 생겨났다. 요대 통치자들은 발해를 멸망시키는 과정 및 멸망시킨 후에도 발해인을 대규모로 이주시켰다. 발해인의 강제이주는 요 중기 성종이 주현제를 완성할 때까지 계속 이어졌다. 이주정책은 처음 태조 야율아보기에 의해 비롯되어 태종시기에 대규모로 실시되었고, 그 후 성종시기에 이르러 대연림의 난을 계기로 다시 한 번 발해인은 강제 이주되었다. 이러한 이주정책의 배경은 각 시기마다 차이가 있겠지만 대체로 반요성향이 강한 발해인을 분산시켜 효율적으로 통제하기 위한 정치적 목적과 농경을 생활 방식으로 하는 발해인을 내지로 이주시켜 안정적인 물적 자원을 획득하기 위한 경제적인 목적이 있었다.

요조의 이주정책은 주현의 설치와 더불어 진행되었다. 주현제의 초보적 실시는 태조 야율아보기가 "한성"이라는 사적인 영지를 설치한 데에서 비롯되었다. 야율아보기는 당의 천복 원년(901)경에 흔덕근가한 밑에서 병마를 통솔하며 여러 차례 장성을 넘어 하동 및 대북(代北)지역을 침략하였다. 그는 대외정복에 착수한 이래 부단히 포로를 잡아오거나 정복지의 인구를 강제 이주시켰다. 이렇게 유입된 한족인구는 처음에 한성을 수축하여 안치시켰는데 시라무렌강 남쪽의 용화주가 대표적이었다. 용화주는 야율아보기가 칭제하기 전까지 개인소유의 성질을 지녔으며 또한 요대 귀족이 건립한 최대 규모의 두하주였다. 야율아보기가 칭제한 후에 용화주는 보통 행정주로 바뀌었으며 그것은 거란정권이 지방행정제도를 정립시키는 데 있어서 이정표가 되었다.

야율아보기가 처음에 정복지의 포로들을 거란 내지로 옮긴 이유는 무엇보다도 분권화된 유목사회에서 자신의 세력을 공고히 하기 위해서였다. 『신오대사』에 따르면

> 제부(諸部)에서는 오랫동안 아보기가 교대하지 않는 것을 비난하자 어쩔 수 없이 기고(旗鼓)를 내주면서 말하기를 "내가 9년 동안 한인 다수를 얻었는데 한성을 치소로 삼아 스스로 다스리면 어떻겠냐"고 제안하여 제부로부터 허락을 받았다. … 아보기는 한인을 이끌고 경종(耕種)하고 유주(幽州)같은 제도로 성을 쌓아 한인들을 안주시켰다. 그는 제부의 대인들에게 소금의 공급에 대한 자신의 노고를 치하해줄 것을 청했고 이를 위해 소와 술을 가지고 온 제부 대인들에게 주연을 베푸는 과정에서 모두 살해했다.[1]

---

1) 『新五代史』卷72,「四夷附錄第一」"諸部以其久不代 共責誚之. 安巴堅不得已 傳其旗鼓 而謂諸部曰: '吾立九年 所得漢人多矣 吾欲自爲一部以治漢城 可乎'諸部許之. … 安巴堅 率漢人耕種 爲治城郭邑屋廛市 如幽州制度 漢人安之 … 使人告諸部大人曰: '我有鹽池 諸部所食. 然諸部知食鹽之利 而不知鹽有主人 可乎 當來犒我.' 諸部以爲然 共以牛酒會 鹽池. 安巴堅伏兵其旁 酒酣伏發 盡殺諸部大人"

고 한다. 마침내 야율아보기는 이 사건을 계기로 916년에 칭제 건원하여 국호를 거란, 연호를 신책이라 부르는 국가를 정식으로 건국하였다. 이후에도 그는 "광토중민"[2]의 목표를 계속 추진하여 서쪽으로 돌궐, 토번, 당항, 소번(小蕃), 사(沙) 등 여러 부를 모두 평정하였고[3] 동쪽으로는 거란의 오랜 수구(讎仇)였던 발해를 멸망시켰다.

태조 야율아보기는 일찍이 한인들을 유치하였을 뿐만 이니라 발해를 멸망시키는 과정 중에도 많은 포로들을 거란의 내지로 강제 이주시켰다. 예컨대 발해의 대인선을 정벌하기 전에 장평현(長平縣)을 얻었고 그 곳 주민을 상경의 서북쪽으로 이주시켜 장태현(長泰縣)이라 명명하였다.[4] 또 천현 원년(926) 1월에는 부여성을 점령한 후 "욕괄호구(欲括戶口)"하여 서쪽으로 이주시키려고 하자 그의 장자 야율배가 "이제야 비로소 땅을 얻었는데 백성의 수를 헤아리면 그들은 반드시 불안해할 것이다"[5]라고 간언하여 발해호구의 서천을 잠시 중단시킨 바 있다.

곧이어 거란이 부여성을 거쳐 발해의 도읍인 홀한성을 순식간에 점령하였지만 이것이 발해 전 지역의 군사적 점령을 의미하는 것은 아니었다. 많은 발해인은 거란의 통치를 받아들이지 않았고 이미 함락된 성읍 중에서 많은 곳은 다시 반란을 일으켰다.[6] 이에 대해 야율아보기는 장수를 파견하여 그들의 반란을 평정한 후에 서둘러 군대를 철수하면서 대인선을 황도 서쪽으로 보내 성을 쌓고 살게 하였고[7] 전쟁 중에 포로로 잡은 군민

---

2)『遼史』卷2,「太祖紀」"已有廣土衆民之志"
3)『遼史』卷1,「太祖本紀 上」"親征突厥吐渾党項小蕃沙諸部 皆平之"
4)『遼史』卷37,「地理志 一」"長泰縣. 本渤海國長平縣民 太祖伐大諲譔 先得是邑 遷其人 於京西北 與漢民雜居. 戶四千"
5)『遼史』卷72,「義宗倍傳」"今始得地而料民 民必不安. 若乘破竹之勢 徑造忽汗城 克之必矣"
6)『遼史』卷74,「康黙記傳」"已下城邑多叛"
7)『遼史』卷2,「太祖本紀 下」"衛送大諲譔于皇都西 築城以居之 賜諲譔名曰烏魯古 妻曰阿里只"

을 거란 내지로 강제 이주시켰다. 당시 부여부 사람들은 황도 서쪽으로, 압록부 사람들은 황도 남쪽으로 옮겨졌으므로[8] 대부분의 발해인들은 시라무렌강 및 라오하강 유역으로 집중되었고 일부만이 요하의 동서지역으로 분산되었다.

동시에 태조는 중국을 남정(南征)하는 과정에서도 대량의 한인들을 요동으로 천사시켜 주현을 설립하였는데 이들을 발해인과 잡거시켰다. 여기에서 알 수 있듯이 태조 야율아보기는 발해인을 좀 더 효율적으로 통제하기 위해 그들을 주로 상경 임황부 주위에 강제 이주시켰을 뿐만 아니라 일반주현 및 두하주에도 소속시켜 필요한 노동력과 기술을 공급받고자 했다. 이는 일회성 약탈보다는 장기적 소득원인 농경의 중요성을 인식한 결과였다고 볼 수 있다. 그래서 농경을 생활방식으로 하는 한인과 발해인을 거란 내지로 이주시켜 북방지역의 농업을 개발시켰다. 이것은 안정적인 곡물과 자원을 획득하기 위해 정주문명의 체제방식이었던 주현제를 점차 확대시킨 것이다.

이후 태종시기에는 요조의 주현제가 공고해지고 점차 규범화해 가는 시기였다고 볼 수 있다. 이 시기의 특징은 동경도를 중심으로 주현제가 계속해서 확대 실시되었고 태조 이래 혼란했던 지방 행정관리도 규범에 맞게 정비되었다. 당시 주현의 설치는 동란의 서천과 관련이 깊다. 거란은 발해를 멸망시킨 후에 그것을 대신하여 위성국가인 동란을 세운 적이 있다. 발해는 사회가 분화되고 인구가 많은 문명국이었다. 뿐만 아니라 발해의 전 영역을 전쟁으로 점령한 것이 아니었기 때문에 발해주민을 노예로 삼는 것도 한계가 있었다. 더욱이 발해의 중심지역이 거란의 본토로부터 거리가 너무 멀어 자치를 허용한다면 통제할 수 없는 국면이 형성되어 대

---

8) 『遼史』卷37, 「地理志 一」 "太祖下扶餘 遷其人於京西" "太祖破鴨淥府 盡徙其民居京之南"

씨가 복벽할 우려가 있었다. 따라서 태조 야율아보기는 그의 장자 야율배를 동란의 인황왕으로 책봉하여 그곳을 관할하게 하였다.

하지만 갑작스러운 태조의 죽음으로 동란은 위기를 맞게 된다. 발해의 잔여세력이 계속 반항하여 천현 원년(926) 3월에 안변·정리·막힐 3부는 거란의 신하가 되기를 원치 않아 발해를 부흥하고자 했을[9] 뿐만 아니라 많은 유민들이 고려 및 중원과 여진으로 망명해 버렸다. 더욱이 거란 내부의 격렬한 권력투쟁으로 의심할 여지없이 발해고지에 대한 통제력이 약화되었다. 더욱이 황위계승에서 밀려난 야율배가 동란의 발해유민을 기반으로 자신에게 반기를 들 것을 두려워한 태종은 어떤 형태로든 동란을 제어해야만 했다. 마침내 태종은 발해고지의 실질적 지배를 포기하는 쪽으로 선회했다. 따라서 야율배가 동란으로 돌아갈 수 없도록 그의 행동을 통제하였고 그 대신 중대성 우차상 야율우지를 자신의 대리인으로 삼아 동란의 서천에 착수했다.

이에 따라 야율우지는 천현 3년(928)에 아래와 같이 표를 올렸고, 태종은 이를 채용하여 동란민을 이주시켜 동평에 채우도록 하였다.[10]

발해는 예전에 남조(중국의 국가들)를 두려워하여 험한 지세에 의지하여 스스로를 지키며 홀한성에 거주하였는데 지금 … 그 유종(遺種)이 점차 번식하여 멀리 떨어진 지경에 거주하니, 후환이 될까 걱정됩니다. 양수(梁水)의 땅은 그들의 고향이고 토지가 비옥하며 나무와 철, 소금, 물고기 등의 이익이 있으니 그들이 미약한 틈을 타서 인민을 옮기는 것이 만대의 좋은 계책이 될 것입니다. … 그런 연후에 그 무리를 골라 우리의 왼쪽을 보좌하게 하고 돌궐과 당항, 실위 등이 우리의 오른쪽을 돕는다면

---

9) 唐晏, 『渤海國志』 卷1, 「遼海叢書續集 1」 "契丹天顯元年三月 安邊·定理·鄭頡三府不肯臣僚 而復爲渤海"
10) 『遼史』 卷3, 「太宗本紀 上」 "詔遣耶律羽之遷東丹民以實東平"

남방(중국)을 앉아서 제압하여 천하를 통일하여 성조(聖祖)가 이루지 못
한 공을 이루고, 후세에는 끝없는 복을 줄 것입니다.[11]

이상과 같이 태종이 동란과 발해유민의 통제수단으로 이주정책을 택했
던 것은 일거양득의 효과를 지녔기 때문이다. 그는 "남자 대부분이 지략이
뛰어날 뿐만 아니라 날쌔고 용맹하기로는 그 어느 나라 사람보다 뛰어나
며 세 사람이 있으면 호랑이 한 마리를 당해낼 정도"[12]라고 일컬어지는
발해인을 분산시키면 효율적으로 통제할 수 있을 뿐만 아니라 그들을 이
용하여 남방을 제어하면 천하를 통일할 수 있다고 생각했기 때문이다. 이
때 발해인은 대부분 거란의 동경도 요양지역으로 이주되었는데 그 수가
태조시기보다 훨씬 많았으며 주현도 무려 1부26주9현이나 설치하였다.

상기와 같이 요 태조와 태종 시기 두 차례에 걸쳐 발해유민의 대규모 천
사가 실시됨으로써 요의 상경도 및 동경도에는 많은 발해인의 주현이 설
치되었다. 태종의 뒤를 이은 세종 및 목종 시대에도 몇 차례에 걸쳐 소규
모 이주가 있었던 바 회릉(懷陵:태종릉), 현릉(顯陵:동란왕릉 · 세종릉) 등
의 봉릉읍이 설치되었다. 봉릉읍은 황제 · 후비 등의 능침에 봉사하기 위
해 설립된 성읍 및 주현을 말한다. 궁위의 조(條)에 따르면 "요국의 법에
천자가 즉위하면 궁위(宮衛)를 두고 붕어하면 후비를 궁장(宮帳)으로 호
종하여 능침에 봉사한다"[13]라고 기록되어 있는 것처럼 요대에는 천자가
죽은 후에 궁위, 즉 알로타에 예속된 주현민 가운데 일부를 능묘 부근으로
옮겨 봉릉읍을 설치하였다. 요대에 설치된 봉릉읍은 조주(祖州) · 회주(懷

---

11) 『遼史』卷75, 「耶律羽之傳」"渤海昔畏南朝 阻險自衛 居忽汗城. 今 … 有種寢以蕃息
今居遠境 恐爲後患. 梁水之地乃其故鄕 地衍土沃 有木鐵鹽魚之利. 乘其微弱 徙還其民
萬世長策也. … 然後選徒以翼吾左 突厥 · 党項 · 室韋夾輔吾右 可以坐制南邦 混一天下
成聖祖未集之功 貽後世無疆之福"
12) 『松漠紀聞』卷1 "男子多智謀 驍勇出他國右 至有三人渤海當一虎"
13) 『遼史』卷31, 「營衛志」"遼國之法 … 崩則扈從后妃宮帳 以奉陵寢"

州)·현주(顯州)·건주(乾州)·경주(慶州) 등의 5주를 헤아릴 수 있다. 예컨대 "조주 성내에 지후(祗侯)의 번인, 한인, 발해인 등 3백 명을 이주시켰다"라든지 "흥종이 경주를 건설하여 번한(蕃漢)의 수릉(守陵) 3천호를 두었다"[14]라는 기록에서 엿볼 수 있듯이 발해인도 상당수 봉릉읍에 배치되었을 것이다.

마지막 대규모의 천사는 성종시기에 이루어졌다. 성종시기에 요조는 송과 고려 등 주변국에 대한 군사적 침략뿐만 아니라 대연림의 반란을 진압하는 과정에서 한인 및 발해인을 강제이주시켰다. 또한 이전에 안치되어 있던 부호(俘戶)의 호구가 증식하였으므로 국내 각지에 다수의 주현을 새롭게 증설해야만 했다. 더욱이 동란이 서천할 때 발해인 대다수가 요동으로 집중되어 거란 통치자들이 무시할 수 없는 집단세력으로 성장했기 때문에 이들을 분산시켜야만했다.

발해인 세력을 약화시키고 그들의 반란을 경계하기 위해 통화 연간에는 요동의 호우(豪右), 즉 명문 집안을 이주시켜 중경을 채웠는데 이들 대다수는 아마 발해인이었을 것이다. 그 실례로 발해인 대공정(大公鼎) 역시 그의 조상들은 요양의 솔빈현(率濱縣)에 적을 두었는데 성종 "통화 연간에 요동의 명문집안을 이주시켜 중경을 채웠기 때문에 대정(大定)에서 가문을 이루게 되었다."[15] 또한 개태 8년(1019)에 성종이 다시 "영주(寧州)의 발해호를 요하와 토하(土河) 사이로 옮겼다"[16]라는 기사 역시 이를 뒷받침해준다. 성종이 발해인을 중경으로 천사시킨 것은 전통적으로 해인(奚人)이 밀집되어 있던 중경지역에 해인, 거란인, 한인, 발해인 등을 잡거하게[17] 함으로써 상호간에 견제할 수 있게 하기 위해서였다.

---

14)『遼史』卷37,「地理志」"祗侯蕃漢渤海三百人", "慶州 … 置蕃漢守陵三千戶"
15)『遼史』卷105,「大公鼎傳」"渤海人 先世籍遼陽率濱縣. 統和間 徙遼東豪右以實中京 因家于大定"
16)『遼史』卷16,「聖宗本紀 7」"遷寧州渤海戶于遼土二河之間"
17)『契丹國志』卷22,「四京本末」"分奚契丹漢人渤海雜處之"

특히 태평 9년(1029)에 이르러 동경도에 거주하는 발해인의 주현은 재차 큰 변화를 맞게 된다. 그해 8월에 발해유민 대연림이 반요의 기치를 들자 동경도에 거주하던 발해유민 대다수가 그를 지지하였기 때문에 요조는 1년이 경과한 태평 10년(1030) 8월에 비로소 반란을 평정하였다. 이때 성종은 반란의 기반을 끊기 위해 11월에 조를 내려 발해 구족(舊族) 가운데 공적이 있거나 능력이 있는 자들에게 다시 관직을 내리고, 나머지는 래주(來州)·습주(隰州)·천주(遷州)·윤주(潤州) 등으로 이주시켜 거주토록 하였다.[18] 이것은 요조가 세 번째 대규모로 발해유민을 천사시킨 것이지만 그 규모는 전에 실시했던 두 차례보다는 크지 않았다. 하지만 이를 계기로 성종은 계속해서 동경도의 발해유민을 주로 중경도로 분산시켜 세력을 약화시켰는데 이런 조치는 어느 한 지역에 밀집되어 있는 종족의 불균형을 해소하여 잠재적 위험을 제거하기 위한 조치였다.

요컨대 요대 발해인의 강제 이주는 대부분 요 전기에 실시되었으므로 주로 태조·태종·성종 세 시기에 걸쳐 이루어졌다. 요조는 기존의 유목왕조와는 달리 그들의 본거지에 머물러 있었기 때문에 그들의 내지를 충실히 할 필요가 있었다. 그리하여 한인 및 발해인 등의 농경민에 대한 이주정책을 적극 추진하였고 이를 통해 거란 본토를 충실히 개발하여 안정적인 소득원을 창출하고자 했던 것이다. 또한 반요성향이 강한 발해인을 거란 및 한족, 해족 등의 거주지로 이주시켜 다른 민족과 잡거하게 함으로써 그들의 역량을 약화시키고자 하였다. 거란 통치자들은 발해인을 내지로 이주시켜 그들의 정체성을 희석시켰을 뿐만 아니라 거란 주민으로 순치시켜 요조의 세원을 확보하고자 했던 것이다.

---

18) 『遼史』卷17, 「聖宗本紀 8」 "詔渤海舊族有勛勞材力者敍用 餘分居來隰遷潤等州"

2. 발해 이주민의 안치방식

1) 주현(州縣)의 편호(編戶)

요조의 주현은 통치하는 방식에 따라 일반주현, 두하군주, 알로타주현 등 세 가지 종류로 구분할 수 있다. 일반주현은 그 비중이 절대적이며 중앙정부가 관할하는 주요 행정단위였다.

『요사』「지리지」에서는 행정단위의 설치를 다음과 같이 기록하고 있다.

> 태조는 질랄부의 무리를 이끌고 요련씨를 대신하여 임황에서 일어나 황도를 세웠다. 동쪽으로 발해를 병합하여 성읍을 얻은 것이 103개이다. 태종은 진을 세우는데 도와 유·탁·단·계·순·영·평·울·삭·운·응·신·규·유·무·환의 16주를 얻었다.… 태종이 황도를 상경으로 하고 유주를 남경으로 승격시켰으며 남경을 동경으로 하였다. 성종은 중경을 설치하고 흥종은 운주를 서경으로 승격시킴으로써 5경이 마련되었다. 또한 정벌할 때 얻은 부호로 州를 요충지에 건설하였는데 대부분 그들이 원래 살던 곳의 지명으로 주의 이름을 정하였고 이에 더하여 사노(私奴)들로 투하주(投下州)를 설치하였다. 모두 경(京)이 5, 부(府)가 6, 주(州)·군(軍)·성(城)이 156, 현(縣)이 209, 부족(部族)이 52, 속국(屬國)이 60이었다.[19]

이와 같이 정벌과정에서 주현과 두하주를 건설하였고, 시간이 흐르면서 5경을 중심으로 많은 주현이 설치되었음을 알 수 있다. 이들 주현은 부락과 혼재되어 있었는데 이는 이전까지 유목민족이 건립한 정권 중에 역사

---

19) 『遼史』卷37,「地理志 一」"太祖以迭剌部之衆代遙輦氏 起臨潢 建皇都 東併渤海 得城邑之居百有三. 太宗立晋 有幽·涿·檀·薊·順·營·平·蔚·朔·雲·應·新·嬀·儒·武·寰十六州… 太宗以皇都爲上京 升幽州爲南京 改南京爲東京 聖宗城中京 興宗升雲州爲西京 於是五京備焉. 又以征伐俘戶建州襟要之地 多因舊居名之; 加以私奴置投下州. 總京五 府六 州軍城百五十有六 縣二百有九 部族五十有二 屬國六十"

상 유례가 없는 것이었다.

한편 발해인의 안치와 관련 태조 및 태종, 성종 시기로 나누어 그 주현의 설치정황을 살펴보자. 우선 태조는 발해를 정복하는 과정에서 상경 용천부, 중경 현덕부, 동경 용원부, 서경 압록부, 부여부, 동평부, 철리부, 회원부의 발해주민을 강제로 거란 내지에 이주시켜 거란의 상경도 및 동경도에 주현을 설치했다. 『요사』에서는 그러한 정황과 관련하여

장태현(長泰縣): 본래 발해국 장평현(長平縣) 백성들이다. 태조가 대인선을 정벌할 때 먼저 이 읍을 함락시키고서 그 백성들을 상경의 서북쪽으로 옮겨 한인들과 섞여 살게 하였다. 호수는 4천이었다.

정패현(定覇縣): 본래 부여부 강사현(强師縣) 백성들이다. 태조가 부여를 함락시키고 그 백성들을 상경의 서쪽으로 옮겨서 한인들과 섞여 살게 하고 토지를 나누어 주어서 농사를 짓게 하였다. … 호수는 2천이었다.

보화현(保和縣): 본래 발해국 부리현(富利縣) 백성들이다. 태조가 용주(龍州)를 격파하고 부리현 사람들을 전부 옮겨 남쪽에 흩어져 살게 하였다. … 호수는 4천이었다.[20]

광주(廣州): 방어사(防禦使)를 두었다. 한나라 때 양평현에 속했던 것을 고구려 때 당산현(當山縣)이라 하였고 발해 때 철리군(鐵利郡)이라 하였다. 태조가 발해인들을 옮겨 살게 하고 철리주를 세웠다.[21]

---

20) 『遼史』 卷37, 「地理志 一」 "長泰縣 本渤海國長平縣民 太祖伐大諲譔 先得是邑 遷其人於京西北 與漢民雜居. 戶四千; 定覇縣 本扶餘府强師縣民 太祖下扶餘 遷其人於京西 與漢人雜處 分地耕種 … 戶二千; 保和縣 本渤海國富利縣民 太祖破龍州 盡徙富利縣人散居京南 … 戶四千"
21) 『遼史』 卷38, 「地理志 二」 "廣州 防禦. 漢屬襄平縣 高麗爲當山縣 渤海爲鐵利郡. 太祖遷渤海人居之 建鐵利州. 統和八年省. 開泰七年以漢戶置"

등등의 기사를 열거할 수 있는데 이것을 표로 구성하면 아래와 같다.

【표 3-2】 요 태조시기 발해인의 이주지와 주현의 설치 정황

道名	新設州縣	渤海의 來源地	戶數	비고
上京道	長泰縣	龍泉府 長平縣	2,000	
	定覇縣	夫餘府 强師縣	1,000	성종 통화 8년 설치
	保和縣	龍泉府 富利縣	4,000	성종 통화 8년 설치
	潞縣	未詳	3,000	한인과 잡거지역
	宣化縣	鴨淥府 神化縣	4,000	성종 통화 8년 설치
	長覇縣	龍泉府 長平縣	2,000	
	咸寧縣	顯德府 長寧縣	1,000	
	懷州 奉陵軍	龍泉府		세종연간 설치
	夫餘縣	夫餘府 夫餘縣	1,500	세종연간 설치
	顯理縣	顯理府	1,000	세종연간 설치
	長寧縣	顯德府	4,500	
	義豊縣	鐵利府 義州	1,500	
	永安縣	龍原府 永安縣	800	
	長樂縣	遼城 長樂縣	4,000	
東京道	肅愼縣	未詳		
	廣州(鐵利州)	鐵利郡		철리주를 철폐 후 개태 7년에 재설치
	遼州	東平府		
	永平縣	懷遠府 優富縣		
	歸州	未詳		
中京道	黔州	未詳		
	盛吉縣	興州 盛吉縣		
	嚴州	未詳		

태조시기에 실시한 주현제는 전쟁과정 중에 급속하게 추진되어 통일된 규칙이 없었다. 군·주·성·현·채(寨) 등의 명칭이 번거로울 정도로 많았으며 등급이 혼란하고 무질서했다. 아마도 신책 4년(919)에 요양 고성에

건립한 동평군은 분명히 발해의 영향을 받은 행정단위였을 것이며 후에 남경으로 승격되었다.[22] 또한 위의 표에서 알 수 있듯이 주현을 설치했더라도 이주민 전체를 모두 주현에 안배하지는 못했다.

예컨대 회주 및 그 아래에 관할되는 부여현, 현리현(顯理縣)은 모두 태조시기에 발해인을 이주시킨 곳이지만 세종시기에 비로소 현을 설치하였다. 임황부의 정패현, 보화현, 선화현(宣化縣)도 성종 통화 8년(990)에 이르러 현을 설치하여 응천황후(應天皇后) 및 경종의 알로타인 장녕궁(長寧宮)과 창민궁(彰愍宮)에 각각 예속시켰다. 결국 태조시기에는 지방행정의 통치와 관련해서 이주자는 있었으나 주현의 설치가 없었고, 단지 주를 설치하였으나 그 밑에 관할하는 현이 없거나 현을 설치하였더라도 그 위에 통치하는 주가 없는 등 혼란한 상태를 드러냈다. 이런 상황이 출현한 것은 여러 원인이 있겠지만 무엇보다도 거란 초기에 정책결정자들에게 주현제가 익숙지 않았기 때문이었다.

이후 태종과 세종시기는 요조 주현제가 공고해지고 점차 규범화해 가는 시기였다. 이 시기의 특징은 주현제를 계속 확대 실시하여 요조 동남부 지역의 행정구획을 중점적으로 건설하였고, 태조 이래 혼란한 지방 행정 관리를 규범에 맞게 정리했다. 연운16주를 요조 판도에 집어넣었을 뿐만 아니라 요동지역에 많은 주현을 신설하였다. 즉 태조 사후에 즉위한 태종 야율덕광은 동란왕 야율배가 발해유민을 이용하여 반항할 것을 미연에 방지하기 위해 동란의 발해인을 대량으로 강제 이주시켜 동평군을 채웠다. 그리고 동평군을 남경으로 승격하였으나 천현 13년(938)에 후진으로부터 연운16주를 할양받자 유주(幽州)를 남경으로 승격시키고 원래의 남경을 다시 동경으로 개칭하였다.

동란이 남쪽으로 옮겨가면서 발해의 유민 역시 대대적으로 이주시켰

---

22) 楊福瑞, 「遼朝追行州縣制過程考述」, 『內蒙古社會科學』, 2008 4期.

다. 이때 발해의 주현도 함께 옮겨가면서 어떤 것은 남아있고 어떤 것은
폐지되었다. 예컨대,

> 요양현(遼陽縣): 본래 발해국의 금덕현(金德縣) 땅이었다. 한나라 때
> 패수현(浿水縣)이었던 것을 고구려가 구려현(勾麗縣)으로 고쳤고 발해가
> 상락현(常樂縣)이라고 하였다. 호수는 1천5백이었다.

> 개주(開州) 진국군(鎭國軍): 절도사를 두었다. 본래는 예맥의 땅이었는
> 데 고구려가 경주(慶州)라 하였고 발해가 동경 용원부(龍原府)라 하였다.
> 궁전이 남아 있었다. 경주(慶州)·염주(鹽州)·목주(穆州)·하주(賀州)의
> 군무를 총괄하였다. 옛날 6개의 현이 있었다. 용원현(龍原縣)·영안현(永
> 安縣)·오산현(烏山縣)·벽곡현(璧谷縣)·웅산현(熊山縣)·백양현(白楊縣)
> 인데 모두 폐지되었다.

> 노주(盧州) 현덕군(玄德軍): 자사를 두었다. 본래 발해 삼로군(杉盧郡)
> 으로 옛날 5개의 현이 있었다. 산양현(山陽縣)·삼로현(杉盧縣)·한양현
> (漢陽縣)·백암현(白巖縣)·상암현(霜巖縣) 모두 폐지되었다. 호수는 3백
> 이었다.[23]

고 한다. 여기에서 무릇 이름이 바뀐 주는 본래 어떤 주현이라고 기록되
어 있다. 또한 옛 현을 모두 폐지하였다는 것은 다른 주로 옮겨간 결과라고
볼 수 있다. 이와 관련 태종시기에 발해인을 동경도로 강제 이주시켜 설치
한 주현을 『요사』「지리지」를 통해 살펴보면 다음과 같이 정리할 수 있다.

---

23) 『遼史』卷38,「地理志 二」"遼陽縣 本渤海國金德縣地. 漢浿水縣 高麗改爲勾麗縣 渤海
爲常樂縣; 開州 鎭國軍 節度. 本濊貊地 高麗爲慶州 渤海爲東京龍原府. 有宮殿 都督慶
鹽穆賀四州事. 故縣六: 曰龍原·永安·烏山·璧谷·熊山·白楊 皆廢; 盧州 玄德軍 刺
史. 本渤海杉盧郡 故縣五: 山陽·杉盧·漢陽·白巖·霜巖 皆廢"

【표 3-3】요 태종시기 발해인의 이주지와 주현의 설치 정황

渤海의 來源地		遼 東京道 內 新設州縣	遼 上京道 內 新設州縣
上京 龍泉府	龍州(龍泉府治)	龍州(黃龍府)	
	長平縣, 富利縣, 佐慕縣, 肅愼縣	黃龍縣(龍州屬縣)	
	永寧縣, 豊水縣, 扶羅縣	遷民縣(龍州屬縣)	
	湖州	湖州	
	渤州	渤州	
東京 龍原府	慶州(龍原府治)	開州	
	鹽州	鹽州	
	穆州	穆州	
	賀州	賀州	
南京 南海府	沃州	海州	
	椒州	耀州	
	晴州 (睛州의 誤記)	嬪州	
中京 顯德府	顯州(顯德府治)		
	金德縣(顯州所屬)	遼陽縣	
	永豊縣(顯州所屬)	仙鄉縣	
	鷄山縣(顯州所屬)	鶴野縣	
	長寧縣(顯州所屬)	興遼縣	
	杉盧郡	盧州	
	鐵州	鐵州	
	興州	興州	
	湯州	湯州	
	榮州	崇州	
	白巖城	巖州	
東平府	蒙州	棋州	
定理府	潘州(瀋州의 誤記)	瀋州	
安遠府	慕州	慕州	
鐵利府	義州		富義縣
獨奏州	銅州	銅州	
	郢州	郢州	
	涑州	涑州	
所屬 未詳	集州	集州	
	麓州	麓州	
	豊永縣		臨河縣
	來源未詳	肅愼縣	安民縣
		貢珍縣	
		尙州	
		東州	

상기 표에서 볼 수 있듯이 압록부와 부여부에 속한 여러 주를 제외한 나머지는 대부분 현재의 요녕성에 위치한 요하 이동지역으로 이주되었다. 다만 주현의 설치에 있어서 위치는 다르지만 발해시기의 지명과 요대의 지명이 일치하거나 혹은 새로운 지명으로 바뀌는 등 그 원칙이 일정하지 않다. 한편 상주(尙州)와 동주(東州), 숙신현(肅愼縣), 공진현(貢珍縣) 등과 같이 주현은 있으나 내원지(來源地)가 정확히 반영되어 있지 못한 것은 『요사』가 두찬이라는 점에서 그 원인을 찾을 수 있다.

이상과 같이 태조와 태종에 걸친 두 차례의 대규모 천사는 요의 상경도와 동경도에 발해유민을 안치시키는 조치였다. 다만 이후 작은 변화가 있었는데 세종과 목종시기에 발해인으로 구성된 5개 주현의 설치를 예로 들 수 있다. 다음의 사료가 그러한 정황을 보여준다.

> 현주(顯州) 봉선군(奉先軍): 절도사를 두었다. 본래 발해 현덕부(顯德府) 땅이었다. 세종이 설치하여 현릉을 받들게 하였다. 현릉은 동란국 인황왕의 묘이다. … 응력원년에 목종이 현릉 서쪽 산에서 세종을 장사 지내고 땔나무를 베어가는 것을 금하였다. … 3개의 주와 3개의 현을 거느렸다: 봉선현(奉先縣), 산동현(山東縣), 귀의현(歸義縣), 가주(嘉州), 요서주(遼西州), 강주(康州)[24]

위 사료에 등장하는 귀의현은 귀부해온 발해인으로 설치된 현이며 그외 봉선현, 산동현, 강주는 원래의 장락현민, 영풍현민, 솔빈부의 인호를 각각 나누어 설치한 주현이다. 이외 경종 보령 연간에 황룡부에서 일어났던 발해인 연파의 반란이 진압되자 그 잔당 천여 호를 통주(通州)에 안치

---

24) 『遼史』 卷38, 「地理志 二」 "顯州 奉先軍 上 節度. 本渤海顯德府地. 世宗置 以奉顯陵. 顯陵者 東丹人皇王墓也. … 應曆元年 穆宗葬世宗於顯陵西山 仍禁樵採 … 統州三縣三: 奉先縣 山東縣 歸義縣 嘉州 遼西州 康州"

시켰다.

이후 성종시기에 다시 한 번 커다란 변화가 생겼다. 이 무렵 요조는 100여 년의 발전을 거쳐 국력이 크게 증대되었으나 사회발전을 가로막는 각종 모순이 부각되었기 때문이다. 마침내 성종은 황제권을 강화하고 사회경제발전을 촉진하기 위해 여러 사회개혁을 진행하였는데 주현제를 조정하여 완성하는 것이 그것의 일환이었다. 성종은 다음과 같은 형식을 빌려 주현을 조정하거나 설치하였다. 첫째 일부 두하주를 국유로 귀속시켜 보통주로 변경하였고, 둘째 조밀한 지역의 민호를 이주시켜 주현을 건설하였으며, 셋째 낙장호(落帳戶)를 묶거나 제궁제할사호(諸宮提轄司戶)를 나누어 주현을 설치하였다. 넷째로는 일부 발해인의 작은 주현을 철폐하여 동경지역을 재차 새롭게 하였다.[25]

이와 관련하여 "성종은 일찍이 칠금산(七金山:내몽골 長興 서북)과 토하 근처를 지나가다 남쪽을 바라보니 운기가 성곽과 집들의 형상을 하고 있었다. 이에 도시를 세우도록 명령함으로써"[26] 지방 주현제의 불균형한 상황을 조정하고자 했다. 중경도의 구획은 이로써 시작되었으며 주현의 설치도 본격화되었다. 통화 25년(1007)에 마침내 중경 대정부를 창건하여 한호 및 발해호를 부단히 이주시켰다. 성종은 개태 8년(1019)에 다시 영주(寧州)의 발해호를 요하와 토하 사이로 이주시켰고, 또한 태종이 세운 은주 및 은화현에도 개태 연간에 발해호로 채웠다.[27] 더욱이 태평 9년(1029)에는 대연림의 반란을 계기로 반요성향의 발해인을 분산시키기 위한 강제 이주가 단행되었다. 예컨대 『요사』 「지리지」에 따르면 당시 주현의 설치

---

25) 楊福瑞, 「遼朝追行州縣制過程考述」, 『內蒙古社會科學』, 2008 4期.
26) 『遼史』 卷39, 「地理志 三」 "聖宗嘗過七金山土河之濱, 南望雲氣 有郛郭樓閣之狀, 因議建都"
27) 『遼史』 卷39, 「地理志 三」 "恩州 … 開泰中 以渤海戶實之 初隸永興宮 後屬中京 統縣一; 恩化縣 開泰中渤海人戶置"

는 다음과 같다.

천주(遷州) 홍선군(興善軍): 절도사를 두었다. 본래 한나라 양락현(陽樂縣)의 땅이었다. 성종이 대연림을 평정하고 귀주(歸州)의 백성을 옮겨 설치하여 천주에 예속시켰다. 경내에 전가산(箭笴山)이 있다. 1개의 현을 거느렸다.

윤주(潤州) 해양군(海陽軍): 자사를 두었다. 성종이 대연림을 평정하고 영주(寧州)의 백성을 이곳에 옮겨 주를 설치하였다. 1개의 현을 거느렸다.

해양현(海陽縣): 본래 한나라의 양락현(陽樂縣) 땅으로 윤주(潤州)의 인호를 옮겼다. 본래 동경성 내의 발해 민호들이 반란을 일으켰기 때문에 이곳으로 옮겼다.28)

조서를 내려 발해의 구족(舊族) 중에 공훈이 있고 재능이 있는 자는 서용(敍用)하고 나머지는 내주(來州)·습주(隰州)·천주(遷州)·윤주(潤州) 등에 나누어 살게 하였다.29)

이렇게 성종이 발해인을 중경도로 이주시켜 설립한 주현은 천주, 천민현, 윤주, 해양현, 은화현, 래주, 습주 등이 있다. 그 외 상경과 동경 양 지역에도 성종시기에 주현을 설치하였다. 예컨대 상경 임황부의 역속(易俗), 천요(遷遼), 발해현(渤海縣)은 바로 발해 반민(叛民)으로 설치한 현이며 동경에 설치한 영주(寧州), 귀주(歸州)는 통화 29년(1011)에 고려를 정벌하는 과정에서 잡은 발해호로 설치한 주이다. 이들의 내원은 일부 한호를

28) 『遼史』卷39, 「地理志 三」 "遷州 興善軍 本漢陽樂縣地. 聖宗平大延林 遷歸州民置 來屬 有箭笴山. 統縣一; 潤州 海陽軍 下 刺史. 聖宗平大延林 遷寧州之民居此 置州. 統縣一; 海陽縣 本漢陽樂縣地 遷潤州 本東京城內渤海民戶 因叛移於此"
29) 『遼史』卷17, 「聖宗本紀」 "詔渤海舊族有勳勞材力者敍用 餘分居來·隰·遷·潤等州"

제외하고 주로 고려를 정벌하거나 대연림의 난을 평정할 때 포로로 잡은 민호였다. 이렇게 해서 성종시기에는 중경도를 중심으로 주현을 설치하고, 동경도의 주현을 재통합함으로써 5경제(五京制)가 거의 완벽하게 갖추어지게 되었다.

이후 발해인의 이주 및 주현의 설치와 관련된 기사는 더 이상 문헌에 나타나지 않는다. 지금까지 검토한 발해 이주민으로 구성된 주현의 수를 정리하면 대략 73개에 이른다. 그러나 발해인 이주호의 숫자를 알 수 있는 것은 14개 주현에 불과하기 때문에 발해 이주민 전체의 정확한 통계는 계산할 수 없다. 다만 중국 연구자들의 추산을 빌리자면 대략 이주호가 93,000호이고 1호당 5구로 계산하면 47만여 구의 발해인이 거란 내지로 이동한 셈이 된다.30) 이를 세분하면 상경도에 3만 5천, 동경도에 5만 4천여 호31)이며 그 나머지 4천여 호가 중경도에 이주된 수였을 것이다.

요컨대 거란은 당제를 답습하여 한인 및 발해인을 주현에 안치시켰고 남면관제를 설치하여 주현민을 관리했다. 오경에 유수사(留守司)를 설치하였고 그 외에 상경에 염철사사(鹽鐵使司), 동경에 호부사사(戸部使司), 중경에 탁지사사(度支使司), 남경에 삼사사사(三司使司), 서경에 계사(計司) 등의 재정기구도 설치했다. 주는 절도사주(節度使州), 자사주(刺史州)가 있었으며 말단의 행정구획인 현을 관할하였다. 지방행정은 대개 유수사 관할 아래에 맡겨졌다. 남추밀원(南樞密院)은 이를 지휘하고 감독하는 데 그쳤기 때문에 발해 이주민들은 주로 지방장관의 통제 하에 있게 되었다.

2) 두하군주(頭下軍州)의 두하호

발해유민의 대다수는 이주정책에 따라 일반주현의 편호(編戸)로 안치

---

30) 楊保隆, 「遼代渤海人的逃亡與遷徙」, 『民族硏究』, 1990 4期.
31) 楊福瑞, 「遼朝移民問題硏究」, 『昭烏達蒙族師專學報』 23卷, 2002 5期.

되었으나 이와는 별도로 거란귀족의 영지인 두하군주에도 예속되었다. 두
하군주는 유목사회의 분권적 성격을 인정한 거란의 특수한 지방행정단위
로서 일종의 봉건영지라고도 볼 수 있다. 일반주현의 민호가 국가의 소유
라면 두하호는 영주의 사적인 예속민이었다. 두하라는 것은 보통 제왕(諸
王)·후비·공주·부마·외척·공신·제부추장(諸部酋長)들의 영지 및 영
민(領民)를 의미한다. 원대에도 이 두하제가 존속되었으며『원사』와『원
전장(元典章)』등에는 대체로 투하(投下)라 적혀 있지만 양자는 같은 의미
의 동음이사(同音異寫)였을 것으로 추정된다. 그러나 아직까지 두하라는
단어의 어원과 그 뜻이 명확하게 해결되지 않은 채로 남아있다. 왕국유(王
國維)는 원조의 투하는 본래 거란에서 나왔고 두하는 거란어의 음역이라
고 주장하였는데, 이후 진술(陳述) 및 일부 연구자들도 두하의 음역설로
보는 경향이 있다.[32]

두하군주와 관련하여『요사』「지리지」에는 다음과 같이 기록되어 있다.

두하군주는 모두 제왕·외척·대신 및 제부 [추장들]이 정벌에 종군하
여 잡은 포로나 혹은 생구(生口)를 배치하여 구성한 것이다. 이들 각 단집
(團集)은 주현을 설치하여 그 예하에 거주케 하였다. 횡장제왕(橫帳諸王)
·국구(國舅)·공주가 주성(州城)을 창립하는 것을 허락하였지만 나머지
사람들에게는 성곽을 세울 수 없게 하였다. 다만 조정이 주현의 이름을
내려주었고 그 절도사는 조정에서 임명하였으나 자사 이하의 모든 관직
은 본 두하의 부곡으로 충원했다. 관위가 구품이하인 자와 상인의 집안은
각 두하에게 세금을 납부했고 오직 주세(酒稅)만 상경 염철사에도 과납
(課納)했다.[33]

32)劉浦江,「遼代的頭下制度與頭下軍州」,『中國史硏究』, 2000 3期.
33)『遼史』卷37,「地理志 一」"頭下軍州 皆諸王·外戚·大臣及諸部從征俘掠 或置生口 各
團集建州縣以居之. 橫帳·諸王·國舅·公主許創立州城 自餘不得建城郭 朝廷賜州縣額.
其節度使朝廷命之 刺史以下皆以本主部曲充焉. 官位九品之下及井邑商賈之家 徵稅各歸

여기에서 두하군주의 설립은 주로 두 가지 형식으로 이루어졌음을 알수 있다. 제왕·외척·공신 및 제부의 추장들이 각지의 정벌에 종군하여 잡은 생구로 설립하거나 혹은 거란정부가 제왕·국구·공주에게 상사(賞賜)한 부호(俘戶)로 설립한 것이다. 예컨대 태종이 천현 5년(930) 2월에 "앞서 포로로 잡은 발해호를 이호에게 주었다"[34]고 하였고, 『中州集』에 따르면 "요나라 사람은 중원의 사람들을 노략질하거나 해, 발해 등 여러 나라의 생구를 얻으면 귀족이나 유공자에게 나누어 주었다"[35]고 한다. 이처럼 요 조정은 전쟁에서 포로로 잡은 한인 및 발해인, 해인 등을 거란의 왕실 및 대신에게 상으로 나누어 주었다.

그리고 요조는 대신이 자신의 두하군주를 건립하는 것을 윤허하였지만 그 주현액을 정함으로써 일정한 제한을 두었다. 규모면에서 많게는 1~2주에서 적게는 수백에 이르렀는데[36] "주(州)가 될 수 없는 것은 군(軍)이라고 하였고, 현(縣)이 될 수 없는 것은 城이라고 했으며 城이 될 수 없는 것은 보(堡)라고 불렀다."[37] 두하의 규모는 그 주인의 역량을 반영한 것으로 주로 황족 야율씨와 후비족 소씨가 소유하였다. 문헌에 보이는 요조의 두하군주는 중복되는 것을 제외하면 모두 42개이다. 『요사』「지리지」의 두하군주 항목 외에 5경·주·현의 항목과 「성종본기」에 기록되어 있는 23개의 두하주를 살펴보면 다음과 같다.

頭下 唯酒稅課納上京鹽鐵司"
34) 『遼史』卷3,「太宗本紀 上」"以先所俘渤海戶賜李胡"
35) 『中州集』卷2,「李承旨晏」"遼人掠中原人及得奚渤海諸國生口 分賜貴近或有功者"
36) 『中州集』卷2,「李承旨晏」"大致一二州 小亦數百 皆爲奴婢"
37) 『遼史』卷48,「百官志」"不能州者謂之軍 不能縣者爲之城 不能城者爲之堡"
38) 契丹語이며 宗室중에 가장 귀한 자들을 말한다. 『遼史·國語解』: "德祖族屬號三父房

【표 3-4】『요사』에 기록된 두하주 현황

道名	州軍名	設置年代	頭下主	來源	戶數
上京	徽州	聖宗朝	秦晋大長公主	媵臣	10,000
	成州	聖宗朝	晋國長公主	媵臣	4,000
	懿州	太平3年	燕國長公主	媵臣	4,000
	渭州	聖宗朝	韓國長公主	媵臣	1,000
	壕州	天顯8年	國舅 宰相	俘掠漢民	6,000
	原州	太宗朝	國舅 金德	俘掠漢民	500
	福州	太宗朝	國舅 蕭寧	俘掠漢民	300
	橫州	聖宗朝	國舅 蕭克忠	部下牧人	200
	鳳州	未詳	未詳	未詳	4,000
	遂州	太宗朝	橫帳[38]	俘掠漢民	500
	豊州	統和13年	(遙輦氏) 耶律阿沒里	俘掠漢民	500
	順州	太宗朝	橫帳	俘掠漢民	1,000
	閭州	未詳	羅古王	未詳	1,000
	松山州	未詳	橫帳 普古王	未詳	500
	豫州	未詳	橫帳 陳王	未詳	500
	寧州	未詳	橫帳 管寧王	未詳	300
	烏州	太宗朝	北大王 撥剌	俘掠漢民	1,000
東京	宗州	聖宗朝	漢臣 耶律隆運	俘掠漢民	未詳
	貴德州	太宗朝	耶律察割	俘掠漢民	未詳
	雙州	太宗朝	漚里僧王	俘掠漢民	未詳
中京	(白)川州	會同3年	耶律安端	俘掠漢民	未詳
	楡州	天顯初年	橫帳 耶律解里	俘掠漢民	未詳
未詳	全州	統和9年	漢臣 韓匡嗣	俘掠漢民	未詳

그 외 『거란국지』와 『망요록(亡遼錄)』 등에 각각 23개, 21개의 두하주
가 기록되어 있으나 중복되는 것을 제외하면 16개의 두하주가 남는다. 그
것을 표로 정리하면 아래와 같다.

稱橫帳 宗室之尤貴者."『遼史·百官志』："謂御營爲橫帳云" "大橫帳常袞司. 掌太祖皇
帝後九帳皇族之事."

【표 3-5】『거란국지』및『망요록』에 기록된 두하주

『契丹國志』	23개	微州(徽州의 誤記), 濠州(壕州의 誤記), 驪州, 衛州, 荊州, 問州(閆州의 誤記), 隨州, 和州, 澄州(豊州의 改名), 全州, 義州, 逢昌州, 豫州, 員州, 福州, 營州, 唐州(康州), 粟州(肅州), 黑州(里州), 河州, 茂州, 麓州, 宗州
『亡遼錄』	21개	徽州, 濠州(壕州의 誤記), 驪州, 衡州(衛州의 誤記), 閆州, 隨州, 澄州(豊州의 改名), 金州(全州의 誤記), 義州, 逢昌州, 豫州, 圓州(員州의 誤記), 福州, 營州, 康州(唐州), 肅州(粟州), 里州(黑州), 河州, 茂州, 麓州, 宗州

상기 미주(微州), 호주(濠州), 문주(問州), 형주(衡州), 금주(金州), 원주(圓州)는 글자 형태가 비슷하여 잘못 표기한 것이고, 당주(唐州)와 강주(康州), 속주(粟州)와 숙주(肅州), 흑주(黑州)와 이주(里州)는 둘 중에 하나가 잘못된 표기일 것이다. 또한 풍주(豊州)는 심괄(沈括)의 『희녕사로도초(熙寧使虜圖抄)』에 의하면 도종 함옹 연간에 지풍주(知豊州)가 징주(澄州)로 개명되었다고 했다.[39] 하지만 이상과 같이 열거한 것이 요대 두하군주를 모두 망라한 것은 아니다. 불확실한 것까지 열거하자면 『요사』「지리지」중에 동경도의 함주(咸州), 중경도의 검주(黔州) 등이 있고, 또한 『금사』「지리지」에서는 서경도의 무주(撫州)를 요의 진국대장공주(秦國大長公主)가 설립한 것이라고 기록하고 있다.[40] 그래서 요대에는 더욱 많은 두하군주가 있었다고 생각된다.

이들 두하군주 중에 유일하게 동경도의 "녹주(麓州)는 발해가 설치했던"[41] 주현이었으므로 그 구성원이 대부분 발해인이었을 것으로 추정된다. 나머지 두하군주의 구성원은 부략한민(俘掠漢民) 내지는 잉신호(媵臣戶) 또는 부하목인(部下牧人)이던지 내원불상(來源不祥)이라고 기록되어

---

39) 劉浦江, 「遼朝的頭下制度與頭下軍州」, 『中國史硏究』, 2003 3期.
40) 『金史』卷24, 「地理志 上」"撫州 下 鎭寧軍節度使 遼秦國大長公主建爲州"
41) 『遼史』卷38, 「地理志 二」"麓州 下 刺史. 渤海置"

있지만 대다수가 전쟁 중에 잡은 포로였기 때문에 그 중에는 적지 않은 발해인도 잡거하고 있었을 것이다. 이들은 노예 내지는 농노의 신분으로 영주를 위해 노동력을 제공하였는데 그 내용을 살펴보면 다음과 같다.

첫째, 잉신호는 배가(陪嫁)의 노예이다. 앞서 표에서 보았듯 휘주(徽州), 성주(成州), 의주(懿州), 위주(渭州) 등의 두하군주는 각각 경종과 성종의 딸이 건립한 것으로 그 구성원이 모두 잉신호이다. 잉신호의 대부분은 부로(俘虜)였으며 그 중에 적지 않은 수가 한인이었다. 요초의 명신(名臣) 한지고(韓知古)도 순흠황후(淳欽皇后)가 시집갈 때 데려간 잉신이었다. 원래 잉신으로 있던 자는 물론이고 새로 잡혀온 자들도 모두 두하군주에 배치되었다. 그들은 노비와는 달리 두하 귀족의 가정으로부터 분리되어 단독적으로 생산 활동을 하였는데 그 신분은 상당히 유동성이 있었다.

둘째, 부하목인은 유목민 출신의 목노(牧奴)였다. 국구(國舅) 소극충(蕭克忠)이 건립한 횡주(橫州)에는 수백호의 목호(牧戶)가 있었는데 이들은 전쟁포로였든지 혹은 일찍이 재산을 잃고 두하 귀족에게 의부한 유목민들이었다. 혹자는 부하목인을 부곡(部曲)으로 규정하기도 했으나[42] 부곡은 농경민도 포함한 더 큰 의미의 사회신분계급이므로 두하호로 국한시킬 수 없다.[43] 왜냐하면 "그 절도사는 조정에서 임명하였으나 자사 이하의 모든 관직은 두하의 부곡으로 충원했다"[44]라는 구절에서 알 수 있듯이 두하주에도 부곡이 있었음을 알 수 있기 때문이다. 거란사회는 귀족-평민-부곡

---

42) 漆俠 主編, 『遼宋西夏金代通史(卷3)』, 北京, 人民出版社, 2010, p.57.
43) 『中國歷史大辭典』(上海辭書出版社, 1984)에 따르면 부곡은 본래 한나라 이래의 군사
　 제도인데 후에 변하여 군대의 대명사인 士卒隊伍의 변칭이 되었다. 위진 이래 전란으
　 로 困苦해진 농민들이 무장을 하고 대족을 보호하기를 청하면서 개인의 부곡으로 변
　 하게 되었다. 그래서 家兵이라고도 불렸다. 전쟁으로 끊임없이 확대되고 연속되는 부
　 곡이 많아짐으로써 점차 전쟁과 농업의 생산자로 변하였다. 당나라 때에 이르러 주요
　 농업생산자 및 가내의 복역자가 되었다. 개인 소유가 되어서 자유가 없었으며 주인의
　 허락이 없이는 토지를 떠날 수 없었는데 도망치면 죄로 다스렸다.
44) 『遼史』 卷37, 「地理志 一」 "其節度使朝廷命之 刺史以下皆以本主部曲充焉"

-노예 등의 신분질서가 형성되어 있었으며 그 중에 부곡은 농노(農奴) 내지는 목노(牧奴)의 신분으로 알로타호와 두하호의 중심적인 구성원이 었다.

셋째, 포로로 잡혀온 농경민이다. 대부분의 두하군주는 포로로 잡혀오거나 떠돌다 들어온 한인과 발해인 등으로 조성되었다. 이들은 처음에는 노예 신분이었으나 두하군주에 정착하면서 점차 농경 및 수공업 분야에 종사하게 되어 그 신분은 노예라고 할 수 없다. 그들은 인신의 종속관계가 매우 강한 전농(佃農), 즉 "객(客)"으로서 주인을 위해 생산에 종사하는 존재인데 이들 객호는 『요사』에서 명칭이 바뀌어 전호(轉戶)라고 기록되었다.45) 즉 번한전호(蕃漢轉戶)는 노예라기보다는 농업 및 각종 수공업에 종사하며 과세의 부담을 지는 농노의 신분이었다.

이런 부류의 인적자원을 기반으로 두하군주를 설치한 자들은 바로 요조의 최고지배층이었다. 두하군주는 세습될 수 있었으며 각 영주는 저마다 유력한 사병을 영유하며 군사·정치·경제적으로도 커다란 세력을 가지고 있었다. 그러나 두하군주는 상당한 독립성을 지닌 반면 조정으로부터 제한을 받는 이중적 성격을 지녔다. 왜냐하면 두하의 영주는 자신의 신속관료기구(臣屬官僚機構)를 지니며 그 자사 이하의 관리를 모두 부곡 가운데에서 선임하였으나 두하군주의 절도사 및 자사는 중앙관청인 남추밀원이 직접 임명하였기 때문이다.

그리고 한인과 발해인으로 구성된 두하호는 영주를 위해 농업생산에 종사하였지만 국가에도 조세를 납부해야만 했다. 예컨대 두하호는 "조(租)를 관에 보내고 또한 그 주인에게도 과(課)를 납부했다. 그래서 그들을 이세호(二稅戶)라고 일컬었다."46) 또한 "구품 이하의 관리 및 상인의

---

45) 李錫厚·白濱, 『遼金西夏史』, 上海, 上海人民出版社, 2008, pp.308~309.
46) 『中州集』 卷2, 「李承旨晏」 "輪租于官 且納課給其主 謂之二稅戶"

집안은 조세를 두하의 영주에게 납부했지만 주세(酒稅)는 상경 염철사에 납부했다."[47] 이것은 영주가 두하호에 대해 절대적인 권한을 가지고 있지만 법적인 지배권은 국가의 수중에 있다는 것을 보여주는 것이다. 여기에서 말하는 이세호는 하세(夏稅)와 추세(秋稅)를 두 번에 걸쳐 관부에 납부하는 양세호(兩稅戶)와는 다른 개념이다. 그들은 납부의 대상이 관부와 주인으로 이원화되어 있던 두하호 내지는 사원의 객호를 가리킨다.

시간이 흐르면서 두하군주는 사성(私城)의 성격보다는 일반주현의 성격으로 변질되어 남추밀원의 감시를 받는 등 점차 제약을 받기에 이른다. 왜냐하면 황제의 독재 권력을 확립하는 데 큰 장애가 되었기 때문이다. 결국 요 조정은 영주가 모반에 가담하거나 혹은 후사가 끊어질 경우 두하주를 끊임없이 중앙으로 몰수하여 남추밀원 관할의 주현으로 재편하였다. 예컨대 귀덕주(貴德州)는 "태종시기에 야율찰할(耶律察割)이 포로로 잡은 한인으로 설치하였으나 후에 반란을 일으켜 죽음을 당하자 몰수되었다."[48] 그 외 쌍주(雙州), 천주(川州), 유주(楡州), 오주(烏州) 등도 그 영주의 모반으로 관에 몰수되었다. 아울러『요사』「지리지」에 열거된 두하군주의 대부분이 성종 이전에 설립된 것이며 이후의 것은 눈에 띄지 않는다. 다만 성종시대에 설립된 것도 거의 공주에게 사여된 잉신(媵臣)으로 설립된 두하군주에 국한된 것이다.

요컨대 두하군주에 예속된 발해인 호구 수는 파악된 것만 대략 35,300호이며 1호당 5구로 계산하면 18만여 구인데 파악되지 않은 호구까지 포함한다면 대략 20~25만여 구라고 추정할 수 있다. 그러나 요 중기에 이르러 각종 원인 때문에 두하군주는 점점 관에 수용되거나 혹은 알로타 주현에 포함되었다. 그 가운데 발해민호는 기타 두하호와 함께 국가의 일반민호 내지

---

47)『遼史』卷37,「地理志 一」"官位九品之下及井邑商賈之家 徵稅各歸頭下 唯酒稅課納上京鹽鐵司"
48)『遼史』卷38,「地理志 二」"太宗時 察割以所俘漢民置 後以弑逆誅 沒入焉"

는 궁분호로 바뀌었으므로 두하군주의 호구 수는 계속 감소되었다.

3) 알로타(斡魯朶)의 궁분호

요대 알로타는 거란족의 특수한 제도이다. 앞서 살펴본 두하군주가 귀
족의 사령지(私領地)였다면 알로타에 예속된 주현은 황실의 두하라고도
말할 수 있다. 알로타는 『요사』 「영위지」에서 "居有宮衛 謂之斡魯朶" 내
지는 『요사』 「국어해」에서 "斡魯朶 宮也"라고 기재되어 있어 궁위 또는
행궁의 뜻으로 이해할 수 있다. 최초의 알로타는 비상사태를 대비하기 위
해 만든 조직이었으나 시간이 지남에 따라 수릉(守陵), 출정, 생산 등의 임
무가 더해졌다. 문헌을 통해 그 내용을 살펴보면 다음과 같다.

> 영위(營衛)는 비상사태를 대비하여 설치했을 따름이다. 병주(幷州)와
> 영주(營州) 이북은 바람이 거세고 추위가 혹독하여 양지를 따라 옮겨 다
> 니느라 해마다 매년 편안하게 거주한 적이 없었으며 만 리(里)나 되는 넓
> 은 벌판에는 도적과 간계란 자들이 틈만 나면 침략을 일삼았다. 영위의 설
> 치가 일반화된 것은 이러한 형세로 말미암은 것이다. 요나라가 비로소 커
> 지자 그 설립 제도는 더욱 세밀해졌다. 거처할 때는 알로타라 부르는 궁위
> (宮衛)가 있었고 출행할 때에는 날발(捺鉢)이라는 행영(行營)이 있었다.[49)]

> 태조는 질랄부를 선양받은 후 원래의 부를 오원과 육원으로 나누어 황
> 족으로 통합하니 친위(親衛)가 부족하게 되었다. 이에 알로타법을 제정하
> 여 주현을 쪼개고 정호(丁戶)를 나눔으로써 줄기는 강하고 가지는 약하게
> 하였다. 후손들에게 이 책략을 잇도록 하여 각 황제마다 궁위를 건립하였

---

49) 『遼史』 卷31, 「營衛志 上」 "營衛之設 以備非常而已. 幷·營以北 勁風多寒 隨陽遷徙 歲
無寧居 曠土萬里 寇賊奸宄乘 隙而作. 營衛之設 以爲常然. 其勢然也. 有遼始大 設制尤
密. 居有宮衛 謂之斡魯朶; 出有行營 謂之捺鉢"

다. 그리하여 궁위는 황제가 들어오면 숙위(宿衛)하였고 나가면 호종(扈
從)하였을 뿐만 아니라 죽은 후에도 능침을 지키도록 하였다. 그리고 전
쟁이 나면 5경과 2주의 각 제할사(堤轄司)가 격문을 붙여 군사를 모집하
였는데 이로써 주현과 부족을 징발하지 않아도 십만 기군을 바로 갖출 수
있었다.[50]

이처럼 알로타의 창립은 처음에는 군사적 목적이 우선하고 있었지만
점차 경제적 목적도 무시할 수 없었다. 송인의 관찰에 따르면 "매 궁마다
모두 호구(戶口) 및 전백(錢帛)이 있어 이것이 거란 군주에게 사비(私費)
처럼 공급됨으로써 마치 중국의 내장(內藏)과 같았다"[51]고 한다.

태조 야율아보기는 칭제 건국한 후에 "행영(行營)를 궁(宮)으로 삼고 호
건(豪健)한 자 천여 명을 선발하여 복심부(腹心部)를 설치함으로써"[52] 산
알로타를 처음 창건하였는데 시간이 지남에 따라 알로타제는 더욱 더 발
전하여 역대 황제마다 모두 자신의 알로타를 설치하였다. 태조에서 천조
제에 이르기까지 모두 13개의 알로타를 설치하였다. 그 주인이 죽은 후에
도 여전히 유지되어 다음 황제에게 그대로 계승되었으며 새 황제는 이것
을 기반으로 자기의 알로타를 건립하였다. 요대 9명 황제가 각각 하나의
알로타를 설치하였고, 섭정을 했던 두 명의 태후 즉 응천태후(應天太后:태
조황후)와 승천태후(承天太后:경종황후)도 각각 하나씩 설치하였다. 그
외에도 권세가 극성했던 성종의 동생인 진진국왕(秦晋國王) 야율융경(耶
律隆慶) 및 태후와 황제의 총애를 한 몸에 받았던 태승상(太丞相) 한덕양

---

50) 『遼史』卷35,「兵衛志 中」"太祖以迭剌部受禪 分本部爲五院六院 統以皇族 而親衛缺
然. 乃立斡魯朵法 裂州縣割戶丁 以强干弱支. 詒謀嗣續 世建宮衛. 入則居守, 出則扈從,
葬則因以守陵. 有兵事 則五京二州各提轄司 傳檄而集 不待調發州縣部族 十萬騎軍已立
具矣."
51) 餘靖,『武溪集』卷18,「契丹官儀」"每宮皆有戶口錢帛 以供虜主私費 猶中國之內藏也"
52) 『遼史』卷46,「百官志 二」"以行營爲宮 選諸部豪健千餘人 置爲腹心部."

(韓德讓:후에 耶律의 성과 隆運의 이름을 하사받음)도 제궁(諸宮)의 예에
따라 각각 1宮(궁)과 1府(부)를 설치하였다. 따라서 다음과 같이 12궁1부
가 있었다.

【표 3-6】 요대 알로타 현황

	명 칭		正戶	蕃漢轉戶	騎軍
太祖	算斡魯朶	弘義宮	8,000	7,000	6,000
太宗	國阿輦斡魯朶	永興宮	3,000	7,000	5,000
世宗	耶魯盌斡魯朶	積慶宮	3,000	8,000	8,000
應天皇太后	蒲速盌斡魯朶	長寧宮	7,000	6,000	6,000
穆宗	奪里木斡魯朶	延昌宮	1,000	3,000	2,000
景宗	監母斡魯朶	彰愍宮	8,000	10,000	10,000
承天皇太后	孤穩斡魯朶	崇德宮	6,000	10,000	10,000
聖宗	女古斡魯朶	興聖宮	10,000	20,000	5,000
興宗	窩篤斡魯朶	延慶宮	7,000	10,000	10,000
道宗	阿思斡魯朶	太和宮	10,000	20,000	15,000
天祚帝	阿魯盌斡魯朶	永昌宮	8,000	10,000	10,000
耶律隆慶	赤實得本斡魯朶	敦睦宮	3,000	5,000	5,000
耶律隆運		文忠王府	5,000	8,000	10,000

이상의 알로타에는 다수의 부락과 주현이 소속되어 있었는데 그 구성
은 다음과 같은 요국의 법으로 규정되어 있다.

요국의 법: 천자의 자리에 오르면 궁위를 설치하는데 주현을 나누고
부족을 쪼개어 호구를 등록하고 병마를 준비한다. 붕어하면 후비의 궁장
을 호종(扈從)하면서 능침에 봉사한다. 징발이 있으면 장정은 군사에 종
사하지만 노약자는 그대로 머문다. … 무릇 주가 38개, 현이 10개, 제할사
가 41개, 석렬(石烈)이 23개, 와리(瓦里)가 74개, 말리(抹里)가 98개, 득리
(得里)가 2개, 갑살(閘撒)이 19이며 그 정호(正戶)가 8만이고 번한전호(蕃

漢轉戶)가 12만 3천으로 공히 20만 3천 호였다.[53]

　여기에서 주와 현은 농경민의 행정단위이고, 석렬·와리·말리·득리·갑살은 유목민의 행정단위 내지는 관부의 명칭이다.[54] 알로타에 속한 주현과 부락은 각지에 산재되어 있으나 해당 알로타의 제할사에서 통할하였다. 제할사는 군사기구로서 전시에 병사와 말을 모으는 책임을 맡았으며 평시에는 해당 지역에 거주하는 각 부족과 농경민을 감시하는 역할도 수행하였다.

　따라서 알로타의 인적 구성은 주현 알로타호, 부족 알로타호와 행궁 알로타호 등으로 대별할 수 있다. 『요사』에서는 주현 알로타호를 번한전호라고 불렀고, 부족 알로타호를 거란정호라고 불렀다. 이외에 거란 황제의 사시날발(四時捺鉢)을 수행하는 행궁 알로타호가 있었는데 그들을 소위 저장호(著帳戶)로 불렀다.

　번한전호는 주로 포로로 잡힌 한인과 발해인 등으로 조성되었으며 알로타 총호수의 60.5%나 차지하면서 거란정호와 함께 생산 및 군사적 임무를 담당하였다. 반면 이들 편호와 달리 궁적(宮籍)에 등재시켜 별도로 관리한 궁분호(宮分戶)로서 일반궁호와 저장호가 있었다. 일반궁호는 제부에서 선발한 호건한 자 내지는 자발적으로 투부(投附)해 온 자들로 구성되었다. 이들은 금위(禁衛)가 되어 황제의 신변 및 행궁의 안전을 지켰는데

---

53) 『遼史』 卷31, 「營衛志 上」 "遼國之法: 天子踐位置宮衛 分州縣 析部族 設宮府 籍戶口 備兵馬. 崩則扈從妃宮帳 以奉陵寢. 有調發 則丁壯從戎事 老弱居守.… 凡州三十八 縣十 提轄司四十一 石烈二十三 瓦里七十四 抹里九十八 得里二 閘撒十九. 爲正戶八萬 蕃漢轉戶十二萬三千 共二十萬三千戶"

54) 각 부족 아래에 석렬(石烈) 혹은 미리(彌里)가 설치되어 있던 바 거란어로 향(鄕)의 의미이다. 큰 집단을 석렬, 작은 집단을 미리라고 불렀다. 『遼史』「國語解」에 따르면 "霞瀨益石烈 鄕名. 諸宮下皆有石烈 設官治之""彌里 鄕之小者""瓦里 官府名. 宮帳部族 皆設之. 凡宗室外戚大臣犯罪者 家屬沒入於此""抹里 官府名. 閘撒狨亦抹里官之一"

대부분 귀족의 신분에 해당했다. 도종 청녕(淸寧) 9년(1063) 7월에 야율중원(耶律重元)이 도당과 함께 도종의 행궁을 습격하자 궁분인(宮分人)이었던 급리가(急里哥), 하말(霞抹), 야율을신(耶律乙辛), 지로(只魯) 등이 숙위군과 함께 이들을 격퇴하여 상장군으로 오른[55] 것도 궁호가 천자를 호종 및 숙위하고 있다는 것을 잘 나타내고 있는 예이다.

반면 저장호와 생산노예는 범죄자의 가속들 내지는 여러 알로타에서 데려온 자들로 노예 신분이었는데 그 내용을 살펴보면 다음과 같다.

> 저장호: 본래 각 알로타에서 갈라져 나왔거나 죄를 짓고 적몰(籍沒)된 자들이다. 부름을 받아 소저(小底)·사장(司藏)·응방(鷹坊)·탕약(湯藥)·상음(尙飮)·관수(盥漱)·상선(尙膳)·상의(尙衣)·재조(裁造) 등의 일에 종사하던 사람들과 궁중과 친왕의 시종, 영관(伶官)들이 모두 여기에 충원되었다.[56]

그들은 대부분 황족 및 외척, 관리의 집안 출신으로 모반 내지는 중죄를 지은 자와 연좌되어 처벌을 받은 자들로서 황제와 황태후 등의 궁장(宮帳)에서 각종 천역(賤役)을 맡았다. 마치 중원왕조의 환관과 비견할만한 역할을 담당한 것이다. 한편 이들도 반란을 일으킨 적이 있는데 응력 연간에 목종이 신변의 복역자(服役者)들을 대거 살육하자 그들의 증오가 폭발하여 응력 19년(969)에 근시 소가(小哥), 관인 화가(花哥), 포인(庖人) 신고(辛古) 등 6명이 황제를 살해하였다.

다시 말해 알로타는 궁호를 중심으로 이루어졌으며 여기에 속한 부락과 주현이 외곽단체를 구성하였다. 알로타 가운데 궁호는 주로 대외정벌

---

55) 『遼史』 卷22, 「道宗本紀 二」 "秋七月 … 皇太叔重元與 … 凡四百人 誘脅弩手軍犯行宮. … 宿衛士卒數千人禦之 … 宮分人急里哥·霞抹·耶律乙辛·只魯並加上將軍"

56) 『遼史』 卷31, 「營衛志 上」 "著帳戶: 本諸幹魯朶析出 及諸罪沒入者. 凡承應小底·司藏·鷹坊·湯藥·尙飮·盥漱·尙膳·尙衣·裁造等役 及 官中 親王祗從 伶官之屬 皆充之"

로 잡은 포로이거나 신하가 진헌한 인호(人戶)였다.[57] 포로로 잡힌 인호
는 대부분 한인과 발해인이었던 반면 죄를 지었거나 스스로 희망하여 궁
적에 오른 인호는 주로 거란인과 이에 준하는 부족들이었다. 이들은 천자
를 근시하거나 위종(衛從)하였지만 때로는 공신과 명가에게 분배되기도
했고, 궁주가 사망한 후에는 후비를 호종하여 봉릉읍의 주체가 되기도 했
다. 그리고 알로타에 소속된 주현과 부락은 각지에 산재되어 있었지만 대
부분 알로타를 세운 궁주와 특수한 관계를 가지고 있었기 때문에 생전에
황제의 사시날발, 즉 행궁의 소재지였거나 사후에 능침으로 삼은 지역에
있었다.

날발 지역과 관련하여 "거란은 사루(四樓)가 있는데 상경을 서루(西樓)
라 불렀고, 목엽산(木葉山)을 남루(南樓), 용화주(龍化州)를 동루(東樓),
당주(唐州:慶州로 추정)를 북루(北樓)라 하였다. 황제는 일 년 내내 그곳을
다니면서 사냥을 하였고 항상 사루의 테두리 안에 있었다."[58] 특히 목엽
산은 태조 야율아보기의 사시날발 및 능침지였을 뿐만 아니라 이후 거란
황제들의 날발지로도 고정되었다. 성종 이후에 황제들의 날발 지점은 춘
날발을 용화주에서 장춘주(長春州)의 어아박(魚兒泊)으로 바꾼 것을 제외
하면 하날발, 추날발, 동날발의 지점은 각각 영안산(永安山), 경주 복호림
(伏虎林), 영주(永州) 광평정(廣平淀)으로 고정되었다. 이들 지역은 요 태
조시기의 북루, 남루, 동루였다. 대체로 요 태조시기의 날발 지점을 답습
하였고 춘날발 지점만이 어아박으로 바뀌었기 때문에 알로타는 처음부터
고정되어 있었던 셈이다.[59] 거란 황제는 사계절에 따라 한 바퀴 돈 다음

---

57) 『遼史』 卷49, 「禮志 一」 "皇帝卽位 凡征伐叛國俘掠人民 或臣下進獻人口 或犯罪沒官戶
   皇帝親覽閑田 建州縣以居之 設官治其事."
58) 『契丹國志』 卷23, 「宮室制度」 "契丹有四樓 在上京曰西樓 木葉山曰南樓 龍化州曰東樓
   唐州(慶州로 의심)曰北樓. 歲時遊獵 常在四樓間"
59) 武玉環, 「遼代斡魯朶探析」, 『歷史硏究』, 2000 2期.

다시 시작하여 매년 네 곳을 순환 왕복하였다. 이에 따라 행궁 알로타호도 거란 황제와 같이 네 곳을 왕복하였다.

이들 알로타의 호구는 주현을 나누고 부족을 갈라서 편성했던 만큼 그 내부에 발해인도 적지 않게 포함되어 있었을 것이다. 발해 이주민으로 설치된 주현 중에 한 예로 태조 및 태종의 알로타에 소속된 주현을 살펴볼 수 있다. 다음 자료가 그것을 보여준다.

산알로타(算斡魯朶)는 태조가 설치하였다. 거란어로 심복을 산(算)이라 하고 궁을 알로타라고 한다. 산알로타는 홍의궁(弘義宮)이다. 심복위사들로 배치하였으며 발해포로와 금주의 민호를 보충하였다. … 정호가 8천, 번한에서 옮겨온 민호가 7천, 출기군이 6천명이었다. 5주는 금(錦)·조(祖)·엄(嚴)·기(祺)·은(銀)이고, 1현은 부의(富義)이다.

국아련알로타(國阿輦斡魯朶)는 태종이 설치하였다. [거란어로] 수국(收國)을 국아련이라고 한다. 이것이 영흥궁(永興宮)이다. 처음에는 고온알로타(孤穩斡魯朶)라고 하였다. 태조가 발해를 평정하고 잡은 포로를 동경, 회주제할사 및 운주 회인현과 택주 란하현 등의 민호로 배치하였다. … 정호가 3천, 번한에서 옮겨온 민호가 7천, 출기군이 5천명이었다. 4주는 회(懷)·검(黔)·개(開)·래(來)이고, 2현은 보화(保化)·란하(瀾河)이다.[60]

상기 주현 중에 은주, 엄주, 부의현, 회주, 개주, 래주, 보화현은 발해 이주민으로 구성된 주현이다. 이와 같이 13개 알로타 중에 발해 이주민의 주

---

60) 『遼史』卷31,「營衛志 上」"算斡魯朶 太祖置 國語心腹曰算 宮曰 斡魯朶. 是爲弘義宮. 以心腹之衛置 益以渤海俘 錦州戶. … 正戶八千 蕃漢轉戶七千 出騎軍六千. 州五 錦·祖·嚴·祺·銀 縣一 富義; 國阿輦斡魯朶 太宗置. 收國曰國阿輦. 是爲永興宮 初名孤穩斡魯朶. 以太祖平渤海俘戶 東京·懷州提轄司及雲州懷仁縣·澤州瀾河縣等戶置. … 正戶三千 蕃漢轉戶七千 出騎軍五千. 州四懷·黔·開·來 縣二保化·瀾河"

현이 포함된 것은 홍의궁(弘義宮), 영흥궁(永興宮), 적경궁(積慶宮), 장녕궁(長寧宮), 연창궁(延昌宮), 창민궁(彰愍宮), 숭덕궁(崇德宮), 흥성궁(興聖宮), 돈목궁(敦睦宮) 등 모두 9개이다.[61] 이들 주현 및 부족 알로타호는 각지에 산재하면서도 평시에 해당 알로타의 모든 경제적 부담을 담당한 동시에 유사시에는 천자의 친군인 궁위기군을 편성하는 의무도 짊어지고 있었다.

특히 중요한 경제적 의무 가운데 하나는 황제 행궁의 일상생활에 필요한 각종 물품을 공급하는 것인데 음식, 의복 등을 요의 남경, 상경 등지에서 거마(車馬)를 이용하여 끊임없이 운송해왔다. 예컨대 북송사신 심괄은 『희녕사로도초(熙寧使虜圖抄)』 중에 다음과 같이 기록하고 있다.

> 거란의 조, 과실, 박 등은 모두 연(燕) 지역에서 조달한다. 조는 수레로 옮기고 과실과 박은 말로 보내 노복이 이끈다."" "조주(祖州)… 동쪽에는 주 관청 및 제관해사(諸官廨舍), 능금원(綾錦院)이 있는데 반원(班院), 지후(祗候:衙役), 번한(番漢), 발해인 등 300명이 내부(內府)에 공급하도록 한다.[62]

여기에서 알 수 있듯이 거란 황제의 행궁은 결코 생산조직의 부락이 황제를 따라다니며 호종하는 것이 아니다. 황제의 시위·금위를 맡은 궁위

---

61) ≪알로타에 소속된 발해인 주현≫(『遼史』 卷31, 「營衛志 上」)

宮名	발해인 소속 주현	宮名	발해인 소속 주현
弘義宮	銀州, 嚴州, 富義縣	彰愍宮	同州, 保和縣, 宣化縣
永興宮	懷州, 開州, 來州, 保和縣	崇德宮	潞州
積慶宮	顯州, 康州, 山東縣	興聖宮	慶州, 隰州
長寧宮	遼州, 顯州, 奉先縣, 歸義縣, 定霸縣	敦睦宮	沈州, 岩州
延昌宮	韓州		

62) 沈括, 『熙寧使虜圖抄』 "契丹之粟果瓠皆資于燕. 粟車轉; 果瓠以馬送之虜延." "祖州 … 東爲州廨及諸官廨舍·綾錦院 班院·祗候·番漢·渤海三百人 供給內府取索."

조직 및 저장호를 주로 하는 행궁 알로타호만 황제를 수행하였을 뿐이다. 따라서 남경, 상경 등에 있는 알로타 소속의 주현 및 부락은 거란 황제의 생활필수품을 공급하는 내탕(內帑)이었다고 볼 수 있다.

　이상과 같이 발해유민들은 거란의 내지로 이주되어 일부는 알로타에 소속되어 황실의 경제적·군사적 임무를 맡았다. 하지만 알로타호 중에서 발해인이 차지하는 비율을 정확히 파악할 수 없다. 다만 주현알로타에 소속된 번하전호가 123,000호였는데 그 중에 적지 않은 수가 발해호였을 것으로 추정된다. 알로타는 추밀원에 소속되지 않았고 황제가 직접 통할하였는데 행궁부서원(行宮部署院)이 알로타의 군사·민정·행정 등의 일을 총괄하였다. 이와 같이 발해인, 한인 등으로 구성된 주현알로타호는 황실에 예속되어 있었으나 어느 정도 인신의 자유가 있었으므로 생산노예 내지는 저장호보다 그 지위가 높았다. 하지만 그들의 사회적 신분은 상대적으로 낮았고 때로는 임의대로 상사(賞賜)되기도 했기 때문에 그들이 받는 정치적 압박과 경제적 착취가 비교적 엄중했다고 볼 수 있다.

제 3 장

발해부흥운동과 그 실체

1. 이른바 '후발해'의 재조명

　발해유민의 대부분은 동란국에 잔류하였다가 거란 내지로 천사(遷徙)되어 거란주민으로 삶을 영위했던 반면 이를 거부한 일부 발해의 유예들은 고지에 남아 그들의 역사를 만들어 나갔다. 발해의 유민국은 후발해, 정안국, 올야국, 오사성부투부발해국 등으로 등장하고 있으나 그들에 관한 기록이 절대적으로 부족하고 설사 있더라도 서로 뒤섞여 있어 상호관계를 추론하기 힘든 형편이다. 이러한 점에서 선학들이 이루어 놓은 연구성과를 토대로 후발해의 실체를 검토하고 그 결함을 찾아냄으로써 그것의 실체를 판단하고자 한다.

　후발해라는 국명은 어느 문헌에서도 찾아 볼 수 없으며 후세 연구자들에 의해 만들어진 명칭이라고 할 수 있다. 이러한 '후발해론'은 일본학계를 중심으로 제기되었는데 이를 대표하는 학자로서 와다키요시(和田淸)와 히노가이사부로(日野開三郞)를 들 수 있다. 후발해라는 명칭은 와다키요시의 「定安國に就いて」라는 논문에서 처음 사용되기 시작했다. 즉 후

당의 조공기사에 착안하여 후발해의 실체를 밝히고자 하였는데 역성혁명
으로 밀려난 세자 대광현이 고려로 망명함으로써 후발해가 멸망하고 정안
국이 대신하였다고 한다. 이와 비슷한 시기에 이케우치히로시(池內宏)의
「철리고(鐵利考)」[1]에서는 후발해가 아닌 대광현 정권이라는 용어를 대신
사용하였다.

이후 30여 년간 후발해국설은 거의 주목을 받지 못하다가 히노가이사
부로에 의해 체계적으로 논의되어 독자적인 영역을 구축하게 되었다. 이
를 바탕으로 남북한 학계에서도 후발해의 실체를 기정사실화하고 있지
만[2] 후발해의 복원문제에는 어려움이 많으며 학자마다 그 성격을 다르게
사용하고 있다.[3] 그래서 후발해의 근거를 가장 먼저 제시한 와다키요시
와 이를 체계화한 히노가이사부로의 연구 성과를 중심으로 그 내용을 면
밀히 재검토해보고자 한다.

후발해의 실재를 주장하는 학자들의 주된 논거는 다음과 같다. 첫째, 발

---

1) 池內宏, 「鐵利考」, 『滿鮮史硏究』 中世 I , 1933.
2) 한규철은 『발해의 대외관계사』에서 후발해국에 관한 연구는 지금까지 건국시간, 건국
　지점, 멸망시간 등에서 합의된 견해는 없지만 후발해국이 있었음을 모두가 인정하는
　견해라고 했다.
3) 李美子, 「후발해국의 존재여부에 대하여」, 『백산학보』 67, 2003의 도표 인용.

연구자	건국 시기	건국 중심	건국 세력	멸망 시기	출전
和田淸	발해국 멸망 이후(926)	서경 압록부	발해 왕족의 대씨 세력	후당 淸泰 2년 (935)	『정안국에 관하여』
池內宏	동란국 요양 천사 이후	상경 용천부 (홀한성 부근)	세자 대광현	고려 태조 17년 (933)	『철리고』
日野開三郎	929년 5월 이전	상경 용천부 (홀한성 부근)	발해 왕제	요 保寧 7년 (975)	『후발해의 건국』
三上次男	발해국 멸망 이후(926)	서경 압록부 남경 남해부	발해 王·臣	고려 태조 17년 (933)	『발해국의 멸망과정에 관한 고찰』
李龍範	동란국 서천 이후	서경 압록부	발해 왕족의 대씨 세력	후당 淸泰 2년 (935)	『대륙관계사· 고대편(하)』
金渭顯	발해국 멸망 이후 (926)	서경 압록부	발해 왕족의 대씨 세력	고려 태조 17년 (933)	『요대의 발해부흥운동』

해가 멸망한 후 발해의 사신으로 칭하는 자가 중원에 입공하였는데 이를 근거로 후발해가 존재했다고 본다. 그들은 다음과 같은 기사를 근거로 후발해의 실체를 논증하고자 했다.

후당 천성(天成) 4년(929) 5월 발해에서 사신 고정사(高正詞)를 파견하여 입조하고 특산물을 받쳤다.[4]

후당 (長興) 2년(931) 12월 발해사신 문성각(文成角)이 내조하였다.[5]

후당 장흥 3년(932) 정월 발해, 회골, 토번이 각기 사신을 파견하여 조공하였다.[6]

후당 청태(淸泰) 2년(935) 11월(또는 9월 내지는 12월) 발해에서 사신 영주의(列周義 또는 列周道)를 파견하여 입조하고 특산물을 바쳤다.[7]

후당 청태 3년(936) 2월 발해사신으로 입조한 남해부 도독 열주도(列周道)에게 검교공부상서(檢校工部尙書), 정당성(政堂省) 공부경(工部卿) 오제현(烏濟顯)에게 시광록경(試光祿卿)의 벼슬을 주었다.[8]

---

4) 『册府元龜』 卷972, 「朝貢5」 "渤海遣使高正詞入朝貢方物", 『五代會要』 卷30, 「渤海」 "又遣高正詞入朝貢方物"

5) 『册府元龜』 卷972, 「朝貢5」 "渤海使文成角竝來朝貢", 『新五代史』 卷6 「明宗紀」 "渤海使文成角竝來朝貢", 『五代會要』 卷30, 「渤海」 "渤海使文成角竝來朝貢"

6) 『册府元龜』 卷972, 「朝貢5」 "渤海回鶻順化可汗等吐蕃遣使朝貢", 『新五代史』 卷6, 「明宗紀」 "渤海回鶻皆遣使者", 『舊五代史』 卷43, "渤海回鶻吐蕃遣使朝貢", 『五代會要』 卷30, 「渤海」 "又遣使來朝貢"

7) 『册府元龜』 卷972, 「朝貢5」 "十一月渤海遣使列周義朝貢方物", 『新五代史』 卷6, 「明宗紀」 "九月渤海遣使者來", 『舊五代史』 卷43, "十一月渤海國遣使朝貢", 『五代會要』 卷30, 「渤海」, "十二月遣使列周道等入朝貢方物"

8) 『五代會要』 卷30, 「渤海」 "以入朝使南海府都督列周道爲檢校工部尙書 政堂省工部卿烏濟顯試光祿卿"

상기 기사는 사료마다 약간의 편차가 있지만 후발해의 객관성을 담보
해주는 전거(典據)이다.[9] 이를 토대로 발해유민들이 발해고지에서 일정
한 정치체제를 갖추면서 부흥운동을 했다고 보았다. 히노가이사부로는 고
정사가 후당에 도착한 시간이 발해가 멸망한지 3년이나 지난 시기이며 중
국문헌에도 확실하게 발해사신으로 명기되어있기 때문에 후발해 정권에
서 파견한 사신이 틀림없다고 해석했다. 하지만 중국학계에서는 당시의
발해사신을 동란국 사신으로 보고 있으며 후발해에 대한 존재를 전혀 인
정하고 있지 않다. 그것은 중국 및 한국의 문헌 어느 곳에도 후발해라는
국호가 존재하고 있지 않기 때문이다.

발해의 조공기사는 당시 사서의 편찬자가 동란과 발해를 혼칭(混稱)했
을 개연성이 높다. 이와 관련하여 『오대회요』 권29 「거란」의 기사를 살펴
보면

> 장흥 원년(930) 11월 거란이 발해를 멸망시켜 동란왕이 된 탁운이 관료
> 40여 명과 말 100필을 거느리고 등주에서 바다로 (후당) 명종에게 내부하
> 였다. … 12월 중서문하성은 거란국 동란왕 탁운이 먼 바다를 건너 황제의
> 덕화로 내귀하였으니 성명을 주자고 청하였다. … 본조는 신라와 발해의
> 국왕에게 최초 검교사공(檢校司空)에서 태보(太保)에 이르기까지 관직을
> 주었는데 지금 탁운은 아보기의 아들이므로 신라와 발해에 준 선례에 따라
> 발해국왕 인황왕 탁운에게 관직을 하사하자고 청하였다. 거란이 발해국을
> 취해 동란이라고 하였던바 탁운에게 내린 성은 동란(東丹), 이름은 모화(慕
> 華)이며 관직은 광록대부검교태보안동도호(光祿大夫檢校太保安東都護) 겸
> 사대부상주국발해군개국공(史大夫上柱國渤海郡開國公)이었다.[10]

---

9) 和田淸이 예시한 상기의 조공사례 이외에 日野開三郎은 天成元年(926) 4월 대진림과
同年 7월 대소좌의 입공 및 淸泰 2年(935) 9월의 익명의 발해사신과 동년 12월의 열주
도의 입공을 예시하였지만 926년에 파견된 대진림과 대소좌는 구발해의 사신이며 청
태 2년의 9월과 12월의 사신은 11월에 입조한 열주의와 동일한 인물로 추정된다.

라고 기록되어 있다. 이를 보건대 후당은 처음에 인황왕을 거란국 동란왕이라 하였다가 다시 발해국왕이라고 부른 것은 동란국을 발해국처럼 보았기 때문이다. 결국 후당은 동란과 발해를 일부러 구분 짓지 않고 동일하게 보았기 때문에 혼칭하게 된 것이다.[11]

이는 동란의 통치기구와 각 항의 제도는 대체적으로『발해국지장편』권19「총고(叢考)」에서 말한바와 같이 "모두 발해의 구제도에 의거했기" 때문이다. 즉 표면적으로 동란은 발해의 계승국이었고 외교사절의 임무를 주로 발해인이 맡았기 때문에 중원의 사가들은 동란을 발해라고 기록했을 가능성이 높다. 예컨대 "천성 원년(926) 7월에 거란과 발해국이 함께 사신을 파견하여 조공을 바쳤다"[12]라든지 "장흥 2년(931) 3월에 조를 내려 발해국 인황왕 돌욕에게 성을 동란, 이름을 모화로 주고자 했다"[13]라고 기록되어 있는데 이때에는 이미 발해가 멸망되고 동란이 건국한 후였음에도 불구하고 동란을 발해라고 칭하고 있다. 멸망한 발해가 거란과 함께 사신을 보낼 이유도 없었을 뿐더러 야율아보기의 장자인 인황왕이 발해왕일 수는 더욱 없다.

따라서 중원의 사가들이 동란과 발해를 혼용하여서 정확하게 구분하지 않은 것이라고 볼 수 있다. 중국 정사의 외국전이 중화사상의 주관적 인식을 바탕으로 기록했으며 원거리에 위치한 국외사정을 정확히 파악하지 못해 많은 오류를 남기고 있는 점을 감안할 때 동란의 사신을 발해의 사신으

---

10)『五代會要』卷30,「渤海」"長興元年十一月 契丹渤海因東丹王托雲 率番官四十餘人馬
　　百匹 自登州泛海內附明宗 … 其年十二月 中書門下奏 契丹國東丹王托雲 遠泛滄溟來歸
　　皇化 請賜姓名…又本朝賜新羅 · 渤海兩國王官 初自檢校司空至太保 今托雲是安巴堅
　　之子 請比新羅渤海王例施行勅 渤海國王人皇王托雲 契丹先收渤海國改為東丹 其托雲
　　宜賜姓東丹 名慕華 授光祿大夫檢校太保安東都護兼御史大夫上柱國渤海郡開國公"
11) 徐炳國,『고구려인과 말갈족의 발해국』, 서울, 한국학술정보, 2007, pp.136~137.
12)『舊五代史』卷36,「唐書十二 · 明宗本紀二」"天成元年秋七月庚申契丹渤海國俱遣使朝
　　貢"
13)『舊五代史』卷42,「唐書十八 · 明宗本紀八」"詔渤海國人皇王突欲宜賜姓東丹名慕華"

로 표기했을 가능성이 없지 않다. 이와 관련하여 김육불은 "발해가 멸망했으나 아직 멸망되지 않은 것이다. 동란의 신민들이 다른 나라에 가면 자칭 발해라고 했으며 다른 나라의 기록에도 역시 발해의 사신이 왔다고 할 뿐 동란이라고 하지 않았다. 이와 같은 것은 일일이 말할 것도 없다"[14]라고 지적했다.

그렇다면 동란이 소멸한 938년 이후에도 아래와 같이 등장하는 발해의 기사는 무엇을 의미하는가?

① 주 현덕(顯德) 원년(954) 7월 발해국 최오사다(崔烏斯多) 등 30인이 [후주에] 귀화하였다.[15]

② 송 태평흥국 4년(979) 6월 발해추장 대란하가 소교 이훈 등 16인과 부족 300기와 범양군민 200여 명 모두를 데리고 와서 항복하니 불러서 대란하에게 돈과 비단을 주고 발해도지휘사(渤海都指揮使)를 삼았다.[16]

③ 송 태평흥국 6년(981) 7월 황제(태종)가 군사를 거느리고 거란을 토벌할 즈음 사신을 발해에 파견하여 군사를 내어 황제의 군사와 내응하라고 조서를 내렸다.[17]

④ 송 태평흥국 6년(981) 오사성부투부발해 염부(琰府) 왕에게 조서를 내렸다.[18]

14) 金毓黻, 『渤海國志長篇·中』, 서울, 신서원, 2008, p.337.
15) 『五代會要』卷30, 「渤海」 "周 顯德元年七月 渤海國 崔烏斯多等三十人歸化"
16) 『續資治通鑑長編』卷20 "渤海酋帥大鸞鸞河率小校李勳等十六人·部族三百騎與范陽軍民二百餘人皆來降 召見賜錢帛 以大鸞河爲渤海都指揮使"
17) 『續資治通鑑長編』卷22 "上將大擧伐契丹 遣使賜渤海王詔書 令發兵以應王師"
18) 『宋史』卷491, 「外國傳·渤海」 "賜烏舍城浮渝府渤海琰府王詔"

⑤ 요 성종 통화13년(995) 7월 여진이 사신을 파견하여 조공을 보내왔다. 13일에 올야 오소도(烏昭度)와 발해 연파(燕頗) 등이 철려(鐵驪)를 침략하였다.[19]

⑥ 송 태종 순화(淳化) 2년(991) 12월 정안국 왕자 대원(大元)이 여진 사신을 통해 글을 올린 후에 다시 오지 않았다. 또한 태종은 조칙을 내려 발해의 조공 불이행을 응징하여 여진에게 군사를 내어 치도록 하니 (여진은) 곧 한 명을 참하였다고 하자 비단 5필을 상으로 내렸다.[20]

⑦ 요 성종 통화 21년(1003) 조에 따르면 "올야, 발해, 오리미(奧里米), 월리매(越里篤), 월리길(越里吉) 등 사신을 파견하여 바쳤다"고 한다.[21]

위의 기사들을 보면 비록 북송시기까지 발해라는 국명이 등장함으로써 후발해의 실체를 뒷받침해주는 듯 하지만 그 내용을 자세히 살펴보면 사실 후발해와는 관련이 없는 것들이다.

먼저 ①② 기사의 발해는 연운지방으로 이치(移置)된 동란국의 발해인을 가리키는 것이다. 발해인은 수차례에 걸쳐 동경 요양지역 뿐만 아니라 상경지역 및 연운지역으로도 강제 이주되었다. 이들 중 일부는 거란 남부 변경의 발해군 병사로 징발되어 후주에 이어 송과의 군사작전에 투여되었지만 심적으로 거란 통치자를 위해 싸우고 싶지 않았기 때문에 후주나 송으로 귀화했을 것이다. 대란하는 유주(幽州)에 주둔하던 발해인 관병의 우두머리로서 979년 송·요전쟁이 끝난 후 기회를 엿보다가 범양군에 거

---

19) 『遼史』卷13, 「聖宗本紀 四」 "女眞遣使來貢. 丁巳 兀惹烏昭度渤海燕頗等侵鐵驪 遣奚 王和朔奴等討之"
20) 『續資治通鑑長編』卷32, "時定安國王子大元因女眞使上表 後亦不復至. 上又以渤海不 通朝貢 詔女眞發兵攻之 凡斬一級 賜絹五正爲賞"
21) 『遼史』卷14, 「聖宗本紀 五」 "兀惹·渤海·奧里米·越里篤·越里吉等五部遣使來貢"

주하던 발해인 2백여 명과 함께 송에 투항했던 것으로 보인다. 그러나 이와 관련하여 히노가이사부로는 대란하가 일찍이 거란 본토로 납치되어 간 발해인이었고, 최오사다는 후발해에서 내홍에 패해 망명한 반오씨파의 일당이라고 하여 의견을 달리하고 있다.

③④⑤⑥은 다음 장에서 후술하겠지만 정안국 내지는 부여부에서 반란을 일으킨 연파와 관련된 기사이다. 또한 국명이 아닌 종족명으로도 해석이 가능하다. 그리고 ⑦에 기록된 발해는 요 성종이 정안국을 경략한 후에 국가를 형성하지 못한 발해인의 부족집단 내지는 거란의 속부였을 것이다. 요컨대『요사』「백관지」에 이른바 북면속관부(北面屬官部)의 여러 부속에 올야부(또는 오야라 부름) 등과 함께 병렬하여 발해부, 서북발해부[22] 등의 이름이 나오는데 이것은 바로 발해인으로 구성된 거란의 속부였다.

이와 같이 발해가 멸망한 후에도 발해의 기사가 빈번하게 등장해서 후세에 혼란을 야기시킨 것은 당시 사서의 편찬자가 발해인의 계승국인 동란국, 정안국 등과 거란의 속부인 올야부, 발해부 등을 명확하게 구별하지 않고 발해라는 총칭으로 표기했기 때문일 것이다. 따라서 발해 멸망이후 후발해의 근거사료로 들고 있는 발해의 조공기록을 재검토할 필요가 있다.

둘째, 와다키요시는 후발해에 이어 정안국이 계속 압록강 유역에 위치하였다고 한다. 왜냐하면 역성혁명으로 후발해를 찬탈한 열(烈)과 오(烏)의 세력이 정안국으로 국명을 바꿨을 뿐 그 중심 위치를 동일하게 보기 때문이다. 따라서 그는『송사』「정안국」의 기사를 근거로 후발해의 위치를 비정(比定)하였다.

---

22)『遼史』卷46,「百官志 二」.

정안국은 … 거란의 침략을 받아 격파되어 그 추수(酋帥)가 나머지 무
리를 규합하여 서쪽 변방에서 살면서 국가를 세워 개원하고 정안국이라
스스로 불렀다. … 정안국왕이 표를 올려 이르기를… 신은 본래 고(구)려
의 옛 땅과 발해의 유민으로서 한쪽 모퉁이를 지켰다.[23]

상기의 발해 서쪽은 부여부, 장령부, 압록부를 가리키지만 부여부는 거
란의 요충지였고 장령부는 거란군에 유린당했던 관계로 와다키요시는 나
머지 지역인 압록강 일대를 후발해의 중심지역으로 보았다. 또한 고구려
의 옛 땅은 부여의 고지인 부여부와 숙신의 고지인 상경 용천부보다는 남
쪽에 위치하고 예맥의 고지인 동경 용원부와 옥저의 고지인 남경 남해부
보다 서쪽에 있다는 것을 암시한다고 했다.

한편 히노가이사부로는 와다키요시의 혁명설을 부인하고 후발해의 중
심지를 옛 상경 용천부와 압록강 일대 두 군데로 대별하여 전자에는 대인
선의 아우가 있었고 후자에는 대인선의 세자 대광현의 세력이 있었다는
병립설을 주장했다. 야심가이자 노회(老獪)한 왕의 아우가 홀한성 동북부
에 위치한 회원부, 안원부, 동평부를 근거지로 세력을 확대하였고 올야의
지원을 받았기 때문에 압록강 유역의 대광현 세력이 홀한성의 숙부정권에
압도되어 934년에 고려로 망명한 것으로 해석하였다. 그러나 세자 대광현
이 압록부에서 어떻게 세력을 구축했는지에 대해서는 언급이 없다. 다만
세자 대광현이 후발해 국왕의 권세에 대항할 수 없어 홀한성에서 압록강
지역으로 후퇴하였다가 후발해의 지원을 받은 남해부 세력에 쫓겨 고려로
망명하였다고 했다.

그런데 후발해가 되었든 정안국이 되었든 간에 과연 거란에 반하는 정
치세력이 압록강 일대에 형성할 수 있었을까? 거란이 동란을 요양으로 서

---

23) 『宋史』卷491, 「外國傳·定安國」 "定安國 … 爲契丹所攻破 其酋帥糾合餘衆 保于西鄙
建國開元 自稱定安國 … 定安國王臣烏玄明言 … 臣本以高麗舊壤 渤海遺黎 保據方隅"

천시킴으로써 성종시기 이전까지 송화강 이동지역을 일정부분 방기하였다고는 하나 송화강 이서지역까지 포기했다고 볼 수 없다. 앞서 거란의 "태조는 압록부를 격파하고 그 백성을 상경의 남쪽으로 이주시켰다"[24]고 한다. 또한 발해인과 여진이 결탁할 것을 우려하여 일부 여진인을 요동지역으로 천사시켜 통치하였던바 문헌에서는 이들을 계요적여진(系遼籍女眞) 또는 숙여진, 서여진 등으로 총칭하고 있다.

이와 같이 압록강 일대에는 갈소관여진, 압록강여진 등의 세력이 상당한 힘을 가지고 할거했을 뿐만 아니라 그 배후에 거란의 통치력이 강하게 미치고 있었다. 따라서 압록강 중하류지역에는 후발해가 존립할 수 없었다고 판단된다. 다만 시간이 흐르면서 거란의 통치력이 미약했던 회원부·안원부·동평부 및 남해부 등의 지역에서 발해인은 스스로를 보존하기 위해 정치공동체를 형성하게 되었는데 이것이 바로 930년대 중반 이후 정안국과 올야로 발전하게 된 것이다. 따라서 압록강 일대는 후발해가 건국할 만한 여지가 없어 보인다.

나아가 후발해가 존재하였다면 그 건국시기를 어떻게 설정해야만 하는가? 와다키요시는 건국시기를 명확히 말하지는 않았지만 열씨와 오씨에 의해 찬탈당한 934년에 후발해가 멸망하고 세자 대광현이 고려로 망명하였다고 한다. 후발해가 대략 10여 년간 존속하였다고 하나 발해가 멸망한 직후부터 정확하게 8년 동안 나라를 건국하고 유지할 만한 여력이 있었는지에 대해 회의적이다. 반면 히노가이사부로는 928년에 거란이 발해의 동북지역을 방기하고 동란을 요양으로 천도시키자 929년 초에 홀한성을 중심으로 후발해가 건국되었다고 했다. 그리고 929년 5월에 후당으로 고정사를 파견한 것도 후발해의 건국을 알리고자 했던 것으로 보았다. 멸망 시기는 후발해의 주도세력이었던 올야의 성쇠가 후발해의 성쇠와 같다고 보

---

24) 『遼史』 卷37, 「地理志 一」 "本遼東神化縣民 太祖破鴨淥府 盡徙其民居京之南"

고 올야가 거란에 격파되는 1007년 전후를 멸망시기로 잡아 존속시기를
81년간으로 추정하였다.

이와 관련 한국학계에서는 대체로 와다키요시의 의견에 따라 발해왕족
인 대씨 세력이 압록부에서 건국하여 대광현이 고려로 망명한 934년 전후
에 멸망했다는 시각이 주를 이룬다. 다만 북한의 박시형은 발해가 멸망한
후에 소국들이 난립했는데 그 중 명백한 자취를 남긴 것이 정안국과 오사
성발해국 두 나라가 있다고 지적하였을 뿐 후발해에 관해서는 구체적으로
언급하지 않았다. 그러나 와다키요시의 견해대로라면 발해가 멸망한 후
마치 준비라도 한 듯 후발해가 순식간에 건국하는 것이지만 현실적으로
불가능한 일이라고 생각된다. 발해가 멸망한 직후에 정치공동체를 형성할
만한 세력이 있었다고 보기는 어렵다.

히노가이사부로의 견해대로 대략 몇 년이 지나서야 비로소 건국의 주
체세력이 형성될 가능성이 있었을 것이다. 왜냐하면 이 시기에 구발해의
군소세력이 발해부흥을 위하여 반요투쟁을 펼쳤으나 그 중심세력이 없었
으며 거란 역시 적극적으로 평정했기 때문이다. 예컨대 처음에 장령부가
완강히 반항하였고 이어서 안변, 막힐, 정리 등 3부도 연이어 반거란 세력
에 합류하였다. 더욱이 5월에 남해부와 정리부가 다시 반란을 일으키고, 7
월에는 철주자사(鐵州刺史) 위균(衛鈞)도 일어났으나 거란은 각각 강묵기
(康黙記), 한연휘, 안단, 요골(야율덕광의 거란이름) 등을 파견하여 평정
하였다. 이후 정안국의 기사가 등장하기까지 반요투쟁의 기사를 볼 수 없
으나 각지에 반요투쟁의 세력이 잠복했을 것이라고 추측된다.

동란의 서천은 이러한 반요투쟁과 깊은 관련이 있다. 야율우지의 건의
로 동란이 요양으로 천도되었는데 이때 많은 발해인이 요양으로 강제 이
주되었으며 그 결과 발해의 동부지역은 거란의 직접적인 통치에서 벗어나
게 된다. 구발해 지역은 통일적인 질서를 잃어버리게 되었고, 군소의 지방

세력이 동란의 서천을 틈타 각각의 세력을 키웠을 것이다. 이때 발해의 마지막 왕인 대인선의 동생이 발해의 옛 수도 홀한성을 선점하여 후발해를 건국하였고 자신의 정통성을 주장하기 위해 중원에 사신을 파견하였다는 것이 히노가이사부로의 주장이다.

그렇다면 928년 12월에 야율우지가 상표하여 천도를 허락받은 후 발해인의 강제이주를 완료하기까지 얼마나 시간이 소요되었을까? 이 때 발해 유민은 동경도의 56개 부·주·현으로 이주되었는데 그 수가 대략 54,000호이며 1호당 5구로 계산한다면 총 270,000명이다.[25] 이렇게 많은 인구를 강제 이주시키는 데는 꽤 많은 시간이 필요했을 것이다. 히노가이사부로의 견해에 따라 후당에 보낸 조공사신이 도착한 929년 5월 이전에 후발해가 건국되었다면 발해인 이주가 4개월 만에 완성되었던 셈이다. 이러한 설정에 대해 다음과 같은 비판적 시각도 있다. 931년에 동란국의 중대성을 남경(후에 동경으로 바뀜)으로 옮겨서야 비로소 동란의 천도는 완성된다. 그런데 동란국의 일본사신 배구(裵璆)가 929년 12월 24일에 일본의 단후국(丹後國) 죽야군(竹野郡)의 대진빈(大津濱)에 도착한 것으로 보아 그는 남경 남해부의 토호포(吐號浦)에서 출항했을 것으로 판단된다. 그렇다면 당시 남해부는 여전히 동란의 통치하에 있었고 적어도 929년 후반기까지 동란이 요양으로 천도되지 않았다고 보았다.[26] 이러한 정황을 볼 때 강제이주가 완료되기에는 상당히 긴 시간이 소요되었기 때문에 동란의 서천을 929년 5월 이전으로 보기에는 무리가 따른다. 따라서 후발해의 건국 시기를 발해 멸망 직후 내지는 929년 5월 이전으로 설정한 후발해 건국설은 믿기 어렵다.

다음으로 세자 대광현은 열씨와 오씨 세력이나 숙부세력에 쫓겨 고려

---

25) 楊福瑞, 「遼朝移民問題硏究」, 『昭烏達蒙族師專學報』 23卷, 2002 5期.
26) 李美子, 「후발해국의 존재여부에 대하여」, 『백산학보』 67, 2003.

태조 17년(934)에 망명하였다고 한다. 하지만 앞서 말한 바와 같이 이때는 발해유민들이 국가를 형성하기에는 너무나 촉박한 시간이었기 때문에 와다키요시가 말한 열씨와 오씨 세력은 후발해와 상관없이 훗날 정안국과 올야를 건국한 세력일 따름이다. 또한 올야의 지원을 받은 숙부세력이 대광현을 몰아냈다고는 하나 올야는 이미 발해의 우성인 오씨가 지배하고 있었다. 다만 발해왕의 동생이 부여성을 공격하다가 실패하고 올야에 의탁했을 가능성은 있다.

그러나 대광현의 망명시기에 대해 의심쩍은 부분이 많다. 거란은 발해를 멸망시킨 후 7월에 대인선과 왕비를 황도의 서쪽에 강제 이주시켜 성을 쌓고 살게 함으로써 거란의 직접적인 통치 하에 두었다. 이어서 동란국을 요양으로 옮기면서 영향력이 있는 왕족과 발해의 귀족들도 모두 강제 이주시켰다. 유목민족이 중원을 침략하여 황제와 그 일족 및 귀족들을 모조리 잡아간 영가(永嘉)의 상난(喪亂)이나 정강(靖康)의 변(變)을 비추어 볼 때 대광현을 그대로 방치했을 리 만무하다. 강제 이주되지 않았더라도 거란의 단속대상이 되었을 것임은 의심할 나위 없는데 934년까지 어디에서 뭘 했는지 그의 행적에 대한 기록이 전혀 없다.

또한 문헌마다 대광현의 망명시기가 다르게 기록되어 있다. 이와 관련하여 논증한 기존의 연구 성과를 살펴보면, 『고려사』 한 책에서 뿐만 아니라 『고려사절요』와도 망명시기가 어긋난다는 것을 지적한다. 대광현의 고려 망명에 관해서 『고려사』와 『고려사절요』의 기사는 다음과 같다.

    ① 태조 17년(934) 7월에 발해의 세자 대광현이 수만의 무리를 거느리고 와서 귀부했다.[27]

---

27) 『高麗史』 卷2, 「世家 一」 太祖17年 7月條 "渤海國世子大光顯率衆數萬來投 賜姓名王繼 附之宗籍 特授元甫守白州 以奉其祀 賜僚佐爵 軍士田宅 有差"

② 태조 천수 8년(925) 거란이 발해를 멸하자 세자 대광현이 와서 귀부
하였다.[28]

③ 발해가 거란병에 격파되자 그의 세자 대광현 등이 남은 무리 수만
호를 거느리고 밤낮으로 길을 다그쳐 와서 귀부했다.[29]

④ 거란 군주가 발해 홀한성을 대거 공격하여 멸망시키고 동란국으로
바꾸었다. 그 세자 대광현 및 장군 신덕, 예부경 대화균균로, 사정
대원균, 공부경 대복모, 좌우위장군 대심리, 소장 모두간, 검교개국
남 박어, 공부경 오흥 등 앞뒤로 내투한 자가 수만호에 이른다.[30]

『고려사』 내용 중 ①과 ②를 보면 앞뒤의 연월이 같지 않은데 반드시
하나는 잘못되었을 것이다. 같은 책의 ③을 상고해보면 발해가 거란에 격
파되자마자 고려로 망명했음을 엿볼 수 있다. 또한『고려사절요』④의 내
용에서는 망명해 온 순서대로 기록한 듯하다. 만약에 대광현이 934년에
망명하였다면 맨 앞에 기록하지 않았을 것이다. 따라서 ①의 기록은 그 신
빙성이 의문시된다.

후세의 사가들은『고려사』나『고려사절요』의 기록을 그대로 답습하였
는바『동국통감』,『동사회강』,『해동역사』,『발해국지』,『발해국지장편』
등은 발해의 멸망(926)과 함께 대광현이 고려에 망명한 것으로 보았고
『동사강목』,『대한강역고』,『동사집략』,『발해국기』등은 그 내투시간을
태조 17년(934)으로 보고 있다.[31] 이에 대해 김육불은 그의『발해국지장

---

28) 『高麗史』 卷86, 「年表 一」 "契丹滅渤海國 世子大光顯來附"
29) 『高麗史』 卷93, 「崔承老傳」 "渤海旣爲丹兵所破 其世子大光顯等以我國家擧義 而興領
其餘衆數萬戶 日夜倍道來犇"
30) 『高麗史節要』 卷1 "契丹主大擧功渤海國忽汗城 滅之改爲東丹國 其世子大光顯及將軍申
德 禮部卿大和鈞均老 · 司政大元鈞 · 工部卿大福謩 · 左右衛將軍大審理 · 小將冒豆干 ·
檢校開國男朴漁 · 工部卿吳興 前後來奔者數萬戶"

편』에서, 대광현은 발해가 멸망한 후 즉시 고려에 내투하였는데『고려사』에서 태조 8년(925)이라고 한 것은 일시적인 소략(疏略)이라고 했다.[32] 이후 연구자들은 자신의 견해에 따라 926년설과 934년설을 각자 취사선택하고 있어서 일치된 견해를 보이지 않고 있지만 필자는 934년설을 취하는 것은 확실히 잘못되었다고 생각한다.

이상의 내용을 종합하면 후발해가 존재했다고 보기는 어렵다. 본고는 정안국을 논술하기에 앞서 후발해에 관한 선행연구의 문제점에 착안하여 그 존재를 부정하고자 했다. 발해가 멸망한 후에 발해 유민들이 각지에서 산발적으로 부흥운동을 하였을 뿐 구체적으로 후발해를 건국하지는 못했다. 이후 거란이 동란을 요양으로 천도시키면서 송화강 이동의 지역을 일시 방기하자 할거하던 발해 세력 중에 유력자였던 열씨가 정안국을 건국하였고, 오씨가 올야를 지배했다고 볼 수 있다. 따라서 후발해는 이들을 포함한 발해부흥운동의 제 세력에 대한 총칭이며 후세의 연구자에 의해 만들어진 허상이라고 보는 것이 타당하다고 생각된다.

2. 정안국에 대한 이해

1) 정안국의 건국

거란이 발해를 멸망시키고 동란이라는 이름으로 위성국가를 세웠지만 이것이 발해 전 지역에 대한 실효적 지배를 의미하는 것은 아니다. 거란은 짧은 시간에 동서로 팽창했던 탓으로 그 영역의 전부를 체계적으로 지배할만한 시간적 여유도 역량도 없었다. 또한 유목국가의 특성상 초지 이외

---

31) 李美子, 「후발해국의 존재여부에 대하여」, 『백산학보』 67, 2003.
32) 金毓黻 編著, 발해사연구회 옮김, 『渤海國志長篇 (하)』, 서울, 신서원, 2008, p.268.

의 영역에 대해서는 직접 통치는 회피하고 정기적인 공납을 수취할 수 있는 제도적 장치를 도입하고자 했다. 이러한 관점에서 거란은 정치적 목적보다는 경제적 목적에 우선하여 발해를 지배하고자 했기 때문에 그 체제를 그대로 유지한 채 동란으로 국명만 바꾸었을 뿐이다. 이렇게 해서 일단 발해유민들의 저항을 완화시키고 초기 거란의 재정을 충실히 확보하고자 했지만 그 의도와는 달리 발해유민의 반요투쟁은 끊이지 않았다. 거란이 순식간에 부여성 및 홀한성 등을 점령하였다고는 하나 지방의 여러 부주(府州)들은 발해왕국의 재건을 위해 계속 투쟁하였다.

예컨대 문헌의 기록을 보면 장령부가 완강히 반항하자 거란의 이리필 강묵기, 좌복사 한연휘가 파견되어 점령하였는데 이때 압록부가 7,000명을 보내어 회발성(回跋城)을 원조하자 거란의 장수인 소아고지와 강묵기는 군사를 이끌고 공격하여 3,000여 명을 참수하고 회발성을 점령하였다.33) 안변, 막힐, 정리 3부도 연이어 반거란 세력에 합류하였는데 이에 안단이 9일 만에 3부를 평정하면서 주동인물인 안변부 장군 2인을 처형하고 많은 포로를 잡아서 돌아갔다. 거란의 대군이 퇴각하자 "이미 함락된 성읍 가운데 많은 성읍이 반란을 일으켰다."34) 더욱이 5월에 남해부와 정리부가 다시 반란을 일으켰고, 7월에는 철주자사 위균도 일어나자 거란의 대원수인 요골(야율덕광)이 직접 평정하였다. 이미 거란에 함락되었던 장령부에서도 다시 반란이 일어나 8월에 강묵기 등이 공격하여 점령하였다. 또한 장령부가 함락되기 1개월 전에 태조 야율아보기의 죽음이 세상에 알려지자 이를 기회삼아 발해왕이 그의 동생을 시켜 부여성을 공격하게 하였으나 이기지 못하고 철수하였다.

---

33) 『遼史』卷73, 「蕭阿古只傳」 "渤海旣平 改東丹國. 頃之 已降郡縣復叛 盜賊蜂起. 阿古只
與康黙記討之 所向披靡. 會賊遊騎七千自鴨淥府來援 勢張甚. 阿古只帥麾下精銳 直犯
其鋒 一戰克之 斬馘三千餘 遂進軍破回跋城"
34) 『遼史』卷74, 「康黙記傳」 "已下城邑多叛"

이상과 같이 발해가 멸망하고 야율아보기가 사망하기까지 대략 7개월 간 발해인의 반요투쟁에 관련된 기사가 빈번하게 등장하지만 그 이후부터 정안국의 기사가 등장하기까지 반요투쟁의 기사를 볼 수 없다. 그 이유를 거란의 내부사정에서 찾을 수 있다. 야율아보기가 갑자기 죽자 황차자(皇 次子) 야율덕광은 즉시 발해 잔부의 토벌작전을 중지하고 부여부로 서둘 러 돌아갔고, 동란국의 인황왕 야율배도 역시 부여부로 돌아갔다. 야율아 보기의 장례를 치른 후에 황태자 야율배가 계위할 것이라는 예상과는 달 리 황후 술율씨는 황차자 야율덕광을 황제 자리에 앉히기 위해 황위 계승 식을 차일피일 미루었다. 일단 국권을 잡은 술율씨는 거란 내부를 안정시 키는 것이 우선이었고 동란국의 경영은 뒷전이었을 것이다. 그래서 발해 고지의 반요세력에 대한 공격도 줄어들었고 이로 말미암아 발해유민의 저 항도 소강상태에 놓이게 되었다.

더욱이 야율덕광이 태종에 즉위한 후 천현 3년(928)에 "조를 내려 야율 우지에게 동란민을 이주시켜 동평에 채우도록 하였다"[35]고 한다. 이때 옮 겨진 동란의 발해유민이 대략 27만에 이르렀고, 천현 5년(930)에는 동란 왕 야율배가 남당으로 망명하자 동란국의 혼란은 더욱 가속화되었다. 발 해고지는 명목상 요조에 귀속되어 있었으나 실제로 대부분의 지역이 정치 적으로 진공상태나 다름없었다. 이러한 가운데 앞서 말한 각 지역의 할거 세력들이 건국에 박차를 가했고 그 중 한 무리가 발해의 서쪽지역에 나라 를 건국하였는데 이것이 정안국이다. 정확한 건국 년도는 알 수 없으나 대 략 930년대에 세워진 정안국은 초기에 그 세력이 미약했기 때문에 당시 주변국의 관심을 얻지 못하다가 40여 년이 지난 후에 비로소 중원의 송조 와 연계되면서 사서에 등장하게 된 것이다.

정안국은 아래와 같이 『송사』 권491 「외국전」에 입전되어 그 실상을

---

35) 『遼史』 卷3, 「太宗本紀 上」 "詔耶律羽之遷東丹民以實東平"

조금이나마 파악할 수 있다.

> 정안국은 본디 마한(馬韓)의 종족인데 거란에게 격파당하자, 그 추장
> 이 남은 무리를 규합해서 서쪽 변방에 웅거하여 나라를 세우고 개원(改
> 元)하면서 정안국이라 자칭하였다.[36]

이를 보면 우선 정안국의 건립과 관련 그 나라의 건국 주체가 마한의 종
족이며 위치는 서쪽 변방이라고 기재되어 있다. 마한의 종족이라는 말이
어디에서 연유되었는지 몰라도 마한은 변한, 진한과 더불어 한반도 남쪽
에 위치한 고대국가였다. 역사의 발전에 따라 기원전후 삼한 고지에 차례
로 신라, 백제, 가야가 출현했는데 마한을 대신하여 나라를 세운 것이 백
제이다.

그러나 삼국시대의 사료에서 마한을 통상 백제로 지칭하지만 때로는
고구려를 가리키기도 한다. 신라의 최치원(崔致遠)이 "마한은 고구려이고
변한은 백제이며 진한은 신라이다"[37]라고 말하는 것이 그 단적인 사례이
다. 또한 와다키요시는 정안국이 발해국의 후예가 건국한 것이기에 고구
려에 마한족이라는 아명(雅名)을 썼을 뿐이며 삼한의 마한을 지칭하는 것
은 아니라고 해석했다. 무엇보다도 정안국왕 오현명이 송에 표문(表文)를
올리면서 자신을 "고구려의 옛 땅인 발해의 유민이라고" 밝히고 있는 점을
볼 때 마한족은 고구려의 후예인 발해유민들을 지칭하는 것으로 이는 곧
정안국이 고구려 및 발해의 계승의식을 가지고 있다는 것을 보여주는 셈
이다.

---

36)『宋史』卷491,「外國傳·定安國」"定安國本馬韓之種 爲契丹所攻破 其酋帥糾合餘衆 保
　　于西鄙 建國改元 自稱定安國"
37)『三國史記』卷 34,「雜誌 3」「地理 1」"新羅崔致遠曰馬韓則高麗 卞韓則百濟 辰韓則新
　　羅也"

그렇다면 남은 무리를 규합해 정안국을 건국한 수장은 누구이며 서쪽 변방은 구체적으로 어느 지역인가? 정안국 건국자와 위치에 대해 대다수의 연구자들은 열만화(烈萬華) 내지는 열씨세력이 서경 압록부를 중심으로 건국하였다고 보고 있다. 다만 건국 시기는 세자 대광현이 고려로 망명한 직후인 934년~936년으로 보는 견해와 열만화가 송에 표와 방물을 바친 970년으로 보는 견해로 대별할 수 있다.[38] 사료가 남아있지 않아 정확하게 판단할 수는 없지만 세자 대광현은 발해멸망과 동시에 고려로 망명했을 가능성이 높다고 전술한 바가 있다. 따라서 대광현의 후발해 세력을 몰아내고 열씨 세력이 정안국을 세웠다는 히노가이사부로의 견해는 받아들일 수 없다. 또한 970년은 다만 송에 표를 올린 시기였던 만큼 그 이전에 이미 정안국은 건국되어 있었다고 보는 것이 타당하다. 따라서 필자는 정안국이 건국할 수 있었던 계기는 동란국의 서천으로 보고, 930년 초에 동란의 서천이 완료되자 발해유민의 할거세력 중에 가장 강력한 열씨세력이 930년대 중엽이후 서쪽 변방에서 정안국을 건국하였을 것이라 생각한다.

한편 건국자로 추정되는 열씨는 아마도 남해도독 열주도(列周道)일 가능성이 높다. 열주도는 발해시기에 이미 남해부를 통치하던 도독이었고 동란국이 소멸될 때까지 그 직책을 유지하면서 후당에 사신으로 파견된 바 있다. 『오대회요』에 따르면 "후당 청태 2년(935) 12월에 사신 열주도를 파견하여 입조하고 특산물을 바쳤다."[39] 그리고 "후당 청태 3년(936) 2

---

38) 李美子, 「후발해국의 존재여부에 대하여」, 『백산학보』 67, 2003의 도표 인용.

연구자	건국 시기	건국 중심	건국 세력	멸망 시기	출전
池內宏	송 개보 연간 초기	서경 압록부	열만화 세력	985-986	『철리고』
和田淸	송 개보 3년(970)	서경 압록부	열만화 세력	985-986	『정안국에 관하여』
日野開三郎	후당 청태 3년(936)	서경 압록부	열씨 세력	970-981	『정안국고』
박시형	발해 멸망 직후	하얼빈 지역	오씨 세력	1006-1016	『발해사』
李龍範	고려 태조 17년(934)	압록부 장령부	열씨 세력	986	『대륙관계사 고대편』
金渭顯	고려 태조 17년(934)	서경 압록부	열만화 세력	985-986	『요대의 발해 부흥운동』

39) 『册府元龜』 卷972, 「朝貢5」 "十一月渤海遣使列周義朝貢方物", 『新五代史』 卷6, 「明宗

월에 발해사신으로 입조한 남해부도독 열주도에게 검교공부상서(檢校工
部尙書)와 정당성(政堂省) 공부경(工部卿)을, 오제현(烏濟顯)에게 시광록
경(試光祿卿)의 벼슬을 주었다"[40]고 한다. 이 기사에서 당시 열주도가 남
해부의 도독으로 그 지역에서 강력한 지도력을 발휘했기 때문에 거란 통
치자에게 위무의 대상이었음을 엿볼 수 있다. 그러나 동란이 곧 소멸되면
서 거란의 통치력이 남해부까지 미치지 못하게 되자 열주도는 발해부흥을
계획하게 된 것이라 추정된다.

그런데『송사』에서는 정안국의 건국 중심지가 남해부 남경이 아니라
막연히 서쪽 변방이라고 전하고 있다. 서쪽 변방은 발해의 서쪽을 지칭하
며 고구려의 서부 활동지역과 중첩되는 지역일 것이다. 왜냐하면 오현명
이 송에 올린 글에 "고구려의 옛 땅인 발해의 유민으로서 한 귀퉁이를 차
지하여 오랜 세월 살아왔다"라는 대목이 있기 때문이다. 그 중에서도 발해
가 "고구려 고지를 서경으로 삼고 압록부라 불렀다"[41]는 점과 "정안국을
지나는 여진 사신에게 부탁하여 송 황제에게 표를 부쳐 올렸다"[42]는 점
등을 감안하면 압록강 일대일 가능성이 높다. 하지만 서쪽변방과 고구려
옛 땅을 동시에 충족시킬 수 있는 곳은 서경 압록부 뿐만 아니라 중경 현
덕부와 장령부도 포함시킬 수 있다.

또한 정안국을 경유한 여진 사신이 어디에서 출발하였는지가 정안국의
위치를 비정하는 데 있어서 중요한 관건이다. 당시 만주지역에 거주하던
생여진 집단에 대해 총칭하여 삼십부여진이라 불렀다. 이들은 고려북변의
함경도 지방과 간도방면 뿐만 아니라 아집하(阿什河) 유역에 이르는 지역

紀" "九月渤海遣使者來",『舊五代史』卷43, "十一月渤海國遣使朝貢",『五代會要』卷
30,「渤海」"十二月遣使列周道等入朝貢方物"
40)『五代會要』卷30,「渤海」"以入朝使南海府都督列周道爲檢校工部尙書 政堂省工部卿烏
濟顯試光祿卿"
41)『新唐書』卷219,「北狄傳·渤海」"高麗故地爲西京 曰鴨淥府"
42)『宋史』卷491,「外國傳·定安國」"會女眞遣使來貢, 路由本國, 乃托其使附表來上"

까지 산거하였으므로 여진사신의 경유지를 압록강 일대로만 국한시킬 수
없다. 더욱이 요동반도와 압록강 일대는 계요적여진(係遼籍女眞)이 거주
하는 거란의 통치 권역이었고, 태종 회동 3년(940)과 회동 4년(941)에 각
각 "압록강여진이 사신을 파견하여 조공을 받쳤다"[43]라는 기사를 볼 때
압록강 일대에 상당한 힘을 지닌 여진세력이 할거하고 있었음을 엿볼 수
있다. 따라서 정안국의 위치는 압록강 일대보다는 송화강 상류와 태백
산[44] 사이의 현덕부에 있었다고 볼 수 있다. 현덕부는 발해의 내지로서
동경 홀한성에 가깝고 장령부, 용천부, 압록부, 용원부로 둘러싸인 지리적
요충지였기 때문에 각 지역의 반요세력이 용이하게 결집될 수 있었다.

그런데 열주도가 남해부를 떠나 현덕부에서 정안국을 건국한 이유는
무엇인가? 남해부는 발해인과 토착 여진으로 구성되어 있었는데 발해가
멸망하기 이전부터 여진의 세력이 대두되었다. 그들은 열씨 등 발해인의
지배력을 무력화시켰고 독립적으로 고려 및 중원과 교섭하기 시작했다.
그리하여 통치지위에 있던 열씨를 비롯한 발해인은 오히려 이들을 피해
다른 지역으로 이주해야만 했다. 열주도 역시 압록강과 두만강 일대의 여
진을 피해 발해의 내지로 들어가서 반요투쟁의 유민들을 모아 정안국을
건국한 것이라고 여겨진다.

2) 정안국과 올야의 관계

정안국은 현덕부 중경에 건국한 발해유민의 소국이었으며 열주도에 이
어 열만화가 왕위를 계승하였다. 열만화의 열씨(烈氏)는 열주도의 열씨(列
氏)와 동성(同姓)의 이사(異寫)였기 때문에[45] 그들이 혈족이었음에 틀림

---

43) 『遼史』 卷4, 「太宗本紀 下」 "會同3年二月壬寅 女眞來貢" "會同4年十一月丙子 鴨綠江
女直來貢"
44) 太白山은 현재 白頭山(혹은 長白山)의 옛 명칭으로 不咸山이라고도 불렸으며 두만강,
압록강, 송화강의 발원지이다.

없다. 정안국왕을 계승한 열만화는 거란의 잦은 침략으로 존립의 위기를 느끼고 있던 차에 경유하던 여진 사신에게 부탁하여 송 태조에게 표문과 방물을 바쳤다. 이후 송의 조서를 받아 매우 기뻐했는데 이는 대국인 북송의 힘을 빌려 원수를 갚으려 했기 때문이다. 『송사』는 이 전후의 사정을 다음과 같이 전하고 있다.

> [태조] 개보 3년(970)에 그 국왕 열만화가 여진이 파견한 사신을 통하여 표와 방물을 바쳤다. 태평흥국 연간(976~983)에 태종이 원대한 계획을 세워 거란을 토벌하려 하면서, 정안국에 조서를 내려 기각(掎角)의 형세를 펼치도록 하였다. 정안국 역시 원수가 침범을 그치지 않는 것에 대해 원망하던 터에 중국에서 군사를 일으켜 북방의 거란을 토벌한다는 소식을 듣고는, 송의 군대에 의지하여 묵은 울분을 씻을 수 있을까 하여 조서를 받고 대단히 기뻐하였다.[46]

하지만 정안국의 기대와는 달리 송 태종은 태평흥국 4년(979)에 일으킨 고량하(高粱河) 전투에서 거란에게 대패하였다. 뿐만 아니라 반대로 요의 경종이 그 침략에 대한 보복으로 두 차례나 송을 공격했다. 처음 만성(滿城) 전투에서 거란이 송에 패배했고 와교관(瓦橋關:雄州) 전투에서는 양국이 일진일퇴의 형세를 보였으나 실제로 요가 승리한 것이나 다름없었다. 그 과정에서 송의 동맹국인 정안국도 군사를 일으켜 송과 보조를 맞추었으나 결국 거란에 의해 군사적 타격을 입었을 것이다. 이러한 내용은 정안국 왕 오현명이 송에 보낸 표문에서 다음과 같이 기록되어 있다.

---

45) 日野開三郎,「定安國考」,『日野開三郎東洋史學論集 (第16卷)』, 1991, p. 26.
46)『宋史』卷491,「外國傳·定安國」"開寶三年 其國王烈萬華因女真遣使入貢 乃附表貢獻 方物 太平興國中 太宗方經營遠略 討擊契丹 因降詔其國 令張掎角之勢 其國亦怨寇讎侵 侮不已 聞中國用兵北討 欲依王師擄宿憤 得詔大喜"

얼마 전 거란이 그 강포함을 믿고 [우리의] 강토에 침범하여 성채를 깨부수고 인민들을 사로잡아 갔습니다. [하지만] 신의 선조들은 절의를 지키며 항복하지 않고 백성들과 더불어 다른 지역으로 피하여 가까스로 인명을 보전하며 지금에 이르고 있습니다.[47]

거란의 역대 황제는 기각지세(掎角之勢)의 형국을 의식하여 배후세력에 대해 철저히 방비를 했다. 이에 따라 요의 경종은 정안국을 침략하였고, 이어서 성종은 고려, 여진 등 동방경략에 주력하였기 때문에 미약한 세력의 소국이었던 정안국은 거란의 공세를 버텨낼 수 없었다. 그렇다면 정안국왕 열만화가 거란의 침략을 피해 백성을 이끌고 간 다른 지역이란 어디일까? 또한 태평흥국 6년(981)에 송에 보낸 표문에서 정안국왕이 오씨로 바뀐 이유는 무엇일까?

결론부터 말한다면 정안국은 거란의 침략을 피해 오사성으로 천도하였으나 올야의 군주였던 오씨로 왕이 교체된 것이다. 이는 곧 정안국이 올야에 병합되었음을 의미하는 것이다.

올야는 말갈의 여러 부족 가운데 불열부(拂涅部)의 후예일 가능성이 높다. 수당시기에 말갈7부 중의 하나였던 불열부는 발해의 세력이 북으로 확장됨에 따라 합병되어 행정상 동평부로 편제되었다.[48] 그 후 백여 년의 융합과정을 거친 올야는 거의 발해화되었으며 많은 발해인이 그 부족 내부에 들어가 거의 실권을 장악한 상태였다. 중국인 학자 손진기는 올야부가 발해족이 아니지만 오씨가 보이는 것은 그 나라를 통치한 이가 바로 발해인이기 때문일 것이라고 주장했다.[49]

『송막기문』에 따르면 발해의 "우성은 고·장·양·두·오·이 등 몇 개

---

47) 『宋史』卷491, 「外國傳·定安國」 "而頃歲契丹恃其強暴 入寇境土 攻破城砦 俘略人民 臣祖考守節不降 與衆避地 僅存生聚 以迄于今"
48) 朱國忱, 「兀惹部兀惹城研究」, 『東北史地』 2007 3期.
49) 孫進己, 「定安國·兀惹國及燕頗的活動」, 『東北民族史研究 1』, 中州古籍出版社, 1994.

에 불과하다"라고 전하고 있다. 당시 오씨가 어떤 종족이던 간에 발해의 귀족으로서 올야부에 파견되어 말갈주민들을 통치하였던 도독일 가능성이 높다. 그 후에 점차 그 지역에서 영향력 있는 호족으로 발전하였을 것이다. 발해가 멸망하자 올야의 부민을 통솔하며 지배적 위치를 확보한 오씨도 발해부흥운동에 참여하였던 할거세력 중의 하나였다. 그들은 동란이 서천하자 용천부 홀한성을 접수하고 발해의 구도(舊都)를 중심으로 세력을 확장하기 시작했다. 이 때 홀한성은 올야부라는 부족명을 빌려 올야성이라고 대신 불리게 되었다. 즉 "오씨 일족의 조상이 나라가 망한 뒤에 혼동강(混同江) 오른쪽 기슭에 자리 잡고 스스로 한부를 형성하여 오사국이라 칭했는데 올야라고도 했다"[50]는 기록이 그러한 정황을 단적으로 보여준다.

하지만 올야의 위치에 대한 견해는 학자마다 다르다. 일부는 올야를 흑수말갈 제부의 범위에 속한다고 보았는데, "흑수는 악약(惡弱)을 국토로 하였고"[51] "장흥 원년 2월에 흑수와 올아(兀兒)는 사신을 파견하여 방물을 받쳤다"[52]는 기사를 근거로 악약과 올아는 올야의 다른 번역이며 흑수말갈과 마찬가지로 흑룡강 하류에 위치했기 때문에 올야성은 지금 흑룡강성 동강시(東江市)의 진득리(秦得利) 고성이라고 고증했다.[53] 이를 뒷받침하는 견해로서 악약은 올야의 음사(音寫)로서 문자면에서 폄칭(貶稱)으로 보고 있지만[54] 흑수의 국토가 열악하다는 형용사적 표현일 뿐 부의 명칭이 아니라고 보는 견해도 있다.[55] 하지만 송화강과 흑룡강이 만나는 지점

50) 金毓黻, 『渤海國志長篇·中』, 서울, 신서원, 2008, p.139.
51) 『續資治通鑑長編』 卷71 "邊臣言. 契丹爲黑水所侵而遁. 其部下防境上. 黑水爲惡弱國土"
52) 『册府元龜』 卷972 "長興元年 … 二月 黑水兀兒遣使貢方物"
53) 張泰湘·李延鐵·張桂芝, 「兀惹叢考」, 『北方文物』, 1993 3期.
54) 日野開三郎, 「兀惹都の發展」, 『日野開三郎東洋史學論集 (第16卷)』, 1991, p.92.
55) 孫進己, 「定安國·兀惹國及燕頗的活動」, 『東北民族史硏究 1』, 中州古籍出版社, 1994.

에는 오국부가 산재하고 있었으므로 올야의 주거지로 현재의 동강시를 비
정하는 것은 잘못된 것이다.

또한 일부 학자는 요대 올야의 활동지역이 대체로 수분하(綏芬河) 중상
류 동북의 광활한 지역이며 우수리강 중상류 연안의 일대를 포괄한다고
보았다. 오늘날 올야의 남서지역에서 발해와 요·금의 고성들이 발견되고
있다. 그 중 발해 및 요·금의 전형적인 유적이자 비교적 규모가 큰 동녕
현(東寧縣) 대성자(大城子) 고성이 올야성으로 추정된다고 했다.[56] 더 나
아가 정안국과 올야부를 동일시하여 정안국의 위치를 수분하 중상류로 비
정하고 오사성의 구체적인 위치는 현재 동녕현의 오배산성(五排山城)이라
고 주장하는 연구자도 있다.[57] 반면 그들의 원주지가 흑룡강 하류였으나
흑룡강과 송화강을 역류하여 삼성(三姓)지방(지금의 依蘭縣)에 도착하여
거주하였는데 후발해가 망하자 목단강을 따라 용천부 상경지역으로 남하
한 후에 홀한성을 중심으로 거주하였다고 하는 연구도 있다. 올야성이라
는 명칭은 그곳을 중심으로 강대한 세력을 확립하자 주위 부족들이 올야
부의 성이라는 의미로 홀한성을 올야성이라고 불렀다고 한다.[58]

상기 견해 중 수분하를 올야의 위치로 비정한 것은 받아들이기 어렵다.
『요사』에 따르면 올야는 부여부와 철려의 근처에 위치해야만 한다. 왜냐
하면 부여부의 연파(燕頗)가 올야로 망명하였을 때 연파와 올야가 협력하
여 철려를 공격한 것이나 요조가 이를 정벌하기 위해 화삭노(和朔奴)로 하
여금 철려를 경유하여 올야를 정벌하게 한 것으로 보아 철려와 올야가 인
접해 있기 때문이다. 또한 철려는 여진의 동쪽이 아닌 서쪽에 위치했으므
로 동쪽 끝인 수분하에 올야가 위치해 있다는 것은 맞지 않다. 그리고 거
란에서 송으로 되돌아 온 거란의 홍보관(供奉官) 이신(李信)이 거란 사정

56) 朱國忱·魏國忠, 『渤海史稿』, 黑龍江文物出版編輯室, 1984.
57) 梁玉多, 「定安國小考」, 『北方文物』, 2010 1期.
58) 日野開三郞, 「兀惹部の發展」, 『日野開三郞東洋史學論集 (第16卷)』, 1991, pp.142~143.

을 말하는 가운데 올야국이 등장한다. 다음의 기사가 그것이다.

그 나라 국경은 유주에서 동쪽으로 550리를 가면 평주에 이른다. 다시
550리를 가면 요양성에 이르는데 바로 동경이라 부른다. 다시 동북으로
600리를 가면 오야국에 이른다. 그 나라는 한문법을 사용하고 팔각과 원
형의 인장을 사용한다.[59]

위의 기사에서 보듯 거란의 동경 요양성에서 600리 떨어진 곳이 오야국
과의 국경이었다. 여기서 말하는 오야국은 올야부이며 '국(國)'이란 흑수,
철려와 같은 강대부족을 가리켜서 국으로 불렀던 당시의 습속에 따랐을
뿐 별다른 의미는 없다. 당시 문헌에 기록된 수치로는 정확한 거리를 측정
하기 곤란하지만 분명한 것은 올야의 위치가 동쪽 끝이 아님을 확신할 수
있다. 또한 올야가 한문과 인장(印章)을 사용하는 등 한문화가 고도로 발
달하여 있던 것은 발해 내지에 위치해 있었음을 뒷받침해주는 논거이다.

따라서 열만화가 무리를 이끌고 간 곳은 구발해의 도읍인 홀한성, 즉 오
사성이었고 이들을 맞아들인 오현명이 정안국의 왕위를 계승하였던 것으
로 추정된다. 왕위 계승방법이 물리적 찬탈이었는지 선양형식의 계위였는
지는 확인할 수 없지만 올야 지역으로 온 패잔의 열만화가 발해의 우성이었
던 오씨에게 자연스럽게 왕위를 양보했을 것이다. 올야부를 통치하던 오씨
세력은 발해의 계승국인 정안국의 국호를 그대로 사용하였는데 이는 한편
으로 통치상의 편의 때문이었고, 다른 한편으로 대송관계의 사정 때문이었
을 것이다.[60] 결국 발해의 구도에서 올야를 중심으로 부여부의 연파 세력
과 정안국 세력 등이 결집됨으로써 항요투쟁의 전기를 맞이하게 된다.

---

59) 『續資治通鑑長編』卷55 "其國境 自幽州東行五百五十里至平州 又五百五十里至遼陽城
即號東京者也. 又東北六百里至烏惹國. 其國用漢文法 使印八角而圓"
60) 日野開三郎, 「兀惹部の發展」, 『日野開三郎東洋史學論集 (第16卷)』, 1991, p.89.

3) 정안국의 해체

정안국이 오사성으로 천도하여 올야부에 병합되기 이전에 부여부의 연파가 오사성에 귀순한 사건이 있었다. 부여부의 계요적발해인이었던 연파가 거란에 반기를 든 이유는 정확하지 않으나 발해부흥운동의 연장선상에서 볼 수 있다. 연파의 난과 관련하여 『요사』에는 다음과 같이 기재되어 있다.

경종 보녕 7년(975)년에 황룡부 위장(衛壯) 연파가 도감(都監) 장거(張琚)를 살해함으로써 반란을 일으켰고, 거란 정부는 창사(敞史) 야율갈리(耶律曷里)를 파견하여 이를 반드시 토벌토록 하였다. 9월에 연파는 치하(治河)에서 패했고 야율갈리는 그의 동생 안박(安搏)으로 하여금 추격하게 하였으나 연파는 올야성으로 도주하였기 때문에 안박은 그냥 돌아올 수밖에 없었고, 다만 나머지 잔당 천여 호를 통주성(通州城)으로 이주시켰다.[61]

용주(龍州) 황룡부는 본래 발해의 부여이다. … 보령 7년 군장(軍將) 연파가 반란을 일으켰기 때문에 부(府)를 폐지하였다.[62]

당시 황룡부 군장 연파는 수신(守臣)을 살해함으로써 반란을 일으켰고 하로불(何魯不)은 이를 토벌하여 압록강에서 패배시켰다. 그러나 앉아서 친히 추격하지 않음으로써 적을 놓쳤기 때문에 장형에 처해졌다.[63]

---

61) 『遼史』 卷8, 「景宗本紀 上」 "景宗保寧七年秋七月, 黃龍府衛壯燕頗殺都監張琚以叛 遣 敞史耶律曷里必討之. 九月敗燕頗于治河 遣其弟安搏追之. 燕頗走保兀惹城 安搏乃還 以 餘黨千餘戶城通州"

62) 『遼史』 卷38, 「地理志 二」 "龍州 黃龍府. 本渤海夫餘府. … 保寧七年 軍將燕頗叛 府廢"

63) 『遼史』 卷77, 「何魯不傳」 "時黃龍府軍將燕頗殺守臣以叛 何魯不討之 破于鴨綠江 坐不 親追擊 以至失賊 杖之"

부여부는 요대 황룡부로서 요양부와 함께 동쪽 변경을 방어하는 2대 기지였으며 발해인들이 다수 거주하였다. 황룡부의 위장 또는 군장이었던 연파가 휘하의 발해인을 지휘하여 황룡부 도감인 장거를 사살하고 요에 저항하였다. 위장이나 군장이라는 직책은 『요사』「직관지」에 없기 때문에 정식의 직명이 아니고 관습적인 호칭인 듯하지만 해당지역의 군사지휘관이었음을 추측할 수 있다.

위 기록에서 보이듯 요나라 조정에서는 소덕군(昭德軍) 절도사로서 북원대왕(北院大王)인 야율아로불을 파견하여 이들을 토벌하도록 하였으며 치하에서 연파의 군사를 격파하였다. 치하는 다른 기사에서 압록강이라고 기록되어 있지만 이는 오기(誤記)이며 압자하(鴨子河)를 말하는 것이다.[64] 요금시기에 송화강을 압자하 혹은 혼동강이라 칭했는데 연파는 황룡부 근처의 압자하에서 패배하자 홀한성, 즉 오사성으로 피신하였을 것이다. 이 루트는 거란 태조 야율아보기가 부여성을 함락하고 홀한성으로 진격하여 발해를 멸망시킨 루트로서 발해시기의 거란도(契丹道)이기도 했다. 당시 지리적 여건으로 볼 때 연파의 무리가 황룡부에서 압록강까지 남하하여 그곳에서 패한 후에 올야성으로 도주했다는 것은 시간적·공간적으로 도저히 납득하기 어렵다.

그 후 야율하로불은 그의 동생 야율안박으로 하여금 추격하게 하였으나 연파군을 따라잡지 못했고, 연파는 동쪽으로 달아나 올야성으로 들어가 올야부에 귀순하였다. 야율하로불은 직접 추격하지 않았다는 죄목으로 장형의 처벌을 받았다. 연파가 군사를 거느리고 황룡부를 떠난 후에 거란 통치자는 반란자들의 기반을 없애려고 해당지역의 발해유민 천여 호를 남쪽의 통주(通州)로 이주시키고 황룡부를 폐지해버렸다.

올야의 부장이었던 오현명은 연파의 부여부와 열만화의 정안국 등이

---

64) 孫進己, 「定安國·兀惹國及燕頗的活動」, 『東北民族史研究 1』, 中州古籍出版社, 1994.

올야성으로 피신해왔기 때문에 혹시 있을지 모를 요 군사의 대규모 토벌을 우려해서 적극적으로 북송과 연락하였다. 다음의 표(表)는 바로 이때 송에 보낸 것이다.

정안국의 왕인 신 오현명은 아룁니다. 성주(聖主)의 은혜가 하늘과 땅에 두루 미치어 이맥(夷貊)의 풍속을 어루만져 주시니, 신 오현명은 참으로 기뻐 머리를 조아리며 재배(再拜)합니다. 신은 본래 고구려의 옛 땅인 발해의 유민으로서 한 귀퉁이를 차지하여 오랜 세월 살아오는 동안, 커다란 은덕에 힘입고 한량없는 은택을 받아 나름대로 본성(本性)을 지키며 살고 있습니다. 그런데 얼마 전 거란이 그 강폭함을 믿고 [우리의] 강토에 침범하여 성채를 깨부수고 인민들을 사로잡아 갔습니다. [하지만] 신의 선조들은 절의를 지키며 항복하지 않고 백성들과 더불어 다른 지역으로 피하여 가까스로 인명을 보전하며 지금에 이르고 있습니다. 그런데 부여부가 일전에 거란을 배반하고 본국(本國)에 귀순하였으니 앞으로 닥칠 재앙이 심히 클 것입니다. 천조(天朝)가 내려준 비밀 계획을 마땅히 받아들여 정병을 이끌고 그 토벌을 도와 반드시 적에게 [원수를] 갚고자 합니다. 절대로 명령을 거역하지 않겠습니다. 신 오현명은 [원정이 성공하기를] 정성을 다해 간절히 기원하면서 머리 조아려 재배합니다." 그 끝에는, "원흥 6년 10월 며칠에 정안국 왕인 신 오현명은 성스러운 황제 앞에 표를 올립니다."라고 적고 있었다.[65]

이 표문의 내용을 보면 정안국의 존립이 어려웠던 상태였고 부여부의

---

65) 『宋史』卷491, 「外國傳·定安國」 "定安國王臣烏玄明言：伏遇聖主洽天地之恩 撫夷貊之俗 臣玄明誠喜誠抃 頓首頓首. 臣本以高麗舊壤 渤海遺黎 保據方隅 涉歷星紀 仰覆露鴻鈞之德 被浸漬無外之澤 各得其所 以邃本性. 而 頃歲契丹恃其強暴 入寇境土 攻破城砦 俘略人民 臣祖考守節不降 與衆避地 僅存生聚 以迄于今. 而又扶餘府昨背契丹 並歸本國 災禍將至 無大於此. 所宜受天朝之密畫 率勝兵而助討 必欲報敵 不敢違命. 臣玄明誠墾誠願頓首頓首 其末題云：「元興六年十月日, 定安國王臣玄明表上聖皇帝前"

발해인이 반란을 일으켜 귀순하자 장차 거란의 정벌을 예견하여 송에 협조할 것을 다짐하고 있다. 여기에서 부여부는 연파의 무리를 지칭하는 것이며 975년에 연파가 귀순한 곳이 오사성이었음에도 불구하고 본국, 즉 정안국에 귀순하였다고 표현한 것은 올야의 오현명이 이미 정안국의 왕위에 즉위하였기 때문이다. 문헌에 정안국과 올야가 혼재되어 있는데『송사』에서는 정안국으로,『요사』에서는 올야라고 기록되어 있다. 북송은 자신들이 절박했던 상황인 만큼 발해의 유민국을 정안국이나 부투부발해국 등의 국가체제로 인정했던 반면 거란으로서는 단지 자신들의 영역에 존재하는 속부 정도로 여겼기 때문에 달리 표현한 것이다.[66]

마침내 송 태종은 재차 북벌을 준비하는 과정에서 태평흥국 6년(981)에 정안국과 부투부발해국에 각각 다음과 같이 조서를 내려 협력을 강요하였다.

> 오사성부투부발해염부왕에게 조서를 내려 … 짐의 영기(靈旗)가 적을 쳐부술 때가 되면 이는 이웃 나라가 울분을 씻을 기회가 되니 족장들을 다 출동시켜 우리를 도와 선봉에 서는 것이 마땅하다.[67]

> 정안국왕 오현명에게 조칙을 내리노라. … 경이 만일 누대에 걸친 치욕을 갚으려 한다면, 마땅히 온 나라의 군대를 잘 조련시켜 잘못을 징벌하는 토벌에 참여함으로써 그대가 지닌 복수의 바람을 실현시키라.[68]

오현명에게는 정안국왕, 연파에게는 오사성부투부발해염부왕이라고 칭

---

66) 梁玉多, 「定安國小考」, 『北方文物』, 2010 1期.
67) 『宋史』卷491, 「外國傳·渤海」 "太平興國六年 烏舍城浮渝府渤海琰府王詔曰 … 當靈旗破敵之際 是鄰邦雪憤之日 所宜盡出族帳 佐予兵鋒"
68) 『宋史』卷491, 「外國傳·定安國」 "敕定安國王烏玄明 … 卿若能追念累世之恥 宿戒舉國之師 當予伐罪之秋 展爾復仇之志"

하고 있다. 오사성부투부발해염부왕은 올야성에 거주하는 부여부 출신의 발해인 염파라고 볼 수 있다. 이에 대한 학계의 견해가 대체로 일치하지만 와다키요시와 히노가이사부로 등은 대란하에게 내린 봉호(封號)라고 해석하고 있다. 이는『송사』에서 대란하의 망명사건과 상기 조서가 순차적으로 기록되어 있기 때문이다. 그러나 자국의 발해도지휘사로 삼은 대란하에게 이런 내용의 조서를 내릴 이유가 없다고 본다.

한편 연파는 975년에 오사성으로 귀순하였으나 그 세력이 올야에 귀속되었던 것이 아니라 다른 정치체제를 유지하면서 정안국과 동맹관계를 맺고 있었을지도 모른다. 왜냐하면 송 태종이 조서를 내리면서 연파에게 군사출동의 대가로 약속한 봉상(封賞)이 오현명의 그것을 초과하기 때문이다. 예컨대 정안국에 대해서는 "북방이 평정되면 봉작(封爵)과 상사(賞賜)할 것"이라고 한 반면 연파에게는 "봉상하되 유계(幽薊) 이북의 광대한 사막지대를 모두 준다"고 했다. 어쨌든 확인할 바는 없지만 송조에게는 두개의 정치세력으로 비춰진 것이 분명하다.

송은 이들 세력뿐만 아니라 고려와도 군사동맹을 맺어 거란을 협공하고자 했으나 여의치 않았으므로 결국 태종의 옹희북벌(986)은 실패로 끝나고 말았다. 송은 연운16주를 수복하겠다는 목표를 실현하지 못했을 뿐만 아니라 오히려 대패하여 군사적으로 나약한 모습만 보여주었던 것이다. 이 기간에 정안국과 부투부발해국이 요에 대해 어떠한 군사행동이 이루어졌는지 구체적인 사료가 없어 확신할 수는 없지만 고려와는 달리 송에 호응하였을 것이다. 따라서 정안국은 이후에도 송과 일정시간 조공관계를 유지했는데 다음의 자료가 그것을 보여준다.

단공(端拱) 2년(989) 정안국의 왕자가 여진의 사신을 통해 말과 새 깃으로 장식된 명적(鳴鏑)을 바쳤다. 순화 2년(991) 왕자 태원(太元)이 여진

의 사신을 통하여 표를 올렸는데, 그 뒤로 다시는 오지 아니하였다.[69]

여기서 말하는 태원은 대원(大元)이다. 구발해 왕족인 대씨에 의해 정안국의 정권교체가 이루어졌다는 주장도 있지만[70] 이후에도 여전히 오씨에 의해 권력이 주도되고 있는 것을 볼 때 태원은 오소도의 왕자 중의 한 사람인 오태원(烏太元)일 가능성이 높다.

그러나 정안국은 송이 그들의 기대와는 달리 거란에 대적할 만한 상대가 못 된다는 것을 점차 인식하게 되었기 때문에 더 이상 송에 조공을 하지 않았다. 이에 "송 태종은 조칙을 내려 발해의 조공 불이행을 응징하여 여진에게 군사를 내어 치도록 하니 여진은 곧 1명을 참하였다고 하였으므로 비단 3필을 상으로 내려주었다"[71]고 한다. 이로써 정안국과 송의 관계는 991년 이후 단절된 것으로 보인다. 더욱이 거란이 압록강 주변의 여진을 정벌한 후에 압록강 하구에다 위구(威寇), 진화(振化), 래원(來遠) 등 3개의 성을 구축하고 병사를 주둔시켜"[72] 여진이 압록강을 통하여 송과 통교하는 것을 차단하였기 때문에 그들도 송과 더 이상 관계를 회복할 수 없었다. 그래서 당시 정안국의 실체였던 올야는 거란에 대적할 수 없다는 현실을 직시하고 요 성종 통화 10년(992)부터 요나라에게 조공하기 시작했다.

이후 거란의 명군이었던 성종은 후고(後顧)의 걱정거리를 제거하기 위해 여진을 정벌한 후에 고려를 침략하여 송과 고려를 단교시켰다. 더 나아

---

69) 『宋史』卷491, 「外國傳·定安國」"端拱二年 其王子因女眞使附獻馬·雕羽鳴鏑. 淳化二年 其王子太元因女眞使上表 其後不復至"

70) 『宋史』의 太元과는 달리 『文獻通考』(卷327)와 『續資治通鑑長編』(卷32)에는 大元이라고 기록되어 있다.

71) 『續資治通鑑長編』卷32 "上又以渤海不通朝貢 詔女眞發兵攻之 凡斬一級 賜絹五疋爲賞"

72) 『遼史』卷13, 「聖宗本紀 四」"建威寇·振化·來遠三城 屯戌卒"

가 통화 13년(995)에 마침 올야의 오소도와 발해의 연파가 친요 세력인 철
려를 침략하자 요 조정은 해왕 화삭노 등을 파견하여 정안국을 토벌하게
하였다. 화삭노는 우선 철려에 머무르면서 몇 달 동안 휴식을 취한 후에
올야성을 공격하였다. 거란의 군세에 겁을 먹은 올야가 스스로 항복을 청
했으나 포로와 재물을 획득할 생각으로 그 청을 받아들이지 않았다. 거란
의 제도는 전쟁 중에 노획한 포로와 물자로 개인 소유의 두하군주를 설치
할 수 있었는데 적군이 투항하면 이러한 이득이 없어지기 때문이었다. 그
리하여 화삭노는 올야성을 공략하였고 오소도는 무리를 거느리고 저항할
수밖에 없었다. "화삭노가 올야성을 함락시킬 수 없음을 알고 후퇴하고자
의논하자 소항덕(蕭恒德)이 말하기를 '저들이 굴강하다 하여 내가 조칙을
받들고 정벌하러 왔다가 공이 없이 돌아가면 제부가 나에게 무엇이라 하
겠는가? 깊이 쳐들어가 크게 약탈하여 이겨서 돌아갈 것이다'라 하였다.
화삭노는 어쩔 수 없이 동남 제부로 진격하여 고려의 북쪽 경계에 이르렀
다. 돌아갈 때 길은 멀고 식량이 떨어져서 군사와 말의 사상자가 매우 많
았다"73)라는 기록은 이때의 정황을 잘 보여준다.

비록 정안국은 올야성을 지켜냈지만 요 성종 통화 15년(997)에 재차 거
란의 침략을 받으면서 기진맥진한 군민 사이에 내분이 일어나 "올야의 장
수인 무주(武周)가 요나라에 항복해왔다."74) 그 결과 요나라 조정에서는
올야를 속부로 대우하였고, 해마다 중요한 명절과 황제의 생신에 조공하
도록 하였다. 또 조공품의 수량에 대해 "올야의 수령인 오소도가 지역이
멀다는 이유로 명절 때마다 헌납하는 매, 말, 담비의 모피 등 조공을 면제
하도록 청구했다. 요나라에서는 황제의 생신과 원단의 조공을 제외한 기

---

73) 『遼史』卷88,「蕭恒德傳」"和朔奴議欲引退 恒德曰 以彼倔强 吾奉詔來討 無功而還 諸
部謂我何! 若深入多獲 猶勝徒返 和朔奴不得已 進擊東南諸部 至高麗北鄙 比還 道遠糧
絶 士馬死傷者衆 坐是削功臣號"
74) 『遼史』卷13,「聖宗本紀 四」"統和15年 春正月 癸未 兀惹長武周來降"

타의 조공을 면제시켜 주었다."[75]

그리고 통화 17년(999) 올야의 오소경이 입조하였지만[76] 그해에 요나라 조정은 올야의 인구 일부를 압자하와 혼돈강 사이의 지역으로 이주시켜[77] 그 세력을 약화시켰다. 올야는 더 이상 독립된 정안국으로 존재하기 어려웠고 거란의 속부로 요에 공납하였다. 예컨대 통화 21년(1003) 4월에 올야, 발해, 오리미, 월리매, 월리길 등 5부가 사신을 파견하여 조공하였고, 이듬해 7월에 올야, 포노리, 부아리, 월리매, 오리미 등의 부락이 와서 조공하였다.[78] 이 중 발해는 부투부발해국에 속해있던 발해인의 집단 거주지로 거란의 속부였을 것으로 추정된다. 더 이상 사료에 보이지 않는 부투부발해국은 거란의 압력에 굴복하여 연파 일대(一代)로 그 공동체는 소멸하였을 것이다.

그런데 통화 22년(1004)에 올야의 오소경이 다시 요나라에 반대하는 무장반란을 일으킨 것 같다. 왜냐하면 요나라 조정에서 여진으로 하여금 이를 토벌하게 하였고, 그해 9월에 여진이 사신을 요나라 조정에 파견하여 생포한 오소경의 처자를 인도하였기 때문이다.[79] 오소경은 정안국왕의 후손이었으나 그의 처자마저 포로가 됨으로써 더 이상 궐기하지 못한 채 역사무대에서 오씨의 정안국은 사라지게 된다. 이후에는 올야나 정안국이 요나라에 반항하였다는 기록은 문헌에 보이지 않았으며 다만 올야부만 잔존했을 따름이다. 그런데 고려 현종 9년(1017)에 "정안국의 골수가 고려로 망명하였다"[80]는 『고려사』의 기사는 『송사』의 전례대로 올야부를 정

---

75) 『遼史』卷13,「聖宗本紀 四」"統和15年 三月 庚寅 兀惹烏昭度以地遠 乞歲時免進鷹馬 貂皮 詔以生進正旦貢如舊餘免"
76) 『遼史』卷14,「聖宗本紀 五」"六月 兀惹烏昭慶來"
77) 『遼史』卷3·8,「地理志 二」"統和17年 遷兀惹戶 置刺史于鴨子混同二水之間"
78) 『遼史』卷14,「聖宗本紀 五」"統和二十一年 兀惹·渤海·奧里米·越里篤·越里吉等五部遣使來貢 … 二十二年兀惹·蒲奴里·剖阿里·越里篤·奧里米等部來貢"
79) 『遼史』卷14,「聖宗本紀 五」"女眞遣使獻所獲烏昭慶妻子"
80) 『高麗史』卷4,「世家 四」顯宗9年 1月條"正月 丙申 定安國人骨須來犇"

안국으로 표기한 것으로 짐작된다. 따라서 정안국은 1004년에 멸망한 것이나 다름없다.

이후 요조의 올야에 대한 강제이주는 계속 진행되어 성종 개태 원년(1012)에 철려, 나사(那沙) 등이 올야 백여 호를 빈주(賓州)로 보냈으므로[81] 이들을 관할하게 하였다. 성종은 999년부터 1013년까지 14년간 부단히 올야호를 천사시켰고 "분이치지(分而治之)"의 정책을 채택하여 올야부의 역량을 약화시켰다. 올야부는 거란의 속부로서 거란인 혹은 발해인 절도사에 의해 통치를 받게 되었다. 『거란국지』는 이후 올야부의 정황을 다음과 같이 기록하고 있다.

> 동북으로는 옥야국(屋惹國), 아리미국(阿里眉國), 파골로국(破骨魯國) 등이 있으며 그 국가마다 일만여 호가 있었다. 서남으로는 생여진과의 경계를 이루며 의복, 농경방식, 가옥, 언어가 여진인과 달랐다. 거란의 추밀원은 거란인 내지는 발해인을 절도사로 삼아 그 나라에 보내 관리했다.[82]

이상과 같이 올야부는 말갈7부 중의 하나인 불열부에서 출발하여 발해 통치시기에 상당히 발해와 융합되었고, 이후부터 흑수계통의 여진과는 분리되어 문화를 달리하게 되었다. 그들은 발해의 고지에서 정안국이라는 국명으로 세력을 떨쳤으나 요조의 동방경략정책에 의해 재차 거란의 속부로 전락되었고, 이후 아골타가 금을 건국하여 동북지역의 각 종족을 초유하였을 때 올야도 발해인과 마찬가지로 금에 내부하였다.

---

81) 『遼史』卷15, 「聖宗本紀 六」 "鐵驪那沙等送兀惹百餘戸至賓州"
82) 『契丹國志』卷22, "又東北至屋惹國 阿里眉國 破骨魯等國. 每國各一萬餘戸. 西南至生女眞國界. 衣裝·耕種·屋宇·言語與女眞人異. 契丹樞密院差契丹或渤海人充逐國節度使管押. 然不出征賦兵馬 每年惟貢進大馬·蛤珠·靑鼠皮·貂鼠皮·膠魚皮·蜜蠟之物 及與北番人任便往來賣買"

제 4 부

거란의 멸망과
발해인의 동향

제 1 장

요 후기 발해인의 정치투쟁

1. 대연림의 흥요국

거란을 구성한 주민 중에 발해 출신의 발해인과 여진인은 끊임없이 반
요투쟁을 전개했다. 반요투쟁은 두 가지 성격으로 규정할 수 있는데 첫째
는 발해부흥운동이고 둘째는 민족갈등의 표출이었다. 발해가 멸망한 직후
유민들은 발해 부흥을 위해 도처에서 항쟁하였고, 그 귀결점은 정안국의
건국과 멸망으로 대변할 수 있다. 이러한 항쟁을 거쳐 발해유민은 거란의
주민으로 귀속되었으므로 발해부흥운동은 일단락되었다. 하지만 앞서 살
펴본 바와 같이 다민족 국가였던 거란은 시간이 갈수록 주체민족과 피지
배민족 간에 모순이 노출되기 시작했는데 그 중심에 발해인이 서 있었다.
제일 먼저 요의 최전성기라고 할 만한 성종 태평 9년(1029)에 동경 요양부
의 대장군인 대연림이 흥요국(興遼國)을 건국하였는데 그 내용은『요사』
「성종기」에 따르면 다음과 같다.

　　태평 9년(1029) 8월 기축(己丑)에 동경 사리군(舍利軍)의 상온(詳穩)

대연림이 거란의 동경 유수(留守) 부마도위(駙馬都尉) 소효선(蕭孝先) 및 남양공주(南陽公主)를 가두고 호부사(戶部使) 한소훈(韓紹勳), 호부부사 (戶部副使) 왕가(王嘉), 사첩군도지휘사(四捷軍都指揮使) 소파득(蕭頗得) 을 죽였다. 연림은 마침내 참위하여 그 나라를 흥요라고 하고, 연호를 천 경으로 삼았다. 처음에 동요(東遼)의 땅은 신책 연간부터 내부하였는데 아직 술과 소금, 누룩에 대한 전매의 법이 없었고 관문과 시장에서의 세 금 또한 매우 가벼웠다. 그러나 풍연휴(馮延休), 한소훈이 계속해서 연 (燕) 지역을 평산(平山)의 법으로 속박하니 백성은 그 명령을 견딜 수 없 었다. 연 지역은 또 해를 이어서 큰 기근이 들자 호부부사 왕가가 계책을 내어 배를 만들어 백성으로 하여금 식량을 운반하게 하여 연의 주민을 진 휼하려 했다. 그러나 물길이 험하여 많은 배가 뒤집혀 침몰하기에 이르렀 다. 백성들이 말을 해도 믿어주지 않고 다시 매질만을 더하니 백성들이 원망하여 난을 일으키려는 생각을 하게 되었다. 그래서 발해왕족의 후예 인 대연림이 그 기회를 이용하여 우선 한소훈과 왕가를 죽여 민중의 마음 을 통쾌하게 하였다.[1]

동경 요양부는 요조가 동북지역에서의 중심지로 삼았던 곳이며 동란을 서남쪽으로 이주시킨 이후에 발해인이 가장 많이 집중되어 있던 지역이었 다. 강제로 이주시킨 발해인을 위무하기 위한 조치로써 처음에는 전매세 를 거두지 않았고 상세도 가볍게 하였음을 알 수 있다. 그러나 거란의 잦 은 대외 원정으로 발생한 재정상의 문제를 해결하고자 요동지역에 중세를 가했으므로 민족갈등이 드러나기 시작했다. 마침 연(燕) 지역에 기근이

---

1) 『遼史』卷17, 「聖宗本紀 八」 "八月己丑東京錫里軍詳穩大延琳囚留守駙馬都尉蕭孝先及 南陽公主 殺戶部使韓紹勳·副使王嘉·四捷軍都指揮使蕭頗得 延琳遂借位 號其國爲興 遼 年爲天慶. 初 東遼之地 自神冊來附. 未有榷酤鹽麴之法 關市之征亦甚寬弛. 馮延休· 韓紹勳相繼以燕地平山之法繩之 民不堪命. 燕又仍歲大饑 戶部副使王嘉復獻計造船 使 其民諳海事者 漕粟以賑燕民 水路艱險 多至覆没. 雖言不信 鞭楚捞掠 民怨思亂. 故延琳 乘之 首殺紹勳·嘉以快其衆"

발생하자 곡식을 거두어 보내는 과정에서 지방 행정관이 그 지역의 백성들에게 가혹행위를 일삼았기 때문에 동경 사리군 상온이었던 대연림이 분개하여 호부의 관원들을 죽이게 되었다. 가혹한 경제적 수탈에 신음하던 백성들도 호응하였고 이에 고무된 대연림은 마침내 건국하게 되었는데 "남북의 여진이 모두 이를 따랐다"[2]고 한다.

한편 『고려사』의 기록에 따르면 대연림이 발해왕실의 7대손이라고 전하고 있다.[3] 고려 측에서 이러한 사실을 어떻게 알게 되었는지 분명하지는 않으나 아마도 흥요국이 고려에 구원을 요청하기 위해 보낸 사신들을 통해서 알게 되었을 것이다. 그런데 혹자는 발해 왕실의 후손이었던 대연림이 국호를 흥요라고 한 점을 의문시했다. 참으로 상식적이지 않아서 이해하기 어려운 일이지만[4] 흥요의 해석과 관련하여 흥요현(興遼縣)이라는 작은 지명에서 따온 이름이라고도 하고 요동이 발해의 고토였던 관계로 발해를 지칭하는 것이라고 해석하는 경우도 있다.[5] 그러나 거란은 요라는 명칭을 스스로 사용하지 않았고, 태종이 중원을 정복하였을 때 처음 대요(大遼)라는 국명이 등장하였는데 이는 중원왕조의 사가들에 의해 붙여진 한자식 표현이라는 견해도 있기 때문에 흥요를 글자 그대로 해석하여 요조의 부흥으로 보는 것은 맞지 않다고 본다. 요를 부흥하고자 했다는 것은 앞뒤 정황을 보아도 맞지 않지만 그렇더라도 흥요라는 국호가 발해의 부흥이라고 단언할만한 근거도 없다.

따라서 필자는 시론(試論)이기는 하지만 흥요에 대한 해석을 달리하고자 한다. 이에 앞서 거란의 국호에 대해 살펴보면 『요사』 중에 국호와 관련하여 태종 대동 원년(947) 2월에 "건국하여 대요라고 불렀다"[6]라는 것

---

2) 『遼史』 卷17, 「聖宗本紀 八」 "時南北女眞直皆從延琳"
3) 『高麗史』 卷5, 「世家 五」 顯宗 20年 9月條 "戊午 延琳 渤海始祖 大祚榮七代孫 叛契丹 國號興遼 建元天興"
4) 魏國忠・朱國忱・郝慶雲, 『渤海國史』, 北京, 中國社會科學出版社, 2006, p.587.
5) 李孝珩, 『발해 유민사 연구』, 서울, 혜안, 2007, p.176.

이 유일한 기록이다. 다만『거란국지』에서 태조 야율아보기가 건국할 때 부른 국호를 명확하게 기록하고 있다. 그것에 의하면 "신책 원년 바로 그 해에 아보기는 스스로 황제라 부르기 시작했고 … 나라를 세워 연호를 신 책이라 했으며 국호를 거란이라 불렀다"[7]고 한다. 그리고 송대 문헌을 근 거하면 요조는 이후에도 몇 차례 국호를 변경하였다. 예컨대『속자치통감 장편』및『동도사략』에 따르면

> 거란 황제가 죽었으므로 경종의 시호를 효성황제(孝成皇帝)라고 추증 하였다. … 융서(隆緒)는 양왕(梁王)으로 봉해졌으나 황제 자리를 계승하 자 천보황제(天輔皇帝)라고 불렀고 어머니 소씨를 승천태후(承天太后)로 존숭하였다. 그리고 대요를 대거란국으로 개칭하였다.[8]

> 양왕 융서가 제위에 오른 지 12년 스스로 천보황제라 부르고 어머니 연연(燕燕)을 승천태후로 존숭하였다. 그리고 대요를 대거란국으로 개칭 하였다. … 태평흥국 8년(983) 연호를 통화로 하였다.[9]

> 영종(英宗) 치평(治平) 3년(1066) 계유(癸酉) 거란은 국호를 대요라고 부르기 시작했다.[10]

라고 기록되어 있다. 따라서 청대 학자들은 이런 점에서 누차『요사』의

---

6) 『遼史』卷4,「太宗本紀 下」"建國號大遼"

7) 『契丹國志』卷1,「太祖大聖皇帝」"神冊元年. 是年 阿保機始自稱皇帝 … 建元曰神冊 國號契丹"

8) 『續資治通鑑長編』卷23, 太宗 太平興國七年 "契丹主明記卒 諡景宗孝成皇帝. … 隆緒 封梁王 繼立 號天輔皇帝 尊母蕭氏爲承天太后 改大遼爲大契丹"

9) 『東都史略』卷123,「契丹傳」"梁王隆緒立 年十二 自稱天輔皇帝 尊母燕燕爲承天太后 改大遼爲大契丹國 … (太平興國)八年 開元曰統和"

10) 『宋史』卷13;『續資治通鑑長編』卷207 英宗 治平三年 "癸酉 契丹開國號曰大遼"(按續 綱目及宋史俱無大字)

누락을 지적한 바 있다. 그 중에 조익(趙翼)은 "『요사』는 크게 소루(疏漏)된 곳이 많다. 『동도사략』은 요 태종이 대요를 건국하였고, 성종은 즉위하여 대요를 대거란으로 바꾸었으며 도종이 다시 대거란을 대요로 바꾼 것을 기록하고 있다. 개호(改號)와 복호(復號)는 한 왕조의 대사(大事)이건만 『요사』는 기록하지 않았다"[11]라고 지적하였다. 그래서 요조의 국호와 관련하여 오늘날 중국 학술계에서는 다음과 같이 정론이 형성되었다. 916년에 요 태조 야율아보기가 칭제 건원하여 국호를 거란이라고 하였고, 태종 대동 원년(947)에는 국호를 대요로 바꾸었다. 그리고 성종 통화 원년(983)에 다시 대거란으로 개칭하였고, 도종 함옹 2년(1066)에 또다시 대요라고 불렀다.[12]

그렇다면 대연림이 반란을 일으켰을 때는 태평 9년(1029)이었으므로 국호는 대거란이었다. 당시 요 황제는 성종이었는데 그가 즉위한 후에 전제적 요소가 증대됨에 따라 봉건통치가 강화되었으며 더불어 발해인이 주로 거주하는 동경지역에 대한 통제도 점차 강화되었다. 동경지역은 일찍이 동란국 통치 하에서 약간의 특수한 대우를 향유하였지만 이때는 그러한 특혜가 사라지고 중세(重稅)에 신음해야만 했다. 따라서 반란을 주도한 대연림은 이전의 대요 시기로 돌아가기를 희구(希求)하였고, 따라서 국칭을 흥요라고 불렀을 것이라고 추정된다. 다만 대연림이 발해왕실의 자손이었기 때문에 발해의 계승을 지향했던 점은 부정할 수 없다.

어쨌든 대연림은 발해라는 외피를 입고 민족갈등에 편승하여 개인적인 야심을 이루고자 했으나 자신의 뜻대로 이루어지지 않았다. 그 과정을 보면 발해인의 비협조가 가장 눈에 띈다. 『요사』 권17 「성종기」에 따르면 우선 함께 모의했던 부유수 왕도평(王道平)이 밤에 성을 넘어 도주하여 황

---

11) 『廿二史箚記』 卷27, 「遼史疏漏處」 "遼史又有太疏漏者. 東都史略記遼太宗建國大遼 成宗卽位 改大遼爲大契丹 道宗又改大契丹爲大遼. 改號復號 一朝大事 而遼史不書"
12) 劉浦江, 「遼朝國號考釋」, 『歷史硏究』, 2011 6期.

룡부에 있던 황편(黃翩)과 함께 거란에게 변란의 사실을 알렸다. 이에 성
종은 각 도의 군사를 징발하도록 하면서 국구(國舅)이며 상온인 소필적
(蕭匹敵)이 대연림과 가까운 지역을 다스리고 있었으므로 자기 관할의 병
사와 가병을 이끌고 먼저 요충지를 차지하도록 하여 대연림이 서쪽으로
건너오는 것을 막도록 하였다. 이때 발해인 태보 하행미(夏行美)는 보주를
지키고 있었는데 대연림이 몰래 밀서를 보내 함께 도모하고자 했으나 오
히려 사신을 잡아 거란의 통수(統帥) 야율포고(耶律蒲古)에게 보내서 이
사실을 알렸을 뿐만 아니라 그 무리 100여 명을 유인하여 죽였다. 야율포
고는 잠재적 위험이 있는 하행미 휘하에 있던 발해병사 800여 명을 죽여
동쪽 길을 차단해버렸다. 여기에서 발해인의 일체감 내지는 공동체적 의
식이 약화되어 있었음에도 불구하고 거란 통치자들은 여전히 발해인의 결
집을 두려워하고 있었음을 알 수 있다.

대연림은 황룡부와 보주가 모두 자신에게 귀부하지 않자 마침내 군사
를 나누어 심주(瀋州)를 탈취하려고 했다. 이에 절도부사 장걸(張傑)은 항
복하겠다고 속여 대연림의 공격을 지연시켰다. 그것이 거짓임을 알았을
때는 이미 거란군이 방비할 태세를 갖추게 되어 결국 심주를 취하지 못하
고 요양으로 돌아오게 되었다. 대연림은 황룡부, 보주, 심주와의 연계가
실패로 돌아가자 마침내 "대부승(大府丞) 고길덕(高吉德)을 고려에 보내
건국을 알리고 원병을 청하도록 했다."[13] 그러나 고려는 군사적 행동에
신중했다. 이후에도 3차례나 더 사신을 보내 구원요청을 했으나 고려는
시종 반응을 보이지 않았다. 오히려 훗날 흥요국이 거란에 의해 평정되었
을 때 김가여(金哿如)를 보내 동경 수복을 축하하고 있으니[14] 이는 고려
초 이후 발해인에게 지녔던 우호적인 인식과는 상당한 차이가 있었음을

---

13) 『高麗史』 卷5, 「世家 五」 顯宗 20年 9月條 "戊午 契丹東京將軍 大延琳遣大府丞 高吉德
告建國 兼求援"
14) 『高麗史』 卷5, 「世家 五」 顯宗 21年 9月條 "甲戌 遣金哿如契丹 賀收復東京"

엿볼 수 있다.

고구려를 계승한 고려는 초기에 발해와 친척지국(親戚之國)이라는 인
식이 강했지만 이때는 이미 발해인도 거란주민에 불과했으므로 그러한 동
족의식은 상당히 희석된 상태였다. 일부 강경론자들이 군사적 행동을 취
하고자 했던 것도 발해의 부흥을 돕기보다는 압록강 동안(東岸)의 보주를
취하고자 하는 의도가 깔려있었다. 이는 어전회의에서 형부상서 곽원(郭
元)이 "압록강 동안은 거란이 보호하여 막고 있는데 이제 가히 기회를 타
서 이를 취할 것입니다"[15]라고 주장한 것에서 엿볼 수 있다. 또한 국제적
인 이해관계 속에 고려가 동북아 최강국인 거란에게 군사적 도발을 할 수
없었을 뿐만 아니라 내란의 성격이 강한 대연림의 반란을 지원한다는 것
은 득보다 실이 더 많다고 생각했기 때문이다. 고려의 "시중 최사위(崔士
威)와 평장사 채충순(蔡忠順)이 '전쟁은 위험한 일이니 신중하지 않을 수
없습니다. 저들이 서로 공격하는 것이 어찌 우리에게 이로움이 되지 않겠
습니까? 마땅히 성을 수리하고 봉수(烽燧)를 삼가하여 그 사태를 관망해
야 한다'고 말하니 왕이 그들의 말을 따라 구원에 응하지 않게 되었다"[16]
는 기록은 그러한 전후사정을 여실히 보여준다.

반면 고려가 대연림을 지원하지 못한 원인은 고려의 내부적인 요인 및
중립적인 외교정책의 결과에서 비롯된 것이며 고려 초 이래로 가지고 있
었던 발해와 발해유민에 대한 인식이 크게 변화된 것이 아니라는 주장도
있다.[17] 하지만 고려는 거란에게 이미 3차례의 침략을 받아 칭신하였을
뿐만 아니라 군사적 열세를 극복할만한 별다른 대안도 없었다. 거란의 압

---

15) 『高麗史』卷94, 「郭元傳」 "鴨綠江東岸契丹保障 今可肯機取之"
16) 『高麗史節要』卷3, 「顯宗20年 12月」 "侍中崔士威 平章事蔡忠順 言 : '兵者危事 不可不
　　愼 彼之相攻 安知非我利耶, 但可修城池, 謹烽燧, 以觀其變耳.' 王從之. 自此路梗, 與契
　　丹不通."
17) 李孝珩, 『발해 유민사 연구』, 서울, 혜안, 2007, p.191.

력에 북송과도 외교관계를 단절했는데 어찌 거란의 내란에 간섭할 엄두를 낼 수 있겠는가? 그래서 대연림은 외부의 원조도 없고 내부의 호응도 없는 고립무원의 심각한 상황에서 요의 병사들이 차례로 도착하자 부득이하게 영성(嬰城)만을 굳게 지킬 수밖에 없었다.

10월이 되자 거란은 남경유수 연왕(燕王) 소효목(蕭孝穆)을 도통(都統)으로, 소손녕(蕭遜寧)의 아들인 국구상온(國舅詳穩) 소필적(蕭匹敵)을 부통(副統)으로, 해6부 대왕 대왕 소포노(蕭蒲奴)가 도감(都監)으로 삼아 동경 요양성을 토벌하기로 했다. 다음해 봄에 이르러 요군은 동경을 포위하고 성에서 5리 떨어진 곳에 보를 쌓고 망루를 세워 대연림 등이 내외로 통하지 못하게 하였다. 이때 인질이었던 요의 부마 연녕(延寧)이 그의 여동생과 함께 구덩이를 파서 달아났고 오직 공주 최팔(崔八)만을 뒤에 남겨두었다. 동경성은 쉽게 함락되지 않았으나 장군 양상세(楊詳世)가 몰래 요군과 내통하여 그날 밤 남문을 열어 거란의 군대를 끌어들임으로써 대연림은 체포되었다. 결국 요양성은 함락되어 1년 만에 반요투쟁은 진압되었다.

이와 같이 대연림의 반란이 실패한 원인을 살펴보면, 첫째 이 시기는 성종의 태평년간으로 거란이 최고의 전성기를 구가한 시기로서 결코 대연림의 무리가 정치·군사적으로 거란을 대적하기 어려웠다. 대연림이 반요투쟁을 일으키자 거란은 몇 개월 내에 중병을 소집하여 신속히 진압하였던 반면 대연림은 승리할 기회를 전혀 갖지 못했다. 둘째로 대연림 및 대연정은 발해왕족의 후예였고 그들을 따르는 무리는 발해 출신의 발해인과 여진인 뿐이었다. 지방관의 가혹행위 및 민족갈등으로 야기된 반란이었음에도 불구하고 발해부흥운동으로 변질되어 한인 등 다수의 민족을 포섭하지 못한 것도 실책이었다. 더욱이 발해부흥이라는 기치를 내세웠음에도 발해인 지방관들의 이반은 치명적이지 않을 수 없었다.

셋째 대연림의 반란은 치밀한 사전준비 없는 즉흥적인 도발이었으므로 후에 대내외적으로 도움을 기대할 수 없었다. 만약 대연림이 장기간 준비하였다면 궁지에 몰려서야 비로소 구원을 청하지는 않았을 것이다. 하지만 역설적으로 사전준비를 철저히 했더라면 이러한 무모한 반란을 일으키지도 않았을 것이다. 왜냐하면 고려가 발해인을 보는 인식도 변해있었을 뿐만 아니라 당시 국제적 역학관계상 고려가 흥요국을 지원할 수 없다는 것을 깨달을 수 있었기 때문이다. 대연림이 정세파악을 못하고 소수의 무리를 이끌면서 거란의 기병을 이길 것이라고 판단했다면 그것은 오판이다. 그는 아마도 민족갈등으로 야기된 분개심 때문에 거란 관원을 살해하게 되었고 이어서 주민들의 호응에 따라 자신의 의지와 상관없이 반요투쟁으로 발전되었음을 추론해 볼 만하다.

여러 가지 이유 등으로 반요투쟁은 실패로 끝났지만 안팎의 후원이 없는 상황에서 1년여를 버텼다는 것은 요조가 동북지역을 통치하는 데 심각한 타격을 주지 않을 수 없었다. 이로 인해 거란 조정은 뒷수습을 하는 과정에서 발해인에 게 어느 정도 양보하지 않을 수 없었다. 예를 들어 전쟁 후에 소효목을 동경유수에 임명하여 정무는 관대하고 간단하게 하는 한편 유민을 위무하여 받아들이는 정책을 실시하였다.[18] 그리고 요 조정에서는 조서를 내려 발해의 구족(舊族) 가운데 공로가 있거나 재주와 힘이 있는 사람을 채용하였다.[19] 특히 성종 이후에는 발해의 상층인사를 끌어들이려는 노력의 일환으로 방어사 등에 임명하여 여진을 통제하게 하였고, 발해왕족의 후예와 혼인을 하는 등 완화조치를 취했다. 반면 이때 발생한 다수의 유민들을 래주, 습주, 천주, 윤주 등으로 강제 이주시켜[20] 발해인의 응집력을 약화시키기도 했다.

그러나 이러한 일련의 조치가 발해인과 거란 통치자 사이의 모순을 근

---

18) 『遼史』 卷87, 「蕭孝穆傳」 "改東京留守 … 爲政務寬簡 撫納流徙 其民安之"
19) 『遼史』 卷17, 「聖宗本紀 八」 "詔渤海舊族有勳勞材力者敍用"
20) 『遼史』 卷17, 「聖宗本紀 八」 "餘分居來隰遷潤等州"

본적으로 해결할 수 없었기 때문에 반요투쟁도 완전히 정지시킬 수 없었다. 얼마 후에 각 지역의 발해인은 계속해서 새로운 반요투쟁을 일으켰다. 요조 말년에 이르러 요주의 발해인 고욕과 동경의 발해인 고영창 등이 연속해서 난을 일으켰는데 이 모든 것이 부패한 요 정권에게 심각한 타격을 주어 요조의 멸망을 가속화시켰다.

2. 고영창의 대발해

거란은 성쇠의 분기점인 성종시기를 지나 홍종과 도종을 거쳐 우여곡절 속에 천조제(天祚帝)가 즉위했다. 도종 초기 상당량의 양식이 저장되어 있고 국고에는 많은 돈을 보유하고 있었음에도 불구하고 거란 통치자들은 각종 명목으로 교묘하게 세금을 거두어들였는데 은패나 금패를 지닌 천사(天使)를 파견하여 한족지역 뿐만 아니라 거란족 중에서도 재물을 빼앗았다. 홍종의 숭불정책은 도종에 이르러 일대 폐정(弊政)으로 이어졌고 이는 생산에서 이탈된 많은 기생인을 양산하는 결과를 초래했다. 도종은 말년에 정사를 돌보지 않았고, 사람을 쓰는데 기준이 없이 주사위를 던져 이긴 자에게 관직을 수여하기도 하였다.[21] 예컨대 야율엄(耶律儼)은 이렇게 해서 남원지추밀원사(南院知樞密院事)에 승진되었다. 수창(壽昌) 7년(1101) 도종이 혼동강의 날발의 행궁에서 죽자 천조제가 즉위하였지만 도종시기의 폐정을 그대로 답습하였고 사냥과 술을 좋아하여 정사에 태만했다. 따라서 요 후기에 각 민족 간의 모순은 날이 갈수록 첨예화되어 갔다.

이러한 배경에서 발해인도 새로운 움직임을 보이기 시작했다. 먼저 천

---

21) 『遼史』 卷98, 「耶律儼傳」 "帝晚年倦勤 用人不能自擇 令各擲骰子 以采勝者官之"

경(天慶) 5년(1115) 2월에 요의 상경 요주에서 고욕(古欲)을 중심으로 발해인이 봉기하였다. 고욕은 스스로 대왕이라고 칭했으나 5개월 만에 진압되었고, 다음해 동경 요양 지방에서 고영창을 중심으로 다시 발해부흥운동이 전개되었다. 이러한 봉기의 발단은 민족차별을 바탕으로 하는 가혹한 수탈에서 비롯되었다고 볼 수 있다. 『요사』와 『금사』의 기사를 인용하면 다음과 같다.

천경 6년(1106) 정월 병인 초하루에 동경에서 밤에 불량한 청년 10여 인이 술기운으로 칼을 들고 담을 넘어 유수부에 들어가 유수 소보선의 소재를 묻고는 '지금 군사가 변을 일으켰으니 대비해야 한다고 청했다.' 소보선이 앞에 나오자 찔러 죽였다. 호부사 대공정은 변란이 일어났다는 소식을 듣고 유수의 일을 맡아 부유수 고청명과 함께 해와 한인 군사 1천여명을 모아 그 무리들을 모두 잡아 이들을 베어 그 백성들을 위무하고 평정하였다. 동경은 옛 발해 땅으로 태조가 20여 년을 힘써 싸워 이를 차지하였는데 소보선이 정사를 혹독하고 모질게 하여 발해인이 이를 고통스러워했기 때문에 이 사건이 발생했다. 그 비장 발해인 고영창은 참람하여 국호를 정하고 연호를 융기(隆基)라 하였다.[22)]

수국(收國) 2년(1116) 4월 고영창은 발해 사람으로 요에서 비장(神將)이었는데 병사 3천 명을 데리고 동경 팔담구(八甋口)에 주둔하였다. 영창은 요의 정치가 나날이 기울어가고 금 태조가 병사를 일으키자 요인들이 이를 저지할 수 없을 것을 예상하고는 마침내 분수에 넘치는 야심으로 기회를 엿보았다. 이 때 동경의 한인은 발해인과 원한이 있어 발해인을 많

---

22) 『遼史』卷28, 「天祚皇帝本紀」 "六年春正月丙寅朔 東京夜有惡少年十餘人 乘酒執刀 踰垣入留守府 問留守蕭保先所在. '今軍變 請爲備' 蕭保先出 刺殺之. 戶部使大公鼎聞亂 即攝留守事 與副留守高淸明集奚漢兵千人 盡捕其衆斬之 撫定其民. 東京故渤海地 太祖力戰二十餘年乃得之 而蕭保先嚴酷 渤海苦之 故有是變. 其神將渤海高永昌借號 稱隆基元年"

이 죽였다. 고영창이 이에 여러 발해인을 끌어들이는 동시에 그 수졸을 거느리고 동경을 쳐들어갔다. 10일 만에 원근에서 다 호응하여 병사가 8천이 되었다. 마침내 참람하여 황제라고 칭하고 연호를 융기라고 하였다. 요인들이 이를 토벌하였으나 오래도록 능히 이겨내지 못했다.[23]

여기에서 보듯이 고영창의 반란은 민족차별에 대한 공분(公憤)이 직접적인 원인이 되고 있다. 요 지방관이었던 소보선의 학정 때문에 고통을 겪었고 무슨 이유에서인지 모르겠지만 한인과 발해인 사이에 원한이 있어 발해인을 많이 죽였다는 기사에서도 민족적 갈등과 차별대우를 엿볼 수 있다. 더욱이 "발해인은 본성이 사나워 법을 어기는 사람이 있었는데 소보선은 법을 어긴 자를 조금도 용서하지 않았다"[24]고 하면서도 한인이 발해인을 살해하는 것을 방치했던 점으로 보아 아마도 거란족과 한인이 서로 밀착하여 발해인을 탄압한 것으로 여겨진다.

발해인에 대한 민족차별과 악형이 반란의 첫 번째 원인이라면 두 번째는 금의 건국이 그를 자극하였을 것이다. 당시 고영창에 앞서 아골타는 영강주 전투와 출하점(出河店) 전투의 승리를 계기로 1115년에 금을 건국하고 칭제건원하였다. 한낱 속부에 지나지 않았던 완안부(完顔部)에 의해 요조의 군대가 패배하자 기회를 노리고 있던 고영창도 나라를 건국하기에 이르렀다.

대발해의 전개과정을 살펴보면 당시 요조는 여진의 흥기를 막기 위해 발해의 용맹성에 의지한 듯하다. 요 천조제는 고영창을 우두머리로 삼아 천경 5년(1115)에 발해의 용맹한 군사 2천명을 모집하여 백초곡(白草谷)

---

23) 『金史』卷71, 「斡魯傳」 "收國二年四月 高永昌渤海人 在遼爲神將 以兵三千 屯東京八甎口. 永昌見遼政日敗 太祖起兵 遼人不能支 遂覬覦非常. 是時 東京漢人與渤海人有怨 而多殺渤海人. 永昌乃誘諸渤海 幷其戍卒入據東京 旬月之間 遠近響應 有兵八千人 遂僭稱帝 改元隆基"
24) 『契丹國志』卷10, 「天祚皇帝 上」 "渤海素悍 有犯法者不恕"

에 주둔시키고 여진을 막게 하였는데 동경유수 소보선의 학정에 불만을 품고 있던 그가 거란군이 약체라는 사실을 목격하자 바로 자신의 상관인 소보선을 처단하였다. 다음날 발해 출신의 호부사 대공정은 즉각 유수의 권한을 대신하였다. 그리고 발해 출신의 부유수 고청명과 함께 해족 및 한족 군사 천여 명을 모아 유수를 죽인 발해인을 붙잡아 죽였다. 이때 발해인의 행동에는 일체감이 없었다. 대공정, 고청명 등과 같은 발해 출신의 거란관료들은 결코 고영창의 반란을 용납하지 않았고 오히려 진압에 앞장섰다.

고영창이 발해군마를 이끌고 동경성의 수산문(首山門)에 이르렀을 때, 대공정이 귀순하라고 설득하였으나 고영창은 이를 거절했다. 마침내 성안의 동조세력이 호응하는 가운데 고영창의 기병이 성안으로 돌입하자 대공정과 고청명은 군사 100여 명을 이끌고 간신히 서문으로 도망쳤다. 고영창은 동경성을 차지하자 대발해 황제라고 칭하고 연호를 융기라고 하였다. 열흘 동안 요동 50여주를 함락하였지만 공략하는 과정에서 살육과 약탈을 통제하지 못했다. 동경을 중심으로 한 고영창의 세력은 심주를 제외한 대부분의 동경도에 미쳤다. 마침내 심주(瀋州)의 장림(張琳) 세력과 30여 차례 각축전을 펼치면서 일진일퇴하다가 동경성으로 후퇴하던 고영창의 군대는 뒤쫓던 장림의 군대를 태자하(太子河) 지역에서 격퇴시킴으로써 장림군은 많은 사상자를 내고 심주로 다시 철수하였다.[25]

이에 앞서 고영창은 신하 달불야(撻不野)를 금나라에 사신으로 보내 구원을 요청했다. 두 나라가 힘을 합쳐 요나라를 취하자고 제안했다. 금나라는 고영창에게 이르기를 힘을 합하여 요나라를 취하는 것은 진실로 가능한 일이지만 대신 황제의 칭호를 철회하라고 했다. 만약 귀부한다면 마땅히 왕의 작위를 주겠다고 했으나 고영창은 금나라의 요구를 거절했다. 오

---

25) 金毓黻 編著, 발해사연구회 옮김, 『渤海國志長篇 (중)』, 서울, 신서원, 2008, pp.152~156.

히려 금에 보낸 표의 문장이 불손하였고 포로로 억류된 발해인을 돌려달라고 요구하였다. 금나라는 고영창을 달래려고 했으나 뜻을 이루지 못하고 마침내 알로(斡魯)에게 명하여 대발해를 공격하게 하였다. 알로는 여진의 대군을 이끌고 남진하면서 심주에 이르렀을 때 마침 고영창을 반격하려던 장림의 거란군과 마주쳤다. 그들은 여진군에 패하여 간신히 요주(遼州)로 달아났다.

금나라 군사들이 심주로 들어갔다는 소식을 들은 고영창은 크게 놀라 가노 탁랄(鐸剌)을 여진군 진영에 보내 금인(金印) 1개, 은패(銀牌) 50개를 전하면서 황제의 칭호를 버리고 번국이 되겠노라고 청했다. 알로는 호사보(胡沙補) 등을 아골타에게 보내 이 사실을 보고하였으나 마침 발해인 고정(高楨)이 금나라에 항복하여 이르기를 '고영창이 진실로 항복한 것이 아닙니다. 단지 이 일을 빌미로 군사를 좀 늦추고자 하는 것입니다'라고 했다. 아골타의 명령에 따라 알로는 계속 진군하여 공격하였다. 마침내 동경성 아래까지 여진군이 당도했으므로 고영창이 직접 출전하여 수산 아래에서 대적하였으나 크게 패해 기병 5천을 거느리고 장송도(長松島)로 도망갔다. 이때 동경인 은승노(恩勝奴)와 선가(仙哥) 등이 고영창의 처자를 구금한 뒤 성을 열어 금나라에 항복하였다. 얼마 안 있어 달불야도 노극충(盧克忠)과 함께 고영창과 탁랄을 붙잡아 바치자 모두 살해되었다.[26)]

고영창은 나라를 건국한 지 다섯 달 만에 멸망했는데 이와 같이 단명한 원인은 무엇이었을까? 첫째, 고영창이 반요전쟁을 일으킬 당시 발해군은 매우 유리했고 대승할 수 있는 객관적 조건에 있었다. 거란은 사치와 부패로 정국이 이완되어 있었고 군사는 훈련 없이 오랜 시간을 보내 소수의 적

---

26) 『金史』卷71,「斡魯傳」 "永昌開取瀋州 大懼 使家奴鐸剌以金印一·銀牌五十來 願去名 號 稱藩. 斡魯使胡沙補撒八往報之. 會渤海高楨降 言永昌非眞降者 特以緩師耳. 斡魯進 兵 永昌遂殺胡沙補等 率衆來拒. 遇于沃里活水 我軍旣濟 永昌之軍不戰而却 邃北至東京 城下. 明日 永昌盡率其衆來戰 復大敗之 邃以五千騎奔長松島"

군에게도 쉽게 붕괴될 수 있었기 때문이다. 앞서 여진과의 영강주 및 출하점 전투에서 중과부적의 유리한 상황에서도 거란이 참패한 것을 보면 가히 짐작할만하다. 이처럼 거란의 군사력이 분산되어 있을 때 고영창은 세력을 확장할 수 있는 기회였으나 대발해 역시 거란군 출신의 발해인 병사가 주축이었던 관계로 장림이 이끄는 거란군을 압도하지 못했다. 결국 장림군과 교착상태에 빠져 있을 때 알로가 이끄는 금군에 의해 양쪽 모두 괴멸되었다.

둘째, 고영창은 자신의 실력과 주위의 형세를 오판했다. 국가 구성조차 제대로 이루어지지 않은 상황에서의 칭제건원은 주변 국가를 자극하는 결과를 낳았다. 적으로 둘러싸인 대발해는 무엇보다도 우선 금의 배후에 있던 고려와 동맹을 추진했어야만 했다. 이것이 여진을 견제할 수 있는 유일한 수단이었음에도 불구하고 당시 동경을 지나가던 고려 사신에게 군사적 지원을 요청하기보다는 상표, 칭신을 강요했던 것으로 보인다.[27] 더욱이 금나라에 사신을 보내 구원을 청했지만 금 태조는 고영창에게 황제의 칭호를 버리라고 요구했다. 금 태조는 대발해와 병립할 수 없음을 선언한 것이었으나 고영창은 외교적 판단이 부족하여 상황을 제대로 파악하지 못한 듯하다. 당시 아골타가 여진 제부족의 대표로서 요를 대신하고자 결심했던 점과 대발해의 존재를 결코 인정하지 않았다는 점을 인식하지 못한 채 자신의 실력과 주위의 형세를 오판했기 때문에 실패를 초래한 것이다.

셋째, 요동의 복잡한 민족문제를 잘 처리하지 못했다. 거란의 통치 집단은 이 지역에 대해 민족탄압정책을 실시했을 뿐만 아니라 각 민족을 이간하여 분열시켰고 엄중한 민족차별을 조성하였다. 『거란국지』에서는 이에 대해 "무릇 요동에서는 일찍이 여진 및 발해와 원수였다"[28]고 할 정도였

---

27) 『高麗史』 卷14, 「世家 十四」 睿宗 11年 3月條 "壬寅 鄭良稷自遼東京還. 時東京渤海人
   作亂…良稷至 詐稱官銜 上表稱臣 以國家所遺留守土物 贈永昌 得厚報 及還 匿不奏 事
   覺 有司請下獄治之 從之"

다. 동경에서 한인과 발해인은 서로 원한을 가지고 있어 다수의 한인이 발해인을 죽일 정도로 사이가 나빴던 점에서도 알 수 있다. 그나마 여진과는 동류의식이 있었음에도 불구하고 갈소관여진을 포섭하는 데 실패했다. 고영창이 동경에 의지하면서 갈소관 사람들을 불렀을 때 그들은 고영창의 군사를 두려워하여 귀의하려고 했으나 호십문(胡十門)이 그 족인들을 이끌고 살개에게 항복해버리자 이들을 공격했기[29] 때문에 갈소관여진이 금에 붙은 것은 당연한 결과였다.

그리고 고영창은 전쟁 중에 편입된 부대를 제대로 통제하지 못해 살육과 약탈이 심해졌다. 그래서 주군에 거주하던 해족 민호들도 가족을 이끌고 요수(遼水)로 피해갔다. 이와 반대로 아골타는 각 민족에 대해 적극적인 초무와 우대정책을 시행하였다. 예컨대 영강주를 함락시키고 사로잡은 동경의 발해인을 모두 석방하였다. 또한 발해인 양복(梁福) 및 알답랄(斡答剌) 등을 거짓으로 도망가게 한 뒤 "여진과 발해는 본래 한집안인데 내가 군사를 일으킨 것은 죄인을 정벌하는 것으로 무고한 사람에게 함부로 미치지 않는다"[30]라고 선전하게 하였다. 이로 인해 고영창군은 점차 인심을 잃게 된 것이다.

넷째, 발해인의 공동체 의식의 약화를 들 수 있다. 발해가 멸망한 이후 200년이 지난 상황에서 발해인의 동향은 다양한 형태로 표출되었다. 기록으로 남아있지 않아 발해계 거란주민의 실상을 정확히 파악할 수는 없지만 대체로 개인의 이해관계에 따라 처신했을 것이다. 특히 거란의 관직에 있던 대부분은 거란주민으로 안주하고자 했고, 그 결과 대공정 및 고청명

---

28) 『契丹國志』卷10,「天祚帝紀上」"蓋遼東 夙與女眞渤海有仇"

29) 『金史』卷66,「胡十門傳」"高永昌據東京 招曷蘇館人 衆畏高永昌強兵 且欲歸之. 胡十門不肯從 召其族人謀…於是率其族屬部衆詣撒改烏蠢降 營于馳回山之下. 永昌攻之 胡十門力戰不能敵 奔于撒改."

30) 『金史』卷2,「太祖本紀」"招諭其鄉人曰：'女直渤海本同一家 我興師 伐罪 不濫及無辜也.' 使完顏婁室 招諭係遼籍女直."

과 같은 발해인은 고영창의 반대편에 서서 이들을 진압하고자 했던 것이
다. 사회적으로 지위가 높거나 경제적으로 부유한 거란 내의 발해계 세가
대족은 정변을 원하지 않았을 뿐만 아니라 거란에 적극 협조했다. 대공정
이『요사』에 능리(能吏)로 이름이 올라있는 것을 보면 거란의 지배체제에
얼마나 적극적으로 참여했는가를 가히 짐작할 수 있다.

그러나 관직에 있더라도 소외되거나 민족차별에 회의를 느낀 무리들은
요조에 저항할 마음을 품고 있었다. 그렇다고 이들이 모두 발해를 부흥하
고자 한 뜻을 모은 것은 아니다. 대발해이든 금이든 간에 상관없이 요조를
타도하고 자신만 입신하면 상관없다고 생각했을 것이다. 예컨대 고정(고
모한의 5세손), 양박, 은승노(恩勝奴) 등은 고영창과 아골타를 저울질하다
가 대발해가 승산이 없을 것을 판단하여 금에 투항하면서 대발해와 거란
타도에 큰 공을 세운다. 이와 같이 발해인의 공동체적 역량이 분산되자 발
해부흥운동은 재차 실패로 돌아갔다.

다섯째, 금군에 비해 발해군의 열세를 들 수 있다. 고영창의 군대는 갑
자기 편성되었기 때문에 평소에 훈련이 잘 이루어지지 않았고, 대부분 보
병으로 규율과 법도가 해이해졌다. 그들은 새 국가의 건설이라는 과업을
수행하기에는 적합지 않았다. 오히려 살육과 약탈을 일삼아 민심의 이반
을 초래했다. 반면 아골타의 군대는 대부분 훈련이 잘 이루어진 기병으로
그 편제가 정연했다. 50인마다 1대(隊)로 하고, 앞에 20인은 금장(金裝)으
로 중무장하여 곤창(棍槍)을 소지하고, 뒤의 30인은 경무장하고 활과 화
살을 가지고 있다가 적을 만날 때마다 반드시 1~2인이 말에 올라 나아간
다. 먼저 적진지의 허실을 보거나 혹은 좌우나 전후를 향해 대오를 결성하
여 말을 내달아 이들을 공격한다. 백보 안에서 일제히 화살을 발사하면 맞
는 사람이 항상 많았다. 이기면 대오를 정리하여 천천히 추격하고, 패배하
면 다시 모아서 흩어지지 않았기[31) 때문에 금군의 전투력은 고영창 부대

를 훨씬 능가했다. 따라서 대발해의 반요투쟁은 일시 성공했을지 몰라도 항금투쟁은 궁극적으로 불가능했던 것이다.

여섯째, 고영창이 분수에 넘치는 야심을 가졌다. 사전에 치밀한 계획을 세웠는지 여부는 알 도리가 없지만 술기운에 즉흥적으로 불량 청년 10여 인과 함께 동경유수 소보선을 살해한 것이 난으로 확산되었을지도 모른다. 호부사 대공정이 난을 수습하려고 하자 자신의 휘하에 있던 발해마군을 이끌고 대적하면서 대발해를 건국하였는데 이런 정도의 수순을 밟아 새 왕조를 개창하고자 했다면 순진한 생각이다. 아골타가 금을 건국하기까지 몇 대에 걸쳐 준비해 온 것에 비하면 보잘 것 없는 준비과정이었다. 솔직히 당시의 정황으로 금을 대적하기는커녕 요의 군사력도 극복하기 어려운 상태였다. 개인적인 욕심에서 비롯된 건국의 선택은 발해인조차 이반하여 대거 금에 투항하는 결과를 초래했다.

이상과 같은 원인으로 고영창의 반요항금 투쟁은 5개월 만에 요조가 아니라 금에 의해 진압되었다. 고영창의 군사력이 아골타의 그것에 비해 너무 미약했을 뿐만 아니라 건국 과정조차 치밀하지 못했던 관계로 거란을 타도할 수 있는 기회를 아골타에게 돌릴 수밖에 없었던 것이다.

---

31) 『三朝北盟會編』卷3「政宣上帙三」"每五十人分爲一隊 前二十人金裝重甲持棍槍 後三十人輕甲操弓矢. 每遇敵 必有一二人躍馬而出 先觀陣之虛實 或向其左右前後結隊而馳擊之. 百步之內 弓矢齊發 中者常多. 勝則整隊而緩追 敗則復聚而不散"

제 2 장

요금교체기에 발해인의 활약

1. 여진의 흥기와 요의 멸망

여진족은 요대에 상대적으로 가장 차별을 받던 민족으로 숙여진과 생여진으로 대별할 수 있는데 전자는 요의 호적에 편입된 자들이고, 후자는 요의 호적에 편입되지 않은 자들이다. 여진은 옛날 숙신국이었다. 본래의 이름은 주리진(朱理眞)인데 번역할 때 여진으로 와전되었다. 혹은 흑수말갈의 종족이며 발해의 별종이라고도 하였다.[1] 발해의 주민을 구성하였던 말갈족은 발해가 거란에 멸망하는 과정에서 일부는 요의 내지로 강제 이주되어 숙여진이라 불렸고, 일부는 고지에 남아 생여진이라고 불렸다. 생여진은 속말강(粟末江) 북쪽과 영강주의 동쪽에 살았는데 현재는 송화강의 하류가 흑룡강과 합류하여 바다로 들어가는 지역으로 옛날에는 흑수말갈부에 속했다. 『금사』「세기」는 여진족의 내원을 다음과 같이 적고 있다.

---

1) 『三朝北盟會編』卷3,「政宣上帙三」"女眞 古肅愼國也. 本名朱理眞 番語訛爲女眞. 本高麗朱蒙之遺種 或以爲黑水靺鞨之種 而渤海之別族"

　　금의 선조는 말갈씨에서 나왔다. 말갈은 본래 물길이라 불렀다. 물길
은 옛날 숙신땅에 있었다. 원위(元魏)시기에 물길은 7부가 있었다. … 수
(隋) 시기에는 말갈로 불렀고 여전히 7부가 있었다. 당(唐) 초기에 흑수말
갈, 속말말갈이 있었고 나머지 5부는 알려지지 않았다. … 흑수말갈이 숙
신지역에서 살았는데 동쪽으로는 바다와 접하고 남쪽으로는 고(구)려와
접했는데 고(구)려에 복속되었다. … 그 후로 발해가 강성하니 흑수가 그
들에게 복속되었으나 얼마 후 조공이 끊어졌다. 오대시대에는 거란이 발
해 지역을 모두 취하자 거란에 복속되었다. 그 남쪽에 있던 흑수말갈은
거란의 호적에 올라 숙여직이라 불렸으며 그 북쪽에 있던 이들은 거란의
호적에 실리지 않아 생여직이라 불렸다. 생여직 땅에는 혼동강 장백산이
있는데 혼동강은 흑룡강이라고도 불렸으니 소위 백산(白山)과 흑수(黑
水)가 이것이다.[2]

　　여진은 고구려와 발해의 속민이었던 말갈의 후예였기 때문에 발해인과
상당히 동류의식을 가지고 있었다. 하지만 그들은 혈연적인 관계가 아니
라 지연적으로 밀접한 관계가 있었을 뿐이다. 그래서 때로는 자신의 이해
관계에 따라 힘을 합치기도 하고 때로는 상호간에 적대행위를 하기도 했
다. 예컨대 대연림이 참위(僭位)하여 그 국호를 흥요라고 하니 그 때 남북
여진이 모두 대연림을 따랐던[3] 반면 여진이 요 조정에 생포한 오소경의
처자를 인도하기도 했다.[4] 그리고 고영창이 대발해를 건국하였으나 금의
아골타에게 선수를 빼앗겨 그에게 멸망당했다. 결국 발해인은 여진을 경

---

2)『金史』卷1,「世紀」“金之先 出靺鞨氏. 靺鞨本號勿吉. 勿吉 古肅愼地也. 元魏時 勿吉有
　　七部 … 隋稱靺鞨 而七部並同. 唐初 有黑水靺鞨粟末靺鞨 其五部無聞. … 黑水靺鞨居肅
　　愼地 東瀕海 南接高麗 亦附于高麗. 其後渤海强盛 黑水役屬之 朝貢遂絶. 五代時 契丹
　　盡取渤海地 而黑水靺鞨附屬于契丹. 其在南者籍契丹 號熟女直 其在北 者不在契丹籍 號
　　生女直. 生女直地有混同江長白山 混同江亦號黑龍江 所謂白山黑水是也”
3)『遼史』卷17,「聖宗本紀 八」“時南北女眞直皆從延琳”
4)『遼史』卷14,「聖宗本紀 五」“女眞遣使獻所獲烏昭慶妻子”

계하지 못하고 오로지 반요투쟁에만 몰두한 나머지 발해의 계승권을 금에게 넘겨줄 수밖에 없었던 것이다. 따라서 발해인은 금의 역량에 기대어 발해민족의 부흥을 시도하고자 했지만 이것은 필연적으로 실패의 비극을 내포하고 있었다.[5]

그렇다면 여진이 흥기하게 된 이유가 무엇인가? 이를 고찰해 보면 우선 요 통치자가 동란국의 발해인을 서쪽으로 강제 이주시킨 것에서 연유한다. 그 나라가 동북쪽에 치우쳐 있었으므로 제어하기 어렵다고 여긴 요 태종은 동란을 서천시켰다. 따라서 발해의 옛 지역은 점점 비게 되어 흑수말갈이 발흥할 수 있는 기반을 마련하게 되었던 것이다. 당시에 여진은 통일되지 못하여 여진의 어떤 부족 혹은 어떤 부락연맹을 가리킬 뿐이었다. 동란이 서천한 이후에 여진은 고려에 신속되거나 혹은 거란에 신속되어 이반과 복종이 무상하니 요국은 이를 일러 "기미의 추장일 따름"이라고 하였다.[6]

요 흥종과 도종시기에 이르러 생여진의 완안부가 점차적으로 강성해지면서 생여진의 각 부를 복속시키는 동시에 요 조정의 대리인 자격을 획득하였다. 완안부는 처음 흥기할 때에 동북쪽의 전 지역을 빼앗아 요를 대신하려고 했던 것은 아니다. 다만 거란인의 능멸과 학대에 고통 받게 되자 요의 압박에서 벗어나려고 일어난 것에 불과했다. 그러나 요의 천조제가 사냥과 술을 좋아하여 정사를 태만하게 하자 아골타는 종주국을 경시하게 되었고 마침내 나라를 빼앗으려는 마음이 점차 생기게 되었다. 여진이 반란을 일으킨 주된 원인은 요조가 그들에게 일삼은 착취에서 비롯된 것이다.

구체적인 원인은 첫 번째로 '타여진'을 들 수 있다. 타여진과 관련된 문헌 기록들을 보면 그 뜻은 두 가지가 있다. 먼저 『송막기문』에는 매년 봄

---

5) 劉肅勇, 「渤海流民與金朝的政治關係」, 『北方民族』, 1990 1期.
6) 『三朝北盟會編』 卷3, 「政宣上帙三」 "或臣於高麗 或臣於契丹 叛服不常; 遼國謂之羈縻酋而已"

에 "얼음이 녹기 시작할 때면 요 군주가 그곳에(영강주를 가리킴) 이르러 얼음을 깨고 물고기를 잡거나 활을 쏘아 사냥하는 것을 즐거움으로 삼았다. 그러면 여진이 와서 토산품을 바쳤는데 대개는 초서(貂鼠)의 종류였다. 그 때 요주는 각각 생산량의 경중에 따라 여진을 때렸는데 이를 '타여진'이라고 한다"7)고 기술하고 있다. 또 다른 내용으로『금소사(金小史)』에는 "영강주에는 각장이 열렸는데 여진이 요나라 사람들과 더불어 장사를 하는 곳이다. 그들은 가격을 낮추거나 그 재물을 잡아 빼앗았는데 이를 '타여진'이다"8)라고 기록되어 있다. 또 다른 사적에도 "영강주에 각장이 있어서 여진이 구슬, 인삼, 생금, 잣, 백부자, 밀랍, 마포 따위를 가지고 장사를 하였는데 영강주의 사람들이 그 가치를 낮추거나 혹은 이들을 잡아 욕보였는데 이른바 이것이 '타여진'이다"9)라고 기재되어 있다.

상기 사료들의 내용을 종합하면 타여진은 요조의 통치계급이 여진의 토산품을 강제로 징수하거나 저가로 수매하는 것을 가리키는 말로 일종의 수탈의 의미를 지녔다. 이러한 경제적 착취는 정치적 압박은 물론이고 사회적 문제로 이어졌다. 바야흐로 요가 강성할 때에는 매년 사자를 보내면서 천사라 칭하였는데 은패를 차고서 스스로를 구별하였다. 그들은 매번 여진국에 이를 때마다 저녁이 되면 예쁜 여자들을 침석에 들게 하였다.10) 이처럼 시간이 지날수록 생여진에 대한 거란의 억압과 수탈의 강도는 점차 높아졌고 이에 비례하여 여진인의 분노 또한 극에 달하기 시작했다.

두 번째, 거란의 무절제한 해동청의 징발이 여진의 반란을 직접적으로

---

7) 『松漠記聞』 卷1 "冰始泮 遼主必至其地(指寧江州) 鑿冰釣(鉤)魚 放弋爲樂 女眞率來献方物 若貂鼠之屬 各以所産量輕重而打搏 謂之'打女眞'"

8) 『金小史』 "寧江州 有権場 女眞與遼人爲市處也 遼人嘗以低價拘奪其貨 謂之'打女眞'"

9) 『契丹國志』 卷10, 「天祚皇帝上」 "州有権場 女眞以北珠·人蔘·生金·松實·白附子·蜜蠟·麻布之類爲市 州人低其値 且拘辱之 谓之'打女眞'"

10) 『契丹國志』 卷9, 「道宗天福皇帝」 "方遼之盛 歲遣使者 稱天使 佩銀牌自別 每至女眞國. 遇夕 必欲美姬豔女薦之枕席"

자극했다. 『거란국지』에 따르면 그 내용은 다음과 같다.

　여직은 동북으로 오국과 이웃하였고 오국은 동쪽으로 큰 바다와 이웃
하였다. 이곳에는 이름난 매가 산출되었는데 모두 해동에서 온 것이어서
이를 해동청이라 불렀다.… 구례에 따라 해마다 이것을 여직에게 요구하
였고, 여직은 오국에 가서 싸워 얻어왔는데 여직은 그 번거로움을 이기지
못했다. 천조제가 즉위하자 그 공납의 요구가 가혹해졌다. 천사가 오면
백방으로 부락을 수색하였고 그 명을 받들지 않으면 우두머리를 불러 매
를 가하고 심한 경우에는 죽이기까지 하였으니 제부는 원망하여 몰래 아
골타와 연결해 있다가 이때에 이르러 거병 모반하였던 것이다.[11]

　거란 통치자의 해동청 징발은 송·요간의 각장무역과 직접 관계가 있었
다. 북송 휘종 숭녕(崇寧) 연간에 북송 통치 집단은 사치의 풍조가 날로 심
해졌고 요 동쪽의 대해(大海)에서 생산되는 북주(北珠)를 선호하였다. 따
라서 북송은 각장무역을 통해 이것을 획득하였고, 요는 여진지역의 대해
에서 이를 얻어 북송의 고급사치품과 교환했다. 진주는 조개에서 채취하
는데 가을이 되면 물이 차가워 사람이 직접 물에 들어가 진주를 채취할 수
없었다. 그러나 기러기가 이 조개를 먹으면 모이주머니에 진주가 저장되
어 있었으므로 맹금류인 해동청을 이용하여 기러기를 잡아 진주를 획득했
던 것이다.[12] 그런데 해동청의 포획을 둘러싸고 요의 통치자와 여진의 각
부는 갈등이 심화되었고 심지어 요조의 명운에도 직접 영향을 미치게 된
것이다.

---

11) 『契丹國志』卷10,「天祚皇帝上」"女直東北與五國爲鄰 五國之東接大海 出名鷹 自海東
　　來者謂之海東靑. … 舊例歲歲求之女直 女直至五國戰鬪而後得 女直不勝其擾. 及帝嗣
　　位 責貢尤苛 又天使所至 百般需索於部落 稍不奉命則召部長加杖 甚者誅之. 諸部怨叛
　　潛結阿骨打 至是遂擧兵"
12) 李錫厚·白濱 『遼金西夏史』, 上海, 上海人民出版社, 2008, pp.105~106.

이러한 해동청의 징발은 더 이상 생여진 부족장들을 참을 수 없게 만들었으며 마침내 요 도종 수창 2년(1096)에는 흘석렬부(紇石烈部)의 아합판(阿閤版)과 석로(石魯)가 오국부로 통하는 응로(鷹路)를 차단하고 요조의 포응사자(捕鷹使者)를 살해하자 요조는 생여진 절도사인 완안부의 영가(盈哥)에게 이들을 토벌하게 하였다. 요가 영가를 응로지전(鷹路之戰)에 참여시켜 응로를 원활하게 만들려고 했던 반면 영가는 요의 위세를 빌어 여진 각부를 통일하고자 했다. 영가가 병사한 후에 형 핵리발의 동생인 오아속(烏雅束)이 절도사직을 계승하면서 여진부족에 대한 통제를 더욱 강화했다. 또한 뒷날에 대한 근심을 제거하기 위해 고려와도 협조하였다.

세 번째, 요 황제가 매년 가을 사냥을 할 때면 여진 수령은 그곳으로 가서 조견(朝見)해야 했으나 그것이 너무 고생스러워서 불만이 팽배해졌다. 천경 2년(1112)에 요의 천조제가 혼동강에 이르러 낚시를 했는데 무릇 천리 이내에 있는 여진 추장들은 관례에 따라서 요 황제를 조견해야만 했다. 이때 아골타(阿骨打)는 그의 동생인 오걸매(吳乞買) 및 점한(粘罕), 호사(胡舍) 등과 함께 참가하였다. 술자리에서 요 황제는 여진의 추장들에게 춤을 추도록 하였다. 이에 아골타는 복종하지 않았기 때문에 황제는 그를 죽이려고 하였지만 주변의 만류로 일단 중지하였다. 아골타는 혼동강의 연회에서 돌아온 후에 지금의 휘발하(輝發河) 유역에 있는 요적(遼籍)의 여진 부락들을 더욱 더 병탄하였다. 그 부락들의 추장 중에 조삼하골산(趙三河鶻産)이 요로 도망가서 이러한 사실을 알리자 요 조정에서는 사자를 파견하여 책임을 물었다. 아울러 몇 차례 아골타에게 입조하라고 하였지만 그는 매번 병을 구실삼아 가지 않았다. 이에 생여진과 요의 관계는 파경에 직면하여 일촉즉발의 형세가 되었다.

여진의 완안부는 그 세력이 점점 강성해졌고 앞서 서술한 원인으로 요와 충돌하기에 이르렀다. 아골타는 흘석렬부의 반인(叛人) 아소(阿疏)를 찾는다는 명분으로 계속 요조의 허실을 탐색하였고, 이 사건은 반요투쟁의 도화선이 되었다. 마침내 요 천경 4년(1114) 9월에 아골타가 영강주로 진군하였으나 천조제는 경주에서 사냥만 하였다. 단지 해주자사 고선수(高仙壽)에게 발해군을 거느리고 대응하여 구원하게 하였다. 하지만 발해는 대패하여 전장에서 죽거나 혹은 사로잡혀서 포획되지 않은 자가 얼마 되지 않았다.13) 결국 여진군의 일격으로 요 병사는 도망가다가 10명 중에 7~8명이 서로 밟혀죽었다.14) 영강전투를 승리로 이끈 여진은 포로로 잡힌 방어사 대약사노(大藥師奴)를 비롯한 발해 장수들을 방면함으로써 발해인을 투항하도록 유도했다. 이외에도 아골타는 금에 투항한 발해인 양복과 알답랄을 고향으로 보내 마을사람들을 초유하게 하였다. 그들에게 "여진과 발해는 한 집안인데 내가 군사를 일으킨 것은 죄인을 정벌하는 것으로 무고한 사람에게 함부로 미치지는 않는다"라고 선동하게 하는 한편 대장 완안루실을 요동의 남쪽으로 파견하여 계요적여직을 초유하게 하였다.15) 이러한 조치는 요조의 통치력을 더욱 약화시켰다.

영강주의 전쟁이 끝난 직후인 11월에 거란은 소규리(蕭糺里:蕭嗣先)를 도통, 소달불야(蕭撻不野)를 부도통으로 삼아 영강주에서 멀지 않은 압자하 북쪽에 거란 및 해의 보병과 기병 10만을 주둔시켰다. 그러나 여진군은 압자하를 유유히 도강하여 출하점에서 요군을 궤멸시켰다. "요나라 사람들은 일찍이 여진 병사가 만약 만 명에 이르면 대적할 수 없다"16)고 말한 바 있다. 영강주와 출하점의 대승은 여진이 마침내 요조의 통치를 벗어나 금을 건국하는데 기초가 되었다. 얼마 지나서 아골타의 동생 오걸매 및 살개, 발해인 양박 등의 권유로 아골타는 천경 5년(1115)에 황제에 즉위하였

---

13) 『契丹國志』 卷10, 「天祚皇帝上」 "渤海大敗 或陣歿 或被擒 獲免者無幾"
14) 『金史』 卷2, 「太祖本紀」 "敵大奔 相蹂踐死者十七八"
15) 『金史』 卷2, 「太祖本紀」 "招諭其鄕人曰 : '女直渤海本同一家 我興師 伐罪 不濫及無辜也.' 使完顔婁室 招諭係遼籍女直"
16) 『金史』 卷2, 「太祖本紀」 "遼人嘗言女直兵若滿萬則不可敵 至是始滿萬云"

고 국호를 대금(大金), 연호를 수국(收國)으로 정했다.

칭제건원 이후에 아골타가 황룡부를 공격하여 점령하자 천조제도 결국 친정을 선포하였다. 왜냐하면 황룡부는 동북 변방의 요충지였으므로 병마도부서사(兵馬都部署司)를 설치하여 동북 오국 및 여진 제부의 군정사무를 주지한 곳으로 이곳의 함락은 요조의 동북방어에 심각한 타격을 주었기 때문이었다. 11월에 천조제는 "부마 소특말(蕭特末)과 임아 소사자(蕭査剌)로 하여금 기병 5만, 보병 40만, 친군 70만을 이끌고 타문(駝門)에 집결토록 하였다."[17] 당시 2만에 불과한 금군은 수적으로 열세였지만 아골타의 심리전 및 요의 도감인 야율장노(耶律章奴)의 모반사건으로 형세는 반전되었다.

이때 아골타는 요조에 대한 원한을 충분히 이용하여 병사들의 사기를 고조시켰다. 예컨대 "그는 여러 추장들을 모아놓고 칼로 얼굴을 긋고 하늘을 우러러 통곡하면서 말하기를, 처음 그대들과 함께 거병한 것은 거란의 잔학한 괴롭힘에 함께 고통을 당했기에 우리들 자신의 국가를 만들고자 했던 것일 뿐이다. 이제 나는 그대들을 위해 비굴하고 애절하게 항복을 청하려 한다. 아마 그러면 화는 면할 수 있을지도 모른다. 지금 보건대 천조제가 우리를 몰살하려고 하는데 한 사람 한 사람이 모두 죽기로 나서서 싸우지 않으면 도저히 당해낼 수 없다. 차라리 너희가 내 일족을 죽이고 항복을 한다면 전화위복이 될 것이다"[18]라고 말하여 여진병사들의 사기를 고조시켰다.

한편 상경으로 도주해버린 야율장노는 천조제를 폐립하고 위국왕(魏國

---

17) 『遼史』 卷28, 「天祚皇帝 二」 "冬十一月 遣駙馬蕭特末林牙蕭察剌等將騎兵五萬·步卒四十萬·親軍七十萬至駝門"

18) 『三朝北盟會編』 卷3, 「政宣上帙三」 "阿骨打聚諸酋以刀剺面 仰天哭曰: 始與汝輩起兵共苦契丹殘擾 而欲自立國爾! 今吾爲若卑哀請降 庶幾免禍. 顧乃盡欲剪除 非人人效死戰莫能當也. 不若殺我一族 汝等迎降 可以轉禍爲福. 諸酋皆羅拜於帳前 曰: 事已至此 惟命是從 以死拒之"

王) 야율순을 옹립하고자 하였으나 야율순(耶律淳)은 감히 호응하지 못했다. 뜻을 이루지 못한 야율장노는 발해인의 거주지였던 경주, 요주, 회주, 조주 등을 약탈하면서 발해군도와 결합하니 무리가 수만에 이르게 되었다. 마침내 야율장노는 광평정(廣平淀)으로 진군하여 행궁을 공격하였으나 그의 부장 야율여고(耶律女古) 등이 부녀자와 재산을 약탈하여 민심을 잃은 데다가 천조제가 군대를 파견하였기 때문에 섬멸당했다. 야율장노의 모반사건 때문에 천조제가 서둘러 회군하였으므로 아골타에게 전세가 유리하게 전개되었다. 여진군은 철수하는 요군을 호보답강(護步答岡)까지 추격하여 대승을 거두었는데 이때 "죽은 요의 병사가 백여 리를 이었다"[19]고 한다. 천조제는 겨우 도망갔으나 이후 요조의 국면은 더 이상 수습할 수 없게 되었다.

영강주 및 출하점, 호보답강 전쟁에서 계속되는 요군의 패배는 피지배 민족의 반요투쟁을 더욱 격화시키는 결과를 초래하였고, 그들의 이반은 다민족국가였던 요조를 한 순간에 붕괴시켰다. 한인이던 발해인이던 간에 스스로 왕조를 개창하지 못한 그들은 자신들의 이해관계에 맞는 통치자를 선택하였다. 동북지역의 제 민족, 특히 발해인은 지역적으로 공동체적 유대감을 지닌 금에 협력하였던 반면 연운지역 출신의 한인관료들은 북송이 연경을 수복하려는 데 협력하여 "납토귀송(納土歸宋)"[20]하고자 했다. 하지만 일반 한인 백성들은 요 통치 하에 직업과 재산이 안정되었으므로 요조에 대해 긍정적인 태도를 보였으나 점차 이들도 이반하기 시작했다.

왜냐하면 상경 임황부로 패퇴한 대규모 거란군이 민가에 산거하면서 현지의 한족 백성들을 침요했기 때문이다. 이러한 정황에 대해 『금사』는 다음과 같이 전하고 있다.

---

19) 『金史』 卷2, 「太祖本紀」 "遼師敗績 死者相續百餘里"
20) 『遼史』 卷102, 「李處溫傳」 "欲挾蕭后納土歸宋"

요의 군사가 출하점에서 패하고 임황부에 이르러 민가에 흩어져 거주하였는데 백성들에게 이들을 부양하게 하였다. 그런데 군사들이 방자하게 행동하면서 어지럽히지 않는 곳이 없었으므로 백성들은 이들을 매우 싫어하고 고통스러워했다. 유수 야율적구아(耶律赤狗兒)는 이들을 제어할 수 없었기 때문에 군인들과 백성들을 불러서 유시하였다. '거란과 한인은 오래 동안 한 집안이었는데 지금 변방에 사변이 있고, 국가의 비용이 충분하지 못하기 때문에 군사들을 오랫동안 부로(父老)의 사이에 섞어 살도록 하였으니 약간의 소요가 있어도 서로 용납할 수도 있지 아니한가?' 많은 사람들 가운데 감히 말하는 자가 없는데 언륜(彦倫)이 홀로 말하기를 '병란이 일어난 이후에 민간의 재력이 곤궁하여 고갈된 지금 상황에서 다시 군사를 부양하라고 하면, 국가에 많은 일이 있기에 의로 보면 마땅히 사양할 수 없지만 이 무리들이 마음대로 강압하고 흉포하여 사람이 도저히 견딜 수가 없습니다. 더구나 지금 거란이나 한족의 백성들은 모두가 아무 것도 없는 사람들인데 여기에서 빼앗아 저 들에게 주는 것은 어찌해서입니까?'[21]

이와 같이 당시 패잔병은 심각한 사회문제였고 그 중에는 도적이 되어 주현을 약탈한 자들도 있었다. 예컨대 천경 7년(1117) 역주(易州) 내수인(淶水人) 동재(董才)가 패잔의 무리를 모아 반요투쟁을 펼쳐 요조에 심중한 타격을 가했다. 이 기간에 동재는 송과 연결되어 항복하였고, 휘종에게 요를 취할 수 있는 상황이라고 진술하면서 북벌을 선동하였다. 이에 앞서 연경의 대족이었던 마식(馬植)도 송에 망명하였는데 여진과 동맹을 맺어 요를 공격하면 연운지역을 회복할 수 있다고 헌책하자 휘종은 고무되어

---

21)『金史』卷75,「盧彦倫傳」"遼兵敗于出河店 還至臨潢 散居民家 令給養之 而軍士縱恣侵援 無所不至 百姓殊厭苦之. 留守耶律赤狗兒不能禁戢 乃召軍民諭之曰; '契丹漢人久爲一家 今邊方有警 國用不足 致使兵士久溷父老間 有侵援亦當相容?' 衆皆無敢言者. 彦倫獨曰; '兵興以來 民間財力困竭 今復使之養士 以國家多故 義固不敢辭. 而此輩恣爲强暴人不能堪. 且番漢之民皆赤子也 奪此與彼 謂何?'"

그에게 조량사(趙良嗣)라는 이름을 하사하기도 했다. 이후에 조량사는 금
과 송이 천보(天輔) 4년(1120)에 해상의 맹약을 맺는 데 결정적인 역할을
했다.

　동북의 여진 및 발해는 물론이고 남부의 한인들조차 이반함으로써 요
조의 위기는 나날이 깊어가던 중에 거란 통치 내부에서도 다시 분열이 발
생하였다. 야율장노의 모반이 실패로 돌아간 후에 천조제는 예민해져서
백관들을 더욱 신임하지 못했다. 이때 소봉선과의 권력투쟁에서 밀려난
야율여도가 금으로 망명하는 사건이 일어났다. 천조제는 야율여도가 향도
하는 여진군의 파상적인 공세를 피해 보대(保大) 2년(1122)에 협산으로
파천하였다. 천조제가 파천한 이래 수일간 황제의 명령이 끊기자 연경을
지키던 번한관료들, 즉 이처온(李處溫) 부자는 소간(蕭幹), 야율대석(耶律
大石), 좌기궁(左企弓), 우중문(虞仲文), 강공필(康公弼), 조용의(曹勇義)
등과 함께 원군(怨軍)의 후원을 빌어 천조제를 상음왕(湘陰王)으로 격하
시키고, 위국왕(魏國王) 야율순을 천석황제(天錫皇帝)로 옹립하였다. 이
를 역사상 북요(北遼)라고 부르는데 이들 세력은 불과 연운과 요서일대에
미쳤을 뿐이며 여전히 천조제는 서남·서북양로도초토사(西南·西北兩路
都招討司)가 관할하는 제 부족을 장악하고 있었다.

　둘로 쪼개진 요조는 그나마 미약한 역량마저 분산되었기 때문에 더 이
상 송·금의 협공을 막아낼 수 없게 되었다. 이러한 과정 속에 금은 송과
동맹을 맺고 요에 적극적인 공세를 개시하여 상경 및 중경을 함락하였고
이어서 서경도 함락하는 데 성공했다. 북요는 금의 공세뿐만 아니라 송의
공세도 막아내야 했는데 천조제의 위협도 무시할 수 없는 상황이었다. 이
러한 형세 속에 한족 출신의 이처온은 송조에 투항하려는 의도를 가지고
있었다. 한족 지주계층의 지지를 받아 황제에 즉위한 천석황제도 그들과
정치적 입장을 같이했다. 그러나 거란인 야율대석과 해인 소간은 송과의

화의를 반대했으므로 화의파와 강경파 사이에서 눈치를 보던 천석황제 야율순이 마침 병사하였다. 이후 덕비(德妃) 소씨는 소간 등의 지지를 받아 황태후가 되어 군국대사를 주지하였는데 갑자기 역주 지사였던 한인 고봉(高鳳)이 반란을 일으켜 송에 호응하는 일이 발생하였다. 또한 곽약사도 선화(宣和) 4년(1122) 9월에 상승군도관압(常勝軍都管押)·제위상장군(諸衛上將軍)·탁주유수(涿州留守) 신분으로 정예병 8천명, 철기(鐵騎) 5백명을 이끌고 탁주가 관할하는 4개의 현을 들어 송조에 정식으로 투항하였다.[22]

마침내 북요의 군사적 토대인 상승군마저 송조에 투항하고 금군이 이미 봉성주(奉聖州)까지 진격하자 존망의 기로에 놓여 있던 소후(蕭后)는 금에게 다섯 차례 표를 올려 사직을 지킬 수 있도록 요청하였으나 거절당했다. 또한 송의 동관에게도 순망치한(脣亡齒寒)의 이치를 들어 설득하려 하였으나 이 역시 실패하였다. 마침내 소후는 군을 이끌고 거용관(居庸關)을 지켰으나 실패하였고 연경은 금군에게 함락되었다. 이후 소후와 야율대석 및 소간은 도주하던 중 송정관(松亭關)에 이르러 건국을 논의하였으나 의견이 맞지 않아 서로 분열되었다. 거란병사는 소후와 야율대석을 따라 천조제에게 귀부하였으나 천조제는 덕비를 죽이고 야율대석만 사면하였다.

당시 천조제는 막다른 길에 있었는데 야율대석이 군을 이끌고 내귀하였으므로 이를 "천조(天助)"라 여겨 그에게 연운을 수복하라고 명령하였다. 하지만 그는 불복하고 스스로 왕으로 자립하여 천조제로부터 이탈하였다. 야율대석은 처음에 내몽고 동부지역에서 활동하다가 서쪽으로 이동하여 1132년에 발라사군에서 칭제 개원하였는데 이것이 바로 서요(西遼)

---

22) 『三朝北盟會編』卷9, 「政宣上帙九」宣和四年 九月 二十三日 己卯 "是日 遼人都管押常勝軍涿州留守郭藥師 因涿州刺史蕭慶餘·團練使趙鶴壽帥·精兵八千·鐵騎五百·一州四縣 來降"

이다. 고립무원이 된 천조제는 보대 5년(1125) 2월에 협산에서 나와 당항
으로 도주하다가 응주(應州) 신성(新城) 동쪽 60리 지점에서 금의 장수 완
안루실에게 체포되었다. 8월에 금 내지로 끌려온 천조제는 금조로부터 해
빈왕(海濱王)으로 책봉되었으니[23] 이로서 요조는 9제(帝) 219년만에 멸망
하였다.

2. 요금교체기에 발해인의 향방

여진은 아골타에 이르러 그 세력이 점점 강성해졌고 요조에 도발하기
시작했다. 아골타는 흘석렬부의 반역자 아소를 찾는다는 명분으로 계속
요조의 허실을 탐색하였고 이 사건은 반요투쟁의 도화선이 되었다. 마침
내 요 천경 4년(1114) 9월에 아골타는 영강주로 진군하여 고선수가 이끄
는 발해군에게 승리하였다. 이때 금에 투항한 발해인 양복과 알달랄을 고
향으로 보내 마을 사람들에게 초유하여 말하기를 "여진과 발해는 원래 한
집안인데 내가 군사를 일으킨 것은 죄인을 정벌하는 것으로 무고한 자에
게 함부로 미치지 않을 것이다"라고 했다.[24] 이러한 조치는 요조의 통치
력을 더욱 약화시켰다.

영강주의 전쟁이 끝난 직후 11월에 거란은 소규리(또는 소사선)을 도
통, 소달불야를 부도통으로 삼아 영강주에서 멀지 않은 압자하 북쪽에 거
란 및 해의 보병과 기병 10만을 주둔시켰다. 그러나 여진군은 압자하를 유
유히 도강하여 출하점에서 요군을 궤멸시켰다. 요나라 사람들은 일찍이

---

23) 『遼史』卷30,「天祚皇帝四」"保大五年二月 至應州新城東六十里 爲金人完顔婁室等所
　　獲. 八月癸卯 至金. 丙午 降封海濱王. 以疾終 年五十有四 在位二十四年"
24) 『金史』卷2,「太祖本紀」"招諭其鄕人曰:'女直渤海本同一家 我興師 伐罪 不濫及無辜
　　也.' 使完顔婁室 招諭係遼籍女直"

여진 병사가 만약 만 명에 이르면 대적할 수 없다고 말한 바 있다.25) 요나라 군사가 패하여 도망갈 때 발해인 고소화실(高끔和失:후에 금에서 표(彪)라는 이름을 하사받음)만이 온힘을 다하여 싸웠기 때문에 금나라 장수가 그를 높이 평가하여 사로잡으려고 했다. 그는 동경이 함락되자 금에 항복했고 훗날 금조에서 혁혁한 전공을 세워 금자광록대부(金紫光祿大夫)를 제수받았고 승진을 거듭한 끝에 최후에는 추밀부사 서국공(舒國公)으로 관직을 마쳤다.

영강주에 이어 출하점에서도 대승한 여진은 마침내 요조 통치를 벗어나 금을 건국하였다. 당시 발해인 양박 등의 권유로 아골타는 천경 5년(1115)에 황제에 즉위하였고 국호를 대금(大金), 연호를 수국(收國)으로 정했다. "양박은 요동 철주인이다. 본래 발해 대족으로 진사에 급제했으며 여러 관직을 거쳐 교서랑(校書郞)이 되었다. 앞서 고영창이 반란을 일으켰을 때 여진에 항복하였는데 자못 정사를 잘 보았다. 아골타에게 황제를 칭하라고 권했고 천보로 개원하게 하였다. 그리고 왕의 성을 민(旻)이라 했고 그 나라에 금이 많이 생산되니 국호를 대금이라고 정하게 했다. 또한 아골타에게 아뢰어 이르기를 '자고로 영웅이 나라를 열고 왕위를 물려받는 데는 먼저 대국의 책봉을 받아야 한다'고 진언했다."26)

그래서 양박의 제안에 따라 대요에 책봉을 요청하는 사신을 보내 다음의 열 가지를 요구했다. 첫째 대성대명(大聖大明)이라는 휘호를 승인할 것, 둘째 대금이라는 국호를 승인할 것, 셋째 옥으로 장식한 수레를 보낼 것, 넷째 곤룡포와 면류관의 사용을 승인할 것, 다섯째 어전지보(御前之寶)라고 새긴 옥새를 만들어 보낼 것, 여섯째 형제의 예에 준한 통교를 승

---

25) 『金史』卷2, 「太祖本紀」 "遼人嘗言女直兵若滿萬則不可敵 至是始滿萬云"

26) 『契丹國志』卷10, 「天祚皇帝上」 "是時有楊朴者 遼東鐵州人也 本渤海大族 登進士第 累官校書郞. 先是高永昌叛時 降女眞 頗用事 勸阿骨打稱皇帝 改元天輔 以王爲姓 以旻爲名 以其國產金 號大金. 又陳說阿骨打曰 : 自古英雄開國受禪 先求大國封册"

인할 것, 일곱째 황제의 생신과 새해에 축하 사신을 보낼 것, 여덟째 세폐
로 은과 비단 십오만량필(남송이 보낸 세공의 절반)을 보낼 것, 아홉째 요
양과 장춘 두 로(路)를 할양할 것, 열 번째 여진인 아골(阿鶻)·산(産)·조
(趙) 삼대 왕을 송환할 것 등이 있다.[27] 요 천조제는 어쩔 수 없이 사신을
보내 아골타를 동회국(東懷國) 황제로 책립하였으나 양박은 책문이 잘못
됨을 지적하자 아골타는 크게 노하여 거란 사신들을 매질하여 돌려보냈
다. 양박은 사람됨이 불의를 참지 못하고 큰 뜻이 있고 지모가 많아 계책
을 잘 건의했다. 금나라 건국 초기에 여러 사업이 이루어졌는데 조정의 의
례 및 제도가 모두 그의 손에서 나왔다. 따라서 요대 한인 한연휘, 원대 거
란인 야율초재(耶律楚材)와 비견할 수 있는 인물이다.

그 외에도 고영창이 동경에서 군사를 일으켰을 때에 그 군에 있던 고정
(高楨)도 금나라 장수 알로에게 항복하였다. 그 역시 "요양 발해인이다.
고모한의 5세손으로 요양에 살았다. 어려서부터 학문을 좋아하여 일찍이
진사가 되었다. 알로가 고영창을 공격하여 심주(瀋州)가 함락되자 고영창
은 두려워 거짓으로 항복을 청했다. 이때 고정의 어머니가 심주에 있었으
므로 마침내 금나라에 항복하여 고영창이 항복한 것은 거짓이라고 고했
다. 알로가 군사를 진격시켜 고영창을 무찔러버렸고 고정을 동지동경유수
사(同知東京留守事)로 삼고 맹안을 제수했다."[28]

이상과 같이 여진은 금을 건국하는 과정에서 발해인의 역량을 적극 활

---

27) 『三朝北盟會編』卷3, 「政宣上帙三」 "楊朴又稱說: 自古英雄開國 或受禪 或求大國封册.
　　遣人使大遼以求封册. 其事有十乞; 徽號大聖大明者一也; 國號大金者二也; 玉輅者三也;
　　袞冕者四也; 玉刻印御前之寶者五也; 以弟兄通問者六也; 生辰正旦遣使七也; 歲輸銀絹
　　十五萬量匹者八也(蓋分大宋歲賜之半); 割遼陽長春兩路者九也; 送還女眞阿鶻·産·趙
　　三大王者十也"

28) 『金史』卷84, 「高楨傳」 "高楨 遼陽渤海人. 五世祖宇翰仕遼 官至太師 楨少好學 嘗業進
　　士. 斡魯討高永昌 已下瀋州 永昌懼 爲送款以緩師 是時 楨母在瀋州 遂來降 故以永昌降
　　款非誠 斡魯乃進攻. 既破永昌 遂以楨同知東京留守事 授猛安"

용했다. 이후 발해인은 금조의 각 방면에서 협력하였는데 이는 양자의 이
해관계가 부합된 듯하다. 소수 민족이었던 여진은 동맹자가 필요했고 발
해인은 보호자가 필요했던 것이다. 또한 오랫동안 증오의 대상이었던 거
란을 토벌하는데 쉽게 뜻을 같이 할 수 있었기 때문이다. 따라서 금조는
건국 후에도 발해인에 대한 신임이 깊었으므로 혹자(或者)는 요대에 있어
서 "이종동류(異種同類)"였던 거란인과 해인의 관계에 비견할 만하다고도
했다.

당시 거란이 금에 패배하자 발해인을 비롯한 피지배민족의 반요투쟁은
더욱 격화되었고 그들의 이반은 다민족국가였던 요조를 한 순간에 붕괴시
켰다. 따라서 12세기 초에 이르러 요조 치하에 있던 제 민족들은 송-요-금
등 삼국의 역학관계 속에서 각자의 이해타산에 따라 삶을 영위해 갔음에
틀림없다. 그렇다면 당시에 발해인은 어떻게 처신하였을까? 요금교체기
에 발해인이 처한 네 가지의 갈림길을 추정해 볼 수 있다.

첫 번째, 요조의 지배체제를 유지하려던 부류이다. 아마도 거란에서 정
치적·경제적 특권을 가진 발해계 대족은 대체로 거란의 정치체제를 적극
지키려고 했을 것이다. 그래서 대공정 및 고청명과 같은 발해인은 고영창
의 반대편에 서서 이들을 진압하고자 했다. 도종시기 대공정은 여러 관직
을 거쳐 흥국군 절도부사가 되었다. 천조제가 즉위하자 장녕군절도사 남
경유부수를 지내고 동경호부사로 옮겼는데 이 때 고영창이 군사를 일으켰
다. 대공정은 성문에 올라 돌아가라고 설득하였으나 고영창이 듣지 않았
다. 그는 고청신과 함께 군사를 독려하여 항거하였으나 결국 이기지 못하
고 도망쳤다. 이후에 관직을 옮겨 중경유수로 재수되고 정량공신을 하사
받았다.

그리고 집권층으로는 후족(后族)을 들 수 있다. 천조제 집권 초부터 후
족이 집권하여 당파가 형성되었다. 후족이라 함은 천조제의 원비(元妃)와

문비(文妃)의 가계사람을 말하며 이를 대표하는 사람으로 전자의 경우는 원비의 오빠인 소봉선이었고, 후자의 경우는 문비의 제부(弟夫)인 야율여도였다.[29] "문비는 성이 대씨이고 어릴 때 이름은 슬슬(瑟瑟)이라 했으며 발해 왕족의 후예였다. 건통(乾統) 3년(1103)에 문비로 책봉되었는데 촉국공주(蜀國公主)와 진왕(晋王) 오로알(敖盧斡)을 낳았다. 그녀는 문장과 글씨가 뛰어났고 시가(詩歌)를 잘했다. 문비는 때로는 시를 지어 완곡하게 천조제의 잘못을 고치도록 하였는데 글이 자못 감격스럽고 간절하여 권문귀족에게라도 거리낌이 없었다"[30]고 한다.

그러나 천조제는 부끄러운 기색을 하기는커녕 그녀에 대한 반감을 품었다. 또한 문비의 영사시(咏史詩)[31]는 소봉선을 분노케 하였다. 그는 오랫동안 조정의 권력을 장악하면서 충신을 해치고 국가와 백성에게 재앙을 가져오게 한 장본인이었는데 자신의 조카를 황태자에 옹립하고자 했다. 그러나 당시 많은 사람들은 문비의 아들 진왕 오로알이 여러 황자들 중에 장자였고[32] 가장 현명했던 까닭에 당연히 황위를 계승하여 요나라를 진흥시켜야만 한다고 생각했다. 그러나 소봉선은 문비를 비롯하여 야율여도, 부마 소욱(蕭昱), 야율달갈리(耶律撻葛里) 등이 오로알을 황제로 옹립하기 위해 모반하였다고 무고했다.[33] 결국 이들은 모두 사사(賜死)되었고 야율여도(耶律余覩)만이 금으로 망명했다. 문비는 권력투쟁에서 패배하

---

29) 徐炳國, 『거란제국사연구』, 서울, 한국학술정보, 2006, p.262.
30) 金毓黻 編著, 발해사연구회 옮김, 『渤海國志長篇 (중)』, 서울, 신서원, 2008, pp.161~162; 『遼史』 卷 71, 「后妃傳」, p.1206.
31) 승상의 조회에 나올 때 허리에 찬칼이 요란스럽게 울건만, 많은 관료들은 곁눈질 하며 고요히 입을 닫도다. 외환을 기르고 있으니 탄식한들 무엇하리. 화를 입어 충신들은 모두 스러지니 상벌이 명확치 못하구나. 종실들은 변방의 장수 자리를 모두 폐차고 개인 집에서 몰래 사병을 기른다네.
32) 천조제는 슬하에 여섯 아들을 두었는데 덕비(德妃) 소생의 장자 달로(撻魯)가 1104년에 병사하여 문비(文妃)의 소생인 차자 오로알(敖魯斡)이 장자가 되었다.
33) 『遼史』 卷102, 「耶律余覩傳」 "適耶律撻葛里之妻會余覩之妻於軍中 奉先諷人誣余覩結駙馬蕭昱 · 撻葛里 謀立晋王尊天祚太上皇"

여 죽음을 당했지만 적극적으로 요조를 수호하고자 했다.

두 번째, 고영창과 같이 왕조를 개창했던 부류이다. 금의 건국은 발해인의 반요투쟁을 자극하였다. 천경 5년(1115) 2월에 요주(饒州) 발해인 고욕 등이 반란을 일으켜 대왕으로 칭했으나 5개월 만에 진압되었고, 다음해 동경 요양에서 고영창이 다시 반요투쟁을 전개하였다. 이는 민족차별에 대한 공분(公憤)이 직접적인 원인이었으나 금의 건국 또한 그를 자극하였을 것이다. 고영창은 동경성을 차지한 후에 대발해 황제라고 칭했고 연호를 융기라고 하였다. 열흘 동안 요동 50여주를 함락하는 위세를 떨쳤으나 심주에 주둔한 장림의 군대와 30여 차례 각축전을 펼치면서 일진일퇴하였다.

고영창은 아골타에게 구원을 요청하였으나 오히려 금의 공격을 받았고 어쩔 수 없이 항복의 뜻을 전달하였다. 하지만 금나라에 투항한 발해인 고정이 이르기를 '고영창은 진실로 항복한 것이 아닙니다. 단지 이 일을 빌미로 군사를 좀 늦추고자 하는 것입니다'라고 했다. 이에 따라 알로의 금군은 공격을 멈추지 않았고 고영창은 수산 아래에서 크게 패해 기병 5천을 거느리고 장송도로 도망갔다. "동경인 은승노, 선가 등이 고영창의 처자를 잡은 후에 성 밖으로 나와 항복하였다. 얼마 되지 않아 달불야는 고영창과 탁랄을 붙잡아 금나라 군중에 보내니 그들 모두 죽임을 당했다."[34]

여기에서 주목할 만한 것은 발해인들 사이에 일체감을 기대할 수 없었다는 점이다. 발해가 멸망한 후 200년이 지난 상황에서 그들의 동향은 다양한 형태로 표출되었다. 대공정, 고청명 등과 같은 부류는 요조의 신하로 고영창의 반란을 진압했고, 고정, 양박 등과 같은 부류는 고영창을 배신하여 금조에 투항했다. 아마도 대부분의 발해인은 고영창과 아골타를 저울질하다가 대발해가 승산이 없을 것으로 판단하여 금에 투항했을 것이다.

---

34) 『金史』卷71, 「斡魯傳」 "東京人恩勝奴仙哥等 執永昌妻子以城降 … 未幾撻不野執永昌 及鐸剌以獻 皆殺之"

이와 같이 발해인의 공동체적 역량이 분산되면서 발해부흥운동은 재차 실패로 돌아갔던 것이다

세 번째, 금의 건국에 적극적으로 협조한 부류이다. 예컨대 고경예(高慶裔), 고육가(高六哥)·고정(高楨)·장현소(張玄素)·왕정(王政)·양박(楊朴)·장호(張浩) 등은 금에 투항해 자신의 살길을 모색했다. 여기에는 두 가지 원인을 들 수 있다. 우선 요대 발해인은 경계의 대상이자 차별의 대상이었다. 따라서 발해인은 스스로 왕조를 개창하지 못할 바에는 금조에 붙어 자신들의 입지를 확보하고자 했다. 또한 아골타의 적극적인 회유정책이 유효했다. 발해인은 고영창의 대발해가 지속될 수 없다고 판단했기 때문에 아골타의 정치선동을 쉽게 받아들였다. 결국 그들은 고영창의 대발해를 저버리고 금조에 투항하여 자신의 입지를 확대해나갔다. 그래서 두 민족 간의 관계는 밀접하게 되었고, 이로 말미암아 발해인은 금대 우월적 지위를 장기간 보유할 수 있었다.

네 번째, 자신의 영달만을 추구한 곽약사(郭藥師)와 같은 부류이다. 그에 대해 살펴보면 『金史』에 다음과 같이 기록되어 있다.

> 곽약사는 발해 철주인이다. 요나라는 요동 사람을 모집하여 군사로 삼아 여진에 대한 원한을 보복하게 하였는데 이른바 '원군(怨軍)'이라고 불렀고 곽약사를 그 장수로 삼았다.… 요 황제가 하늘의 덕을 보존하지 못하자 야율열리(耶律捏里)가 자립하여 원군을 상승군으로 바꾸어 곽약사를 발탁하여 제위상장군(諸衛上將軍)으로 삼았다. 야율열리가 죽자 그 처인 소비(蕭妃)가 칭제하였는데 곽약사는 탁주·역주 2주를 들어 송나라에 귀부했다. … 곽약사는 송나라 사람을 깊이 원망하여 스스로 굳게 지키려는 뜻을 잃어버렸다. 완안종망(完顔宗望)의 군사들이 삼하(三河)에 이르자 곽약사 등은 백하(白河)에서 맞아 싸웠으나 패했고 곽약사는 이에 항복하였다.35)

　　이상과 같이 북요의 군사적 토대인 상승군마저 송조에 투항해버리자 마침내 요조는 219년 만에 멸망하였다. 거란을 멸망시킨 후에 금 태조는 연산(燕山) 6주를 송과 분할하였으므로 송 조정은 곽약사로 하여금 그곳을 지키게 했다. 금군의 전면적 공세에 대해 송조는 상승군에 기대하였으나 상승군 내부의 갈등과 송의 지원을 기대할 수 없다고 판단한 곽약사는 백하에서 또다시 완안종망에게 항복해버렸다. 이로써 완안종망은 곧 연산을 취할 수 있었고, 금 태종은 곽약사에게 연경유수를 삼아서 금패를 지급하고 완안씨로 사성(賜姓)하였다. 요와 송을 거듭 배신한 곽약사의 기회주의적 처신은 개봉 공격을 통해 다시 한 번 유감없이 발휘되었다. 완안종망을 따라 송을 정벌하였는데 그는 향도 역할을 하면서 무릇 송의 허실을 남김없이 알려주었기 때문에 금군이 모조리 이기고 돌아올 수 있었다.

　　이에 따라 곽약사 및 상승군에 대한 송조의 평가는 지극히 부정적이다. 『송사』에는 간신으로 입전되어 있는 반면『금사』에는 공신으로 입전되어 있다. "찬(讚)하여 말하기를 곽약사는 요의 재앙(災殃)이자 송의 여계(厲階:재앙의 빌미)이며 금의 공신이다. 한 신하 몸으로 세 나라의 화복(禍福)이 되었다"[36]라고 했다. 그리고 그의 기반이었던 원군, 즉 상승군을 요동에서 모병하였으니 발해인이 주축이었을 것으로 추정된다. 이들은 요금교체기의 혼란 속에서 배신을 일삼는 기회주의자라기보다는 오직 자신과 가족의 생존을 위해 강한 자의 편에 설 수밖에 없었을 것이다. 그러나 그들의 태생적 한계 때문에 완안종망은 상승군의 무장을 해제시킨 후 귀향하는 그들을 모두 살해함으로써 후환을 없애버렸다.

---

35)『金史』卷82,「郭藥師傳」"郭藥師 渤海鐵州人也. 遼國募遼東人爲兵 使報怨于女直 號
　　曰'怨軍'藥師爲其渠帥. … 遼帝亡保天德 耶律捏里自立 改'怨軍'爲'常勝軍'擢藥師諸衛
　　上將軍. 捏里死 其妻蕭妃稱制 藥師以涿·易二州歸于宋. … 藥師深尤宋人 而無自固之
　　志矣. 宗望軍至三河 藥師等拒戰于白河. 兵敗 藥師乃降 宗望遂取燕山"
36)『金史』卷82,「郭藥師傳」"贊曰: 郭藥師者 遼之餘蘗 宋之厲階 金之功臣也. 以一臣之身
　　而爲三國之禍福 如是其不倬也"

요컨대 요가 멸망하는 과정에서 피지배 민족들은 제각기 자신의 이해 관계에 따라 처신하였다. 더욱이 요-송-금 등의 삼각 구도 속에서 연운지역의 한족과 동경지역의 발해인은 어떤 형태로든 자신들의 활로를 모색해야만 했다. 한족은 송과 혈연적으로 밀접한 관계가 있던 터라 친송반금의 노선을 지향한 반면 발해인은 지역적으로 여진과 정치공동체를 형성했었던바 친금반송의 노선을 지향했다고 볼 수 있다. 발해는 거란에게 멸망하고 나서 요대에 줄곧 차별적 대우를 받았기 때문에 끊임없이 반요투쟁을 펼쳤으나 왕조로는 이어지지 못했다. 결국 발해의 계승을 금에게 넘겨줄 수밖에 없었던 그들은 금의 역량에 기대어 발해민족의 부흥을 시도할 수밖에 없었다.

제 5 부

금대 발해인의

발전과 쇠퇴

제 1 장

금대 발해인의 존재양태*

1. 여진의 발해인에 대한 인식

12세기 초에 여진이 건립한 금조는 만주와 북중국을 지배하면서 120여
년간 유지했다. 그들의 영토가 남쪽으로 확대되면서 여진족, 발해인, 한
족, 거란족, 해족 등 여러 민족을 통치했다. 하지만 수적으로 소수였던 여
진은 그들의 적극적인 협조자가 필요했다. 요동을 병합하는 과정에서 협
력적 태도를 취한 발해인은 그들의 통치력에 있어서 중요한 대상이 되었
다. 금 초기에도 원대와 유사한 민족등급을 구분한 적이 있는데 그러한 정
황을 조자지(趙子砥)의『연운록(燕雲綠)』에서 엿볼 수 있다.

> 병권(兵權)과 전곡(錢穀)을 소유하는데 있어서 제일 먼저 여진에게 베
> 풀었고, 다음은 발해, 다음은 거란, 다음은 한인 순이었다.[1]

---

* 한국중앙연구원의 지원을 받아 수행한 연구임.
1)『三朝北盟會編』卷98,「靖康中帙七十三·諸綠雜記」(上海古籍出版社, 2008) "兵權錢穀
先用女眞次渤海次契丹次漢兒"

이 기사는 그가 정강의 변이 일어났을 때 금에 끌려가 당시 견문한 실제 상황을 기록한 것으로 금 초기의 민족관계를 실제로 반영한 것이다.

발해인은 금대의 민족관계 중에 특수한 정치사회적 지위를 향유했음을 알 수 있다. 그들의 민족등급은 여진족의 다음이었고, 그 위치가 다른 피지배 민족보다 우월했다. 마치 요대에 있어서 거란인과 해인의 관계 내지는 원대 몽고인과 색목인(色目人)의 관계에 비견할 만하다. 그렇다면 금대 발해인의 존재양태는 어떠했는가? 이를 해명하기 위해서는 우선 금조의 발해인에 대한 인식을 살펴보아야만 할 것이다.

먼저 여진과 발해인은 종족 및 지역적으로 밀접한 관계를 가지고 있다. 예컨대 『금사』에는 완안부가 고려와는 "본래 같은 곳에서 나왔다"라고 기록되어 있고, 금 태조 아골타가 "여진과 발해는 본래 한 집안이다"라고 말했던 것도 여진의 발해인에 대한 인식을 추론할 수 있는 대목이다. 발해와 고려는 고구려 계통의 유민이 건국한 나라이며 고구려를 계승하는 의식이 뚜렷하다. 그리고 금 왕실의 시조 역시 고려인 함보(函普)였으므로 완안부와 발해인 사이에는 혈연적으로 친밀한 관계를 가지고 있다고 볼 수 있다. 더욱이 여진족은 발해의 구성원이었으므로 발해인과 지역적으로도 밀접했다. 따라서 금의 통치자는 양족 간의 이러한 친연성을 매우 중시했고, 발해인을 동맹자로 회유하는 자연스런 기회로 삼았다.

하지만 아골타가 발해인과 "본래 한 집안"라고 표방했던 것은 종족적 일체감이 아니라 지역적 내지는 정치적 일체감을 표명한 것이다. 앞서 말했듯이 당시 일가라는 것이 한 국가라는 의미로서 통용되었던 것으로 『금사』「노언륜전」에서의 "거란과 한인이 오랫동안 한 집안을 이루었다"라는 표현에서도 잘 드러난다. 따라서 아골타는 두 민족이 발해의 구성원으로서 지역적 공동체였음을 강조했던 것이다. 왜냐하면 그는 요에 대항하는 전투에서 몇 차례 승리를 거두자 각 민족에 대한 태도를 명확히 했기

때문이다. 예를 들면 발해인 고영창 문제에서 이미 여진은 각 민족을 통치
하려는 야심을 분명하게 표출하였으므로 더 이상 한 집안의 관계가 아니
었다. 수국 2년(1116)에 대발해의 고영창이 금 태조에게 도움을 구하면서
"원컨대 힘을 합쳐서 요나라를 취하고자 한다"고 하였지만 금 태조는 오히
려 "힘을 합하여 요나라를 취하는 것은 진실로 가능한 일이지만 동경 가까
운 지역에서 네가 그곳을 근거로 황제의 칭호를 참람하고 있지 않은가? 만
약 귀순한다면 마땅히 왕의 작위를 주겠다"²⁾라고 하면서 발해인이 여진의
통치를 받도록 요구했다. 이어서 고영창이 귀순하기를 거부하자 곧바로
출병하여 대발해를 붕괴시켰다.

우월적 지위를 확보한 아골타는 발해인이 여진의 반요투쟁에 가입하도
록 계속 호소했다. 수차례 복국(復國)에 실패한 발해인은 요조에서 시종
민족차별을 받아왔기 때문에 이에 호응하여 금조에 적극적으로 귀부할 수
밖에 없었다. 그래서 송인은 발해가 금조에서 얻은 우대에 대해 다음과 같
이 설명했다.

> 거란은 당시 발해인을 쓰지 않았기 때문에 그들은 거란에게 깊은 원한
> 을 가졌다. 여진이 병사를 일으키자 발해인은 먼저 항복하였고 그래서 여
> 진은 그들을 여러모로 이용하여 요직에 앉혔다.³⁾

이것은 발해인의 어쩔 수 없는 선택이었다. 스스로 건국하는데 실패했
기 때문에 금의 역량에 기대어 민족의 재건을 시도해야만 했기 때문이다.
그 결과 발해의 계승국 자리를 여진에게 내준 것이나 다름없다. 이에 대해

---

2) 『金史』 卷71 「斡魯傳」 "同力取遼固可. 東京近地 汝輒據之 以僭大號可乎. 若能歸款 當
　處以王爵"
3) 『三朝北盟會編』 卷98 「靖康中帙七十三·諸綠雜記」 "契丹時不用渤海 渤海深恨契丹 女
　眞兵興渤海先降 所以女眞多用渤海爲要職"

김시형은 발해유민의 항요복국투쟁을 망친 여진족이 발해유민의 교활한 동반자라고 규정하고 있다.[4] 또한 발해인이 금에 합류하여 훗날을 도모한 것은 금조라는 나무에 올라가서 호랑이 가죽을 벗기고자 논의한 것과 다름없다고 보는 시각도 있다.[5]

이렇게 발해인을 포섭한 여진은 금 정권의 초석을 공고히 다지기 위해 보다 선진 문화의 소유자인 그들의 협조가 절실했다. 예컨대 금조가 초기에 교양인을 구하려 한 것은 『금사』 권2 「본기」 천보 2년 9월 무자(戊子)조(詔)에 이르기를

> 국서로 조를 내려 마땅히 문장에 뛰어난 자를 뽑아야 한다고 했다. 그래서 학식이 넓고 뛰어난 재주가 있는 선비를 구해 힘써 대궐로 보내라고 명령했다.[6]

이라고 한 것에서도 알 수 있다. 당시에 금조는 이미 요와 화의교섭을 진행하고 있었으므로 독립국으로서의 체면을 유지하기 위해 교양인이 필요했다. 그 대상으로는 원래 발해인에 한정된 것은 아니었지만 반요감정을 공유한 발해인이 그러한 적임자라고 판단했다. 게다가 그들은 선진 문화의 교양뿐만 아니라 관리로서 재능을 가졌으므로 금조에서 한인 이상의 친근감을 가지고 대우를 받았던 것이다. 이는 금 건국 초기에 요 및 송과의 교섭에서 발해인의 활약이 적지 않았으며 사회제도와 문물을 확립하는 데도 크게 기여했기 때문이다.

또한 금 건국 초기에 요양의 발해인 망족(望族)의 자녀 중에 용모가 뛰

---

4) 조선민주주의 인민공화국 과학원 력사연구소 편, 『조선통사』, (평양, 과학원출판사, 1958).
5) 劉蕭勇, 「渤海流民與金朝的政治關係」, 『北方民族』, 1990 1期.
6) 『金史』 卷2 「太祖本紀」 "國書詔令. 宜選善屬文者爲之. 其令所在. 訪求博學雄才之士. 敦遣赴闕"

어난 자를 뽑아 종실 제왕의 측실로 삼았는데『금사』권64「후비전 하」에는

> 천보 연간에 동경의 사족(士族) 집안 출신의 여자 중에 유덕한 자를 뽑
> 아 상경으로 보냈다.[7]

라고 말하고 있다. 이것은 금조가 요양의 발해인을 회유하는 목적에서
나온 것이지만 또한 그들이 가진 교양에 깊은 관심을 품었기 때문이었다.
그 여인들을 통해 금 조정 내에 선진적인 문화를 받아들이려는 이유에서
였다. 발해인의 자녀가 종실에 받아들여져서 때로는 황제의 비가 된 예는
요조에서도 있었지만 금조의 경우처럼 계획적으로 이루어진 것은 아니었
다. 이들 요양의 발해인 망족의 자녀를 받아들임으로써 금 종실에는 선진
적인 교양을 존중하는 분위기가 조성되었다고 볼 수 있다. 예컨대 금대 명
군이라 일컫는 세종은 어린 시절에 부친을 잃고 발해인 어머니 슬하에서
양육된 경험이 세종의 교양에 영향을 미치지 않을 수 없었다. 역시 발해인
어머니를 둔 해릉왕도 세종과는 정반대의 평가를 받지만 그가 취한 한화
정책에 상당히 영향을 주었으리라 추정된다.

여진 황실과 혼인을 맺은 자는 주로 요양 대씨, 이씨, 장씨 등 세 갈래의
발해 우성이며 태조에서 세종까지 황실과 대대로 통혼하였으므로 금조 9
명의 황제 중에 네 명이 모두 발해인 소생이었다. 그들은 바로 해릉왕, 세
종, 위소왕, 선왕이었다. 발해 세가대족과 여진 황실의 정치적 혼인은 두
민족 간의 관계를 밀접하게 하였고, 그로 인해 발해인이 금대 향유한 우월
적 지위를 장기간 보유할 수 있었다. 발해인 여자가 입궁해서 비로 된 자
가 비교적 많아서 그런지 당시 발해인도 신임과 중용을 받았다. 하지만 외
척의 지위는 확고하지 못했다. 황제가 바뀌면 언제든지 그 권력을 상실할

---

7)『金史』卷64,「后妃傳 下」"天輔間 選東京士族女子 有姿德者赴上京"

수 있기 때문이다. 희종부터 세종까지 54년간 발해인은 외척의 신분을 지속적으로 향유했으나 장종에 이르러 그 지위를 상실한다. 이것은 발해 세가대족과 여진 황실간의 통혼관계가 파열되었기 때문이며 장종 이후에는 황후와 후비 중에 발해인이 한명도 없었던 점은 이러한 사실을 뒷받침해 준다. 결국 발해인의 정치세력은 이때부터 쇠퇴하기 시작했고 이후 금조의 정치무대에서 점차 퇴출되었다.

이상과 같이 여진인은 정책상에서 여진과 발해는 같은 일가라고 하면서도 발해인에 대해서 자타의 구별을 고수하고 있었다. 금조가 발해인에 준 대우를 보아도 여진인에 대한 것과 다르며 오히려 한인에 가까웠다. 수국 2년(1116)에 금이 경략했던 요동방면에 거주하던 발해인에게도 계요적여진, 한인과 함께 맹안모극을 주었지만 희종 천권(天眷) 3년(1140)에 이르러 중앙집권의 목적을 가지고 요동방면에 있어서 한인과 발해인의 맹안모극을 폐지하였고, 이후 발해인은 한인과 함께 맹안모극의 영작(榮爵)을 받을 수 없게 되었던 것이다. 더욱이 발해인이 세력을 형성한다는 것은 금조에 위협이 따르는 것이었으므로 요양 발해인을 연남에 옮겨 둔전토록 하고자 시도하기도 했다.

2. 요양 발해인의 정치적 위상

금대의 시기를 전기(태조·태종·희종) - 중기(해릉왕·세종) - 후기(장종·위소왕·선종·애왕)로 구분할 수 있다. 태조와 태종 시기는 영토를 개척하던 시기로서 당시 요와 북송을 멸망시키면서 통치의 범위를 회수 이북까지 확대했다. 그리고 희종과 해릉왕, 세종 시기에는 중앙집권을 강화하면서 금조의 통치체제를 확립하였다. 세종 시기에 전성기에 이르렀지만 장종 이후에는 사회적 모순이 점차 심화되고 몽고의 침략으로 그 세력이 쇠락해갔다. 금은 1234년 멸망할 때까지 9명의 황제가 120년을 통치했다.

이와 같은 시기마다 발해인의 정치적 위상은 각각 차이가 있었다. 금대 전기에 발해인은 통치 집단의 상층에 진입할 수 없었고 정치적 영향력도 그다지 크지 않았다. 다만 태조와 태종 시기에는 요·송과 전쟁을 치루면서 군사적·외교적으로 협력자가 절실하게 필요한 때였으므로 그들을 적극 활용했다. 금 통치자는 우선 고영창의 대발해를 멸망시키고 그 여세를 몰아 동경 요양부 관내에 있던 발해인과 계요적 여진을 맹안모극제로 재편하였다. 『금사』 권2 「본기」에는

> 동경 주현 및 남로 계요적여진이 모두 항복했다. 요의 법을 없애 부세를 줄이고 맹안모극을 설치하도록 조서를 내려 본조의 제도와 같게 하였다.[8]

라고 기록되어 있다. 당시 태조 아골타는 발해인을 적극적으로 초유했고 그들 역시 큰 저항 없이 금조에 투항했다. 태조는 여진의 제도에 따라 발해인과 숙여진의 거주지였던 요양 부근 및 요동반도 방면에도 주현 대신에 맹안모극을 설치하였다. 이는 무엇보다 발해인과 해인 지역에서 맹안모극제를 실시함으로써 그들을 군사적으로 이용하려고 했던 것이다.

맹안모극제는 원래 군사적인 편제인데 행정을 겸해 관리하는 지방행정 기구가 되었다. 따라서 군사적인 측면에서 장수였던 맹안과 모극은 행정을 맡은 지방관도 겸했다. 이에 따라 새로운 정복지에서도 항복한 관원과 장수를 분별해 맹안과 모극으로 삼아 그들의 무리를 거느리게 하였다. 따라서 금 통치자는 여진의 군사편제를 피정복민족까지 확대하여 대규모 정

---

8) 『金史』 卷2, 「太祖本紀」 "東京州縣及南路系遼籍女眞皆降. 詔除遼法省稅賦置猛安謀克一如本朝之制"

복전쟁에서 편리하게 이용하였을 뿐만 아니라 정복지의 실력자를 우대하여 저항을 최소화하려고 했던 것이다. 점차 금의 사회가 안정되자 희종 초에 한인과 발해인에 대한 맹안모극제를 폐지하였는데 이는 병권을 여진인에게 집중시킴으로써 지배민족의 확고한 지위를 마련하기 위한 것이라고 생각된다. 그리고 세종 초에 반란을 일으켰던 거란에 대해서도 맹안모극을 완전히 해체시키기도 했다.[9]

그렇다면 금대 초기에 발해인의 정치적 지위도 맹안모극제와 밀접한 관계를 가지고 있다고 볼 수 있다. 맹안모극에 임명된 자들의 신분은 대개 요조의 관원이었거나 그 집안의 후손들이었고, 혹은 항부민(降附民)의 통솔자였다. 예컨대 고육가(高六哥)는 요의 관료였으나 금 장수 알로가 동경을 함락하자 마을사람을 이끌고 가서 항복했으므로 태조는 그를 유하주천호(楡河州千戶)로 삼았다. 그의 아들 고표(高彪)도 아버지를 대신하여 유하주천호가 되었다. 고정은 요나라에서 일찍이 진사가 되었다. 금군이 고영창을 공격하자 동경을 빠져나와 항복하였고 고영창을 격파하는데 공을 세워 동지동경유수사 및 맹안으로 제수되었다. 대고 역시 그 집안의 내력이 좋고 충실하여 태조로부터 맹안으로 제수되었고 동지동경유수사를 겸하였다. 장현소의 아버지는 요조에서 관직이 절도사에 이르렀다. 그는 고영창의 군중에 있다가 문을 열고 나가 항복했으므로 특별히 동주(銅州)의 맹안을 제수 받았다. 그리고 왕정(王政) 역시 지략과 재능이 있어 태조로부터 노주발해군모극(盧州渤海軍謀克)으로 임명되었고, 대가노(大家奴)도

---

9) 한인과 발해인의 맹안모극을 해체시킨 이유 중에는 병권을 빼앗을 목적도 있었지만 이른바 북방민족이 세운 정복왕조는 농경민과 유목민을 분리하여 통치하는 것을 원칙으로 삼았다. 따라서 요조의 이중지배체제(부족제와 군현제)와 마찬가지로 금조의 행정체제도 맹안모극과 주현으로 구분하여 설치하였고, 이에 따라 여진·해·거란족은 맹안모극에, 한인·발해인은 주현에 편제되었다. 이는 반란을 일으켰던 거란족에 대해서 병권을 빼앗기 위해 맹안모극을 해체시켰지만 곧 복원시켰던 이유에서도 엿볼 수 있다.

금 초기 발해 6모극의 한 사람이었다.

이외에도 금대 초기에 활약한 발해인으로 곽약사·곽안국(郭安國) 부자 및 고경예(高慶裔), 이선경(李善慶), 고수(高隨) 및 대적오(大迪烏) 등을 들 수 있다. 이 중에 이선경은 역사상 유명한 "해상의 맹약"을 체결하는 과 정에서 두 차례나 변경(汴京)에 외교사신으로 파견되어 송측과 담판했다. 북송정권과 상대하는데 지식이 없는 사람에게 사신의 일을 맡기는 것은 상상할 수 없는 상황이었기 때문에 발해인 문사들이 외교를 다수 맡은 듯 하다. 또한 고경예는 서로군통수 완안종한(完顔宗翰)을 따라 송을 정벌하 여 하남, 섬서 지역을 얻었는데 힘을 다해 유예(劉豫)를 제나라 황제로 책 봉하게 했다. 그는 종한의 심복으로 전횡을 저지르다 희종에게 처형당했 다. 그들은 금의 관료로서 혹은 장수로서 공을 세워 집안을 세웠고, 발해 인의 정치적 입지를 굳히는데 초석이 되었다고 볼 수 있다.

그러나 무엇보다도 요양의 발해인 망족의 자녀가 여진 종실의 측실로 들어가 그 자식들이 황제가 되었던 것이 금 중기에 발해인의 전성시기를 맞게 한 계기가 되었다고 할 수 있다. 예를 들어 완안종간(完顔宗幹) 차실 대씨와 완안종보(完顔宗輔)의 차실 이씨, 완안앙(完顔昻)의 처 대씨, 완안 형(完顔亨)의 처 대씨가 바로 이 시기에 각각 종실 및 왕들의 관저로 들어 간 발해여인이다. 그 중에 바로 종간과 종보의 차실이 바로 해릉왕과 세종 의 어머니였고 후에 각각 정의황후(貞懿皇后)와 자헌황후(慈憲皇后)로 추 시(追諡)되었다. 그밖에도 이름이 기록되지 않은 자가 훨씬 더 많았을 것 이라고 추정된다.

이러한 친속관계는 발해인과의 혼인을 더욱 빈번하게 하였다. 해릉왕 의 원비 대씨와 세종의 원비 장씨, 이씨 등을 들 수 있다. 세종은 제왕 시 절에 어머니 이씨와 관계가 있는 장씨 일족의 장현징(張玄徵) 딸을 차실로 삼았다. 그녀는 조왕(趙王) 윤중(允中)을 낳고 일찍 죽었다. 그리고 외삼촌 이석(李石)의 딸을 다시 차실로 삼았는데 그녀는 정왕(鄭王) 윤도(允蹈), 위소왕(衛紹王) 윤제(允濟), 로왕(潞王) 윤덕(允德)을 낳았다.10) 이후에 위소왕 윤제는 단기간이었지만 제7대 황제의 자리에 올랐다. 세종에게는 이외에도 유비(柔妃) 대씨를 비롯하여 2명의 발해인 후비가 있었다. 게다가 세종의 황태자 윤공(允恭:顯宗)의 비에는 유씨(劉氏)라는 사람이 있었다. 그녀는 요양 출신으로 정의황후의 눈에 들어서 윤공의 부인으로 정해졌는데 발해인으로 추정된다. 그녀가 낳은 오목보(吾睹補)가 후에 제8대 황제 선종(宣宗)이 되었다.

이상의 배경을 통해 금 중기에 발해인의 정치적 위상을 대략적으로 살펴볼 수 있다. 희종 초에 삼성을 설치할 때 재집(宰執)은 거의 여진 종실 일색이었다. 그러나 해릉왕이 희종을 시해하고 즉위한 후에 종실 귀족의 강렬한 반대에 직면하자 자신의 황위를 공고히 하기 위해 종실을 배척하고 일반 여진인 및 한인·발해인·거란인 등 중에 재주가 있는 사람을 발탁하여 재집에 임명하였다. 그 중 가장 전형적인 사람이 장호였다. 그는 정원(貞元) 3년(1155)에서 정륭(正隆) 6년(1161) 혼자서 수상을 7년간 맡았는데 금대 극히 드문 경우로서 이것은 해릉왕의 용인정책과 떼어 놓을 수 없는 것이다. 무엇보다도 어머니와 원비가 모두 발해인이었던 해릉왕은 그들에 대해 친근감을 가지고 있었으므로 발해인 관료를 중용하였다. 그래서 그의 재위시기에 궁중 근시조차도 대부분 발해인 내지는 발해인과 특수한 관계를 가진 자들이었다. 예컨대 해릉왕이 양주에서 시해를 당했을 때 그 신변에 유일한 보위자가 바로 대경산(大慶山)이었으며 또한 변고를 들은 후에 정병을 이끌고 구원하러 온 자도 발해인 대반(大磐)이었으므로 해릉왕과 발해인의 관계가 일반적이지 않았다는 것을 알 수 있다.

---

10) 『金史』 卷64, 「元妃李氏傳」 "元妃李氏 南陽郡王李石女. 生鄭王允蹈·衛紹王允濟·潞
王允德"

한편 해릉왕이 시해당하기 직전에 동경유수 조국왕(曹國王) 오록(烏祿)
은 주변으로부터 추대되어 황제에 즉위하였다. 세종도 그의 어머니 및 세
명의 후궁이 모두 발해인이었다. 그가 요양에서 칭제할 수 있었던 것도 바
로 발해인의 도움에 의지하였기 때문이다. 그 중에 대표적인 사람이 세종
의 어머니의 동생이었던 이석이다. 그는 이전에 동경부유수 고존복(高存
福) 등이 해릉왕의 뜻에 따라 세종을 감시하며 격구를 빙자하여 그를 살해
하고자 한다는 정보를 입수하자 세종에게 기선을 잡아 거사를 실행하도록
권했다. 김육불의『발해국지장편』「유예열전」에 이석이 빠져있으나 도야
마군지에 의해 그가 발해인으로 고증된바 있다.[11] 또한『삼조북맹회편』
권245에서「족장부곡록(族帳部曲錄)」을 인용하여 "이수(李受)는 발해인
이다. 갈왕(葛王:세종)이 즉위하자 외삼촌을 참지정사로 삼은 적이 있
다"[12]라고 기록되어 있다. 세종의 외삼촌이면서 참지정사를 맡았던 자는
오직 이석뿐인데 여기에서는 이수라고 기록되어 있어 아마도 이석의 오기
(誤記)라고 추정된다. 그리고『금사』권86「이석전」에 의하면

> 이석의 자는 자견(子堅)이고 요양인인데 정의황후의 동생이다. 선대가
> 요에 출사하여 재상이 되었다. 고조는 선수(仙壽)이고 … 부친은 추와지
> (雛訛只)이다. 이석은 인정이 많고 말 수가 적었다. 그리고 도량과 식견이
> 뛰어났다. 천회 2년(1124)에 세습모극을 받았다. … 여러 관직을 거쳐 경
> 주자사(景州刺史)에 이르렀다.[13]

라고 기록되어 있어 정의황후(세종의 생모 이씨)의 동생인 이석이 요양

---

11) 外山軍治,『金朝史硏究』, 東京, 同朋舍, 1979, pp.453~455.
12)『三朝北盟會編』卷245,「炎興下秩一百四十五」"李受渤海人 葛王立以母舅常爲參知政
  事"
13)『金史』卷86,「李石傳」"李石字子堅 遼陽人 貞懿皇后弟也. 先世仕遼 爲宰相. 高祖仙壽
  … 父雛訛只. … 石敦厚寡言 而器識過人. 天會二年 授世襲謀克 爲行軍猛安"

의 호족이었고 금조에 관리가 되어 그에 상응하는 지위까지 나아간 것을
알 수 있다.

『금사』에는 세종 추대에 힘을 다한 사람으로서 이석만을 들고 있으나
세종의 원비 장씨의 생가인 장씨 집안에서도 그녀의 오빠 장여필(張汝弼)
과 숙부인 장현소(張玄素)가 세종 즉위를 기회로 달려와 참여했다. 이러한
일이 『금사』 권83 「장현소전」에 소략하게 기록되어 있지만 그 이면(裏
面)에는 이석을 중심으로 발해인의 지원이 있었고 또한 장씨 일가와도 사
전의 묵계가 성립되어 있었을 것으로 본다. 요양의 발해인은 해릉왕의 악
정에 대한 반감으로부터 요양을 거란 반군의 공격에서 보호했던 세종에
대한 신뢰와 존숭으로 바꾸어 놓은 것이지만 재차 이석의 암약이 그들로
하여금 단결하여 세종 추대의 분위기를 숙성시켰다고 볼 수 있다.[14]

따라서 세종은 즉위하기 전후에 발해인과 밀접한 관계를 가질 수밖에
없었다. 더욱이 해릉왕이 즉위했을 때와 마찬가지로 세종도 종실로부터
유력한 지지를 얻지 못했고 많은 종실이 관망하는 상태였기 때문에 그들
을 충분히 신임하고 의지하지 못했다. 그래서 세종이 가장 신임할 만한 집
단이 외척이었으므로 당시에 재직했던 재집 가운데 외척신분의 재집이 6
명이었는데 바로 이석, 장여필 등 두 사람이 발해인 외척이었다. 외척의
절대 수는 비록 종실보다 많지 않았으나 직무를 맡은 연인원, 시간과 직위
는 모두 종실보다 확실히 높았다.[15] 또한 세종은 비록 해릉왕에 대한 증

---

14) 外山軍治, 『金朝史硏究』, 東京, 同朋舍, 1979, pp.462~463.
15) 세종시기 재집의 민족별 구성

	상서령	좌승상	우승상	평장정사	좌승	우승	참지정사	합계	절대인수
종실		1	3	3	1	1	2	11	8
외척 (여진)		2	4	4				10	4
외척 (발해)	2				1	2	2	7	2
여진문인		1	1	1	2	2	3	10	4

오가 깊었지만 여전히 해릉왕 시기의 발해인 관료를 중용했다. 예를 들어
세종이 장호에게 말하기를 "그대는 정륭 연간에 수상으로 있으면서 바로
잡지 못하였으나 어찌 무죄라고 할 수 있겠는가? … 그대가 상서성에 10
여 년 있으면서 정무에 익숙하기 때문에 다시 재상으로 삼았으니 마땅히
스스로 힘써 짐의 뜻을 저버리지 말라"라고 했다.[16]

그러나 세종은 외척과 일정한 거리감을 유지했다. 이석은 대정(大定)
초에 참지정사였고 한 때 조정의 실권자였으나 오래지 않아 중요치 않은
작은 일로 세종에게 면직되었다. 대정 10년(1170)에 상서령으로 다시 임
명되었으나 그의 권한을 제한했던 것 같다. 『금사』 권64 「원비이씨전」에
"이석은 계책을 세우는데 공이 있어 세종이 후하게 상을 내렸으나 몹시 그
를 규제했으므로 상서령의 지위로 높였으나 좌우승상 이하로 책무를 맡겼
다"[17]고 기록되어 있다. 추대의 공로가 제일 큰 이석에게조차 세종은 경
계를 했던 것이다. 세종의 신중한 의도는 추대의 제 세력을 교묘하게 눌러
그 발호의 여지를 없애려고 한 것 같다. 또한 세종이 추진한 한화방지책
및 여진민족주의는 전대의 한화정책과 달라서 해릉왕의 발해인 정책과도
분명한 차이가 있었다.

표면적으로 볼 때 발해인의 정치세력은 세종시기에 거의 절정에 이르
렀으나 이는 곧 쇠퇴기로 접어든다. 대정 후기 발해인 집단이 황실내부의
계승권 다툼에 말려들었고 그 결과 실패하여 장종이 즉위한 후에 발해인

여진인	1	1	2	5	3	2	4	18	7
발해인	1			1		1	1	4	2
한인			1	1	2	3	11	18	12
거란인				2		1	1	4	2

程妮娜, 「金世宗章宗時期宰執的任用政策」, 『史學集刊』, 1998 1期.
16) 金毓黻 編著, 발해사연구회 옮김, 『渤海國志長篇 (중)』, 서울, 신서원, 2008, p.217.
17) 『金史』 卷64 「元妃李氏傳」 "石有定策功 世宗厚賞而深制之 寵以尚書令之位 而責成左
右丞相以下"

을 중용했던 해릉왕과 세종의 정책과 달리 점차 종실 내에서 발해인 세력을 제거했으므로 발해 세가대족과 여진황실 간에 장기간 형성되어온 혼인관계가 파열에 빠졌다. 그래서 장종부터 금말까지 황후와 후비 중에 발해인은 한명도 없는데다가 종실도 발해인과의 통혼자가 없었다. 발해인의 정치세력은 이때부터 쇠락하여 점차 금조의 정치무대에서 퇴출되었다. 이는 정왕 윤도의 모반사건에서 비롯되었다고 볼 수 있다. 장종 어머니가 죽었을 때 조문이 늦은 종실에게 처벌을 내리고 견제하자 불만을 품게 되었다. 장종의 숙부인 정왕 윤도가 사적인 자리에서 천문 현상을 예견했다가 모반으로 고발되어 가족들과 함께 자살형을 받았다.

이 사건으로 장종은 종실 제왕에 대한 경계심이 심해져 그들의 행동을 철저히 제한했다. 호왕(鎬王) 영중(永中)은 세종의 장자이자 장종의 백부인데도 불구하고 더욱 제한을 받게 되자 몹시 우울해했다. 마침 영중의 외숙모인 장여필의 처 고씨가 원비 장씨의 그림을 보관하며 바라서는 안 될 것을 기원하기도 했다. 더욱이 영중의 아들들이 장종의 제한을 비난하기 시작했다. 이 모든 것이 영중으로부터 나온 결과라고 의심한 장종은 관리를 보내 그가 자살하도록 하였고 이에 연루된 아들들을 사형시켰다. 그리고 나머지 가족들은 감옥보다 더 엄격하게 금고에 처했는데 거의 40년 동안 결혼을 할 수 없을 정도였다. 이로써 발해인 자손들이 종실에서 위축될 수밖에 없었다. 발해인의 정치세력은 이때부터 쇠락하여 점차 금조의 정치무대에서 퇴출되었다.

이상의 고찰을 통해 대략적으로 금대 발해인의 정치적 변천을 살펴볼 수 있었다. 즉 금대에 발해인의 정치적 세력은 팽창에서 위축의 변화과정을 경험했는데 아래의 통계표를 인용하여 이를 실증할 수 있다.[18]

---

18) 都興智,「金代的科擧制度」,『金史論稿』第2卷, 吉林文史出版社, 1992.
   상기 도표는 최종 관직을 기준으로 표기한 절대인 수이다.

【표 5-1】 금대 3품 이상의 발해인 관직 수

	태조기	태종기	희종기	해릉기	세종기	장종기	선종이후
宰執	0	0	1	2	4	1	0
3품 이상	0	0	5	6	9	2	1
합계	0	0	7	8	13	3	1

그러나 금의 중앙관제는 초기에 발극렬(勃極烈) 제도를 운영하여 여러 발극렬이 황제를 보좌하며 군국대사를 결정하였다. 점차 중국식 관제와 혼용되다가 희종시기부터 삼성육부제가 확립되었다. 그리고 해릉왕은 이른바 정륭관제를 반포하여 삼성제를 일성제로 대신하면서 중서성과 문화성을 폐지하였다. 이에 상서성은 행정의 중추기관으로 상서령·좌승상·우승상·평장정사 각 1명씩, 좌승우승·참지정사 각 2명씩으로 구성되어 있다. 상위 4명을 재상이라고 하고, 하위의 4명을 집정이라고 했는데 이를 합쳐 재집이라 불렀다. 그래서 재집은 매우 중요한 지위에 있었으므로 그들의 출신 및 재집 중에 지위, 황제와의 친소(親疎)는 국가정치의 형세와 황제가 의존한 정치세력의 변화를 보여준다.

위의 표에서 볼 수 있듯이 발해인 정치세력이 가장 강성했던 시기는 해릉왕과 세종 양 시기였으며 금대 전기와 후기는 다소 낮은 것으로 드러난다. 물론 태조와 태종시기는 재집이 구성되기 이전이기 때문에 비교하기 어렵지만 이를 대신했던 발극렬을 모두 종실이 차지했으므로 발해인은 한 명도 없었다. 재집과 관련해서 구체적인 예를 들면 희종 때에는 고경예가 좌승에 임명되었고, 해릉왕 때에는 대고가 우승상, 장호가 참지정사·우승상·좌승상 등을 역임했다. 그리고 세종 때에는 장호가 상서령, 이석이 참지정사·상서령, 장여림(張汝霖)이 참지정사·우승·평장정사, 장여필 참지정사·우승·좌승 등을 역임했다. 또한 장종 때에는 고명대신이었던 장여림이 평장정사로 승진되었다.

발해인 관료가 다른 민족에 비해 절대 수는 적었으나 해릉왕과 세종시

기에 주로 재상 직에 임명되어 실권을 가지고 있었다. 무엇보다 장호는 정원 3년(1155)에서 정릉 6년(1161)까지 홀로 수상을 7년간 맡아 금대에서 볼 수 없었던 사례이다. 또한 세종시기에는 정1품 상서령의 최고 직에 장호, 이석, 완안수도(完顔守道), 도단극녕(徒單克寧) 등 4명이 역임한바 있는데 2명이 발해인이었다. 이에 비해 세종과 장종시기에 재집을 역임한 한인 수는 비록 발해인보다 많았으나 결코 중용을 받지 못했다. 재상 직에 임명된 자는 불과 우승상 석거(石琚)와 평장정사 장만공(張萬公) 두 사람뿐이며 대다수는 행정사무와 관계가 밀접한 집정관 중에 가장 낮은 등급의 참지정사를 맡았다.

결론적으로 금조 후기에 들어 발해인은 정치적으로 여진 통치자에게 배척을 받았으므로 그들의 정치적 영향력은 매우 약화되었다. 그러나 주의할 만한 것은 발해 상층인물과 여진 통치 집단의 갈등으로 인해 이들 양 민족이 서로 미워하게 하지 않았으며 금조 치하에서 발해인은 시종 순종하였다. 요대에서와는 달리 줄곧 어떠한 반항행위도 없었으므로 그 민족 지위는 비교적 안정적이었다고 볼 수 있다.

제 2 장

금대 활약한 발해인

1. 황후와 비

금이 건국한 이후에도 씨족사회의 전통에 따라 황후의 가문을 선택할 때 몇 개의 씨족과 대대로 혼인했다. 예컨대 『금사』에 "본조의 관례는 도단(徒單) · 당괄(唐括) · 포찰(蒲察) · 나라(拏懶) · 복산(僕散) · 흘석렬(紇石烈) · 오림답(烏林荅) · 오고론(烏古論) 등 제부의 부장 집안과 대대로 혼인을 맺었으므로 이들을 황후로 맞아들였다"[1] 내지는 "금의 도단 · 나라 · 당괄 · 포찰 · 배만(裴滿) · 흘석렬 · 복산은 모두 귀족이며 천자는 반드시 이들을 황후로 삼았고, 공주도 이들에게 시집을 갔다."[2]라고 기록되어 있어 공통적으로 외척의 성을 9개로 구별할 수 있다. 즉 여진 완안부와 9부 여진 귀족의 집안이 "십성(十姓)"과 대대로 혼인하였다. 따라서 황실은 귀천 및 종족을 엄격하게 구분하였기 때문에 천자가 장가가고 공주가 시집갈 때는

---

1) 『金史』卷64, 「后妃下」 "國朝故事 皆徒單 · 唐括 · 蒲察 · 拏懶 · 僕散 · 紇石烈 · 烏林荅 · 烏古論諸部部長之家, 世爲姻婚, 娶后尙主"

2) 『金史』卷120, 「世戚」 "金之徒單 · 拏懶 · 唐括 · 蒲察 · 裴滿 · 紇石烈 · 僕散皆貴族也 天子娶后必于是, 公主下嫁必于是"

모두 귀족과 혼인하여 황실 혈통이 계속 순정하게 이어가도록 예제(禮制)를 완비하였다.

그러나 금대에 있어 비여진족 여자가 "후비(后妃)"로 기록되어 있는 사례가 부지기수이다. 『금사』 「후비전」에는 33명만의 후비가 입전되어 있으나 산견되는 사료에 따르면 금대에 후비의 총수는 대략 66명이다.[3] 그중에 비여진족이 34명을 차지한다. 『금사』는 편수하는 중에 누락된 곳이 많기 때문에 이 통계가 확실하다고 할 수 없지만 비여진족 후비의 기본적인 개황을 어느 정도 파악할 수 있다. 그래서 금 건국 후 태조부터 애종까지의 후비를 내관제도(內官制度)[4]에 따라 구분하면 아래와 같다. 다만 해릉왕과 위소왕의 어머니와 부인은 후에 강봉되었으나 모두 이 표에 포함시켰다.

【표 5-2】 종족별 후비의 구성

	皇后	정1품(妃)	정2품(嬪)	정3품 이하
여진족	14	15	1	2
발해인	4	6	3	2
한족	2	4		5
해족		5		
거란족		2	1	

따라서 금 건국에서 멸망까지 모두 20명의 황후가 있었는데 이들은 각각 도단씨 5명, 포찰씨 2명, 당괄씨 2명, 배만씨 2명, 복산씨 1명, 흘석렬씨

---

3) 『金史』(后妃·太祖諸子·熙宗紀·海陵諸子·海陵紀·大眞傳·百官志·章宗諸子·衛紹王·宣宗紀·宣宗諸子·忠義四·列女·章宗紀三·顯宗諸子)

4) 金代의 內官制度 (『금사』 권63 「후비전」, P. 1498.)
正1品 : 諸妃(元妃, 姝妃, 惠妃, 貴妃, 賢妃, 宸妃, 麗妃, 淑妃, 德妃, 昭妃, 溫妃, 柔妃 등), 正2品 : 9嬪(昭儀. 昭容, 昭媛, 修儀, 修容, 修媛, 充儀, 充容, 充媛), 正3品 : 婕妤 9人, 正4品 : 美人 9人, 正5品 : 才人 9人, 正6品 : 寶林 27人, 正7品 : 御女 27人, 正8品 : 釆女 27人, 이 외에 尙宮, 尙儀, 尙服, 尙食, 尙寢, 尙功, 등의 내관이 있다.

1명, 오림답씨 1명이며 그 중에 오고론씨와 나랄씨는 황후를 배출하지 못
했다. 이외에 4명의 발해인 황후와 2명의 한족 황후가 있었으나 선종의 황
후인 왕씨를 제외하고 모두 추존된 것이다.

이상의 비여진족 후비의 입궁방식 및 신분지위는 전후 세 단계로 나누
어 각각 특징을 살펴볼 수 있다. 태조·태종시기(1115-1135)인 20년간이
제1단계이다. 이 시기는 금조의 건국 초이며 금이 요를 멸망시키고 북송
을 멸망시키는 과정에서 포로로 잡혀 입궁하여 전리품으로 제왕 및 종실
에게 상사(賞賜)되었다. 예컨대 여진 귀족이 "요를 평정하여 중원의 궁녀
를 얻었는데 아름다운 여인을 모두 북쪽으로 강탈해갔다",[5] "황제 자신이
연경지역으로 들어간 이후에 중원 사대부의 집안에 아름다운 여인을 무릇
2~3천명 강탈하였는데 북쪽에 있는 자기 나라로 데려갔다"[6]고 한다. 또한
태조는 종망이 적을 무찌른 공을 표창하면서 "요의 촉국공주(蜀國公主) 여
리연(餘里衍)을 그에게 주었다."[7] 그리고 금군의 우두머리로서 종간도 요
가 망한 틈을 이용해 천조제의 원비 소씨를 "차실(次室)"로 삼았다.

또 다른 방식은 비여진족 여성을 선택해서 북쪽으로 보내 입궁시키는
것이다. 금 태조는 천보 연간(1117-1123) 요동을 평정한 후에 "동경의 사
족 자녀 중에 맵시 있고 덕이 있는 자를 뽑아 상경으로 보내라"[8]고 조를
내렸다. 완안종간의 차실(해릉왕의 어머니 대씨), 완안종보의 차실(세종
의 어머니 이씨), 금패낭군(金牌郎君) 완안앙의 처는 바로 이 시기에 각각
종실 및 여러 왕의 관저에 주어진 것이다. 그리고 금이 북송을 멸망시킨
후에 휘종과 흠종 두 황제를 따라 포로가 되어 금에 들어온 종실 제희(帝
姬)가 470여 인이었는데 여러 곳을 거쳐 상경 회령(會寧:지금의 흑룡강성

---

5) 『大金國志』卷1,「太祖武元皇帝 上」"平遼所得中原士女 艶裝麗麗色 盡掠而北"
6) 『大金國志』卷12,「國主自入燕以后, 所掠中原士大夫之家, 光美娟秀, 凡二三千人, 北歸
   其國"
7) 『金史』卷74,「宗望傳」"太祖嘉宗望功 以遼蜀國公主餘里衍賜之"
8) 『金史』卷64,「后妃傳 下」"天輔間 選東京士族女子 有姿德者赴上京"

阿城市)에 압송되었다. 금 태종은 천회 8년(1129) 6월에 "혼덕공(昏德公: 송 휘종 趙佶)의 여섯 딸을 종부(宗婦)로 삼으라"9)고 조를 내렸다. 그녀들이 어떤 사람에게 시집갔는지 사료에는 기록이 없어 그 종적을 찾을 수 없다.

제2단계는 희종에서 세종까지(1135-1189) 54년간이다. 그 때에 비여진족의 후비는 "모이자귀(母以子貴)"는 지위가 현저히 제고되었고 처지가 아주 크게 개선되었다. 특히 그 친속관계로 인해 많은 발해·해·거란 여자도 입궁하여 후궁, 측실이 되었고, 어떤 자는 종실과 결혼하여 그 부인이 되었다. 그들의 입궁 기회는 대부분 친속관계로 인한 것이며 앞서 포로로 잡혀 입궁한 여자와는 아주 큰 구별이 있어 지위가 분명하게 제고되었다. 두 명의 발해 여자(해릉모 대씨. 세종모 이씨)는 황후와 황태후로 추존되었고, 3명의 발해여자는 원비(해릉원비 대씨, 세종원비 장씨와 이씨)로 책봉되었으므로 이전 시기에 차별받고 멋대로 살육당했던 낮은 지위에서 벗어났다.

그 다음은 장종에서 애종까지(1189-1234) 45년간이 3단계이며, 이 시기의 특징은 비여진족 후비의 지위가 한층 제고되어 거의 여진족과 견주었다. 특별한 것은 한족 여자가 입궁하여 후비가 된 자가 기타 족인에 비해 많았다. 장종 이후 4명의 황제 비가 모두 20명인데 그 중에 한족 여자가 10명이다. 이 시기에 후비 총수의 50%가 한족으로 전기의 발해인·해족 후비가 궁정을 가득 채운 국면을 바꾸었다. 그 원인은 아마도 장종시기에 발해 장씨가 일으킨 "외척지화(外戚之禍)"에서 비롯되었는데 이로 인해 장종의 백부 호왕(鎬王) 영중(永中)은 살해되고 그 아들도 40여 년 금고되었다. 게다가 그의 숙부 위왕(衛王) 윤도(允蹈)도 처형하여 장씨와 이씨 가문은 더 이상 현귀(顯貴)와 관련이 없게 되었다. 게다가 선종시기 또 다

---

9) 『金史』卷3,「太宗本紀」"癸酉 詔以昏德公六女爲宗婦"

시 위소왕 자손을 20여 년 금고했으므로 발해우성의 외척은 엄중한 타격을 입었다. 반면 미천했던 한족 여자가 궁정에 진입하여 지위가 혁혁해졌고 그 가족도 이에 따라 현귀가 되었다.[10]

이와 같이 발해인은 금 중기에 후비의 상당수를 차지했다. 그 중에 주목할 만한 후비를 살펴보면 제일 먼저 해릉왕의 생모 대씨와 해릉왕비 대씨이다. 대씨는 완안종간의 측실로서 세 아들을 낳았다. 그 장자가 바로 해릉왕 완안량(完顏亮)이다. 『금사』 권63 「후비전상」에 따르면 대씨는 증조부 대견사(大堅嗣), 조부 대신보(大臣寶), 부친 대고천, 오빠 대흥국노(大興國奴)이다. 여기에서 대씨의 출신을 기록하고 있지 않으나 『금사』 권90 「고간전(高衎傳)」에 "대봉국신(大奉國臣)은 요양인으로 영령태후(永寧太后:해릉왕 생모 대씨)의 족인이다"라는 기록이 남아 있다. 이를 근거로 해릉의 생모가 확실히 요양 대씨 계통이라는 것을 알 수 있다. 해릉왕은 완안종간의 시호를 덕종으로 높이면서 대씨도 자헌황후로 존숭되었으나 대정 7년(1167)에 해릉태비로 강봉되고 시호도 삭제되었다. 완안종간의 황제호칭을 낮추어 요왕으로 봉하게 되자 그녀의 호칭도 요왕부인으로 격하되었다.

해릉왕 원비 대씨에 관련해서는 후비전에 아래와 같이 간략하게 기록되어 있다. "처음 즉위하자 기국비(岐國妃) 도단씨를 혜비(惠妃)로 삼았고 후에 황후로 삼았다. 그리고 두 번째 부인인 대씨를 귀비(貴妃)로 책봉했다. 그 후에 귀비 대씨는 혜비로 진봉(進封)되었고, 정원 원년(1153)에 주비(姝妃)로 진봉되었다가 정륭 2년(1157)에는 원비로 진봉되었다." 여기에서는 원비 대씨의 내력을 알 수가 없으나 『금사』 권76 「왕안종의전(完顏宗義傳)」에서 다음과 같이 말한다. "좌부원수(左副元帥) 살리갈(撒离喝)은 변경에서 달불야(撻不野)와 갈등이 있었는데 달불야의 딸이 해릉비가 되자 해릉은 은밀히 달불야에게 살리갈을 제거하도록 했다." 여기에서 달불야는 대고이며 그 딸이 바로 원비 대씨이므로 그녀는 발해인이다.

다음은 요양 이씨와 여진황실이 혼인을 맺은 것은 단 두 사람이지만 모두 중요한 인물이었다. 첫 번째는 태조 아들 완안종보의 측실 이홍원(李洪愿)이다. 그녀의 아들 완안옹(完顔雍)은 금 세종이며 세종이 즉위 후에 그녀를 정의황후(貞懿皇后)로 추시하였다. 두 번째는 바로 세종 원비 이씨이다. 그녀는 정의황후 동생인 이석의 딸이며 그녀의 아들은 위소왕 윤제(允濟)인데 후에 금조의 제7대 황제가 되었다. 『금사』 가운데 정예황후 이홍원과 그 동생 이석이 발해인이라고 명확하게 밝히고 있지 않다. 그래서 당연(唐宴)의 『발해국지』, 황유한(黃維翰)의 『발해국기』, 김육불의 『발해국지장편』 등은 모두 그들을 발해 유예로 생각하지 않았으나 도야마군지(外山軍治)가 이 문제를 상세하게 고증하여 그들이 발해인이라고 논증하였다.[11]

이원홍은 남편 종보가 죽자 수계혼의 구습을 따르지 않고 비구니가 되어 재차 요양에 머무르면서 청원사를 짓고 생활하다가 세종이 즉위하기 직전에 죽었다. 노임은 정의황후를 "금 왕조 초·중기의 정치무대에서 세종의 양모일 뿐만 아니라 금 일대의 명군을 만들었다"고 하였다. 또 황후에 대한 평가로 자녀교육은 유년시기에 세종의 기초를 닦아주었고 풍속을 바꾸는 일에도 일조하였으며 황족과 발해대족 사이에 서로 연관관계를 가져왔다고 하였다. 결국 이러한 노력이 청안사의 정변이라는 결실을 맺을 수 있었다.[12]

세종은 제왕 시기에 어머니 이씨와 관계가 있는 장씨 일족의 장현징의 딸을 차실로 삼았다. 이 사람은 조왕(趙王) 윤중을 낳고 일찍 죽었다. 세종은 즉위하기 전후에 어머니의 동생으로 그의 자립에 크게 역할을 했던

---

11) 外山軍治, 『金朝史硏究』, 東京, 同朋舍, 1979, pp.453~455.
12) 魯任, 金代渤海族女政治家貞懿皇后」, 『北方民族』, 1993년 1期.

이석의 딸을 다시 차실로 삼았는데 이 사람은 정왕 윤도, 위소왕 윤제, 로왕 윤덕을 낳았다.[13] 이후에 위소왕 윤제가 단기간이었지만 제7대 황제의 자리에 올랐다. 세종에게는 이외에도 유비(柔妃) 대씨가 있었는데 그녀는 대고의 손녀였다. 게다가 세종의 황태자 윤공의 비에는 유씨라는 사람이 있었다. 이 사람이 요양인이라는 것은 『금사』에서 알 수 있다. 거기에는

> 유씨는 요양인이다. …… 성정이 총명하고 슬기로워서 대체로 글자를 한번 보면 잊지 않았다. 효경(孝經)을 처음 읽을 때 10일 만에 한권을 다 마쳤다. 불경을 가장 좋아했다. 세종이 동경유수가 되어 격구(擊毬)를 하자 이를 신기하게 보았다. 정의황후가 그녀를 부중(府中)으로 불러 보았는데 처신이 분수에 맞고 얌전하여 제멋대로 하지 않을 것 같았다. 대정 원년에 선택되어 동궁으로 들어왔는데 당시 23세였다.[14]

라고 기록되어 있다. 이 유씨에 관해서 발해인이라고 하는 확증은 얻을 수 없지만 세종의 생모 이씨와의 관계에서 요양의 발해인이었다고 보아도 거의 틀리지 않는다고 믿는다. 이씨는 먼 친척이었다고 하는 관계에서 고씨와 장현징의 사이에 태어난 여자를 제왕시절에 세종의 차실로 삼았지만 자신의 눈에 들었던 유씨의 딸을 손자 윤공(允恭)의 부인으로 정했던 것이다.

유씨가 요양의 발해인이라고 한다면 이 사람을 낳은 오목보가 후에 제8대 황제 선종이 되었기 때문에 금의 역대황제 중에 해릉왕·세종·위소왕·선종 4인이 발해인을 어머니로 해서 태어난 것이다. 이와 같이 황제들의 어머니가 발해인 출신이라는 것을 보면 왕들 중에서도 다수의 어머

---

13) 『金史』卷64,「元妃李氏傳」"元妃李氏 南陽郡王李石女. 生鄭王允蹈·衛紹王允濟·潞王允德"

14) 『金史』卷64,「昭聖皇后傳」"劉氏, 遼陽人. … 性聰慧 凡字過目不忘. 初讀孝經 旬日終卷. 最喜佛書. 世宗爲東京留守 因擊毬 見而奇之 使見貞懿皇后于府中 進退閑雅 無恣睢之色. 大定元年 選入東宮 時年二十三"

니가 발해인이었을 것으로 추정된다. 따라서 금실과 요양 발해인 사이에 생긴 특수한 관계는 금조의 발해인에 대한 친근감에서 나온 결과라고 볼 수 있다.

2. 재집 및 기타 관료

금대 발해인은 선진적인 교양과 요대의 관직 경험을 통해 주현 및 전운 (轉運)관계의 행정을 담당하였는데 그 가운데 재집의 지위까지 올라 간 자도 적지 않았다. 그들은 금을 건국하는데 일조하였거나 외척의 신분이 되어 권력의 중심에 서기도 했다. 여기에서 특징지을 수 있는 것은 「금사」에 빈번히 보이는 발해인이 대부분 요양 출신이라는 것이다. 이는 요 태종 시기에 동란국 치하에 있던 발해인이 대부분 요양으로 강제 이주되어 그 자손들이 번성하였기 때문에 그곳이 그들의 중심지가 되었다. 요대에 동경 혹은 요양 출신 중에 대부분이 발해인이었던 것도 바로 그런 이유에서 비롯되었다.

금대에도 마찬가지로 요양 대씨, 고씨, 장씨 등이 대관을 지내며 정치적 영향력을 끼쳤다. 앞서 살펴보았듯이 고영창이 동경 요양부에서 반란을 일으켰을 때 그곳에서 이탈하여 금 건국에 협조했던 발해인이 제일 먼저 금에 중용되기 시작했다. 그중에 양박이 대표적으로 지추밀원사로 승진하여 내상이라고 불렸다. 그 외에도 고정, 고육가, 장현소, 왕정, 대고 등이 맹안과 모극으로 제수되었는데 그들의 자손들도 대관을 지낸 경우가 많다. 예컨대 고육가의 아들 고표, 대고의 아들 대반, 장호의 아들 장여림, 장현소의 조카 장여필 등이 대표적이다. 그리고 곽약사의 아들 곽안국과 왕정의 아들과 손자인 왕준고(王遵古)와 왕정균(王庭筠) 등도 있다. 이들

집안의 활약상을 살펴보면 다음과 같다.

첫 번째, 대씨 중에 대표적인 인물은 대고이다. 그의 본명은 달불야로 발해왕 후예이다. 요양에 살면서 요나라에서 대대로 벼슬하여 이름난 집안 출신이다. 요나라 군사로 선발되어 영강에서 금군과 싸우다 붙잡혔는데 금 태조가 그 집안의 내력을 묻고 그를 거두어 길렀다. 군사적인 공이 혁혁하여 여러 벼슬을 거쳐 정원 3년(1155)에 태부(太傅)·영삼성사(領三省事)·한국왕(漢國王)에 봉해졌고, 사후에 해릉왕이 태사 진국왕에 추증하는 한편 걸충(傑忠)이라는 시호를 내렸다. 정릉 연간에 왕의 작위를 빼앗고 태부와 양국공(梁國公)으로 추증했다. 그의 딸이 해릉왕의 원비 대씨이다. 그의 아들 대반은 여러 관직을 거쳐 등주자사를 거쳐 맹안에 제수되었으나 성품이 난폭하여 여러 번 형장을 범해 삭탈관직 당했다.

두 번째, 고씨 중에는 고정, 고육가, 고표 등을 들 수 있다. 고정은 고모한의 5세손으로 요양에 살았다. 고영창의 난 중에 동경에서 몰래 빠져나와 금나라에 항복한 후에 고영창이 항복을 청한 것은 거짓이라고 고한 인물이다. 그는 성품이 단정하고 엄하였으므로 대간 직에 오래 있었는데 태자태보와 행어사대부에 임명되어 거왕(莒王)으로 책봉되었다가 다시 사공직이 더하면서 대왕으로 높여 책봉되었다. 그리고 고표의 본명은 소회실(召和失)이며, 진주 출신이다. 그의 할아버지 고안국(高安國)은 홍진개삼진절도사(興辰開三鎭節度使)였고 아버지 고육가는 자사였다. 그는 대요 및 대송 전에 공을 세워 여러 관직을 거쳐 추밀부사, 서국공(舒國公)에 봉해졌다.

세 번째, 요양 장씨는 금대 정치 무대에서 매우 활약했다. 그들 가운데 재집(宰執)까지 오른 자가 세 사람이 있는데 가장 혁혁한 자는 당연히 장호이다. 장호는 태조, 태종, 희종, 해릉왕, 세종 등 5대에 걸쳐 역임했고 관직이 상서령에까지 이르렀다. 그는 요양에 살았고 본성은 고씨였으나 중종부 때 장씨로 성을 고쳤다. 금나라 천보 연간에 요양이 평정되자 장호는 태조의 책사가 되었다. 진사에 급제하여 비서랑이 된 후에 여러 관직을 거쳐서 태사, 상서령, 남양군왕(南陽郡王)에 봉해졌다. 그의 아들 장여림 또한 진사에 급제하였고 최종적으로 평장정사, 겸수국사로 되어 예국공(芮國公)에 봉해졌다.

장호의 근친인 장현소는 금군이 요양에 이르자 문을 열고 항복했으므로 특별히 동주의 맹안으로 제수되었고 최종 관직이 호부상서에 이르렀다. 그의 조카 장여필은 아버지 장현징의 문음으로 관리에 임명되었다. 정륭 2년(1157)에 진사로 임명된 후에 여러 관직을 거쳐 이부상서, 참지정사를 지냈다. 세종이 장현징의 딸을 차실로 삼았으니 이가 바로 원비 장씨이다. 장씨는 호왕 완안영중을 낳았다. 장여필의 아내 고씨가 분에 넘치게 영중의 어머니 모습을 그려서 받들어 빌면서 영중의 마음을 헤아리다 발각되어 죽임을 당했지만 장여필은 죽은 뒤라서 삭탈관직을 면할 수 있었다.

네 번째, 이씨 집안도 빼놓을 수 없다. 그 중에 대표적인 사람이 정의황후의 동생인 이석이다. 『금사』 가운데 정의황후 이홍원과 이석이 발해인이라고 명확하게 밝히고 있지 않지만 도야마군지는 네 가지 이유를 들어 그들이 발해인이라고 논증하였다. 첫째, 그들의 아버지 이름이 추와지인데 발해인의 이름으로서 선례가 있지만 그 외의 선례가 없다. 둘째, 홍호의 『송막기문』 중에는 발해의 우성으로 고·장·양·두·오·이를 들고 있다. 셋째, 발해인이 모여 사는 요양지역 출신이다. 넷째, 정의황후와 세종 원비장씨의 어머니가 가부친(葭莩親)하다는 것은 단적으로 말하면 매우 먼 친속에 해당한다는 것이다. 따라서 도야마군지는 이석이 발해인이라고 확신했다.[15] 또한 『삼조북맹회편』 권245에서 「족장부곡록(族帳部曲錄)」을 인용하여 "이수(李受)는 발해인이다. 갈왕(세종)이 즉위하자 외삼촌을

---

15) 外山軍治, 『金朝史硏究』, 東京, 同朋舍, 1979, pp.454-456.

참지정사로 삼은 적이 있다"[16]라고 기록되어 있다. 세종의 외삼촌이면서 참지정사를 맡았던 자는 오직 이석뿐인데 여기에서는 이수라고 기록되어 있어 아마도 이석의 오기(誤記)라고 추정되기 때문에 이석은 발해인임에 틀림없다.

세종은 자신의 추대 세력이었던 외삼촌 이석을 참지정사에 임명했고, 후에 정책의 공으로 다시 상서령으로 임명했으니 신하들 중에 관직이 제일 높았다. 세종은 또한 이석의 딸을 후궁으로 맞이했는데 그녀가 바로 원비 이씨이며 위소왕 윤제의 어머니이다. 이석은 세종의 외삼촌이자 장인이고 또한 위소왕의 외할아버지이다. 이때 외척으로서 발해인 세력이 정점에 이른 듯하다.

다섯 번째, 금대 발해인 중에는 문예로 이름을 떨친 집안도 있다. 바로 왕씨 집안으로 왕준고(王遵古), 왕정견(王庭堅), 왕정균(王庭筠), 왕만경(王萬慶) 등을 들 수 있다. 왕준고는 왕정의 아들이며 그의 관직이 한림학사에 이르렀다. 그는 장종의 명에 의해 시문을 지었다. 그의 자식들도 시문에 뛰어났는데 특히 왕정균은 서법과 화가로도 명성이 있었으며 한림수찬(翰林修撰)으로 장종에게 시 30여 수를 지어 바쳐 그를 기쁘게 했다. 왕정균의 아들인 왕만경도 시와 글씨와 그림을 잘하여 세상에 대가로 이름났으며 스스로 호를 담유(澹遊)라 하였다. 그의 관직은 행성좌우사낭중(行省左右司郎中)에 이르렀는데 원나라 사람 왕운(王惲)이 일찍이 칭찬하기를 "서울의 호사가들이 '병풍과 족자로 담유의 것이 아니면 없다'라고 한다. 시와 문장을 보면 곧 노성(老成)한 이는 비록 갔으나 그 전형은 이에다 볼 수 있다"라고 하였다.

이들을 포함하여 『금사』 및 『발해국지장편』을 통해 금대 정치권에 출사한 인물들을 정리하면 아래와 같다.

---

16) 『三朝北盟會編』 卷245, 「炎興下秩一百四十五」 "李受 渤海人 葛王立以母舅常爲參知政事"

【표 5-3】 금조에 입사(入仕)한 발해인

이름	관직명	이름	관직명
高楨	司空	高錫	河北東路按察轉運使
高六哥	楡河州 千戶	高衎	吏部尙書
高彪	樞密副使	高守義	進士
高仙壽	海州刺史	高守禮	宣徽使
楊朴	知樞密院事	高憲	博州防禦判官
高慶裔	尙書左丞	張浩	尙書令
李善慶	遣宋使	張汝爲	河北東路轉運使
高隨	遣宋使	張汝翼	東京 鶴野縣 主簿
郭藥師	燕京留守	張汝霖	平章政事
郭安國	南京副留守	張汝方	宣猷使
大良順	南京留守判官	張汝獻	宣徽使
大家奴	渤海六謀克	張玄素	戶部尙書
대고	尙書右丞, 東京留守	張汝弼	尙書左丞
大盤	武寧軍節度使	王政	保靜軍節度使
六斤	右衛將軍	王遵古	中大夫 翰林直學士
大懷忠	點檢	王庭玉	同知遼州軍州事
高松	咸平摠管府 判官	王庭筠	應奉翰林文字
高壽星	近侍	王萬慶	行省左右司郎中
大穎	翰林待制	大懷貞	彰國安武軍節度使
大興國	陽武寧節度使	高竑	河北西路 按察轉運使
大邦傑	京兆判官	大晦	進士
大慶山	近侍局副使	大中	審官院 掌書
高德基	蘭州刺史	李英	御史中丞
李石	尙書令		

　이상과 같이 금대 발해인은 그 수에 있어서나, 질에 있어서도 우수하였다. 금조 치하에 들어온 발해인은 요대에는 수차례 반란을 기도한 경험을 가지고 있었음에도 불구하고 시종 온화하게 금조의 지배에 복종하였다. 오히려 그들은 적극적으로 금 건국에 협조하거나 요·송의 교섭에 활약하여 공을 세웠고, 그 후에도 금의 중앙정부와 지방정부에서 크게 그 활동의 장을 개척하였다.

결론

발해는 698년 대조영이 동모산에서 진국(震國)을 건국함으로써 역사의 무대에 등장한다. 이후 발해는 고구려 고토를 영유하고 더 나아가 흑수말갈 지역까지 그들의 통치영역으로 삼게 된다. 이 지역은 과거부터 예맥족, 숙신족, 동호족 등이 부족단위로 산거하면서 서로의 주도권을 확보하기 위해 각축전을 벌인 곳이다. 먼저 예족의 부여와 맥족의 고구려가 중원의 선진문화를 받아들여 일찍이 국가를 형성하였고 주변의 숙신 및 동호족을 압도한다. 그러한 과정에서 예맥족의 일원인 고구려는 부여뿐만 아니라 말갈족의 일부를 포섭하면서 고구려라는 정치공동체를 완성하게 된다.[1]

그러나 고구려는 중원왕조의 지속적인 침략으로 멸망하였고 그 유민이었던 예맥족과 요양지역에 거주하던 말갈족이 합세하여 발해를 건국하게 된다. 발해는 9세기에 이르러 해동성국이라고 할 만큼 강대국으로 성장하

---

[1] 예맥설(濊貊說)에 관한 논의가 다양하게 전개되고 있는바 고구려의 종족 기원과 관련해서는 김현숙 「고구려의 종족기원과 국가형성과정」에서 원래 예맥족에서 예족과 맥족이 분리되었으며 고구려 건국에 참여한 세력집단을 통틀어 고구려족이라 칭했다고 하고, 여호규 「고구려의 종족 기원에 대한 일고찰(-부여별종설과 맥족설의 정합적 이해를 중심으로)」에서는 고조선이나 부여와 마찬가지로 본래 예맥족의 일원이었다가 분화하여 구려(句麗)라는 주민집단을 형성했고 기원을 전후하여 한인에 의해 貊으로 불렸다고 파악하기도 한다.

여 5경15부62주를 완성하였는데 발해의 최대강역은 오늘날 동쪽으로 러시아 연해주, 서쪽으로 요양, 북쪽으로 흑룡강과 아무르강이 합류하는 지점까지 미쳤고 남쪽으로는 한반도의 대동강과 원산만을 연결하는 선을 그을 정도로 광활하였다. 하지만 9세기 후반 당의 쇠퇴를 틈타 발흥한 거란은 요동으로 진출을 모색하다가 발해를 한 순간에 멸망시킨다.

발해는 예맥계 고구려유민과 숙신계 말갈족으로 구성된 다민족 국가였고 그 가운데 선진적인 고구려 유예들이 지배계층을 형성하여 정국을 주도하였다. 두 민족은 발해라는 역사 공동체 속에 때로는 상호 협조하고 때로는 반목하면서 200여 년간 역사를 유지했다. 하지만 그들은 공동지역, 공동언어, 공동경제, 공동문화에 기반을 두어 하나의 민족을 이루지는 못했다. 발해가 멸망한 이후 그 구성원이 다시 발해인과 여진인으로 분리된 것이다. 만약 중국학자들이 주장하는 것처럼 발해인이 말갈계 주민이었다면 훗날 말갈의 계통을 잇는 여진인을 발해인과 구분할 이유가 없기 때문이다.

숙신-말갈계통의 여진인이 세운 금에서도 발해인은 여전히 그들의 정체성을 유지한다. 아골타가 "女眞與渤海本同一家"라고 표방했던 것은 종족적 일체감이 아니라 지역적 내지는 정치적 일체감을 표명한 것이다. 당시 일가라는 것이 한 국가라는 의미로서 통용되었던 것은 『금사』 「노언륜전」의 "거란과 한인이 오랫동안 한 집안이었다"[2]라는 표현에서도 잘 드러난다. 따라서 발해인과 여진인은 각자 원래의 종족적 정체성을 유지한 별개의 민족이었다고 말할 수 있다. 다시 말하면 발해가 멸망한 이후 예맥계 및 말갈계 주민은 요대에 발해인과 여진인으로 분화되어 각자의 길을 모색해 나갔던 것이다.

---

2) 『金史』卷75, 「盧彦倫傳」 "遼兵敗于出河店 還至臨潢 散居民家 令給養之 而軍士縱恣侵援 無所不至 百姓殊厭苦之. 留守耶律赤狗兒不能禁戢 乃召軍民論之曰 '契丹漢人久爲一家 今邊方有警 國用不足 致使兵士久溷父老"

따라서 요대 발해인은 하나의 정치·경제·문화적 군집을 이루며 스스로의 정체성을 유지한 채 동북아 역사의 중요한 축을 이루었다. 발해인은 요대를 통해 지속적으로 반요투쟁을 벌이는가 하면 일부는 거란 주민으로 순응하면서 삶을 영위해갔다. 그 과정은 본론에서 말했듯이 발해부흥운동, 반요정치투쟁, 해외망명, 거란 내지로의 강제이주, 통혼 및 임관 등으로 구체화한다. 이렇듯 발해인은 제각기 상황에 따라 처신하였고 지역적으로 분산되었기 때문에 시간이 흐를수록 종족적 응집력이 희석되었다. 그 결과 발해 계승국의 자리를 말갈게 여진인에게 내준 것이나 다름없다. 이에 대해 북한학자 김시형은 발해유민의 항요복국투쟁을 망친 여진족은 발해유민의 교활한 동반자라고 규정하고 있다.[3] 또한 발해인이 금에 합류하여 훗날을 도모한 것은 금조라는 나무에 올라가서 호랑이 가죽을 벗기고자 논의한 것과 다름없다고 보는 시각도 있다.[4]

어쨌든 동북사의 주도권은 여진족에게 넘어갔고 발해인은 금조에서 특별한 저항 없이 통혼, 임관 등을 통해 스스로를 보존하였다. 금의 9명의 황제 중에 최소 3명의 어머니가 발해인이었다는 것은 주목할 만한 사실이다. 이들을 중심으로 발해인은 외척세력을 형성하였고 권력의 중심세력으로 부상하였다. 하지만 권력투쟁에서 밀려난 발해인은 여진황실과 장기간 형성되어온 혼인관계가 파열에 빠졌다. 장종부터 금말까지 황후와 후비 중에 발해인은 한명도 없는데다가 종실도 발해인과 통혼한 자가 없었다. 그 결과 금 장종 시기부터 권력에서 소외되기 시작했다. 무엇보다 발해인이 피지배민족이라는 한계를 극복할 수 없었던 것이다.

금조는 발해인을 견제하기 위해 발해의 맹안모극에 대한 세습 제도를 폐지했고 중원으로 강제 이주시키기도 했다. 『송막기문』에 따르면 "발해

---

3) 조선민주주의 인민공화국 과학원 력사연구소 편, 『조선통사』, 평양, 과학원출판사, 1958.
4) 劉肅勇, 「渤海流民與金朝的政治關係」, 『北方民族』, 1990 1期.

인 중 동경에 온 사람은 아주 많아서 오천여 호에 군사가 삼만이나 된다. 금나라 사람은 이들에 대해 통제하기 어려움을 염려하여 매년 군영을 산동으로 옮겼지만 매번 이주시킨 것이 수백 호에 지나지 않았다가 희종 황통(皇統) 원년(1141)이 되어서야 그 이주를 다하였다. 이에 발해인은 미약해져서 다시는 일어날 수 없었다"[5]라고 적혀있다.

하지만 이들 발해인은 동북사에 있어서 찬란한 문화를 창조하였던 주역이었으며 이들이 요금사에 끼친 영향을 간과할 수 없다. 문화적으로 고구려 문화를 바탕으로 말갈 문화를 포섭하였으며 더 나아가 당과의 교류를 유지하여 해동성국으로서 입지를 유지하였다. 요금에 앞서 발해는 동북지역에 있어서 정치, 경제, 문화 등 각 방면의 발전을 선도하였다. 본고에서는 발해가 멸망한 이후 요대에 국한하여 발해인의 반요투쟁에 초점을 맞추어 주로 논술하였으나 그 밖에 요대에 기여한 사회경제적 및 군사적 역할 또한 무시할 수 없다. 거란 내지로 강제 이주된 50만여 명의 발해인은 비교적 높은 생산기술과 지식을 지녔으며 이러한 양질의 노동력은 요조의 경제발전을 촉진시켰음에 틀림없다. 구체적인 실례는 부족하지만 대략 발해인이 요대에 끼친 긍정적인 영향을 추론하면서 본 논문의 결론을 대신하고자 한다.

발해는 거란에 정복되기 이전에 이미 봉건화 과정이 상당히 진척된 국가였으며 일찍이 선진 생산방식을 받아들여 사회, 경제, 문화적으로 그 수준이 거란보다 높았다. 거란에게 멸망한 후에 발해인은 고려 및 여진지역으로 망명하거나 도주하였으나 대다수는 거란 내지로 강제 이주되었다. 요 태조시기부터 성종에 이르기까지 상경도를 비롯하여 동경도, 중경도로 강제 이주되었는데 특히 동경도는 발해 이주민의 집단 거주지였다. 이들

---

5) 洪皓,『松漠紀聞』"渤海人于東京者 至是甚蕃 戶五千餘 勝兵三萬. 金人慮其難制 頻年轉戍于山東 每次所徙不過數百戶 至熙宗皇統元年 則盡驅以行 于是渤海人"

은 두하호, 알로타호, 주현 등에 소속되어 각각 노예, 전호, 평민 등의 피
지배 신분에 처해있었으나 한족과 더불어 농업생산의 한 축을 형성하여
경제발전에 이바지하였다.

거란은 원래 유목과 어렵을 주된 경제수단으로 삼았던 민족이었으므로
농경을 위주로 했던 한인 및 발해인과는 그 생활상에 차이가 있었다. 장성
이남은 비가 많고 더워서 그 곳 사람들은 농사를 지었고 상마(桑麻)로 옷
을 만들어 입었는데 궁실에 거주하면서 성곽으로 다스렸다. 하지만 장성
이북의 대막지간은 가물고 바람이 많아 축목과 어렵으로 식사를 해결하였
고 모피로 옷을 만들어 입었으며 수시로 돌아다녔으므로 거마(車馬)를 집
으로 삼았다.6) 따라서 거란의 통치자들은 농경민과 유목민의 각 특성을
인정하여 "인속이치"의 통치방식을 채택하게 되었던 것이다.

이러한 번한분치는 각 민족을 다른 정황에 적응하여 통치하기 위한 수
단이었다. "以國制治契丹, 以漢制待漢人"의 방식으로 북남면관제를 시행
하였을 뿐만 아니라 유목경제를 반농반목의 경제로 전환시켜 목농복합체
제를 구축하였다. 이에 따라 요조는 농업생산을 발전시키고 거액의 세수
를 확보하게 되었다. 이러한 영향으로 요 조정은 농업발전을 매우 중시하
였으며 그 결과 농업과 관련된 식량생산이 점유하는 비율은 갈수록 커졌
다.

요 상경도, 동경도, 중경도에는 모두 농업생산에 종사하는 정주민이 대
량으로 분포되었는데 특히 동경도에 집중되어 있던 발해인은 대부분이 농
업에 종사하였다. 이 지역은 자연조건이 농경에 적합하였기 때문이다. 농
사일에 익숙한 발해인은 이 일대의 농업 생산량을 제고시켰다. 발해인들
은 상당량의 잉여를 남겨 양식이 부족한 다른 지역에 공급하기도 했다. 예

---

6) 『遼史』卷32,「營衛志」"長成以南 多雨多暑 其人耕稼以食 桑麻以衣 宮室以居 城郭以
治. 大漠之間 多旱多風 畜牧敗漁以食 皮毛以衣 轉徙随時 車馬爲家. 此天時地利所以限
南北也"

컨대 성종 태평 연간 연(燕)지역에 기근이 들자 호부부사 왕가(王嘉)는 요
동의 조를 보내 연지역의 주민에게 나눠주었다.[7] 또한 발해인이 거주하
던 동경의 50여 성내를 따라 여러 주에는 각각 화적(和糴)의 창고가 있었
으며 조종(祖宗)의 법에 따라 출진역신(出陳易新)하였는데 백성이 스스로
대출받기를 원하면 2분(分)의 이자를 받고 허락했다고 한다.[8] 하지만 동경
지역의 풍요로움은 수탈로 이어졌고 마침내 발해인의 반란을 야기하기도
했다.

이외에 발해의 수공업 기술 역시 상당히 선진적이었으므로 발해인이
요대 수공업의 발전에도 기여한 바가 크다. 특히 야철, 조차(造車), 방적
등의 분야에서 주목된다. 우선 발해지역의 야철업 규모가 상당히 컸으므
로 그 제품의 공급량은 전례가 없을 정도로 많았다. 『요사』에 따르면 "신
책 초에 발해를 평정하고 광주를 얻었는데 본래 발해 철리부에 속했으나
철리주로 개명하였고 그 지역 역시 철의 생산량이 많았다"[9]고 한다. 또한
"요주 장락현은 태조가 발해를 정벌하여 그 백성을 이주시켜 현을 설치하
여 4천호를 거주토록 하였는데 그 중 천호가 철을 납부하였다"[10]고 한다.
이들 철의 생산이 거란사회에 있어서 농기구, 화폐, 무기 등의 발전을 촉
진시켰음은 의심할 여지가 없다.

다음은 방직업과 관련하여 발해에서 현주의 포, 옥주의 면, 용주의 비단
이 매우 명성이 높았기 때문에 요대에 강제 이주된 발해인 중에 일부는 여
전히 방직업에 종사하면서 살아갔을 것이다. 발해 지역에 방직업이 발달

---

7) 『遼史』 卷28, 「食貨志 上」 "燕地飢 戶部副使王嘉… 移遼東粟餉燕"
8) 『遼史』 卷28, 「食貨志 上」 "東京如咸·信·蘇·復·辰·海·同·銀·烏·遼·春·泰等
五十餘城內 沿邊諸州 各有和糴倉 依祖宗法 出陳易新 許民自願假貸 收息二分"
9) 『遼史』 卷29, 「食貨志 下」 "神冊初 平渤海 得廣州 本渤海鐵利府 改曰鐵利州 地亦多鐵.
東平縣本漢襄平縣故地 産鐵礦 置採煉者三百戶 隨賦供納"
10) 『遼史』 卷37, 「地理志 一」 "饒州長樂縣 太祖伐渤海 遷其民 建縣居之. 戶四千 內一千戶
納鐵."

하였던 것은, 동란을 건국한 직후 요 조정에서 세공으로 포 15만단을 내도록 한 사실에서도 미루어 짐작할 수 있다. 그리고 중경도의 "영하를 따라 영주·금주·현주·패주 등 4주가 있었는데 여기서는 상마를 키웠으므로 주민은 전조가 없었고 단지 잠직을 공급했을 따름이었다."[11] 이 4개의 주 가운데 현주에는 적지 않은 발해인이 봉릉을 맡은 알로타호였으므로 그들은 당연히 농업에 종사하지 않고 단지 누에를 쳐서 비단을 공급했을 것이다.

그리고 발해인은 수레를 만드는 데에도 오랫동안 뛰어났다. 이는 "부곡관(富谷館)에 거주하는 백성은 대다수 수레를 만드는 자들이었는데 바로 발해인이었다"[12]라는 기록에서도 잘 드러난다. 발해인은 기마민족인 거란족이 말뿐만 아니라 다른 교통수단을 이용할 수 있도록 기여한바가 크다. 그 밖에 유목민족인 거란에게 익숙하지 않았던 조선, 도자기 생산, 농기계 제작 등 여러 수공업 분야에서도 발해인은 역량을 발휘했을 것이라고 추정된다.

경제적으로뿐만 아니라 대외적으로도 발해인은 외교 및 군사상 요조를 위해 기여한 바가 크다. 동란 건국 초기 발해인 사신들은 중원과 일본 등지로 파견되어 국제외교의 일익을 맡았다. 여기에 해당되는 대표적인 인물로는 일본 사신 배구와 남당 사신 고도환(高徒煥) 등을 들 수 있다. 표면적으로 요는 동란에게 대외 정치교류의 독립성을 인정하여 동란사로 하여금 주변 각국에 발해의 멸망 및 동란의 건국을 알리게 하였다. 이는 아마도 거란의 급격한 영토 확장으로 인해 주변국들과 긴장이 초래될 것을 염려한 조치였을 것이다. 일정기간 동란사로 분식(粉飾)한 사신을 파견하여 동북아 국제관계에 있어서 긴장완화를 도모하려는 의도가 있었다고 본다.

---

11) 路振, 『乘軺錄』 "沿靈河有靈·錦·顯·覇四州 地生桑麻 州民無田租 但供蠶織."
12) 『契丹國志』 卷24, 「王沂公行程錄」 "富谷館 居民多造車者 云渤海人"

하지만 이들이 후발해 사신이라는 제설도 있지만 본론에서 언급한 바와
같이 후발해는 전제와 추론을 거듭하여 만들어졌기 때문에 그 실체가 명
확하지 않다.

군사적인 면에서 당시 발해인은 "渤海三人當一虎"라는 명성을 날렸던
터라 그들의 무용성이 돋보였다. 따라서 발해인 중 일부는 거란 군대에 편
입되어 강토를 개척하고 발해인의 반란을 진압했으며 지방을 관리하며 큰
공로를 세우기도 했다. 예를 들어 고모한은 요에 출사 후 여러 차례 전공
을 세웠다. 그는 석경당을 원조하여 태원의 포위를 풀었으며 후에는 거란
에 반기를 든 후진을 멸망시키는 데 중요한 역할을 하였다. 또한 발해인으
로 발해군도지휘사 및 발해군상온사 등을 설치하였던바 발해군도지휘사
는 거란, 해, 한인도지휘사와 함께 요양로의 사(司)들을 구성하여 고려를
제어하였다.[13] 그리고 요 성종시기 발해인 대연림이 동경에서 반란을 일
으켰을 때 하행미는 그 실상을 보고함으로써 대연림을 진압하는 데 공을
세웠다.

더욱이 발해인은 여진지역의 절도사로 파견되어 여진인을 통치하기도
했다. 천조제 천경 4년(1114)에 아골타가 영강주를 공격하는 긴박한 상황
에서 해주자사 고선수를 파견하여 발해군을 통솔하게 한 것이 그 단적인
사례이다. 그 외에 동경에서 발해무용 및 마군 2천인을 모집하여 백초곡
에 주둔하여 방비토록 하였다. 뿐만 아니라 원군의 구성원에서도 발해인
이 상당 수 포함되어 있었는데 발해인이었던 곽약사를 그 부대의 장수로
삼기도 했다. 또한 출하점에서 금나라 군대를 맞아 용맹하게 싸웠던 고소
화실(고표)도 발해인이었지만 이들이 요조의 패망을 막기에는 역부족이
었다. 오히려 발해인 출신의 장수들이 금나라에 투항하여 혁혁한 공적을
세웠다. 금조 치하에 들어온 발해인은 요대에는 수차례 반란을 기도한 경

---

13)『遼史』卷46,「百官志 二」"遼陽路諸司 控扼高麗"

험을 가지고 있었음에도 불구하고 시종 온화하게 금조의 지배에 복종하였다. 오히려 그들은 적극적으로 금 건국에 협조하거나 요·송의 교섭에 활약하여 공을 세웠고, 그 후에도 금의 중앙정부와 지방정부에서 크게 그 활동의 장을 개척하였다.

요컨대 이민족의 지배 속에서 발해인은 동북민족의 일원으로 자신의 정체성을 유지하였으나 결국 자신들의 국가를 다시 재건하지는 못했다. 발해인은 요대부터 지속적으로 고려를 비롯하여 여진지역, 중원지역, 거란내지로 분산되었고 금대에 다시 중원으로 이주되었기 때문에 발해인이라는 집단은 분산되어 각 민족 중에 점차 융합되어 들어갔던 것이다. 마침내 원대에는 극소수의 발해인이 사적에 보이다가 중국의 풍속에 익숙해져서 스스로를 구별할 수 없게 되었다. 김육불은 발해인에 대해 다음과 같이 논했다.

> 역사는 인류가 번갈아가며 이어진 것을 고찰하는 것이다. 그 원인과 결과를 찾고 시작과 끝을 기록하지 않으면 분명할 수 없다. 발해가 멸망한 뒤에 그 유예들은 뛰어났기 때문에 저절로 구별되었고 다른 족속들과 더불어 서로 섞이지 않아 200년이 지나도 달라지지 않았다. 지금 송·요·금의 3사에서 누구는 무슨 지역의 발해인이라고 한 것은 모두 그 유예들이다.[14]

이와 같이 발해인은 고구려의 유민이 건국한 발해의 주체민족으로 국가가 망한 후에도 오랫동안 자신의 정체성을 끈질기게 유지하면서 요금의 정치·경제·사회·문화 전반에 기여했다.

---

14) 金毓黻 編著, 발해사연구회 옮김, 『渤海國志長篇 (중)』, 서울, 신서원, 2008, p.254.

참고문헌

1. 사료(史料)

管原道眞, 『類聚國史』(經濟雜誌社, 1916)

菅野眞道, 『續日本記』(講談社學術文庫, 2006)

歐陽脩·宋祁, 『新唐書』(中華書局, 1975)

歐陽脩, 『新五代史』(中華書局, 1974)

金富軾, 『三國史記』(신서원, 2004)

金宗瑞·鄭麟趾, 『高麗史』(여강출판사, 1991)

金宗瑞, 『高麗史節要』(신서원, 2004)

杜佑, 『通典』(中華書局, 2004)

路振, 『乘軺錄』(中華書局, 1991)

司馬光, 『資治通鑑』(中華書局, 2011)

徐居正, 『東國通鑑』(景仁文化社, 1974)

徐居正, 『東文選』(홍신문화사, 1995)

徐夢莘, 『三朝北盟會編』(上海古籍出版社, 2008)

徐松, 『宋會要輯稿』(中華書局, 1987)

薛居正, 『舊五代史』(中華書局, 1976)

葉隆禮, 『契丹國志』(上海古籍出版社, 1985)

余靖, 『武溪集』(書目文獻出版社, 1988) (北京圖書館古籍珍本叢刊)

王溥, 『唐會要』(中華書局, 1990)

王溥, 『五代會要』(中華書局, 1998)

王欽若·楊億, 『册府元龜』(凤凰出版社, 2006)

元好問, 『中州集』(商務印書館, 1929)

劉昫, 『舊唐書』(中華書局, 1975)

長孫無忌·魏徵, 『隨書』(中華書局, 1973)

張九齡, 『曲江集』(中華書局, 1966)

曾公亮·丁度, 『武經總要』(文淵閣四庫全書本)

宇文懋昭, 『大金國志校证』(中華書局, 2016)

李有棠, 『遼史紀事本末』(北京, 中華書局, 1980)

一然 , 『三國遺事』(乙酉文化社 1993)

脫脫, 『宋史』(中華書局, 2004)

脫脫, 『遼史』(中華書局, 2008)

脫脫, 『金史』(中华书局, 2008)

洪皓, 『松漠紀聞』(中華書局, 1985)

2. 연구서(研究書)

≪國文≫

고구려연구재단 · 조선력사학회 · 러시아극동국립기술대학교 편, 『고조선 · 고구려 · 발해
　발표 논문집』, 서울, 고구려연구재단, 2004.

국사편찬위원회, 『한국사(10) 발해』, 서울, 국사편찬위원회, 1996.

金毓黻, 『김육불의 東北通史 (상 · 하)』, 서울, 동북아역사재단, 2007.

金毓黻 編著, 발해사연구회 옮김, 『渤海國志長篇 (상 · 중 · 하)』, 서울, 신서원, 2008.

김정배 · 유재신編, 『(중국연변대학 한인 교수들이 쓴) 발해국사(1)』, 서울, 정음사, 1988.

金渭顯, 『契丹의 東北政策』, 臺北, 華世出版社, 1981.

金渭顯, 『契丹 東方經略使 硏究』, 서울, 명지대학교 출판부, 2004.

金渭顯, 『遼金史硏究』, 서울, 裕豊出版社, 1996.

金種福, 『발해정치외교사』, 서울, 일지사, 2009.

金在滿, 『契丹民族發達史의 硏究』, 서울, 讀書新聞社, 1975.

金在滿, 『契丹 · 高麗關係史硏究』, 서울, 국학자료원, 1999.

金昌錫 외, 『한중일 학계의 한중관계사 연구와 쟁점』, 서울, 동북아역사재단, 2009.

金翰奎, 『遼東史』, 서울, 문학과 지성사, 2004.

金海宗, 『東夷傳의 文獻的 硏究』, 서울, 일조각, 1980.

盧泰敦, 『韓國古代의 國家와 社會』, 서울, 일조각, 1985.

盧泰敦, 『한반도와 만주의 역사문화』, 서울, 서울대출판부, 2003.

동북아역사재단 편, 『발해사 자료집 (상 · 하)』, 서울, 동북아역사재단, 2007.

林相先, 『발해의 지배세력 연구』, 서울, 신서원, 1999.

林相先 編譯, 『발해사의 이해』, 서울, 신서원, 1990.

林相先 외, 『중국의 발해사 연구 동향 분석』, 서울, 고구려연구재단, 2004.

馬大正 주편, 이영옥 옮김, 『中國의 東北邊疆 硏究』, 서울, 동북아 역사재단, 2007.

박시형 외, 『발해사연구논문집(Ⅰ)』, 평양, 과학백과사전종합출판사, 1992.

박시형, 『발해사』, 김일성종합대학출판사, 1979.

樸玉傑, 『고려시대의 귀화인 연구』, 국학자료원, 1996.

朴漢濟, 『中國中世胡漢體制硏究』, 서울, 일조각, 1988.

발해사 편집실, 『발해사 연구를 위하여』, 서울, 천지출판, 2000.

方學鳳, 『中國 東北民族關係史』, 서울, 대륙연구소출판부, 1991.

方學鳳, 『발해의 강역과 지리』, 서울, 정토출판, 2012.

사회과학원 역사연구소 편, 『발해사』, 서울, 한마당, 1989.

徐炳國,『발해 발해인』, 서울, 一念, 1990.

徐炳國,『발해사 1~6』, 서울, 한국학술정보, 2006.

徐炳國,『거란 제국사 연구』, 서울, 한국학술정보, 2006.

徐炳國,『고구려인과 말갈족의 발해국』, 서울, 한국학술정보, 2007.

孫晉泰,『韓國民族史槪論』, 서울, 을유문화사, 1948.

宋基豪,『발해정치사 연구』, 서울, 일조각, 1995.

宋芳松 외,『발해의 역사와 문화』, 서울, 동북아역사재단, 2007.

王承禮 著, 宋基豪 譯,『발해의 역사』, 춘천, 한림대학출판부, 1987.

윤영인 외『10~18세기 북방민족과 정복왕조 연구』, 서울, 동북아역사재단, 2009.

李桂芝 著, 나영남·조복현 譯,『요·금의역사』, 서울, 신서원, 2014.

李瑾明 외,『동북아 중세의 한족과 북방민족』, 서울, 동북아역사재단, 2010.

이당 저, 김위현 역,『遼太祖』, 서울, 藝文春秋館, 1996.

李東馥,『東北亞細亞史研究-金代女眞人社會의 構成-』, 서울, 일조각, 1997.

李成市,『만들어진 고대-근대 국민 국가의 동아시아 이야기』, 서울, 삼인, 2009.

李龍範,『中世東北亞細亞史研究』, 서울, 亞細亞文化社, 1976.

李龍範,『中世滿洲蒙古史의 研究』, 서울, 同化出版公社, 1988.

李在成,『古代 東蒙古史研究』, 서울, 법인문화사, 1996.

李孝珩,『발해 유민사 연구』, 서울, 혜안, 2007.

李孝珩 외,『동아시아의 발해사 쟁점 비교연구』, 서울, 동북아역사재단, 2009.

日本東亞研究所 編, 徐炳國 옮김,『이민족의 중국통치사』, 서울, 대륙연구소출판부, 1991.

에붸샤브꾸노프 엮음, 송기호·정석배 옮김,『러시아 연해주와 발해역사』, 대우학술총서 번역 97, 민음사, 1996.

장국종,『발해사연구』, 사회과학출판사, 1997.

장국종,『발해사』, 사회과학출판사, 1998.

장국종,『발해국과 말갈족』, 사회과학원, 2001.

蔣非非(외) 지음, 김승일 옮김,『한중관계사』, 서울, 범우, 2005.

鄭炳俊 외,『중국학계의 북방민족·국가연구』, 서울, 동북아역사재단, 2008.

조선민주주의 인민공화국과학원 력사연구소 편,『조선통사』, 평양, 과학원출판사, 1958.

韓圭哲,『渤海의 對外關係史』, 서울, 신서원, 1994.

韓圭哲,『발해사의 종합적 고찰』, 서울, 고려대학교 민족문화연구원, 2000.

韓圭哲,『고구려와 발해의 계승관계』, 서울, 고구려연구재단, 2007.

韓圭哲 외,『발해5경과 영역변천』, 서울, 동북아역사재단, 2007.

韓圭哲 외,『발해의 역사와 문화』, 서울, 동북아역사재단, 2007.

하자노프 著, 金浩東 譯,『유목사회의 구조』, 서울, 지식산업사, 1990.

≪中文≫

郭長海, 『金代后妃全傳』, 哈爾濱出版社, 1998.

金毓黻, 『渤海國志長篇』, 華文書局, 千華山館, 1934.

譚其驤 主編, 『中國歷史地圖集(第6冊·宋遼金)』, 中國地圖出版社, 1989.

唐晏, 『渤海國志』, 求恕齋, 1919.

陶晋生, 『宋遼金史論叢』, 臺北, 中央研究院, 2013.

都興智, 『宋金史研究』, 北京, 人民出版社, 2004.

董克昌, 『大金詔令釋注』, 哈爾濱, 黑龍江人民出版社, 1993.

武玉環, 『遼制研究』, 長春, 吉林大學出版社, 2001.

孫玉良, 『渤海史料全編』, 吉林文史出版社, 1992.

孫進己, 『契丹史論著滙編(上·下)』, 遼寧省社會科學院歷史研究所, 1998.

孫進己, 『東北民族源流』, 哈爾濱, 黑龍江人民出版社, 1987.

孫進己 外, 『女眞史』, 長春, 吉林文史出版社, 1987.

孫進己, 『東北民族文化交流史』, 春風文藝出版社, 1992.

孫進己, 『東北民族史研究』, 中州古籍出版社, 1994.

孫進己·馮永, 『東北歷史地理(1·2卷)』, 哈爾濱, 黑龍江人民出版社, 1989.

孫進己·孫泓, 『女眞民族史』, 桂林, 廣西師範大學出版社, 2010.

楊保隆 編著, 『渤海史入門』, 青海人民出版社, 1988.

王民信, 『契丹史論叢』, 臺北, 學海出版社, 1981.

王民信, 『王民信遼史研究論文集』, 臺北, 國立臺灣大學出版中心, 2010.

王善軍, 『世家大族與遼代社會』, 北京, 人民出版社, 2008.

王寂, 『遼東行部志』, 臺北, 廣文書局, 1968.

王承禮, 『渤海簡史』, 黑龍江人民出版社, 1984.

王承禮主編, 『遼金契丹女眞史譯文集』, 長春, 吉林文史出版社, 1990.

王承禮, 『中國東北的渤海國與東北亞』, 吉林文史出版社, 2000.

王禹浪·王宏北, 『高句麗渤海古城址匯編』, 哈爾濱出版社, 1994.

王禹浪·魏國忠, 『渤海史新考』, 哈爾濱出版社, 2008.

魏國忠·朱國忱·郝慶雲, 『渤海國史』, 北京, 中國社會科學出版社, 2006.

姚從吾, 『姚從吾全集 2 (遼朝史)』, 臺北, 正中書局, 1972.

劉浦江, 『遼金史論』瀋陽, 遼寧大學出版社, 1999.

劉浦江, 『松漠之間-遼金契丹女眞史研究』北京, 中華書局, 2008.

李桂芝, 『遼金簡史』, 福州, 福建人民出版社, 2001.

李德山, 『東北古民族與東夷淵源關係考論』, 東北師範大學出版社, 1996.

李錫厚, 『耶律阿保機傳』, 長春, 吉林教育出版社, 1996.

李錫厚·白濱, 『遼金西夏史』, 上海, 上海人民出版社, 2008.

李殿福·孫玉良, 『渤海國』, 文物出版社, 1987.

李治亭,『東北通史(上·下)』, 鄭州, 中州古籍出版社, 2003.

任愛君,『遼朝史稿』, 蘭州, 甘肅民族出版社, 2012.

張久和 編著,『遼夏金元史徵·遼朝卷』, 呼和浩特, 內蒙古大學出版社, 2007.

張博泉『金史簡編』, 瀋陽, 遼寧人民出版社, 1984.

張博泉 編,『東北地方史稿』, 吉林大學出版社, 1985.

張正明,『契丹史略』, 北京, 中華書局, 1979.

程妮娜,『古代中國東北民族地區建置史』, 北京, 中華書局, 2011.

齊木德道爾吉 編著,『遼夏金元史徵·金朝卷』, 呼和浩特, 內蒙古大學出版社, 2007.

朱國忱·魏國忠,『渤海史稿』, 黑龍江文物出版編輯室, 1984.

朱國忱·魏國忠·劉曉東,『高句麗·渤海研究集成』4, 哈爾濱出版社, 1997.

陳述 輯,『全遼文』, 北京, 中華書局, 1982.

陳述,『契丹政治史稿』, 北京, 人民出版社, 1986.

陳述,『契丹社會經濟史稿』, 北京, 生活·讀書·新知三聯書店出版社, 1963.

蔡美彪 外,『中國通史·6』(全10册), 北京, 人民出版社, 1994.

蔡美彪,『遼金元史十五講』, 北京, 中華書局, 2011.

漆俠,『遼夏金經濟史』, 河北大學出版社 1994.

漆俠 主編,『遼宋西夏金代通史(卷1~8)』, 北京, 人民出版社 2010.

何俊哲 外,『金朝史』, 中國社會科學出版社, 1992.

項春松,『遼代歷史與考古』, 呼和浩特, 內蒙古人民出版社, 1996.

向南,『遼代石刻文編』, 石家庄, 河北教育出版社, 1995.

何俊哲 外,『金朝史』, 中國社會科學出版社, 1992.

何天明,『遼代政權機構史稿』, 呼和浩特, 內蒙古大學出版社, 2004.

韓世明 主編,『遼金史論集(第十輯)』, 北京, 中國社會科學出版社, 2007.

黃申甫,『渤海國記』, 臺北, 廣文書局, 1968.

≪日文≫

大塚久雄,『遼朝史の研究』, 東京, 創文社, 1979.

濱田耕策,『渤海國興亡史』, 吉川弘文館, 2000.

斯波義信 外,『中國史·3』, 東京, 山川出版社, 1997.

山田信夫,『北アジア遊牧民族史研究』, 東京大學出版會, 1989.

杉山正明,『中國의 歷史 08 - 疾驅する草原の征服者』, 東京, 講談社, 2005.

三上次男,『古代東アジア史の研究』, 吉川弘文館, 1966.

三上次男,『金史研究(1·2·3)』, 東京, 中央公論美術出版, 1970~1973.

三上次男,『高句麗と渤海』, 吉川弘文館, 1990)

石井正敏,『日本渤海關係史の研究』, 吉川弘文館, 2001.

鳥山喜一著, 船木勝馬編,『渤海史上の諸問題』, 風間書房, 1968.

鳥山喜一, 『渤海史考』, 東京, 原書房發行, 1977.

島田正郎, 『遼代社會史研究』, 東京, 嚴南堂書店, 1978.

島田正郎, 『遼制の硏究』, 東京, 汲古書院, 1973.

島田正郎, 『遼朝官制の硏究』, 東京, 創文社, 1978.

島田正郎, 『遼朝史の硏究』, 東京, 創文社, 1979.

島田正郎, 『契丹國-遊牧民キタイの王朝-』, 東京, 東方書店, 1993.

愛新覺羅 烏拉熙春, 『契丹文墓誌より見た遼史』, 東京, 松香堂, 2006.

愛新覺羅 烏拉熙春 外, 『新出契丹史料の硏究』, 東京, 松香堂, 2012.

愛宕松男, 『契丹古代史の硏究』, 京都大學 東洋史硏究會, 1959.

愛宕松男, 『愛宕松男東洋史學論集 第三卷 キタイ・モソゴル史』, 東京, 三一書房, 1990.

外山軍治, 『金朝史硏究』, 東京, 同朋舍, 1979.

外山軍治, 『金史』, 東京, 明德出版社, 1993.

李成市, 『古代東アジアの民族と國家』, 吉川弘文館, 1998.

日野開三郎, 『日野開三郎東洋史學論集 (第14・15・16卷)』, 東京, 三一書房, 1991.

赤羽目匡由, 『渤海王國の政治と社會』, 吉川弘文館, 2011.

田村實造, 『中國征服王朝の硏究(上・下)』, 京都, 東洋史硏究會, 1967.

池內宏, 『滿洲史硏究 中世第一冊』, 京都, 狹原星文館, 1943.

池內宏, 『滿洲史硏究 中世第二冊』, 京都, 座右寶刊行會, 1937.

護雅夫 外, 『岩波講座 世界歷史 9 - 중세 3』, 東京, 岩波書店, 1970.

≪英文≫

Denis Sinor, *The Cambridge of Early Inner Asia*. Cambridge University Press, 1990

Karl Wittfogel, *History of Chinese Society: Liao*. American Philosophical Society, 1949

Morris Rossabi, *China among Equals*. Berkeley, CA University of California Press, 1983

3. 논문(論文)

≪國文≫

權五重, 「鞨鞨의 種族系統에 관한 試論」, 『진단학보』 49, 1980.

金恩國, 「渤海滅亡의 原因」, 『고구려발해연구』 6, 1999.

金渭顯, 「契丹의 奚人에 관한 政策考」, 『明知史論』 3, 1991.

金渭顯, 「遼代 渤海復興運動의 性格」, 『明大論文集』 11집, 1997.

金渭顯, 「渤海流民과 後渤海 및 大渤海」, 『고구려연구』 6, 1998.

金渭顯, 「東丹國考」, 『宋遼金元史硏究』 4, 2000.

金渭顯, 「遼代의 渤海流民 硏究」, 『고구려연구회학술총서』, 2008.

金渭顯, 「金代 渤海人의 向方」, 『한민족연구』 7, 2009.

金種福, 「발해 건국과정에 대한 재고찰」, 『한국고대사연구』 34, 2004.

金種福, 「渤海 國號의 성립배경과 의미」, 『한국사연구』 128, 2005.

金種圓, 「발해의 수령에 대하여-지방통치와 관련하여-」, 『金海宗先生華甲紀念論叢』, 1979.

金鎭光, 「발해건국집단의 성격」, 『한국사연구』 143, 2008.

金昌洙, 「高麗와 興遼國」, 『黃義敦先生古稀紀念史學論叢』, 1960.

김현숙, 「고구려의 종족기원과 국가형성과정」, 『대구사학』 89, 2007.

羅永男, 「渤海靺鞨의 再解釋 - 대조영의 出自와 발해의 주민구성-」, 『전북사학』 39, 2011.

羅永男, 「遼代 部族制度의 樣相과 그 性格」, 『동양사학연구』 131, 2015.

羅永男, 「遼代 皇位 繼承을 둘러싼 權力鬪爭의 樣相」, 『중국사연구』 98, 2015.

羅永男, 「遼代 女眞의 起源과 分類」, 『역사학연구』 62, 2016.

盧泰敦, 「발해건국의 배경」, 『대구사학』 19, 1981.

盧泰敦, 「발해국의 주민 구성과 발해인의 족원」, 『한국고대의 국가와 사회』, 1985.

盧泰敦, 「발해국의 주민 구성에 대한 연구현황과 과제-고려별종과 발해족을 둘러싼 논의를
　　중심으로」, 『한국사 연구』 122, 2003.

林相先, 「발해 건국 참여집단의 연구」, 『國史館論叢』 42, 1980.

林相先, 「발해 지배세력의 구성과 종족적 연원」, 『백산학보』 51, 1998.

林相先, 「발해 지배세력의 변동과 성씨」, 『고구려연구』 51, 1999.

림호성, 「발해의 기본주민은 고구려 유민」, 『고조선고구려발해 발표 논문집』, 2005.

박시형, 「발해사 연구를 위하여」, 『력사과학』 1, 1962.

박시형, 「발해는 고구려의 계승국」, 『발해사연구논집』 I, 1992.

方學鳳, 「延邊地區의 渤海遺蹟과 日本道」, 『白山學報』 50, 1998.

方學鳳, 「발해멸망 원인에 대하여」, 『발해사연구 1』, 1990.

徐炳國, 「거란제국의 농업정책」, 『淸大史林』 6, 1994.

徐炳國, 「渤海 遺民史 硏究」, 『고구려발해연구』 25, 2006.

宋基豪, 「渤海貞惠公主墓碑의 고증에 대하여」, 『한국문화』 2, 1981.

宋基豪, 「발해의 多人葬에 대한 연구」, 『한국사론』 11, 1984.

宋基豪, 「발해 멸망기의 대외관계-거란·후삼국과의 관계를 중심으로」, 『한국사론』 17,
　　1987.

宋基豪, 「대조영의 出自와 발해의 건국과정」, 『아시아 문화』 7, 1991.

宋基豪, 「발해의 성쇠와 영역」, 『백산학보』 47, 1996.

宋基豪, 「渤海 首領의 性格」, 『金容燮敎授停年紀念韓國史學論叢』, 1997.

宋基豪, 「발해의 천도와 그 배경」, 『한국고대사연구』 36, 2004.

宋基豪, 「발해의 문화사의 연구현황과 과제」, 『한국사연구』 122, 2000.

宋基豪, 「해외유적과 연해주조사」, 『2012 Asia Archaeology 국제학술심포지엄』, 국립문화
　　재 연구소, 2012.

余昊奎,「高句麗의 種族 起源에 대한 일고찰(-夫餘別種說과 貊族說의 정합적 이해를 중심으로)」,『史林』38, 2007.

兪垣濬,「北宋末 常勝軍과 義勝軍에 관한 硏究」,『중국사학회』58, 2009.

李東馥,「遼末女眞社會의 構成(Ⅰ)-黑水와 黑水靺鞨」,『淸大論文集』17, 1984.

李東馥,「遼末女眞社會의 構成(Ⅱ)-三十部女眞의 問題」,『淸大人文科學論集』3, 1984.

李東馥,「遼末女眞社會의 構成(Ⅲ)-生女眞社會의 成長」,『淸大史林』4·5合輯, 1985.

李東馥,「金初女眞社會의 構成-猛安謀克戶의 編成」,『歷史學報』106, 1985.

李東輝,「발해의 종족구성과 신라의 발해관」, 부산대학교 대학원 박사학위논문, 2004.

李美子,「後渤海國의 存在與否에 대하여-사료를 중심으로」,『白山學報』67, 2003.

李佑成,「삼국사기와 발해문제」, 전국역사학대회발표, 1970.

李佑成,「남북국시대와 최치원」,『창작과비평』10-4, 1975.

李龍範,「遼代 東京道의 渤海流民」,『史叢·鄭在覺先生回甲紀念論叢』, 1973.

李龍範,「遼代 上京·中京道의 渤海流民」,『白山學報』15, 1973.

李龍範,「金初의 渤海流民」, 丁仲煥博士還曆紀念論文集, 1974.

李龍範,「발해왕국의 형성과 고구려 유족(상)」,『동국대논문집』10호, 1972.

李龍範,「발해왕국의 형성과 고구려 유족(하)」,『동국대논문집』11호, 1973.

李龍範,「발해왕국의 사회구성과 고구려유예」,『중세 만주몽고사의 연구』, 1988.

李在成,「契丹 '古八部'聯盟의 形成과 解體」,『東國史學』6, 1994.

李鍾明,「高麗에 來投한 渤海人考」,『白山學報』4호, 1968.

李孝珩,「興遼國 성립과 對高麗 구원 요청」,『釜大史學』22, 1998.

李孝珩,「발해유민의 大渤海 건국과 고려와의 관계」,『白山學報』64, 2002.

李孝珩,「발해의 멸망과 유민의 諸樣相-東丹國 관련 발해유민을 중심으로」,『백산학보』72, 2005.

李孝珩,「발해의 멸망·유민사에 대한 연구현황과 과제」,『부대사학』30, 2006.

장국종,「발해의 주민구성」,『발해사연구논집』Ⅰ, 1992.

장국종,「발해본토의 주민구성」,『력사과학』2, 1991.

정병준,「營州의 대조영 집단과 발해국의 성격」,『동북아역사논총』16, 2007.

鄭鎭憲,「발해사 사료와 발해사 인식의 변천」,『고구려연구』6, 1999.

정창규,「발해는 대외관계에서 자주권을 당당히 행사한 독립국가」,『고조선고구려발해 발표 논문집』, 2005.

채태형,「발해의 영역확장과 그것을 통하여 본 고구려 계승의식」,『고조선고구려발해 발표 논문집』, 2005.

崔圭柱,「遼의 支配勢力의 構造와 帝位繼承에 대하여」,『東洋史學』5, 1971.

崔圭柱,「遼太祖·太宗代의 漢人官僚」,『大邱史學』15·16, 1978.

崔圭柱,「遼代의 耶律姓과 蕭姓에 대한 考察」,『震檀學報』49, 1980.

崔圭柱,「遼初의 支配勢力의 性格」,『大邱史學』19, 1981.

崔圭柱,「遼代 樞密院에 대한 檢討」,『人文研究』12-2, 1991.

韓圭哲,「고려 來投·來往 거란인-발해유민과 관련하여」,『한국사연구』47, 1984.

韓圭哲,「숙신·읍루연구」,『백산학보』35, 1988.

韓圭哲,「고구려시대의 말갈연구」,『釜山史學』14~15, 1988.

韓圭哲,「渤海復興國 '後渤海' 研究- 연구동향과 형성과정을 중심으로」,『國史館論叢』62, 1995.

韓圭哲,「渤海遺民의 高麗投化」,『역사와경제』33, 1997.

韓圭哲,「발해의 서경압록부연구」,『한국고대사연구』14, 1998.

韓圭哲,「발해인이 된 고구려말갈」,『고구려발해연구』26, 2007.

≪中文≫

賈敬顔,「女眞及其相關的民族」,『歷史教學』, 1985 10期.

康鵬,「東丹國廢罷時間新探」,『北方文物』, 2010 2期.

康守鵬,「渤海隷屬于唐朝」,『學習與探索』, 1982 4期.

康守鵬,「唐代黑水鞣鞨」,『社會科學戰線』, 1983 4期.

康守鵬,「突地稽李謹行與栗末鞣鞨」,『牧丹江師院學報』, 1987 2期.

景愛,「遼代女眞人與高麗的關係」,『北方文物』, 1990 3期.

盖之庸,「耶律羽之墓誌銘考證」,『北方文物』, 2001 1期.

金毓黻,「肅愼挹婁勿吉三系語義考」,『東北集刊』, 1940 1期.

金毓黻,「關于渤海國三個問題」,『歷史教學』, 1956 4期.

金殿士,「遼代的民族統治政策」,『東北地方史研究』, 1986 3期.

金香,「關于"天孫"的 理解」,『北方文物』, 1988 2期.

金香,「關于渤海國的若干民族問題」,『社會科學戰線』, 1989 1期.

金香,「渤海國時形成過渤海民族碼」,『北方文物』, 1990 4期.

羅繼祖,「渤海與日本的友好往來」,『史學集刊』, 1983 2期.

羅繼祖,「渤海貞惠貞孝兩公主的墓碑」,『博物館研究』, 1983 3期.

羅繼祖,「張建章墓誌補考」,『黑龍江文物叢刊』, 1983 3期.

陶晋生,「金代的政治結構」,『中央研究員歷史言語研究所集刊』, 第32期.

都興智,「試論遼陽政變及遼東渤海人」,『文化學刊』, 2007 4期.

都興智,「關于渤海國及渤海遺民研究的幾個問題」,『遼寧師範大學學報』第31卷, 2008 2期.

董萬侖,「關于遼代長白山女眞幾個問題的探討」,『民族研究』, 1989 1期.

董萬侖,「遼代長白山女眞"三十姓"部落聯盟研究」,『北方文物』, 1999 2期.

林澐,「肅愼挹婁和沃沮」,『遼海文物叢刊』創刊號, 1986.

馬家昇,「述肅愼系之民族」,『禹貢半月刊』3卷, 1935 7期.

毛汶,「金人反遼之背景與動機」,『學風』6卷, 1936 9·10期.

苗威,「定安國考論」,『中國邊疆史地研究』, 2011 2期.

武玉環, 「拓跋契丹女眞等民族共同體的形成與發展」, 『黑龍江文物總刊』, 1984 1期.

武玉環, 「遼代部族制探析」, 『史學集刊』, 2000 1期.

武玉環, 「遼代斡魯朵探析」, 『歷史研究』, 2000 2期.

武玉環, 「遼代賦役制度」, 『北方文物』, 2003 1期.

武玉環, 「遼朝的渤海移民政策」, 『中國東北邊疆研究』, 中國社會科學出版社, 2003.

武玉環, 「渤海与高句麗族属·族俗的比较研究」, 『社会科学辑刊』, 2005 5期.

武玉環, 「遼代人口考述」, 『學習與探索』, 2009 6期.

馬利淸, 「契丹與渤海關系探源」, 『內蒙古社會科學』, 1998 5期.

方衍, 「金朝之民族關系」, 『黑龍江民族叢刊』, 1992 2期.

孫秀仁, 「唐代渤海的文字和文字瓦」, 『黑龍江古代文物』, 1979.

孫秀仁·干志耿, 「論渤海的形成與歸向」, 『學習與探索』, 1982 4期.

孫秀仁·艾生武·莊嚴, 「渤海的族源」, 『學習與探索』, 1982 5期.

孫秀仁, 「對渤海史三個問題的探索」, 『學習與探索』, 1987 5期.

孫玉良, 「日本古籍中的渤海史料」, 『學習與探索』, 1982 4期.

孫玉良, 「渤海遷都淺議」, 『北方論叢』, 1983 3期.

蕭愛民, 「遼金民族政策對比研究」, 『北方民族文化』, 昭烏達蒙族師專學報, 1992.

孫進己, 「渤海疆域考」, 『北方論叢』, 1982 4期.

孫進己, 「契丹建國前的社會性質」, 『黑龍江文物總刊』, 1983 3期.

孫進己, 「遼代女眞的族體」, 『東北地方史研究』, 1984 1期.

孫進己, 「女眞源流考」, 『史學集刊』, 1984 4期.

孫進己, 「遼代女眞的經濟及社會性質」, 『克山師專學報』, 1985 1期.

孫進己, 「唐代契丹族的地方建置」, 『遼金契丹女眞史研究』, 1988 2期.

孫進己, 「遼以前契丹族的發展」, 『遼金史論集』 7輯, 1996.

孫進己, 「渤海民族的形成發展過程」, 『北方文物』, 1994 2期.

孫進己, 「渤海國和隣族隣國的關系」, 『高句麗渤海研究集成』 4, 哈爾濱出版社, 1997.

孫進己, 「粟末鞨的漢化及建立渤海國」, 『高句麗渤海研究集成』 4, 哈爾濱出版社, 1997.

宋玉祥, 「渤海與契丹"世仇"之淺見」, 『北方文物』, 1995 4期.

梁玉多, 「定安國小考」, 『北方文物』, 2010 1期.

楊軍, 「渤海"土人"新解」, 『北方文物』, 2006 2期.

楊軍, 「鞨诸部与渤海建国集团」, 『民族研究』, 2006 2期.

楊茂盛, 「試論生女眞人的宗族文化(中)」, 『黑龍江民族總刊』, 2000 4期.

楊茂盛, 「試論生女眞人的宗族文化(上)」, 『北方文物』, 2001 1期.

楊茂盛, 「試論生女眞人的宗族文化(下)」, 『北方文物』, 2001 2期.

楊保隆, 「新舊唐書《渤海傳》考辨」, 『學習與探索』, 1984 2期.

楊保隆, 「遼代女眞別稱考辨」, 『中國民族史研究』 2輯, 中央民族學院出版社, 1989.

楊保隆, 「遼代渤海人的逃亡與遷徙」, 『民族研究』, 1990 4期.

楊保隆, 「簡論遼代的民族政策」, 『北方文物』, 1991 3期.

楊福瑞, 「遼朝徙民置州考論」, 『昭烏達蒙族師專學報』, 1990 3期.

楊福瑞, 「遼朝移民問題研究」, 『昭烏達蒙族師專學報』 23卷, 2002 5期.

楊福瑞, 「遼朝追行州縣制過程考述」, 『內蒙古社會科學』 29卷, 2008 4期.

楊雨舒, 「遼代渤海人高模翰述略」, 『北方民族』, 1990 1期.

楊雨舒, 「東丹南遷芻議」, 『社會科學戰線』, 1993 5期.

楊雨舒, 「近十年來國內東丹史研究槪述」, 『社會科學戰線』, 1996 3期.

楊雨舒, 「渤海及東丹史研究論著資料索引」, 『北方文物』, 1996 1期.

楊雨舒, 「遼初東丹國中臺省芻議」, 『阜新高專學報』, 1997 3期.

冉守祖, 「略論遼朝"因俗而治"的民族政策」, 『史學月刊』, 1993 1期.

咏春, 「遼代的"打女眞"」, 『松遼學刊』, 1984 4期.

艾生武, 「東丹國初探」, 『北方論叢』, 1983 2期.

旺勤, 「遼代的民族與民族關係」, 『松州學刊』, 1997 3期.

王德忠, 「遼朝對東丹國的統治政策及其評價」, 『昭烏達蒙族師專學報』, 1987 2期.

王德忠, 「遼朝的民族遷徙及其評價」, 『東北師大學報』, 1998 4期.

王德忠, 「論遼朝"因俗而治"統治政策形成的歷史條件」, 『求是學刊』, 1999 5期.

王德忠, 「遼朝世選制度的貴族政治特色及其影響」, 『東北師大學報』, 2003 6期.

王玲, 「辽代奚族考略」, 『民族研究』, 1983 2期.

王文素, 「金滅遼之背景分析」, 『金史研究論叢』, 哈爾濱出版社, 2000.

王文郁, 「"女眞"族稱的由來」, 『南開史學』, 1980 2期.

王民信, 「契丹統治下的渤海人民」, 『民族與華僑論文集』 創刊號, 1974.

王民信, 「遼朝統治下的奚族」, 『政治大學邊政研究所年報(臺北)』, 1974 5期.

王成國, 「試論唐代渤海國的族屬問題」, 『瀋陽師院學院學報』, 1982 1期.

王成國, 「略論唐代渤海與東北各族的關係」, 『東北地方史研究』, 1986 3期.

王成國, 「論遼代渤海人」, 『博物館研究』, 1987 2期.

王成國, 「遼代民族政策初探」, 『北方文物』, 1987 2期.

王成國, 「關于渤海史研究的幾個問題」, 『渤海史學術討論會論文集』, 1990.

王成國, 「略論遼朝統治下的漢人」, 『社會科學輯刊』, 1997 5期.

王世蓮, 「渤海遺民與金之渤興」, 『求是學刊』, 1983 4期.

王世蓮, 「金代非女眞族后妃刍议」, 『求是學刊』, (1992 2期).

王承禮, 「靺鞨的發展和渤海王國的建立」, 『吉林師大學報』, 1979 3期

王承禮, 「敦化六頂山渤海墓淸理發掘記」, 『社會科學戰線』, 1979 3期.

王承禮, 「渤海與日本的友好往來」, 『學習與探索』, 1983 2期.

王承禮, 「渤海的社會制度和社會經濟」, 『博物館研究』, 1983 1期.

王承禮, 「渤海的疆域和地理」, 『黑龍江文物叢刊』, 1983 4期.

王禹浪, 「"女眞"稱號的含義與民族精神」, 『北方文物』, 1992 3期.

魏國忠,「渤海鞨鞨的稱號」,『學習與探索』, 1981 2期.

魏國忠,「渤海國政治制度述略」,『求是學刊』, 1981 3期.

魏國忠,「論渤海國政治制度述略」,『求是學刊』, 1981 3期.

魏國忠·朱國忱,「渤海人口考略」,『求是學刊』, 1983 3期.

魏國忠·朱國忱,「再論渤海王國的族屬問題」,『北方論叢』, 1983 1期.

魏國忠·朱國忱,「論渤海經濟」,『學習與探索』, 1984 2期.

魏國忠·郭素美,「論渤海主體民族的族屬問題」,『社會科學戰線』, 2001 3期.

姚中岫,「海東盛國-渤海史略」,『牧丹江師院學報』, 1990 2期.

劉炳愉,「曷蘇館熟女眞探源」,『北方文物』, 1985 2期.

劉肅勇,「論高永昌反遼抗金斗爭」,『遼寧師院學報』, 1981 4期.

劉肅勇,「東丹國與東丹王耶律倍」,『遼寧師範學報』, 1982 3期.

劉肅勇,「遼金兩代的遼陽地方史和民族問題」,『社會科學動態』, 1982 8期.

劉肅勇,「遼代女眞完顔部的氏族生活」,『黑龍江文物總刊』, 1982 2期.

劉肅勇,「渤海流民大延琳的反遼斗爭」,『學習與探索』, 1983 2期.

劉肅勇,「述律后與遼太宗的政見分岐」,『朝陽師專學報』, 1985 1期.

劉肅勇,「遼代女眞完顔部部落聯盟試探」,『遼金契丹女眞史研究』, 1985 1期.

劉肅勇,「金代遼陽渤海人述略」,『東北地方史研究』, 1986 4期.

劉肅勇,「渤海流民與金朝的政治關係」,『北方民族』, 1990 1期.

劉肅勇,「阿骨打在東北地區反遼戰爭中對各族上層人物招撫的策略」,『克山師專學報』, 1985
    1期.

劉振華,「渤海大氏王室族屬新證-從考古材料出發的考察」,『社會科學全線』, 1981 3期.

劉浦江,「金朝的民族政策與民族岐視」,『歷史研究』, 1996 3期.

劉浦江,「試論遼代的民族政策」,『遼金史論』, 遼寧大學出版社, 1999.

劉浦江,「遼代的頭下制度與頭下軍州」,『中國史研究』, 2000 3期.

劉浦江,「遼朝國號考釋」,『歷史研究』, 2001 6期.

劉浦江,「遼代的渤海遺民-以東丹國和定安國爲中心-」,『文史』1輯, 2003.

李錫厚,「遼代諸宮衛各色人戶的身分」,『首都師範大學學報(社會科學版)』, 1985 4期.

李錫厚,「頭下與遼金"二稅戶"」,『文史』38輯, 1994.

李雪梅,「論東丹國的建國原因及其性質」,『遼寧師範大學學報』第30卷, 2007 3期.

李學智,「遼代之兀惹城及曷蘇館考」,『大陸雜志』20卷, 1960 8·9期.

李學智,「女眞民族興起之淵源」,『滿族文化』(臺北), 1982 3期.

張利鎭,「遼河流域渤海人與遼政權的關係」,『廊坊師範大學學報』第25卷, 2009 4期.

張博泉,「'別種'芻議」,『社會科學戰線』, 1983 4期.

張博泉,「遼金"二稅戶"研究」,『歷史研究』, 1983 2期.

張博泉,「"契丹","遼"名稱探源」,『黑龍江民族總刊』, 1990 3期.

蔣秀松,「論女眞族的興起」,『北方民族』, 1983 1期.

蔣秀松, 「"東女眞"與"西女眞"」, 『社會科學戰線』, 1994 4期.

蔣秀松, 「高麗末期的東、西女眞」, 『黑龍江民族叢刊』, 1994 3期.

傅朗雲, 「遼金時期女眞民族源流總考」, 『博物館研究』, 1994 3期.

傅朗雲·何忠有, 「遼代東北民族關係的新發展」, 『博物館研究』, 1992 2期.

程妮娜, 「金世宗章宗時期宰執的任用政策」, 『史學集刊』, 1998 1期.

程妮娜, 「辽金时期渤海族习俗研究」, 『学习與探索』, 2001 2期.

程妮娜, 「辽代渤海人地區的東丹國探析」, 『北方史地』, 2005 6期.

趙振續, 「渤海族系與契丹之關係」, 『史學集刊』, 1969 11期.

趙振續, 「論渤海遺族的復興運動」, 『中華文化復興月刊』, 1970 3-7期.

朱國忱·魏國忠, 「關于渤海社會經濟問題」, 『北方論叢』, 1982 3期.

朱國忱·張太湘·魏國忠·吳文衡, 「渤海國的族屬問題」, 『學習與探索』, 1985 5期.

朱國忱·魏國忠·劉曉東, 「論渤海族源與大氏族屬問題」, 『高句麗·渤海研究集成』, 1997 4
    期.

朱國忱, 「兀惹部, 兀惹城研究」, 『東北史地』, 2007 3期.

朱國忱·曹偉, 「渤海王族進攻的扶余城問題」, 『東北史地』, 2009, 4期.

陳佳華·劉世哲, 「遼金時期民族政策的幾個特點」, 『黑龍江民族總刊』, 1989 4期.

陳述, 「遼史賜姓名考」, 『鄧之誠先生紀念集』, 北京大學出版社, 1991.

陳顯昌, 「肅愼的發展和渤海國的建立」, 『學習與探索』, 1982 4期.

陳顯昌, 「渤海靺鞨考」, 『學習與探索』, 1993 4期.

崔紹喜, 「渤海族的興起與消亡」, 『遼寧師院學報』, 1979 4期.

蒼寒, 「女眞族名起源新說」, 『黑龍江民族總刊』, 1992 1期.

蔡美彪, 「遼史外戚表新編」, 『社會科學戰線』, 1994 2期.

彭艷芬·竇文良, 「遼太祖封長子倍爲人皇王之意探析」, 『保定學院學報』, 2008 3期.

馮繼欽, 「遼代兀惹初探」, 『東北地方史研究』, 1986 4期.

馮繼欽, 「遼代鴨綠江女眞新探」, 『博物館研究』, 1986 2期.

馮繼欽, 「遼代長白山三十部女眞初探」, 『遼金史論集』, 1987 3輯.

馮永謙, 「遼史外戚表補証」, 『社會科學輯刊』, 1979 3·4期.

馮永謙, 「遼代頭下州探索」, 『北方文物』, 1986 4期.

馮永謙, 「遼代部分州縣所在地考證」, 『博物館研究』, 1992 1期.

馮永謙, 「遼代部分州縣今地考」, 『北方文物』, 1994 4期.

何俊哲, 「耶律倍與東丹國諸事考」, 『北方文物』, 1993 3期.

韓濱娜, 「略論遼代地方行政區劃制度」, 『東北師大學報』, 1993 2期.

向南, 「遼史皇族表補正」, 『東北地方史 研究』, 1991 2期.

黃鳳岐, 「遼初對掠奪人口安置」, 『社會科學輯干』, 1987 6期.

≪日文≫

鈴木靖民,「渤海の首領制-渤海の社會と地方支配」,『歷史學研究』547, 1985.

鈴木靖民,「渤海の國家構造」,『月刊しにか』102, 1998.

北村秀人,「高麗時代の渤海系民大氏について」,『三上次男博士喜壽紀念論文集』, 1985.

白鳥庫吉,「渤海國に就いて」,『史學雜誌』44-12, 1933.

濱田耕策,「渤海國の京府州郡縣制の整備と首領の動向」,『白山學報』52, 1999.

三上次男,「高麗と定安國」,『東方學報』11-1, 1940.

三上次男,「高句麗と渤海-その社會・文化の近親性」,『末永雅雄先生古稀記念古代學論叢』, 1967.

三上次男,「渤海國の滅亡事情に關する一考察」,『和田博士還曆紀念東洋私學論叢』, 1951.

西上田雄,「渤海史と渤海使の研究」,『稻園紀要』2・4~7, 1983・1985~1991.

石井正敏, 「『類聚國史』の渤海沿革記事について」,『(中央大學文學部)紀要-史學科』 43, 1998.

李成市, 「渤海史をめぐる國家と民族-南北國時代論の檢討を中心に」,『歷史學研究』 626, 1991.

李成市,「渤海史をめぐる國家と民族-國民國家の境界をこえて」,『歷史學研究』626, 1991.

日野開三郎,「靺鞨7部考」,『史淵』36・37合輯, 1948.

日野開三郎,「靺鞨7部の前身とその屬從」,『史淵』38・39合輯, 1948.

日野開三郎,「後渤海の建國」,『帝國學師院記事』2권3호, 1943.

日野開三郎,「兀惹部の發展」,『史淵』1・2・3・4合輯, 1943・44・45.

日野開三郎,「定安國考」,『東洋史學』1・2・3合輯, 1950・51.

池內宏,「渤海の建國者について」,『東洋學報』5-1, 1914.

池內宏,「鐵利考」,『滿鮮地理歷史研究報告』3, 1933.

河上洋,「渤海の地方統治體制- 一つの試論として-」,『東洋史研究』42-2, 1983.

和田清,「定安國に就いて」,『東洋學報』6, 1916.

和田清,「渤海國地理考」,『東洋學報』36-4, 1954.

和田清,「兀惹考」,『東洋學報』38-1, 1955.

색인

ㄱ

가축추분세(家畜抽分稅) 91
갈소관(葛蘇館) 256
거마위가(車馬爲家) 84
걸사비우(乞四比羽) 43
고경예(高慶裔) 277, 291, 297
고량하(高粱河) 전투 162, 224
고려별종(高麗別種) 125, 129
고막해(庫莫奚) 35, 79
고모한(高模翰) 75, 119, 121, 134, 257,
  273, 307, 320
고영창(高永昌) 28, 119, 165, 166, 250~
  258, 260, 272~274, 276~277, 285, 289~
  290, 306~307
고육가(高六哥) 277, 290, 306~307
고자라(高子羅) 120, 154
고정(高楨) 254, 257, 273, 276~277, 290,
  306~307
고청명(高淸明) 251, 253, 256, 274, 276
고팔부(古八部) 연맹 36, 42
고표(高彪) 290, 306~307, 320
공거법(貢擧法) 89
곽약사(郭藥師) 270, 277~278, 291, 306,
  320
광토중민(廣土衆民) 80~81, 171
국구장족(國舅帳族) 96
궁분호(宮分戶) 194, 197
궁위(宮衛) 174, 194~196, 201
궁장(宮帳) 86, 174, 196, 198
금패(金牌) 250, 278
기미지배(羈縻支配) 34, 43, 80, 85, 121

ㄴ

남면관(南面官) 86~87, 89
남추밀(南樞密) 87
노상(老相) 57, 64, 132, 156
노언륜(盧彦倫) 131, 284, 314

ㄷ

달불야(撻不野) 253~254, 276, 303~304,
  307
당항(党項) 41, 53, 72, 81~82, 152, 171,
  173, 271
대가노(大家奴) 290
대강예(大康乂) 135
대거란 245
대고 290, 297, 304~307, 310
대공정(大公鼎) 135, 139, 175, 251, 253,
  256~258, 274, 276
대광현(大光顯) 22, 121, 156~157, 161,
  204, 211~217, 221
대금(大金) 266, 272
대란하(大鸞河) 152, 167, 208~210, 233
대릉하(大凌河) 42
대문예(大文藝) 113
대반(大磐) 292, 306~307
대발해(大渤海) 28, 250, 252~258, 260,
  276~277, 285, 289
대소현(大素賢) 65, 132, 159
대연림(大延琳) 18, 100, 107, 135, 164~
  165, 169, 175~176, 184~186, 241~249,
  260, 320
대요(大遼) 84, 243~245, 272, 307
대이진(大彝震) 114
대인선(大諲譔) 52, 54, 56~57, 65, 67, 103,

132, 153, 155~156, 171, 178, 211, 214~
215
대인수(大仁秀) 114
대조영(大祚榮) 42~44, 109, 112, 121, 125,
313
대진림(大陳林) 68, 161, 206
대하씨(大賀氏) 연맹 36~38, 42, 46
대흠무(大欽茂) 113
돌지계(突地稽) 117
동경도(東京道) 74, 93, 104, 137, 141~142,
172, 174, 176, 178, 181, 183, 186, 190,
214, 253, 316~317
동재(董才) 268
동평군(東平郡) 51, 66, 73, 180
동호(東胡) 25, 35, 42~43, 53, 111, 313
동회국(東懷國) 273
두하군주(頭下軍州) 24, 88, 101, 137, 140~
141, 177, 186~188, 190~194, 235
등주(登州) 47, 74, 206

(ㄹ)

라오하강 36~37, 42, 79, 81, 172

(ㅁ)

마인망(馬人望) 95
맹안모극(猛安謀克) 288~290, 315
멸국치현(滅國置縣) 34
문비(文妃) 133, 274~275
문왕(文王) 49, 113, 122~123
물길(勿吉) 117, 128, 260
미리(彌里) 88, 98

(ㅂ)

발극렬(勃極烈) 297
발해말갈(渤海鞨) 46, 125~126, 128
발해부흥운동 17~18, 21~22, 28, 130, 147~

149, 161, 203, 217, 226, 229, 241, 248,
251, 257, 277, 315
발해유민 14~16, 18, 21~23, 25, 29, 59,
63, 66~70, 72~73, 75, 118, 129~131,
138, 148~151, 156, 158, 160, 163~164,
173~174, 176, 180, 183, 186, 202~203,
206, 214~215, 218~221, 223, 230, 241,
247, 286, 315
발해족(渤海族) 26, 111~112, 125~127, 129~
131, 225
배구(裴璆) 69, 214, 319
백산말갈(白山鞨) 126, 129
번한전호(蕃漢轉戶) 100, 137, 192, 197
봉릉읍(奉陵邑) 24, 139, 174~175, 199
봉양(俸羊) 91
부곡(部曲) 98~99, 118, 140~141, 159, 187,
191~192
부여부(夫餘府) 48~50, 114~115, 172, 178,
183, 210~211, 219, 227~233
부투부발해국(浮渝府渤海國) 232~233, 236
북면관(北面官) 86~87, 89
북요(北遼) 269~270, 278
북추밀(北樞密) 87
불열부(拂涅部) 111~112, 122, 225, 237

(ㅅ)

사근(俟斤) 37
사리(舍利) 43~44
사시날발(四時捺鉢) 197, 199
사인(士人) 101, 123~124, 140
사장황족(四帳皇族) 96
사타(沙陀) 41, 48, 81
삼십부여진(三十部女眞) 222
상경도(上京道) 174, 178, 183, 186, 316~
317
상승군(常勝軍) 270, 277~278

생여진(生女眞) 92, 105, 107, 116, 130, 147, 149, 222, 237, 259, 261~262, 264

서요(西遼) 270

석경당(石敬塘) 14, 60, 70, 74, 82, 101, 134, 320

석렬(石烈) 88, 98, 196~197

선휘(宣徽) 87

세선(世選) 132, 134

세선제(世選制) 39

소봉선(蕭奉先) 269, 275

소항덕(蕭恒德) 235

속말말갈(粟末靺鞨) 26, 42, 110, 117, 123, 125~129, 260

송막(松漠) 35, 42~43, 79

수계혼(收繼婚) 304

숙신(肅愼) 114, 211, 313

숙여진(熟女眞) 92, 104, 115, 130, 166, 212, 259, 289

순흠황후(淳欽皇后) 142, 191

술율씨(述律氏) 40, 70~71, 96, 99, 219

습(霫) 40, 43, 53, 80

시라무렌강 37, 42, 79, 170, 172

실위(室韋) 39, 43, 49, 53, 55, 72, 80, 82, 111, 152, 173

◎

아골타(阿骨打) 28, 106~107, 116, 130, 166, 168, 237, 252, 254~258, 260~261, 263~267, 271~273, 276~277, 284~285, 289, 314, 320

아소(阿疏) 264, 271

안록산(安祿山) 35, 48~49

알로(斡魯) 254~255, 273, 276, 290

알로타(斡魯朶) 88, 104, 137~139, 141, 159, 174, 180, 194~202

압말갈사(押靺鞨使) 121

야율대석(耶律大石) 269~270

야율덕광(耶律德光) 66, 71~72, 158~159, 180, 213, 218~219

야율배(耶律倍) 22, 57, 61, 63, 71~75, 133, 158, 171, 173, 180, 219

야율사진(耶律斜軫) 97

야율순(耶律淳) 267, 269, 270

야율씨(耶律氏) 96~97, 188

야율아보기(耶律阿保機) 13, 39~42, 44, 50~51, 54, 57, 61~62, 64, 70~71, 81, 84~85, 89, 96, 101, 103, 147, 155, 158, 169~173, 195, 199, 207, 218~219, 230, 244~245

야율여도(耶律余覩) 133, 269, 275

야율열리(耶律揑里) 38, 46, 277

야율우지(耶律羽之) 22, 56, 65, 72, 74, 103, 132, 152, 155, 158~159, 168, 173, 213~214, 219

야율장노(耶律章奴) 266~267, 269

야율질랄(耶律迭剌) 39, 64

야율포고(耶律蒲古) 135, 246

양박(楊朴) 257, 265, 272~273, 276~277, 306

양세(兩稅) 93, 142

양세호(兩稅戶) 193

연운16주(燕雲16州) 14, 34, 67, 82, 92, 101, 180, 233

연파(燕頗) 163, 183, 209~210, 227~230, 232~233, 235~236

열만화(烈萬華) 162~163, 221, 223~225, 228, 230

열주도(列周道) 205~206, 221~223

영가(永嘉) 215, 264

영강주(寧江州) 105, 252, 255~256, 259, 262, 265, 267, 271~272, 320

영주(寧州) 175, 184~185

예맥(濊貊) 114, 116, 148, 181, 211

예족(濊族) 128~129, 313

오록(烏祿) 293

오목보(吾睹補) 292, 305

오사국(烏舍國) 226

오사다(烏斯多) 152

오사성(烏舍城) 163, 225, 227~230, 232~
233

오소경(烏昭慶) 236, 260

오소고부(烏素固部) 117

오아속(烏雅束) 264

오원부(五院部) 88, 99

오현명(烏玄明) 130, 163, 220, 222, 224,
228, 230~233

올욕(兀欲) 74

완안부(完顏部) 252, 261, 264, 284, 299

완안종간(完顏宗幹) 291, 301, 303

완안종보(完顏宗輔) 291, 301, 304

왕정(王政) 277, 290, 306, 309

왕정견(王庭堅) 309

왕준고(王遵古) 306, 309

요골(嬈骨) 52, 54, 58, 213, 218

요련씨(遙輦氏) 연맹 38, 42, 46~47, 80

용화주(龍化州) 81, 138~139, 170, 199

우문부(宇文部) 35

위구르 33, 42, 47~48, 50, 55, 80

유인공(劉仁恭) 48, 82

육원부(六院部) 88, 99

윤제(允濟) 292, 304~305, 309

은패(銀牌) 101, 250, 254, 262

은패천사(銀牌天使) 106

을실부(乙室部) 88, 99

응로(鷹路) 264

응천태후(應天太后) 195

이극용(李克用) 40, 48, 82

이리필(夷離畢) 58, 87, 218

이석(李石) 292~295, 297~298, 304, 308~
309

이선경(李善慶) 291

이세호(二稅戶) 94, 140, 192~193

이원황족(二院皇族) 96

이종동류(異種同類) 99, 128, 274

이중지배체제(二重支配體制) 14, 17, 24,
27, 79, 86, 96, 107

이진충(李盡忠) 37, 42~45, 48~49, 80

이홍원(李洪愿) 304, 308

인속이치(因俗而治) 14, 17, 27, 83~87, 89,
91, 95~96, 104, 106~107, 317

인황왕(人皇王) 57, 64, 73, 173, 183, 206~
207, 219

잉신호(媵臣戶) 190~191

자헌황후(慈憲皇后) 291, 303

장걸(張傑) 246

장여림(張汝霖) 297, 306, 308

장여필(張汝弼) 294, 296~297, 306, 308

장족(帳族) 96

장현소(張玄素) 277, 290, 294, 306, 308

장현징(張玄徵) 291, 304~305, 308

장호(張浩) 277, 292, 295, 297~298, 306~
308

저장호(著帳戶) 197~198, 202

적렬마도(敵烈麻都) 87

전연지맹(澶淵之盟) 134

정복왕조(征服王朝) 33~34, 85~86, 95, 290

정의황후(貞懿皇后) 29, 291~293, 304~305,
308

조량사(趙良嗣) 269

중경도(中京道) 176, 184~186, 190, 316~
317, 319

중대성(中臺省) 65~66, 72, 75, 135, 173,

214

질랄부(迭剌部)　39, 81, 177, 194

ㅊ

천복성(天福城)　61, 70

천조제(天祚帝)　41, 102, 195, 250, 252,
　　261, 263~267, 269~271, 273~275, 301,
　　320

철려(鐵驪)　92, 129, 209, 227~228, 235,
　　237

출하점(出河店)　252, 255, 265, 267, 271~
　　272, 320

침투왕조(浸透王朝)　34

ㅋ

키르키즈　45, 48, 50

ㅌ

타여진(打女眞)　105, 261~262

타초곡(打草穀)　94

토둔(土屯)　36, 123

토인(土人)　121~124

투하(投下)　187

ㅎ

하행미(夏行美)　135, 164, 246, 320

한덕양(韓德讓)　195

한성(漢城)　81, 84, 169~170

한연휘(韓延徽)　84, 92, 102, 213, 218,
　　273

한지고(韓知古)　102, 142, 191

할저(轄底)　40, 49

함보(函普)　284

합소관(合蘇款)　104

해6부(奚六部)　99, 248

해동성국(海東盛國)　54, 56, 58, 114, 123,
　　131, 156, 313, 316

해동청(海東靑)　92, 105~106, 262~264

해육부(奚六部)　88

핵리발(核里鉢)　264

행궁(行宮)　194, 197~201, 250, 267

호십문(胡十門)　256

호한분치(胡漢分治)　60

홀한성(忽汗城)　55, 57, 72~73, 156~157,
　　159~160, 171, 173, 204, 211~212, 214,
　　216, 218, 223, 226~228, 230

화삭노(和朔奴)　227, 235

흑수말갈(黑水靺鞨)　55, 114, 116, 126, 154,
　　226, 259~261, 313

흥요국(興遼國)　18, 28, 164, 241, 243, 246,
　　249

외대 역사문화 연구총서를 간행하며

한국외국어대학교 역사문화연구소는 세계 각 지역의 제도·사상·문화를 포함한 역사 전반을 비교·연구하기 위해 1984년 3월 1일 설립되었습니다. '사학연구소'로 발족한 본 연구소는 문화에 대한 사회적 관심 증가에 부응하고 연구 영역을 더욱 다양화하려는 취지에서 1996년 3월 '역사문화연구소'로 변경했습니다.

본 연구소는 설립 이래 지금까지 학술지 발간을 비롯해 국내외 학술회의 개최, 학술서적 출판 등을 통해 역사학과 인문학을 발전시키기 위해 많은 노력을 기울여왔습니다. 특히 본 연구소가 소속된 한국외국어대학교의 기반과 장점을 살려 한국사와 동·서양사의 비교 연구, 세계 각국의 생활문화 연구, 고려인과 조선족 등 재외한인 연구 등을 중점적으로 추진하여 많은 업적을 축적했습니다.

이러한 노력 덕분에 본 연구소에서 간행하는 '역사문화연구'가 2005년 한국연구재단의 등재학술지로 선정되었고, 콜로퀴움을 포함하여 150회가 넘는 학술회의를 개최했으며, 30여 종의 학술서를 출판했습니다. 다만 그동안 각종 단행본을 여러 출판사에 분산해 간행했기 때문에 연구소 업적을 체계적으로 축적하고 널리 확산하는 데 많은 어려움을 겪었습니다.

이에 본 연구소는 (주)신서원과 함께 '외대 역사문화 연구총서'와 '외대 역사문화 교양총서'를 간행하기로 했습니다. 향후 연구총서는 연구소의 학문적 성과를 학계 및 전문 연구자와 공유하기 위해 학술서 중심으로 간행할 계획이며, 교양총서는 본 연구소뿐 아니라 학계의 연구 성과를 일반 대중에게 널리 보급하기 위해 다양한 교양서를 기획하여 출간하려고 합니다.

이러한 '외대 역사문화 총서' 간행이 위기에 처한 한국 역사학과 인문학의 지평을 넓히고, 우리 역사와 문화에 대한 일반 대중의 관심을 더욱 높이는 계기가 되기를 희망해 봅니다.

어려운 여건에도 본 연구소의 총서 간행 제의를 흔쾌히 수락해 주신 (주)신서원의 정용국 사장님과 직원 여러분께 감사드리며, 아울러 학계와 선학 제현의 아낌없는 성원을 부탁드리는 바입니다.

한국외국어대학교 역사문화연구소